U0690502

新闻与传播教育丛书

主编　田中阳

副主编　肖燕雄

现代图书编辑学

XIANDAI TUSHU BIANJIXUE

李琪 ◎ 编著

湖南师范大学出版社

图书在版编目（CIP）数据

现代图书编辑学／李琪编著 . —长沙：湖南师范大学出版社，2008.9
ISBN 978 – 7 – 81081 – 727 – 1

Ⅰ. 现…　Ⅱ. 李…　Ⅲ. 图书—编辑学　Ⅳ. G232. 2

中国版本图书馆 CIP 数据核字（2008）第 061030 号

现代图书编辑学
李　琪　编著

◇策划组稿：何海龙
◇责任编辑：何海龙　苏振华
◇责任校对：黄　晴
◇出版发行：湖南师范大学出版社
　　　　　　地址／长沙市岳麓山　邮编／410081
　　　　　　电话／0731 – 88873070　88873071　传真／0731 – 88872636
　　　　　　网址／http：//press. hunnu. edu. cn
◇经销：湖南省新华书店
◇印刷：长沙印通印刷有限公司

◇开本：700 mm×960 mm　1/16
◇印张：22. 5
◇字数：349 千字
◇版次：2008 年 9 月第 1 版　2020 年 8 月第 4 次印刷
◇书号：ISBN 978 – 7 – 81081 – 727 – 1
◇定价：42. 00 元

主编导言

　　其实，写教材比写专著更难，要求更高。专著要求原创，但可以是一己之见，可求"片面的深刻"；教材则应集人之大成，讲求普适性，讲求严谨和成熟。因而，在我主编的几套学术丛书中，对这套教材，把关尤严。

　　集人之大成，同样是一项颇具意义的学术使命，集大成者可成大师。被称为"传播学鼻祖"、"传播学之父"的美国传播学家施拉姆，对传播学发展的最大贡献就是集大成。集大成并不是抄袭杂糅，集大成也是一项创造性劳动，是对他人已有成果的吸收、消化和借鉴。施拉姆毕生致力于对与传播学有关的学科和理论进行整理、提炼与综合，从而建立起传播学的体系构架，使之成为一门独立的学科。

　　大师虽难以望其项背，然垂范于后世的做人、治学的精神、风范和原则，则值得我们永远学习。凡人类文化史上的大师级人物，无不把对历史和未来负责的精神和崇高的使命感当作自己著书立说的原动力，承先启后的文化传承需要高度的责任感和使命感。鲁迅先生告诫文学青年不要"聪明误"（《鲁迅译著书目》），他"俯首甘为孺子牛"，血荐轩辕，鞠躬尽瘁，死而后已。他曾写道："记得三四年前，有一个学生来买我的书，从衣袋里掏出钱来放在我手里，可钱上还带着体温。这体温便烙印了我的心，至今要写文字时，还常使我怕毒害了这类的青年，迟疑不敢下笔。"（《写在〈坟〉的后面》）在另一篇文章中他写道："顽劣、钝滞，都足以使人没落，灭亡。童年的情形，便是将来的命运。我们的新人物，讲恋爱，讲小家庭，讲自立，讲享乐了，但很少有人为儿女提出家庭教育的问题，学校教育的问题，社会改革的问题。先前的人，只知道'为儿孙作马牛'，固然是错误的，但只顾现在，不想将来，'任儿孙作马牛'，却不能不说是一个更大的错误。"（《上海的儿童》）鲁迅的人格情怀及思想的光辉，至今不减其震撼力，他的教诲至今还是医治浮华病的良药。时下学界受官本位和庸俗关系学的影响，"浮躁、浮夸、浮肿"的"三浮"之病日深，病症体现为空虚、浅薄和势利、庸俗，炒作、造假和"恶搞"，即"炒"、"造"、"搞"，不但在新闻传播业界成风，而且在新闻传播学界、乃至整个学界成灾。如果权力压过真理，压过学术，压过规律，发生在学界是学界的不幸，发生在中国则是民族的悲哀。挑战学术的尊严，亵渎真理的光辉，悖离规律的正道，其结果是断送民族的未来。丘吉尔曾说过，宁可要一个莎士比亚，不要一个印度，这个话才讲得真正有水准。学院奉"道之正脉"，施拉姆、鲁迅等大师是我们崇尚的范本。同人们著书立说尽管才学水平不可划一，然责任感和使命感则为共同心曲的和声。

用心写就的文字才有生命力，立意高远的文字惠泽才远。究是何如，请读者鉴之。

田中阳

2007 年 12 月 18 日

目录

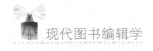

绪　论

·······························›

　　现代图书编辑学是一门什么样的学问？它的性质、内容、研究的对象等怎样？这一系列的问题应当首先要回答。为了回答这些问题，应当先明确有关概念。

一、现代图书编辑学的概念

　　图书是属于出版物的范畴，是书籍、期刊、画册和图片等出版物的总称。现代出版物的内涵和外延随着时代的发展而越来越宽广。出版物是出版工作的成果和产品，是积累文化的重要工具，又是传播思想、知识、信息的重要媒介。它有广义和狭义之分。广义的出版物，根据联合国教科文组织的规定，包括定期出版物和不定期出版物两大类。定期出版物包括报纸和杂志，不定期出版物主要指图书。一般图书与书籍是同义语，但在我国统计工作中，又将书籍、课本、图片三者总称为图书。图书一般为不定期出版，但也有一些书事先规定大概出版日期、连续出版，称为丛书或丛刊。传统的出版物，包括报纸、杂志和图书，都是印刷品。随着现代技术的进步，出版物的物质形态和它所负载的内容相应都有许多新的发展。人们把经过不同的技术手段复制，具有一定传播功能，成为精神产品载体的缩微胶片（卷）、录音带、录像带、软盘、光盘的生产，也称为出版，这一类产品也被视为出版物。我国2001年12月颁布的《出版管理条例》中指出："本条例所称出版物，是指报纸、期刊、图书、音像制品、电子出版物。"由此，我们应明确出版物概念是比较广的一个范畴概念。

图书的概念，古而有之。在古代，图书是指地图和法令、户籍等文书。《史记·萧相国世家》中说："何独先入收秦丞相御史律令图书藏之。沛公为汉王，以何为丞相……汉王所以具知天下阨塞，户口多少，强弱之处，民所疾苦者，以何具得秦图书也。"古代还把私章称之谓图书，如鞠履厚在《印文考略》中说："古人于图画书籍，皆有印以存识，遂称图书印。故今呼官印仍曰印，呼私印曰图书。"① 在现代汉语中，书籍、图书和书三者常常通用。图书包括图和书，在一般场合下泛指书籍。所以，图书有几种情况：有只有文字而无图画的书，有以文字为主而以图画为辅的书，也有图文并茂的书，还有以图画为主而以文字为辅的书。

编辑这个概念也很广。现代社会上所讲的编辑，一般就有图书编辑、刊物（或称期刊，或称杂志）编辑、报纸编辑、广播编辑、影视编辑、网络编辑等。编辑是使用物质文明设施和手段，从事组织、采录、收集、整理、纂修、审定各式精神产品及其他文献资料等项工作，使之传播展示于社会公众者。古代编辑工作是编纂合一，现代编辑工作与著述工作分开，成为了独立的职业工作。本书要论述的是图书编辑和图书编辑工作。

编辑学是研究编辑工作一般原理和规律的科学。由于编辑涉及面较宽，所以编辑学的研究领域也就较宽，诸如图书编辑学、期刊编辑学、报纸编辑学、广播影视编辑学、网络编辑学等。不同的出版部门，其编辑工作的性质、对象、规律便有所不同，正因为如此，便产生了不同的编辑分支学科。本书所研究的就是图书编辑学。

本书所研究的现代图书编辑学，不仅限定在图书出版这个领域之内，还限定讨论现代的，涉及现代的图书编辑学的范畴，而且是中国的图书出版。所以，由"编辑"这一基本概念出发，就有了编辑主体、编辑客体、编辑活动等次概念，再由次概念出发，就有了编辑类别、编辑素质、编辑艺术，图书、作者、读者，选题策划、书稿审读加工、校对、编后工作等具体的概念系统。这些由"编辑"这一最基本概念衍

---

① 夏征农.《辞海》缩印本. 上海：上海辞书出版社，1990：875.

生出来的一整套概念体系的形成，正是编辑工作发展过程的理论表现。从编辑的产生和发展来看，古代和现代编辑的内涵和外延是不完全相同的，是发展变化的。古代编辑是"收集材料，整理成书"，而现代编辑是"为出版准备稿件"，看似简单，实则复杂，特别是在现代市场经济条件下，编辑工作内容大大扩展，日渐复杂，远不只是"准备稿件"，它前后延伸的内容还很多。具体来说，编辑的工作包括了选题、组稿、审读、加工、装帧设计、整理发排、校对付印等，往前伸还要深入社会，了解市场，调查读者，掌握信息；往后延还有参与产品营销，收集处理反馈信息等。古代没有独立职业的编辑，或编著不分，或兼任编辑，而现代编辑作为独立职业，虽然编辑自身可以著述写作，但就编辑工作而言，已不再包括著编译等工作。由此看来，古代编辑和现代编辑的概念含义不同，且性质、规律也不同。当然，冠以"现代"，实际就是现当代。那么，现代图书编辑学，就是研究现代图书编辑工作一般原理和规律的科学。

二、现代图书编辑学的性质

所谓性质，就是指事物所具有的本质和特点。关于图书编辑学的性质和特点，目前学术界尚无一致的看法，有以下几种代表性观点：

其一，认为图书编辑学是"研究图书编辑工作规律的科学"，"既是一门理论性很强的科学，又是一门实践性很强的科学"。[①]

其二，认为图书编辑学"具有很强的应用性，属于应用科学"，"虽然具有很强的应用性，但也有自己的理论体系"。[②]

其三，认为"图书编辑学就是研究编辑工作全过程的基本规律和特殊规律的一门科学"。[③]

其四，认为"就编辑学的性质而言，它是从属于出版科学的一门新兴的应用科学"。[④]

---

① 黄治正. 图书编辑学. 长沙：湖南出版社，1997：1，10.
② 阙道隆等. 书籍编辑学概论. 沈阳：辽海出版社，2002：17.
③ 高期，洪帆. 图书编辑学概论. 南京：江苏教育出版社，1995：11.
④ 李海崑. 现代编辑学. 济南：山东教育出版社，1996：16.

还有其他表述。

笔者认为，要比较准确地概括出图书编辑学的性质，应从分析图书编辑学的特点入手来揭示其性质。

1. 编辑学从属于传播学的范畴

传播学比较通俗的一种表述是："传播学是研究人类信息传播活动的学科。"① 显然，图书出版属于"人类信息传播活动"，那么，编辑出版过程中的编辑活动毫无疑问也属于其中，编辑学、图书编辑学是传播学的分支学科。在大众文化传播活动进程中，人类经过了以口语和手抄文字传播为主的漫长时代，手抄传播效率低、规模小、成本高。我国雕版印刷（唐代）和活字印刷术（宋代）的发明和使用，使信息的生产和传播带有了"批量"性质，但长期停滞在小作坊手工业的水平上。那时的编辑活动与著述活动密切联系，编辑还没有形成一种独立的职业。直到 15 世纪 40 年代，德国的古登堡在中国活字印刷术的基础上发明了金属活字印刷机，使信息的机械化生产成为可能，并随之由图书出版扩展到报纸，才有了大众传播时代的到来。不可否认，报纸、刊物具有传播范围广和信息及时等特点，但图书是一种传播时间最长的有效途径。随着这种书报刊的大量复制和传播，编辑作为独立职业便应运而生，研究编辑活动规律的编辑学也就产生了。如果把出版视为传播手段的话，书报刊编辑学又当属出版科学的范畴。出版科学中有出版学、编辑学、发行营销学、出版史、编辑史等，图书编辑学也就是出版科学的子学科。

2. 图书编辑学具有完整的结构体系

传播过程是以大众的需要为起点，以传播信息为终点，传播途径就是各种介质和媒体，在这一过程中，编辑工作贯穿于全过程，它有内在的逻辑结构，也有外在的形式结构。以纸为介质的图书出版为例，内在的逻辑结构包括了解社会信息和需求，进行选题策划和决策，组织书稿，审读选择，编辑加工，整理发稿，校对付印，宣传推介，发行销售。从读者的需求产生选题开始，又从满足读者的需求而结束。读者有

---

① 张隆栋. 大众传播总论. 北京：中国人民大学出版社，1993：1.

新的需求，又生产出新的图书。读者不断的需求矛盾推动了图书的生产和传播活动。图书出版的形式结构是稿件通过审读加工、校对付印到图书出版发行，就是物质生产过程。无论内部逻辑结构和外在形式结构，都离不开编辑和编辑工作。编辑在整个编辑活动中起选择和优化的作用。编辑的选择工作是对选题的创意、策划、作者的物色和稿件的审读、评价和取舍。编辑的优化工作是对信息、资料和原创作品的加工、整理、装帧设计、美化和整个产品的合理编排与优化组合。编辑过程的完整，编辑工作的有序，构成了一个十分严格的系统过程。由此，就有了它本身的规律性东西的存在，而图书编辑学就是为了揭示它的规律性。这样就有了编辑学的科学理论体系，使它能够从传播学、出版科学中独立出来。图书编辑系统包含了编辑活动、编辑主体和编辑客体三个方面，这三个方面又与社会环境和条件密切相连，它并不是一个孤立的系统，而是一个完全开放的系统。社会环境影响、制约、推动了编辑工作系统，因此，编辑学研究的内涵非常丰富。图书编辑学就是为了研究和揭示图书编辑系统体系的规律性。鲁迅曾经指出："编辑工作是一种很有意义、大有学问的工作。"1983年著名科学家钱学森在一次讲话中强调：编辑工作是一门科学，要研究它的规律，创立一门马克思主义的编辑学。

3. 编辑学是一门新兴的应用学科

随着出版事业的蓬勃发展，我国20世纪80年代以后，编辑学开始受到重视。1984年胡乔木致函教育部，建议在大学创办编辑专业，"编辑之为学，非一般基础课学得好即能胜任的"。由此，设立编辑学和出版学的研究机构，在大学设立编辑出版、印刷发行等专业，编辑学、出版学、发行学等方面的论著陆续问世，编辑学、出版学领域的科学研究也迅速开展起来了。这些都是近20年的事，所以从实际情况来看，编辑学当属新兴学科。承认是新兴学科，就是承认其尚待进一步成熟，例如，学科概念需要统一，理论体系需要构建，规律性需要概括。在研究的初期，各种提法不一致是可以理解的，也有利于推动研究的深入，但是，也不能长期不统一，各家应达成共识，提法基本上趋于一致，理论应趋于成熟完善。

当今学术界有认为编辑学是边缘学科的，也有认为不属边缘学科的。所谓边缘学科是指两门或两门以上学科因在研究对象、研究范围和研究方法等方面有部分重合关系而产生和发展起来的科学，如生物化学、生物物理学、教育经济学等。但是，编辑学具有其独立性，似乎不属边缘学科。不过编辑学与许多学科有联系，受到它们的影响，也可以用到它们的理论和方法，这一问题在下面还会谈到。

从目前来看，编辑学究竟属于应用科学还是理论科学，学术界尚无完全一致的看法。理论科学相对于应用科学而言，理论科学的理论是从应用科学中概括出来的，并对应用科学具有指导作用。理论科学旨在构筑抽象的原理，侧重于抽象思辨，譬如哲学、文学原理、经济学原理、逻辑学等，依靠思辨、推理建立起学科体系。应用科学是指直接服务于生产或其他社会实践的科学，包括应用理论和应用技术。应用科学是从实践中总结规律，又将规律应用指导实践，这也符合唯物辩证法的认识过程，正如毛泽东所说："实践，认识，再实践，再认识，这种形式，循环往复以至无穷……这就是辩证唯物论的全部认识论，这就是辩证唯物论的知行统一观。"① 根据认识论观点，编辑学是实践性很强的，且具有自身学科体系的应用科学。偏重于思辨的理论科学并非可以完全脱离实践，偏重于经验事实的实用科学也并非可以完全离开抽象与思辨。但是一般说来，对编辑学属性的正确认识，会有利于学科的建设和发展。从实践中概括出规律，应当不是一件很容易的事，应当潜心研究探索。而且认识的深入，有利于学科的发展和高等教育专业大学生的培养，使研究与实践相结合，课程教育与训练相结合。

4. 编辑学与其他学科的关系

图书编辑学和许多相关学科有密切关系。一方面，编辑学需要吸收相关学科的原理和方法来研究编辑过程和编辑活动；另一方面，编辑学与其他学科在研究对象方面有交叉。关系密切的相关学科有传播学、信息论、文化学、社会学、逻辑学、语言文字学、出版学等，此外，还有美学、心理学、教育学、法学、科学方法论、文献学和图书馆学、营销

---

① 毛泽东著作选读（上册）. 北京：人民出版社，1986：136.

学等。以下仅择主要几种作简要阐述。

　　传播学　前面已经提过，"传播学是研究人类信息传播活动的学科"，图书也是传播信息的工具，图书编辑学就与传播学关系密切。传播学研究的范畴就包括了以纸为介质的图书传播，传播学关于传播行为、传播过程、传播媒介、传播功能、传播效果等方面的研究成果，可以帮助我们认识图书编辑活动的本质，以及编辑在文化知识和信息的传播中所发挥的选择、优化和调控作用，并运用传播技术使图书在受众中发挥更大的作用。

　　信息论　信息论是研究信息传输和信息处理系统中一般规律的新兴学科，其核心问题是信息传输的有效性和可靠性以及两者间的关系。信息论创立于20世纪40年代末，最初应用于通信领域，但随着它的发展和影响，已经应用于诸多领域。作为图书的生产者和传播者，工作的对象是传播信息，而且本身又需了解信息，掌握、处理、转换信息，因此，编辑学必然要用到信息论的一般原理和方法。

　　文化学　编辑工作本身就是一种文化活动，所以与文化的关系很密切。文化学以研究社会文化现象或文化体系为任务，它的研究成果可以帮助我们从社会文化的发生、传播和变迁的总背景下，认识图书编辑活动的特点、功能和发展规律。

　　社会学　编辑活动也是一种社会现象。社会学是研究社会的结构、功能和发生、发展的规律，可以运用社会学的原理来研究、指导编辑活动与社会的互动，研究编辑活动中编辑、作者、读者之间的社会联系，研究编辑组织、编辑规范、编辑角色和编辑成果的评价、奖励等问题。

　　逻辑学　逻辑学是研究思维的逻辑形式及其基本规律的科学，帮助人们正确地进行思维活动，是人们认识事物、表达思维的工具，也是一切学科的研究工具，任何学科可以说都在使用逻辑。编辑过程中，所有编辑活动要运用逻辑规律和逻辑方法，研究图书编辑学需要遵循逻辑学的规则和规律，所以说，图书编辑学离不开逻辑学。

　　语言文字学　语言学中的词汇、语法都和编辑学密切相关，图书用语言文字传播信息和知识，语言文字规范十分重要。编辑在审读加工书稿时要对书面语言进行分析、修改、润饰，没有语言文字功底和修养，

是无法进行工作的。如果说专业知识对编辑要求是个性，那么语言文字学知识则是共性，每个编辑都要求具备。编辑工作和编辑学研究也都会用到语言文字学知识，是不可缺少的。

出版学　　出版学和图书编辑学关系更加密切。出版学研究出版活动的全过程，它们的概念、规律和理论，都涵盖了图书编辑学。出版包含编辑、印刷、发行三大环节。实际上，编辑与印刷、发行营销是相互联系、相互制约的，书稿编好以后必须印刷出版，印制好的图书要去发行销售，才会收回成本、产生效益，因此，不能孤立地研究编辑活动，必须置于出版活动之中研究，图书编辑理论是出版理论的组成部分。还有印刷学、发行学、校对学、装帧设计学等都是出版科学的组成部分，与图书编辑学相邻、相关。

综上所述，现代图书编辑学的性质是研究图书编辑工作规律的新兴应用科学。

三、图书编辑学涵盖的内容

自文明社会以来就产生了文字，随后便产生了书籍，有书就有编辑，不论编著合一还是编著分立，作者、编辑都不可少，古代只是兼任占了绝大多数而已。有编辑存在，他们的工作性质和规律就值得探讨，从而推动编辑工作的发展和提升。真正使编辑理论成之为学，作为一门独立学科的名称，有专家认为是中国人首先提出来的，也就是在 20 世纪 80 年代。作为一门新兴学科，首先要解决它所涵盖的内容，才好确立它的研究任务。目前对于内容的看法基本上是比较一致的，只是在提法上有所不同。列举如下：

第一种观点认为图书编辑学内容有：编辑战略，编辑主体，编辑客体，编辑活动。

第二种观点认为图书编辑学内容有：编辑理论，编辑工作史，编辑业务，作者、读者、编辑三者关系，图书宣传、评论与推广。

第三种观点认为图书编辑学内容有：图书编辑学的基本原理，图书编辑史，编辑美学，编辑工艺学，编辑部的组织和编辑工作的管理，编辑人才学，各类读物编辑学。

第四种观点认为图书编辑学内容有：出版物，编辑活动，编者、作者、读者，编辑过程，编辑机构，各类图书编辑学。

还有其他观点，这里不一一赘述了。

综合目前研究的成果和编辑工作的实践，编辑学的内容主要应从两个方面去涉猎。一方面是编辑活动，及与此相关的原理和规律，如编辑工作的性质和社会功能，编辑工作与社会的联系（包括编辑工作的指导方针和政策），编辑活动的实践和规律（包括选题、组稿、审稿、编辑加工、定稿发排、校对付印、宣传与推介、反馈信息的收集与处理等）。另一方面是编辑人员，及与此相关的联系和规律，如编辑的素质要求，编辑、作者、读者的相互关系，编辑队伍的结构和建设，编辑现代化等。由这两方面形成了编辑学所涵盖的内容，但因研究者考虑的层面不同，内容的取舍就有不同，例如有的将编辑史列入，有的将编辑管理列入，有的将编辑美学、工艺学单独列出，这些都是与编辑或编辑工作有关的，列入或不列入就看研究者所编织的结构体系了，视情况而定。本书也是从这两根主线出发，组成了本书的结构体系，其宗旨是为了让初学者对编辑和编辑工作有一个全面的了解。

四、图书编辑学研究的对象

在明确了图书编辑学所涉及的内容以后，图书编辑学研究的对象就应该很容易确定了。确定研究对象，是一门学科存在的前提。一门学科的研究对象应包括它的概念系统和体系结构系统，基本概念、原理和体系结构理论、规律。如果说出版学研究的是编辑、复制、传播三个方面的问题，那么编辑学研究的对象就是编辑活动。毛泽东曾经指出："科学研究的区分，就是根据科学对象所具有的特殊的矛盾性。因此，对于某一现象的领域所特有的某一种矛盾的研究，就构成某一门科学的对象。"① 图书编辑学的研究对象，就是图书编辑工作领域中所有编辑活动的矛盾，存在什么问题，应当怎么做，通过对各种矛盾和矛盾关系的研究，揭示图书编辑工作的规律，如工作原则、工作意义和作用、其中

---

① 毛泽东选集（第1卷）. 北京：人民出版社，1991：309.

的理论和方法等，从而推动编辑工作的健康发展。矛盾是普遍存在的，没有矛盾是不可能的，矛盾推动了历史的前进、社会的发展。在图书出版中，社会和读者的需求矛盾推动了出版的繁荣，编辑出版的高要求促进了编辑人员素质的提高和编辑理论、业务知识的提升，人们审美观的变化也使得当今图书物质形式多姿多彩。

编辑学研究的概念系统就是编辑和编辑活动两个方面及与此相关的概念，涉及编辑主体、编辑客体和编辑活动概念，如编辑主体有编辑、编辑素质、编辑结构、编辑修养、编辑制度，等等；编辑客体有作者、读者、图书，图书结构中有封面、扉页、版本记录、内容提要、序、前言、出版者的话、凡例、后记、目录、标题、正文、辅文、插图、表格、附录、注释、参考文献，等等；编辑活动有选题、选题策划、组稿、审稿、审读报告、编辑加工、定稿发排、齐清定、校定付印等；出版概念系统有录入、排版、制版、印刷、印张、版次、版本、印次、装订等；图书装帧概念系统有开本、版式、版面、版心、天头、地脚、页码、书眉、订口、翻口、封面、封里、封底、书脊、护封、勒口、环衬、书函等；图书版式设计概念系统有标题、占行、居中、接排、另行、顶格、正线、反线等；图书版权概念系统有版权、著作权、出版专有权、复制权、重印、再版、版权贸易等；图书出版新技术概念系统有电子计算机、激光照排系统、数码打样、计算机扫描、电子出版物、即时印刷，等等。概念系统是复杂的，而且多种多样，它不仅包括编辑和编辑活动的直接概念，也有间接相关的概念，如出版、印刷、发行传播等。概念系统也是随时代发展而变化的，相应的新概念也会产生。在编辑学研究中，不可能孤立地仅涉及编辑学的概念，肯定还要涉及相关学科的概念，不过也不能包罗万象。编辑学的概念系统的建立，要从理论和实践的需要出发，深入分析研究，构建稳定的系统。在本书中所涉及的概念是根据编辑和编辑工作系统来构建，涉及的仅是主要和常见的，无法穷尽所有概念。

编辑学研究的体系结构系统就是编辑活动的体系，由此构成编辑学的理论结构体系。系统包括编辑过程和编辑与社会的联系。图书编辑过程有选题（选题调查、选题构思、论证和决策）、选题计划、组稿、审稿、编辑加工、定稿发排、校定付印、编后工作（含样书审查、宣传推介、重印、再版、收集反馈信息）等环节，由各个环节构成了有序、开放、动态的图书编辑过程系统。所以，图书编辑系统的概念和活动规律、原理、方法是编辑学的研究对象。

在各种编辑活动中，图书编辑活动的历史最悠久，编辑思想和编辑实践经验最丰富，这些是编辑理论形成的基础。图书编辑学产生于编辑实践，是编辑实践经验的理论表现。由此，多数编辑学研究者认为：图书编辑学具有很强的应用性，属于应用科学。所以，对于图书编辑学的研究就要密切联系实际，编辑工作实践中的各种矛盾和矛盾关系推动了编辑学研究的进程，编辑学的理论体系就是由编辑和编辑工作实践构成和概括出来的。由此，很明显，图书编辑学虽具有很强的应用性，但也有自己的理论体系。对图书编辑活动的性质、特征、方法及其规律的研究，构成了图书编辑学的理论基础。研究图书编辑学的目的是为实践服务的，是为了推动图书出版事业的繁荣和发展，研究中，要贯彻理论和实践相统一的原则。

在图书编辑学研究中，也应当注意图书编辑学与相关学科的密切关系。图书编辑学的发展需要吸收这些相关学科的理论和方法，为本学科所用，如社会学、现代科学方法论、传播学等；同时，图书编辑学和一些相关学科的研究对象有交叉，还要注意吸收这些学科的研究成果，如出版学、发行学、印刷学、装帧设计学、校勘学等。充分利用相关学科、交叉学科的原理和方法中有价值的观点来构建自己的学科理论体系，就会加快本学科的研究步伐。

在建立学科理论体系时，应重视方法论的研究。现代科学方法的发展和对方法论研究的深入，已形成了概括程度和适应层次不同的方法：哲学方法、一般科学方法、部门科学的具体方法。编辑学是一门实践性很强的应用学科，有丰富的实践经验，将其总结、概括、提炼上升为指导编辑工作的具有方法论意义的一般规律，对图书质量的提高和编辑工作卓有成效的进行具有实际意义。

五、研究图书编辑学的方法

讲到方法，要注意区分编辑活动的方法和编辑学研究的方法。编辑活动的方法是从编辑工作实践中总结、概括、提炼得到的，它反过来可以指导编辑工作的进行，是做好编辑工作、完成编辑任务的一般方法。编辑过程各个环节中都有其特有的工作方法。广大编辑人员在编辑过程中创造和积累了许多有价值的方法，例如，在选题策划阶段，运用调查研究和信息的方法，比较、优选、构思的方法，论证和决策的方法，运用多种方法，策划出优质高效的选题；在编辑审读加工阶段，运用逻辑方法（分析和综合的方法、抽象和具体的方法），美学方法，优化书稿内容，提高书稿质量。当然，由于图书的多样性，在处理、加工每一本书时所用的方法是有差别的，我们需要选择使用不同的、最为优化的科学方法，或若干方法的结合使用，以达到最佳效果。

而编辑学的研究方法是指建立、丰富、发展编辑学的方法。任何学科的建立和发展，都必须十分注意运用正确、有效的方法。方法是为了达到一定目的的手段。人们在积累各门学科知识时，运用了许多方法，也创建了许多方法，一般包括传统方法、创新方法、社会科学的方法、自然科学的方法、一般系统方法、一般学科方法、某一学科的具体方法等。凡是能揭示事物本质及其规律的方法，能指导实际工作的方法，都应该肯定，应该运用。

从编辑活动全过程来看，编辑活动具有人类思维活动的特点。所以，研究编辑学必须掌握人类思维的最基本的方法，也就是形式逻辑的方法，对积累的材料进行归纳和演绎，对经验进行概括和抽象，这些是唯物辩证法的方法，也是必须运用的最基本的方法。从实践中来，到实践中去，理论只有建立在实践的基础之上，才有扎实的基础，而理论又要能指导实践，理论才会有用。实践是认识的源泉和检验真理的标准，因此，要做到理论与实践密切结合起来。当前，只有以马克思主义、毛泽东思想和邓小平理论以及"三个代表"的思想为指导，一切从实际出发，理论联系实际，图书编辑学研究才能沿着正确的道路前进。

有的学者提出了研究编辑学的具体方法，如社会调查法、历史方法、功能研究法、类型学法和系统方法等①，现简述如下。

---

① 阙道隆等. 书籍编辑学概论. 沈阳：辽海出版社，2000：26－28.

社会调查法 对于编辑学这种实践性很强的学科，调查研究法非常重要，调查的内容也很广泛，它包括编辑活动的各个环节，图书出版的外部环境影响，社会对图书的需求，读者消费水平和购买力，读者的阅读兴趣和习惯，读者的审美观的变化和发展，图书出版物的变迁和发展，作者的著述活动，社会的发展状态，图书市场状况，国内外出版动态等等。社会调查可采取座谈会、访问、观察或问卷调查等多种形式，以取得充足、准确可靠的感性材料和统计数据，再经过分析、筛选和整理，或运用数学方法、统计方法进行定量分析，然后得出科学结论。社会调查研究法还包括总结编辑活动的实践经验，以及图书编辑出版经验，从中提出规律性的认识。翔实的材料和丰富的实践经验是图书编辑学研究的基础。

历史方法 图书编辑活动历史悠久，经验丰富，要运用历史方法，对图书编辑出版活动做动态考察，了解它发生、发展的历史过程和规律，并根据历史发展的线索来安排图书编辑学的理论体系和概念、范畴的逻辑顺序。理论研究不能脱离历史和现实。在作历史研究时，不仅要对中国的图书编辑出版活动作历史考察，还要了解外国图书编辑出版活动的历史和现状，并对中外图书编辑出版活动进行比较研究，从而有助于我们了解图书编辑工作的共同规律和中国图书编辑工作的特色，并使我国图书出版与世界图书出版水平相一致，适应世界图书市场。

逻辑方法 逻辑方法在编辑工作中是一种十分常用的方法，同样在图书编辑学的研究中也非常有用。任何科学都在使用逻辑，只有使用逻辑的归纳与演绎、分析与综合等科学抽象方法，才能揭示学科的概念、特征、规律，构建概念系统和体系结构理论系统。如果不能很好地使用逻辑方法，感性认识无法上升到理性认识，就不能建立自己的理论体系。在运用调配研究法和历史方法时，要运用逻辑方法进行分析、综合和科学抽象，从中得到规律性的认识。

功能研究法 根据图书与社会的关系，研究图书的社会功能、编辑的功能，从而深入揭示图书编辑工作的规律和对图书编辑的特殊要求。

类型学法 即分类研究的方法。如图书类型、编辑工作类型、编辑人员类型、作者类型、读者类型，等等。各种类型又会有若干类，例如

编辑人员类型有文字编辑、策划组稿编辑、美术编辑、技术编辑等；读者类型按年龄分有幼儿、少年、青年、成人、老年等不同读者；按文化程度分有中小学生读者、大学高等教育读者，还有半文盲读者等；按性别分有男、女读者，等等。区别不同类型，能使研究深入，不同的读者需要不同的读物，而且写作和编辑不同读物的方法不同，规律不同。不同读物有共性也有差异性。若要使研究不致于泛化，必须按类型作深入而细致的研究，才能真正提高其理论价值和实用价值。

　　系统方法　　系统方法是现代科学研究的一般方法，同样适应于图书编辑学的研究工作。从图书出版的工作环节和编辑过程来看，都可作为一个系统来进行研究。图书出版包括编辑、印刷、发行三个大的环节，编辑过程又包括选题、组稿、审稿、编辑加工、发排、校对看样等若干环节，这些环节是相互联系、制约的关系，它们构成了一个整体，整体与局部、整体与外部是密切联系的，它们的结构和理论研究都符合系统论的要求，从系统来研究，有利于从整体上把握编辑学的概念和理论。

　　其他学科的理论和方法也可以作为图书编辑学的认识工具和研究方法。如传播学、信息论、控制论等学科的概念、原则和方法，有的可以为图书编辑学所采用，加快学科概念系统和理论体系的构建步伐，不过要与图书编辑实践紧密结合，融为一体。

第一章

....>

我国图书编辑活动的历史回顾

第一节 古代图书编辑活动及其特点

中华民族有着五千年绵延发展的辉煌历史，创造了灿烂的中华文明。图书文献的编辑活动是从文字的诞生开始的，我国图书出版活动源远流长，其历史至少已有 3000 多年了①。自古以来，图书编辑出版活动为保存、积累、传播和发展历史文化遗产作出了巨大的贡献。沿着中国历史发展的轨迹，古代的图书编辑活动大体可以分成六个时期。

一、图书起源的夏商周时期（前 21 世纪—前 3 世纪）

大约从公元前 20 世纪的新石器时代末期到奴隶制形成时期，我国先后出现了图画文字和象形文字。最早的文字载体有龟甲兽骨（刻在上面的文字称甲骨文，考古发现商代甲骨文）、青铜器具（金文）、陶器具（陶文）、石头（石鼓文、碑碣文、摩崖等）、竹片（简）、木片（牍）、丝织品（缣帛）等。

夏王朝，据《史记·夏本纪》和《竹书纪年》的记载，自禹受舜禅至桀亡，凡历 14 世、17 王，计 400 余年。商朝自汤至纣，约 600 年，

① 高斯，洪帆. 图书编辑学概论. 南京：江苏教育出版社，1995：35 – 58.

周朝约 800 年，夏商周是从公元前 21 世纪初至公元前 3 世纪，历时 1800 余年，考古发现夏代已经因使用早期文字而进入文明时代。

追溯中国图书起源，传说起自《河图》《洛书》。传说中的《河图》《洛书》，文献的描述仅是"赤文绿色"、"赤文篆字"、"丹甲青文"，难解真相。据战国、秦、汉儒生方士的解说，《河图》《洛书》是由一系列符号组成的数字方阵，或说是由龟甲天然痕迹发展而来的抽象符号。虽然是传说，但与夏代文明相当。据现代考古学发掘研究的成果表明，我国新石器时代晚期的龙山文化已出现大量象形刻符，在相当于夏代纪年的文化遗存中也发现了龟甲文字。由一系列符号组成的《河图》《洛书》符合夏朝先民文字刻符使用的事实。

在《尚书》《史记》《大戴礼记》等古代典籍中都提及了夏代或夏以前的图书文献，但经过后世学者持续的潜心考证，其真正的著述年代大多在春秋战国时期，甚至汉魏时期。所以，至今仍无法确切证明有图书文献出自夏人之手。不过，这些主要产生于先秦的著作，其记述夏代史事应该有一定的依据，作为夏代已经存在图书文献记录的旁证，是可以认定的。

如果说传说还难以证明，那么，《周易》则可以说是我国最原始、最古老的图书。在公元前 10 世纪前后的殷周之际，先民们把卜辞刻在甲骨上，经过长期收集、整理、增补，后来编纂成《周易》。使文字载体排列有序的工作，也可视为图书编辑的萌芽。

在公元前 9 世纪至前 5 世纪，西周后期周宣王时代到孔子时代，是我国图书编辑活动的创始期。曾经积累夏、商、周三代文献资料的有：《史记》《世》《诗》《令》《语》《训典》《乐》《礼》《时》《易》等，此外，还有儿童识字读物等。《诗》《书》《易》《春秋》等传世经典最初产生于这个时期。春秋末期以前，学在官府，文献资料掌握在史官、卜筮官、乐师及其他文化官手里，我国最早的图书编辑便从他们当中产生。商周有称"作册"的史官，说明编制简册是史官的职责。从《周礼·春宫》所载"太师教六诗"可知，传授全部诗歌的大权归太师（乐官之首）掌管，要传授就得编选教材。

校对与编辑工作是密不可分的，可以看作是编排工作的一个组成部分。有关校对活动的最早记载是左丘明的《国语·鲁语下》："昔正考父商之名颂十二篇于周太师，以《那》为首。"唐孔颖达的《毛诗正义》对此作了这样的解释："言校者，宋之礼乐虽已亡散，犹有此诗之本，考父恐其舛谬，故就太师校之也。"正考父（前8世纪）是孔子七世祖，从周宣王时代起就在宋国任高官。上述记载，说明商颂的内容和次序是经过校对才编定的。

我国古代春秋末期的思想家和教育家孔子（前551—前479），也是一个编辑家，他的学生号称三千，他编纂了《诗》《书》等古代文献，编撰了我国第一部编年体历史著作《春秋》，提出了"述而不作"的编辑原则。由于教育的需要，他整理编纂了6种教科书，即《诗》《书》《礼》《易》《乐》《春秋》，历史上称为"编订六经"。

在春秋战国时期，学术界呈现百家争鸣的盛况，文化学术的发展推动了著述编纂工作，这个时期还有不少其他成就。例如，在史学方面，左丘明编纂成《国语》，这是我国现存最早的国别史；在法学方面，李悝"集诸国刑法，造《法经》六篇"，这是我国古代比较完整的法典；在自然科学方面，《夏小正》是我国较早的一部历书。

二、统一中国后图书发展的秦汉时期（前3世纪—3世纪）

公元前3世纪后期，秦消灭六国，统一全国，并统一了文字、历法等，对图书编辑出版事业是有利的。战国末期秦相吕不韦主编了《吕氏春秋》，对保存先秦时期的文化有积极意义。《吕氏春秋》全书26卷，内分12纪、8览、6论，共160篇。此书是吕不韦集3000门客"人人著所闻"，汇合先秦各派学说，最后由他一人审定而编成的，开创了集体编纂大型图书的先例。它的编成，标志着我国的书籍编辑事业迎来了新的发展阶段。由于全国统一了文字，李斯等编出了我国最早的字书《三苍篇》，收字3300个。秦统一文字是我国文字演变史上的一次重大转折，有利于发展文化。但在秦朝，在全国实行文化专制政策，秦始皇采纳李斯建议，焚书坑儒，也对秦汉时期的文化传播及图书编辑活动的发展造成了极大的阻碍。

公元前2世纪之后，西汉初期，汉高祖即位不久，废除秦朝对私学的禁令，惠帝四年（前191）诏告天下取消"挟书律"，纠正了秦始皇在文化上实行的简单、野蛮的政策。在相对宽松的政治环境下，汉代的文化事业开始步入逐渐复苏而繁荣的时期。特别是在汉和帝元年（105），蔡伦发明了造纸术以后，极大地推动了人类文明进程。我国图书生产随之发生了重大变革，文字载体从此由笨重的简牍变为轻便的纸张，开始从简册阶段走向写本阶段，在我国出版史上是一大进步。

由于政治环境的变化和出版技术的进步，两汉时期的图书编纂活动得到加强，成果累累。这个时期，官办太学，建立皇家藏书和图书编校场所；民办经馆，知识分子读书求仕，这些都大大刺激了图书编辑事业的发展。两汉时期辉煌的编纂就表现在：一是古今文经学之争与经书注疏之学的兴起；二是字书编纂活动的开创与发展，如《尔雅》《说文解字》，以及《方言》《通俗文》《释名》等都编成于汉代；三是数学、天文学、地学、医学和农学等科技著作的出版，如数学以《九章算术》为代表，天文学以《周髀算经》的盖天说为代表，地学以班固《汉书·地理志》为代表，医学以《黄帝内经》及《神农本草经》《伤寒杂病论》为代表，农学则以《氾胜之书》为代表；四是《史记》与《汉书》的编撰出版，司马迁广收国家文献，博采各种资料，编撰出我国第一部纪传体通史《史记》。班固继承父亲班彪事业，写成与《史记》比肩的纪传体断代史《汉书》；五是刘向、刘歆父子的编校活动及其历史贡献，他们广收众本，编成了《别录》和《七略》两书，对保存先秦典籍，建立目录校勘学，作出了巨大的贡献。

与此同时，由于统治者对书籍的重视，刺激了书籍的社会需求，社会书籍生产量大增。在西汉时期出现了书肆书市，东汉时出现了以抄书为业的"佣书"。其中有些人在缮写过程中博览群书，后来成了学者名流。越来越多的抄书人进入佣书之业，奠定了西汉图书编辑出版事业发展的基础。

三、战乱的魏晋南北朝时期（220—589）

公元220年，曹魏代汉，形成魏、蜀、吴三国鼎立的割据局面，至公元589年隋文帝杨坚渡江灭陈，西晋以来近300年的南北分裂复归统一，其间共计369年。由于其间政权林立，战火烽起，社会动荡，文化建设和图书编辑出版事业遭受重大损失，其中尤以"永嘉之乱"和梁元帝焚书最为惨烈。晋怀帝永嘉五年（311），北方匈奴首领刘聪攻占洛阳，曹魏、西晋两朝在洛阳苦心经营近百年的文化积累，包括藏书，毁于一旦。公元555年，南朝梁元帝萧绎面对兵临城下的北方西魏大军，竟以读书万卷仍不免亡国的理由，下令焚烧宫中14万卷图书。

但是，就是在这种历经战乱的三个半世纪，图书编辑出版事业还是创造出了可喜成绩。第一，纸的普及，带来了书籍装帧形式的革新和图书抄写的兴盛，以及书肆的活跃，甚至出现了资金较为雄厚的大书商。第二，文学进入自觉时代，文字总集、文艺理论著作，以及代表新兴编纂体制的类书等先后出现。如魏文帝曹丕诏命编纂《皇览》（已亡佚），开创了我国编辑类书的体例，全书凡40余部，1000余卷，编成后"藏于秘府"。两晋时代又开创了文选的编辑体例，已经佚失的《文章流别集》和《翰林说》，都是当时著名的文选。现存的文选总集，以南朝萧统（昭明太子）主编的《文选》为最早，该书共选录700余篇先秦至梁的名作，各种文体具备，得到广泛流传，对后来的文选编辑有很大的影响。第三，图书编辑出版情况的变化，使图书分类法由六分法过渡到四分法。我国古代图书分类体系是根据图书产生的实际情况确定的。三国以后，图书编纂出版情况发生了较大变化，新品迭出，刘向父子开创的六分法体系已无法完成分类的任务。因此，在西晋太康年间（280—289），适应图书现状的四部分类法在国家图书整理编目活动中逐步形成。

四、鼎盛的隋唐五代时期（581—960）

隋唐的统一，结束了西晋末年以来近300年的南北分裂动乱局面，国家的政治、经济和文化建设进入了新的发展时期。始自隋朝的开拓，经过唐初百年的建设，在历史上形成了堪与秦皇汉武时代媲美的盛唐文化。在图书编辑出版方面，这一时期发生了许多重要的事件。第一，隋末唐初发明了雕版印刷技术，至五代，开始大规模地应用于刊行儒家经典，我国的编辑出版事业进入了刊本的历史发展阶段。第二，从唐初起，国家建立史馆修史和大臣监修的制度，强化了统治者对书籍编纂出版活动的控制。从《晋书》到《隋书》，就是唐代房玄龄、姚思廉、李百药、令狐德棻、魏征等人所编撰的。隋唐五代时期，政府系统设立了负责图书管理、编纂和校勘图书工作的专职机构，如设秘书省、弘文馆等。这些机构职责分明，有利于编纂事业的繁荣与发展。第三，进一步开创图书编辑体制。政书是记载历代典章制度的图书，别史是指不属于正史、杂史的史书。政书和别史的编辑体制始于唐代。如政书有开元二十七年（739）撰成的《唐六典》，开元二十年（732）修成的《大唐开元礼》，还有《政典》《通典》等。第四，组织实施规模庞大的图书编纂。隋唐时期，政府编纂机构的编纂活动十分活跃，类书和儒家经典的编辑校理工作卓有成效。隋朝享国虽短，但也编辑了规模较大的《长洲玉镜》《北堂书钞》《编珠》。唐朝有《艺文类聚》《事类》《初学记》《唐文粹》《白氏六帖事类集》等类书和总集。第五，开始对图书编纂生产等方面的研究。如唐代刘知几撰写的《史通》已论及史书的源流、体例和编纂方法。雕版印刷术发明后，开始萌发对图书生产工艺的研究，注意研究印纸墨色、字体刀法、版式行款、装帧式样等。《少室山房笔丛》载："雕版肇自隋时，行于唐世，扩于五代，精于宋人。"第六，图书贸易发展很快。在这个时期，尤其是初唐、盛唐时期，经济、文化事业高速发展，社会上图书的需求量和收藏量大幅度上升，古代写本书的生产进入鼎盛时期，致使图书流通和贸易活动发展很快。唐代社会图书生产和交流贸易，以人工手抄为主，交流和贸易活动是互相或雇人传抄和书肆买卖两种形式。与此同时，唐代也是我国古代中外文化交流的鼎盛时期，与周边邻国日本、印度、朝鲜的交流尤为密切。

五、图书繁荣的宋辽金元时期（960—1368）

宋代，社会出版业形成了官刻、家刻和坊刻三大系统，图书出版发行和文化传播事业空前繁荣。辽和金是两个先后与北宋、南宋对峙的少数民族政权，元是在消灭金和南宋政权后建立起来的统一的蒙古贵族政权。由于受汉文化的影响和大量汉族文人出仕为官，辽、金、元在政治制度和文化政策上大多沿袭宋代定制，图书编辑出版事业继续得到发展。以下分朝代予以简述。

1. 宋代的图书编纂出版活动

宋代图书编纂出版活动异常活跃，成果累累。其表现：第一，设立图书编纂机构。宋代负责图书编纂出版活动机构有"三馆""一院""一省"。"三馆"是史馆、昭文馆和集贤馆，"一院"是崇文院。三馆一院常受命校勘典籍、雕印发行。"一省"是秘书省，其职责主要掌管祭祀祝版（写有祝文的木板）的撰书，参与国史修纂。第二，校书编目。两宋先后编制了四部国家藏书目录；对藏书进行整理校勘，如馆阁曾多次校勘四部书。第三，图书编纂成果。成果很多，如史称的"宋代四大书"《太平御览》《太平广记》《文苑英华》《册府元龟》；司马光于1084年撰修了《资治通鉴》，凡354卷，记载始于公元前403年，止于公元959年，共1362年间的政治、军事、经济、文化、制度等，该书的修成在我国史书编辑出版史上具有重大意义；宋代编纂活动中的另一个重要成果是史书和地志，如《新唐书》《太平寰宇记》《元丰九域志》等。第四，宋代的图书出版形成了官刻、家刻和坊刻三足鼎立的社会生产格局，呈现出热闹繁荣的大好景象。第五，宋代图书生产的形制发展和印刷技术的进步。宋版书具有很强的文化价值，在书艺刀法、选纸用墨、版式行款、粘连包装等方面形成了自己的版刻艺术风格，是我国雕版印刷的黄金时期，并在北宋仁宗庆历年间（1041—1048），临安毕昇发明了活字印刷术，这项发明比欧洲德国人谷登堡发明的活字印刷早400年。

2. 辽、金两代的图书编纂出版活动

地处我国北方的契丹族人建立辽国后，全面接受汉文化，修史、编实录、举科考、设立国家典藏和著述的专门机构，如设秘书监，下设著作局等，在文化建设和编辑出版活动方面有所建树，如官刻大藏经《契丹藏》。

金朝也仿北宋，设立秘书监，下设著作局、笔砚局、书画司、司天台，重视刻书，官刻、家刻、坊刻与宋朝一样皆备。在金国出版史上最著名的一件大事便是雕印佛教《大藏经》，于金大定十三年（1173）在山西解州天宁寺雕印完成。

3. 元代的编纂出版活动

元代是北方蒙古族征灭南宋后建立起来的统一政权，虽然是个多民族国家，但出现了多种文化互相融会的时代特色。元王朝先后采取了尊经崇儒、兴学立教、科贡并举、荐贤招隐、保护工匠等一系列文化建设措施。元政府设秘书监，主管图书文化事业，政府的编纂机构是翰林国史院、奎章阁学士院等。官修的书以《宋史》《辽史》《金史》，会要体史籍《经世大典》《元典章》，地志《元一统志》，农书《农桑辑要》等较为著名，还有历史上合称"三通"的《通典》《通志》和《文献通考》。元代刻书业同样很发达，有官刻、家刻、坊刻，其刻本风格与宋刻相仿，但精美度略差。元代在印刷技术方面的发展主要是王祯的木活字印刷技术，王祯将其写成的《造活字印书法》一文，附在他的《农书》之末。

六、图书空前发展的明清时期（1368—1840）

明、清两代前期，国势强盛，图书编纂获得了空前的发展，历史上两部最大的写本巨典《永乐大典》和《四库全书》就产生于这一时期。明成祖朱棣于永乐年间，集中 2000 文人，历时 6 载，编成《永乐大典》，全书 22877 卷，凡例、目录 60 卷，是我国历史上前所未有的大类书。清乾隆三十八年（1772）开四库全书馆，广集天下遗书，经 15 年编成《四库全书》，共收书 3503 种，79300 卷。《四库全书》的编修，堪称我国文化史上一次工程最浩大的编辑活动。

明、清两朝的末期，无奈地走向衰落之际，图书编辑出版方面却有着不同的机遇。明朝中叶以后，随着城市和商品经济迅速发展，小说、戏曲等通俗文学创作出现繁荣局面，两者结合，为编辑出版业的发展创造了巨大空间。一时间，民间书坊编制的通俗文学读本大量面市，汹涌如潮。1840 年鸦片战争以后，西方先进的印刷技术和新式的教育模式进入中国，出版业更换装备，新式教科书和科学知识类书迅速得以出版，新闻出版业全面进入新时代的发展时期。

明、清两代政府的主要编纂机构为翰林院，总领著作、修史、编史、图书诸事，如前所述进行了工程浩大的类书、丛书的编纂。明朝由于有"书籍田器不得征税"之令，刻书业很发达，官刻以内府、国子监、藩府为盛，私家刻书在江南成风。到清代，刻书的数量和质量都是历史上最好的。其中官刻、家刻特别兴盛，坊刻倒相对较弱。

还值得一提的是在这个时期对编辑理论方面的研究。清代已出现有关图书编辑理论的专著，例如《校雠通义》，作于乾隆四十四年（1779），为章学诚所撰。该书总结了历代校雠学发展的成果，从探索文字起源、官守学业、私门著述等方面，阐明了对校雠学的见解。其中提出的中国传统目录学是"辨章学术、考镜源流"的看法，是对一切图书编辑的基本要求。《文史通义》一书对方志编辑的要求、体例提出了许多精辟的见解，并认为编辑人员需要"识足以断凡例，明足以决去取，公足以绝请托"，这无疑是对编辑提出了必须具有的学识和道德要求。

七、我国古代图书编辑活动的特点

根据编辑出版史方面学者的研究，对于图书编辑活动的产生时间，有学者认为"不早于西周，不晚于春秋时期"[1]；有人认为始于甲骨文结绳记事的年代，甚至更早；又有人认为只是近百年产生的事。当然，比较多的学者赞同第一种观点。作者也分析了其原因[2]：

> 到西周后期，官府已积累了一定的文字资料便开始编字书和其他书籍。到春秋时期奴隶社会陷于瓦解，宗法世袭的社会制度发生巨变，周天下丧失原有权力，许多史官和乐官已不能保持原有的禄位，四处流散，他们掌管的图籍文献也随身带走。"学在官府"变成"学在四夷"，为各地私人著书立说、民间编书讲学创造条件。为传播思想、知识和经验的需要促进了书籍编辑活动的产生和发展。

由此说来，中国古代的图书编辑事业经历了3000多年的演变发展。那么，古代图书编辑活动有哪些特点呢？

第一，古代图书编辑活动与著述、校勘联系在一起。成书方式有著作、编著、编辑三种，而在出版业产生之前，编辑也是一种成书方式，并不是对作品的再加工。选编、汇编成书，是一种著作的形式。我国最早的一批书籍多是利用各种历史资料"编成"的作品，"编成"主要指

---

[1] 阙道隆等. 书籍编辑学概论. 沈阳：辽海出版社，2000：73.
[2] 阙道隆等. 书籍编辑学概论. 沈阳：辽海出版社，2000：73.

编辑而成或编著而成，而不是用纯著述创作的方式。以后发展而产生的对典籍修纂、整理、校点、编修，等等，都属于编辑、编著或编纂。

第二，古代图书编纂活动中的"编辑"不像现在是一种独立职业，编校图书多为兼任的工作。他们之中有学识渊博的高级官员（如宰相、大学士、尚书、侍郎）、学者、作者兼任，也可由出版者、或图书馆人员（藏书阁、刻书坊中人员）兼任，书籍编成出版之后，这些"兼职编辑"可去可留，可改做他事，班子即行解散。

第三，古代编辑大型图书，大多不是由大众决定的，而是由统治者决定的，这与民间的书坊、书肆的编辑机构性质是不同的。古代官府历代都设有图书机构，各种设置名称可以不相同，它们的职责可以保管图书档案、校理典籍、记录史实、修撰国史或起草官方文书等，它们所承担的不是同一的固定的任务。当然这些图书机构是为统治者服务的，编什么书全由皇帝或高级官吏决定，所编印的书多不会向大众出售。

第四，我国图书编纂工作，自古以来就十分强调质量，强调高度的科学性，强调传世作用，强调语句通达和文字表述，以及强调图书的内容与形式的统一，所以我国有灿烂的文化财富留给后人，我国的图书编辑具有很高的权威性。这种优秀的传统对我们今天从事的图书编辑事业的人来说，都是值得参考借鉴的，并应继承发扬。

第二节　近现代图书编辑活动

一、晚清编辑出版事业概况

1840 年鸦片战争，西方列强用大炮使我国沦为半封建半殖民地社会。资本主义的入侵既给中国人民带来苦痛，也给社会带来极其复杂的局面，有识之士接受西方的新知识和新思想，多方呼走，推行改革，使编辑出版迎来了新的时代和局面。

1. 翻译西学

第一次鸦片战争以后，英、法、美等列强通过与战败的清政府签订了一系列不平等条约，获取了自由传教特权，迅速在沿海通商口建立起西学传播基地，并于1843年在上海开设了称之为墨海书馆的首家西书出版机构，清政府也在1862年设立京师同文馆，组织翻译西方书籍。在近代编辑出版活动中，翻译西方书籍就成为了重要的内容，也为新文化运动的发展奠定了基础。晚清的这种译书活动，可以分为传教士译书、官方译书和民间译书。翻译的品种之多，范围之广为世人称颂。内容涉及思想文化和天文、地理、数学、化学、机械等科学文化知识。

2. 新式教科书的编制出版

在社会改革大潮的冲击下，要求在中国发展新式教育的呼声遍及朝野。在清戊戌变法前后，维新派在提出政治改良的同时，也把兴教办学列为社会变革的重要举措。仿照西方教育模式，兴办各类洋学堂，有教会办、官办、民办，就是在戊戌变法失败后，也"不可遏抑"。为适应新式教育，首先就要进行课程改革、编制新式教科书，如1890年，益智书会先后推出98种教科书，几十种教学挂图和图说，1902年各地学校普遍采用。近代编制新式教科书影响最大的是商务印书馆，它所设编译所，从1904年第一本教科书《最新初小国文教科书》第一册出版开始，随即陆续推出初小、高小、初中各级教科书，组成了一套"最新教科书"，风行全国。

3. 晚清的出版事业

晚清可谓是我国近代出版事业的产生和发展时期，出版活动有声有色，兴办了各类"书局"、"学社"、"书院"等。主办者有清政府、外国教会或外商、民族资本家、维新派和民主革命派等。

（1）官办书局。同治二年（1863），两江总督曾国藩在安徽安庆创办金陵书局，开地方大吏设局刻书的先例，接着全国大多数省先后设立书局，开展刻书活动。官办书局刻书以史居多，如《二十四史》，子书次之，诗文最少，也刻印过一些普及读物。

（2）外国教会和外商办出版机构。鸦片战争后，西方传教士涌入我国，进步的传播理念、先进的印刷技术和成熟的经营意识，也随之传入我国，对我国的书报刊的出版产生了促进作用。在众多的西方教会出版机构中，比较知名的是墨海书馆、美华书馆、广学会、益智书会、博

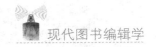

济医局、上海土山湾印书馆等。它们出版了大批书籍，以宗教书为主，兼及数学、物理、化学等科学知识，有的出版机构还出版报刊，如广学会办有《万国公报》《孩提画报》《成童画报》《大同报》等报刊。还有外商办出版，如英商 1872 年在上海创办申报馆，兼营图书出版。后来分设点石斋石印书局、图书集成铅印书局和申昌书局。1877 年，为适应教会学校的需要，西方在华传教士成立了"学校教科书委员会"，即益智书会，编辑算学、历史、地理、宗教、伦理等教材。

（3）民营出版企业的兴起。由于当时的社会形势和民族资本积累，民营企业兴办的书局、书馆蓬勃发展起来，规模较大的有 1897 年在上海创办的商务印书馆，1912 年创建的中华书局，此后又陆续出现有相当规模的开明书局、北新书局、世界书局、广益书局、亚东书局、北平文化社等。这些书局、书馆在我国近现代出版史上占有重要地位，它们在整理中国古籍、编制出版教科书、介绍西方科学文化等方面，作出了不少贡献。如光绪三十二年（1906）第一次审定初等小学教科书 102 册，其中 85 册是由民营出版企业出版发行的，由此有人指出"出版业的重心已由教会和官书局移到民营的出版业了"。

（4）维新派和民主革命派的出版活动。1840 年第一次鸦片战争、1884 年中法战争和 1894 年中日甲午战争后，清政府的腐败无能已经彻底暴露，国内要求变法维新的呼声日益高涨。康有为、梁启超、谭嗣同、严复等维新派人物，纷纷著书和翻译，并建立强学书局，提倡新学，反对旧学，出版了《孔子改制考》《新学伪经考》《大同书》《天演论》《变法通义》《仁学》等书刊，为维新变法制造舆论。

百日维新变法失败之后，中国有识之士继续寻求救国之路，以孙中山为首的革命派，利用书刊鼓吹民主革命，宣扬民主思想。一些民办书局书馆，也竞相出版新学图书，介绍外国历史和西学。当时出版的《革命军》《猛回头》《警世钟》等在人民群众中产生了巨大影响，对辛亥革命起了重大的推动作用。

二、民国时期编辑出版概况

自 1911 年辛亥革命推翻清王朝统治，1912 年孙中山创建中华民国，到 1949 年中华人民共和国成立，这段时期，史称民国时期。民国时期的编辑出版事业，无论在出版机构，还是在出版物的种类、数量上都得到了较大的发展。有资料显示①：图书出版涉及 17 类，124040 种；报纸 2500 种以上；期刊应在万种以上。这样巨量的出版物，说明了民国时期编辑出版活动十分活跃，成绩显著。

民国时期，革命进步力量的出版活动和中国共产党领导的革命根据地的出版事业不容忽视。五四运动以后，革命团体和文化社团如雨后春笋般在全国涌现。恽代英、李达、瞿秋白、毛泽东等先后在湖南、上海、武汉等地创办了文化书社、利群书社、人民出版社、长江书店等，积极编辑出版革命图书，传播马克思列宁主义。鲁迅、茅盾、郭沫若、叶圣陶等创办了文学研究会、创造社、未名社等，编辑出版了许多反映新时代思想的著名小说、诗集、散文、剧本和文艺理论，许多进步的民办书局、书馆也竞相出版了介绍新文化的各类图书，全国文化领域里呈现出百花竞放的繁荣景象。

在革命根据地，1938 年，中共中央在延安建立了解放社，大量编辑出版了马列主义经典著作和党的政策文件，1939 年党中央又设立了出版发行部，1940 年后在我国西北、华北、华东、中南、西南等地区还相继成立了新华书店，除主要担任书报发行任务外，还担负一定的图书出版任务，出版了反映抗日战争、解放战争、土地革命、工农业生产等题材的文学作品和识字扫盲课本。

三、出版印刷技术的发展

在近代，图书编辑活动推动了印刷技术的迅速革新，而印刷技术的革新，又进一步促进了图书编辑出版的发展。自 1440 年德国人谷登堡发明铅活字机械印刷术以来，西方的机械化印刷术持续创新，并向世界各地传播。19 世纪中叶，机械化印刷术开始传入中国，对中国近代印刷出版事业的发展起到了重要的促进作用。例如，1882 年上海点石斋石印书局石印《康熙字典》，数月之内销售 10 万部；1898 年上海印刷

---

① 黄镇伟. 中国编辑出版史. 苏州大学出版社，2003：308.

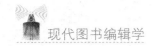
业开始用回转印刷机；商务印书馆，1900 年始用纸型，1905 年始用雕刻铜版，1907 年始用珂罗版彩印，1913 年始用自动铸字炉，1915 年始用胶版印刷，等等。19 世纪后半叶，西方机械化印刷技术凸版印刷、平版印刷和凹版印刷相继传入我国，20 世纪初以商务印书馆领头，形成研制使用铅活字和机械印刷的热潮。

四、作为独立社会职业的图书编辑的形成

编辑作为一种独立的社会职业，其形成是与近代资本主义生产关系的确立有联系的。产业革命促进了新闻出版的发展，各种报刊应运而生。报刊的创办，就导致了编辑职业的形成。报刊不同于图书。图书是不定期出版，不限量，何时编成就何时出，出版以后编辑也就改做他们原来所从事的工作，没有专职编辑。但报刊是定期出版的，只要不停办，就要有专职编辑。

近代定期出版物起源于 16 世纪的德国，17 世纪遍及荷兰、法国、德国、英国等西欧各国，专职编辑大批涌现。由此看来，近代编辑工作作为一种独立的社会职业始于 16—17 世纪的欧洲报刊。图书出版形成独立的职业编辑较报刊晚。我国则晚于西欧。近代第一份中文杂志是 1815 年在马六甲出版的《察世俗每月统记传》，第一份在国内办的中文杂志是 1833 年在广州出版的《东西洋考每月统计传》。这两份杂志都是西方传教士创办、主持的。他们同时还有办报的。1822 年，在澳门创办的葡萄牙文《蜜蜂华报》是中国境内第一份外文报纸，1827 年在广州创办的《广州纪录报》则是中国境内第一份英文报纸。鸦片战争后，获得办报特权的西方传教士纷纷在中国境内寻找办报新据点，上海很快成为新的办报中心。外文报纸，以 1850 年创办于上海的《字林西报》较为著名。1872 年，英国商人在上海创办的中文商业报纸《申报》，是国内最早的日报。据统计，从 19 世纪 40 年代至 90 年代，西方传教士在中国先后创办了 170 多种报刊。国人自办的第一份近代中文报纸《中外新报》是 1858 年在香港创办的，内地最早的国人自办报纸是 1872 年在广州创办的《羊城采新实录》和 1873 年在汉口创办的《昭文新报》，1874 年王韬在香港创办了著名的《循环日报》，从此拉开了我国资产阶

级改良派办报活动的序幕，多个学会创办了多种报纸。

　　鸦片战争后，西方传教士不仅办报刊，也办出版社，中国大陆最早的一批近代出版社在上海、宁波等地成立。随之国人自办出版社，1897年在上海创办商务印书馆，1912年创建中华书局，此后一二十家出版社陆续建立。1840年后还有官办书局，全国大多数省设立书局。各种出版社的建立，图书编辑在社会上与报纸编辑一样形成了一种独立职业。近代出版社的成立与古代出版不同，是持续性地、大批量地出版各种图书，因此图书编辑不可空缺，成为了社会独立职业。显然，这种独立职业的编辑，基本上与著述活动分开了，主要担负对图书出版的选择与加工和传播任务。

第三节　中华人民共和国成立以来的图书编辑事业

　　1949年10月1日，中华人民共和国宣告成立，中国图书出版事业随之进入了社会主义的历史新阶段。从那时至今天，已经经过了59年时间。这59年，社会主义的图书出版事业，包括图书编辑事业，取得了空前规模的发展，成就是辉煌的，超过了任何历史时期。图书编辑事业是图书出版事业重要的组成部分，无法分开，随着出版事业的发展而发展。由于我国尚处在社会主义初级阶段，我们所走的道路是不平坦的，积累了许多正反两方面的经验教训，但总的趋势是快速发展的。这59年的历史，可以分为四个时期予以简要回顾总结。

一、社会主义改造时期

　　中华人民共和国的出版事业是社会主义建设事业的一部分，党和政府从一开始就十分重视出版事业。新中国成立，中央人民政府就设立了出版总署，制定了出版方针和政策，对私营出版单位进行了调整，新设了出版机构和出版单位，使全国出版事业得到了有序的、快速的发展。图书品种逐年增加，印数成倍增长，质量不断提高。1952年全国出版图书13692种，印数78566万册（张），与旧中国出版图书数量最高年

份的 1936 年相比，种数增长 45%，册数增长 341%。从 1953 年起，我国社会主义建设进入第一个五年计划时期。这个计划，在 1956 年超额完成。1956 年全国共有出版社 101 家，出版图书 28773 种，比 1952 年增长 110%；总印数 178437 万册（张），比 1952 年增长 127%。

在这个时期，不仅数量增长快，而且出版的图书质量高、内容广。马克思列宁主义经典著作开始有计划地大量翻译出版，截至 1956 年，马、恩、列、斯著作出版了 241 种，《毛泽东选集》出版了一、二、三卷。多种文艺作品和学术著作出版，《鲁迅全集》和郭沫若、茅盾等著名作家的作品选集得以出版，各种科学技术读物和文化读物大量出版，促进了科学技术文化知识的普及，提高了全民族的文化素质。

二、"大跃进"至 1965 年期间

这个时期，我国经历了反右派斗争、"大跃进"、三年连续自然灾害、"四清"运动等，我国出版事业虽然受到一些干扰，但还是曲折地向前发展。党和政府十分注意利用图书向人民大众进行教育，系统地出版了马克思列宁主义经典著作，如出版了《列宁全集》，陆续出版了《马克思恩格斯全集》，《毛泽东选集》4 卷。中国著名作家鲁迅、郭沫若、茅盾、巴金等人的著作，陆续出版全集。这期间的社会科学、自然科学与技术科学的出版物都比较丰富。对西方重要学者、作家的著作，开始了有计划有步骤地介绍、翻译出版。

在这个时期，由于受到连续不断的各种干扰，使图书出版的质量和数量都受到了影响。如 1965 年全国出版图书 20000 种，比 1956 年下降了 30.5%。

三、"文化大革命"时期

十年"文化大革命"，使我国社会主义事业遭到最严重的挫折和损失，出版事业也受到了极大的摧残和破坏。1967 年仅出书 2725 种，从 1966 年到 1976 年，平均每年出书 8351 种，只及 1950 年到 1965 年平均每年出书 22551 种的 37%。

四、出版事业的复兴和发展时期

1976 年粉碎了"四人帮"，批判了极左路线，出版工作得到恢复和发展。党的十一届三中全会以后，整个国家的社会主义建设走上了新的历史阶段，社会主义的图书出版事业也迈开了新的发展步伐。发展需要改革，改革伴随发展。80 年代以后，出版事业开始了全面改革，以崭新的姿态步入了 21 世纪。改革开放以来，出版业改革是全面的、深刻的，发展是空前的、快速的，成绩是巨大的。主要表现在以下几个方面。

1. 出版法规建设全面启动，出版方针进一步明确

社会主义出版事业，必须坚持社会主义方向。党的十一届三中全会以后，出版战线拨乱反正，首先解决了指导方针问题，逐步制定了一系列的出版法规和政策。1983 年，中共中央、国务院发出了《关于加强出版工作的决定》，指出在新的历史时期出版工作进入了"我党我国历史上前所未有的重要地位"，并且明确规定了社会主义出版事业的指导方针和基本任务。出版工作总的方针是："必须坚持为人民服务，为社会主义服务的根本方针，宣传马克思列宁主义、毛泽东思想，传播一切有益于经济和社会发展的科学技术和文化知识，丰富人民的精神文化生活。"并在《决定》中强调出版部门"自觉地用四项基本原则指导自己的工作"，"自觉地贯彻党的百花齐放、百家争鸣、古为今用、洋为中用、推陈出新的方针"，"坚持质量第一"，"把最好的精神文化食粮供给人民"。《决定》是指导新时期出版工作沿着社会主义轨道健康发展的纲领性文件，对整个出版战线明确方针、统一思想，产生了重要而深远的影响。随着形势的发展，改革的深入，法律建设的加强，党和国家对新闻出版发行制定了一系列的法律规范。如 1990 年制定《中华人民共和国著作权法》，并于 2001 年修正；1997 年新闻出版署发布《图书质量管理规定》和《图书质量保障体系》等文件，2001 年国务院颁布《出版管理条例》《音像制品管理条例》《印刷业管理条例》；还有其他各种条例、管理办法、规定等文件，这些既为新闻出版、编辑指明了方

向，也规范了行为。

2. 图书出版业在数量和规模上有很大发展

1978年，全国出版社有105家，到2006年，已发展到573家（包括副牌社34家）①。在全国范围内，已经基本形成了门类较为齐全，布局较为合理的图书出版系统。

随着出版业迅速发展和出版改革不断深化，以及我国加入WTO，面对经济全球化，我国出版业开始走集约化、集团化经营的道路，近几年来，加强了出版集团的组建。1997年，中宣部和新闻出版署综合考虑各地出版单位整体实力、出版市场与环境和建立出版集团的相关经验等情况，确定了5个试点出版集团：上海世纪出版集团、广东出版集团、北京出版社出版集团、山东出版集团、中国出版集团。1999年，上海世纪出版集团、北京出版集团、广东出版集团成立；2000年，辽宁出版集团、山东出版集团正式挂牌；2002年，中国出版集团成立；2003年，吉林出版集团成立；2004年，河北出版集团成立。至2004年上半年，已经正式成立的出版集团有8家，又陆续成立了一些出版集团。到2006年，《出版年鉴》上公布的为27家（含总社）。② 其中，有以出版为主业的专业性出版集团，也有科工贸一体化的综合性出版集团。

综观世界传媒产业发展，集团化、一体化已经成为传媒发展的基本取向，集团化水平成为衡量一个国家传媒竞争力的核心指标。建立具有中国特色的社会主义的现代化出版集团，将是我国今后很长一段时期内出版产业发展的基本战略。

3. 编辑出版了一大批大型图书和成套图书，图书出版数量快速增长

马克思列宁主义经典著作方面，《马克思恩格斯全集》中文版50卷全部出齐，我国自己编辑的《列宁全集》60卷已经出版。我国老一辈无产阶级革命家的选集和文集，也已陆续出版。工具书类硕果累累，

① 中国出版年鉴2007. 中国出版年鉴社，2007：782，839～841.
② 中国出版年鉴2007. 中国出版年鉴社，2007：782，839～841.

《中国大百科全书》《中国医学百科全书》《中国农业百科全书》《中国军事百科全书》等已分册出版。《辞海》（修订本）、《辞源》（修订本）、《汉语大词典》、《汉语大字典》等已全部出齐。大批大型图书和"八五"国家重点图书工程的编辑出版令人鼓舞，如《当代中国》《祖国》《中国地理》等大型丛书，《中国美术分类全集》《汉译世界学术名著》等重点图书，纷纷出版。一般图书更是百花盛开，在品种和数量上剧增。据2007年出版的《中国出版年鉴》公布的数据①，2006年全国共出版图书233971种（其中新版图书130264种，重版、重印图书103707种），总印数64.08亿册（张），总印张511.96亿印张，居世界第一位。

4. 出版科学研究工作从无到有，发展很快

我国出版理论研究工作在20世纪80年代初开始形成热潮。1985年3月，经国务院批准，我国第一个专门从事出版科研的学术机构——中国出版科学研究所在北京正式成立，从此开始了走我国出版科研工作中专业研究和业余研究相结合的道路，并相继建立了编辑学会、编辑研究会、出版研究会和图书发行研究会等学术团体和科研组织。编辑学研究从起步到逐渐深入，发展迅速。据不完全统计，20世纪最后20年，共出版有关编辑学和与编辑学密切相关的著作，总量近百种，论文已有一千多篇。

5. 编辑出版专业高等教育不断发展壮大

1984年，胡乔木致函教育部，"编辑之为学，非一般基础课学得好即能胜任"②，建议在大学里设立编辑专业，研究编辑学。实际工作的需要引起新闻出版署和教育部领导的重视，编辑出版专业教育很快就起步了。从1978年12月，国务院正式批准建立我国第一所高等印刷学院——北京印刷学院起，1984年教育部指示北京大学、复旦大学、南开大学建立编辑专业，1985年开始招生，至今经过了20多年，经历了发

---

① 中国出版年鉴2007. 中国出版年鉴社，2007：782.
② 胡乔木. 就办编辑专业问题复教育部的信∥胡乔木谈新闻出版. 北京：人民出版社，1999：530.

展、低谷、再发展、高潮四个阶段，到 2002 年，全国有 30 所高校开设了编辑出版专业的本科教育，2004 年又增加到 50 多所，2006 年 61 所，我国编辑出版专业教育走上了蓬勃发展的道路。

1996 年 7 月，在北京举办了新中国成立以来出版成就展，全方位展示了我国出版、印刷、发行所取得的辉煌成就。

五、图书编辑出版事业在改革中奋进

新闻出版署石宗源于 2002 年撰文《深化改革，与时俱进，开启我国新闻出版业的新纪元》，其中指出："深化新闻出版业改革，必须高举邓小平理论的伟大旗帜，以'三个代表'重要理论为指导，坚持党的基本路线，坚持解放思想，实事求是，一切从实际出发。深化改革必须以发展为主题，以结构调整为主线，进一步壮大实力，增强活力，提高竞争力。"这段话，深刻地指出了改革的指导思想，改革的方向和改革的目的，对指导我国新闻出版业阶段性改革具有理论意义和实际意义。

图书出版经过由生产型到生产经营型的变革以后，目前正面临由原来的事业单位企业管理向以公司制为主要形态的企业转变，绝大多数出版社都面临着向企业化转制的任务。

在出版体制和机构的改革中，围绕"一个中心，两个基本点"，抓好其他一系列改革，处理好各方面关系，出版改革必须始终坚定不移地走"质量效益"的道路，既要快速又要稳步持续发展。

改革是推动我国一切事业发展的动力，出版改革必须始终坚持四项基本原则，坚持贯彻执行党和国家的出版方针、政策，坚持以科学的理论武装人，正确的舆论引导人，高尚的精神塑造人，优秀的作品鼓舞人，向人民提供更多更好的精神食粮。

改革必须开放，把出版放到国际大环境中去，面对全球经济的一体化和激烈竞争，既要坚持发展自身的特点和优势，又要注意学习、引进国外先进的管理技术、现代出版经营理念以及优秀的文化信息资源，尽快地把出版事业做大做强。

第二章

....>

图书编辑工作的性质、功能和规律

　　编辑工作是一种社会文化活动，是为了向公众传播准备稿件，进行选题策划、组织、筛选，对稿件进行审理、加工，使之成为达到出版要求的书稿，并促其出版和传播。编辑的全部工作围绕选择、优化和传播作品进行，这是现代编辑活动的内容。当然，不同传播媒介具有各自的特征，就是图书编辑工作，在不同的历史时期其活动的内容和特点也会有所不同的，我们所讨论的内容主要是现代的图书出版编辑工作。

第一节　图书编辑工作的性质

一、中介性

　　在文化传播中，作者创作的作品，都不能直接传播，而要通过一定媒介去传播，编辑就充当了媒介中传播作品的重要角色。不过现代网络媒介，作者可以直接将自己的作品发表。而图书出版，作者必须把书稿交出版社才能予以出版。编辑在文化创造和传播过程中，是联结作者和读者的纽带，起中介作用。根据社会和读者的需要，选择和策划选题，组织、准备稿件，促其出版和传播。把社会需要、市场信息和读者意见反映给作者，又把作者的作品推荐给读者，这些就是编辑肩负的时代重任。正如我国著名作家巴金针对编辑和作者的关系说过："编辑是作家与读者之间的桥梁，作家无法把作品直接送到读者手里，要靠编辑的介

绍与推荐，没有这个助力，作家不一定能出来。"在网络时代之前，肯定是这样的，在网络时代的今天，编辑的中介性仍然存在。作者的作品通过编辑这个环节得以出版，变成为图书。读者的需求通过编辑反馈给作者从而创造出他们需要的作品，满足读者对图书的需求。

二、倾向性

倾向性是与中介性密切相关的。倾向性是指编辑在组织稿件、决定取舍时会依据国家的出版方针，按照出版社的指导思想和要求进行。这种倾向性，任何国家、任何历史时期都会存在的。在我国，坚持社会主义方向，认真贯彻"二为"和"双百"方针，始终把社会效益放在首位，这些是大的倾向性。对每个出版社，在总的出版方针指导下，根据各自的实际情况，会形成自己的特色和风格，这种特色和风格，是出版社的倾向性。对于每个编辑，也会在长期的实践中，形成自己的编辑风格，并会在自己确定的领域中开发选题，优选稿件，这应当是编辑的倾向性。有倾向性应当是编辑工作的重要特征。有倾向性就会使出版不会迷失方向，就会形成出版特色，有特色的出版社才会在市场上占有一席之地，就会稳步持续地发展。反之，如果编辑活动没有倾向性，什么都出版，那么，不仅特色无法形成，而且难以在激烈的市场竞争中取胜，甚至生存都会遇到困难。

倾向性也会明显地表现在把关和导向上。编辑工作的政治思想性就是经过把关实现的。任何信息要进入传播都要经过把关。出版方针是编辑工作需要贯彻的。2001年国务院颁布的《出版管理条例》第二十六条明确规定了出版物中不得含有十个方面的内容，换句话说，含了这些内容的作品，就不能出版；第二十七条，对未成年人出版物的内容也进行了规范，不得含有不健康的内容。还有其他一系列文件，规定了重大选题申报、备案等办法，这些都是对出版物内容的把关。对出版物其他质量，表现形式质量也都存在把关的问题。所以编辑工作，既要对书稿的政治思想性、科学性、艺术性的把关，还要对书稿的表现形式，如装帧设计、印刷质量等把关，使之向社会和读者贡献的是最好最美的出版物。

导向和把关是相互联系的，但它们又有区别，导向除了把关的目的外，还具超前性和方向性。如何使自己站在更高更远的位置，把握方向性，是导向的难度所在。因此，不是每个人都能当好编辑的。要做好导向，首先要深刻领会出版方针，把握时代的脉搏；其次要深入了解社会，了解读者现在和长远的需求；再者要有广博的知识，具有超前意识和创新能力。当然，要起到导向的作用，所出版的图书必须要有一定的广度或者很强影响力。没有广度，范围太小，起不了导向；没有影响力的书，无声无息，也谈不上导向。所以，要想在一定程度上影响社会科学文化的走向，没有一定声势和力量是难以奏效的。要达到这样的效果，要重视优秀选题和"重点图书工程"的工作，还要重视时代杰出作者的作品出版。例如在历史上，有很多影响社会进程的作品的出版，都是这样。1543 年哥白尼（Nicolaus Copernicus）的《天体运行论》的出版，使自然科学从此由宗教神学的禁锢中解放出来；1859 年达尔文（C. R. Darwin）的《物种起源》（全名为《通过自然选择或生存斗争保存良种的物种起源》）的出版，是生物学史上的一个里程碑，具有划时代意义；1988 年史蒂芬·霍金（Stephen W. Hawking）的《时间简史：从大爆炸到黑洞》的出版，被誉为人类科学史上里程碑式的佳作。

物质产品一般说来都具有实用价值，当然这些产品要是合格的，不能是伪劣产品。而精神产品具有正负效应两重性，那么导向就存在正导和负导（或称误导）两方面。正导有利于社会精神文明建设，鼓舞人民奋发正气，推动社会发展进步；误导会助长歪风，有损社会利益，造成思想混乱。例如，为了片面追求经济效益，借科学普及之名，出版伪科学、反科学的图书，出版宣传封建迷信读物；或者借进行性教育之名，行兜售资产阶级黄色腐朽物之实，给社会带来毒害；或者打着娱乐消遣的幌子，出版宣扬暴力、凶杀的图书。总之，这些书会使辨别能力不强的未成年人误入歧途。近一二十年以来，出版了许多中小学生的课外读物、教学辅导书，其中就有粗制滥造者。让质量低劣的书出版了，不仅不会起好的作用，而且还会误人子弟，使受害者难以辨别对错，这种行为理应受到谴责。

三、创造性

深刻地分析编辑工作的性质，有利于挖掘其规律，便于提高编辑工作的质量。编辑工作中的创新体现在编辑的全过程，虽然没有作者创造作品那样明显，但也不是被动地工作而没有创新。如果一个编辑不是创造性地工作，就不会有新的成果、新的特色和风格。编辑过程中，有两个环节的创新很重要，一是选题创新，二是物化形式的创新。当然在修改、加工书稿过程中同样要创新，但那种创新会要循着作者的思路去处理问题、解决矛盾。因为对作品实质性的修改要作者自己去完成，编辑只能提出建议和设想。在帮助作者完善作品的过程中包含编辑的创造性劳动，但是这种创造性劳动具有隐蔽性，编辑付出了多少创造性劳动，除了编辑自己以外，就只有作者清楚，读者和其他人是无法知道的。

关于选题，本书会有专章论述。选题创新是出版中的最重要的因素。没有新意，谈不上创作。创作首先要有选题。除了文艺作品、学术著作这些作品作者可能先有创作思路，或有自己的科研课题，其他大多数作品，则都是由别人构思，拟定选题，然后才开始写作。所以，现代出版人都十分重视选题的策划、设计。编辑在进行选题开发时，同时也会构思编写提纲，待选题论证、审批后，就会将编写提纲交给作者，所以这个过程的创新很重要。选题的创新有品种、内容、表现形式几层不同程度的创新。品种的创新应当是最高层次的创新。这种创新来源于对市场和读者的熟悉和了解，对新事物、新思想、新潮流的把握，并有深刻的研究。没有新意的选题，只能是出版的重复，资源的浪费。内容的创新应当说是大量的。如果说品种的创新很难开启原创型选题的话，内容的创新涉及新成果、新动向、新问题，等等，处于信息社会，"知识爆炸"的观点人尽皆知，新知识的书是永无止境的。图书的表现形式的新，在现代是愈演愈烈。如《画说资本论》，多种版本的《百科全书》，品种繁多的《鉴赏》，这些都是内容表现形式的新，其余还有体裁的新、装帧形式的新，等等。新是图书的灵魂，图书的多样性也说明了图书具有新颖性。因此，现代编辑工作已经离不开创造性了。

四、系统性

现代编辑工作与古代编辑工作不同，古代编辑可以单个独立地编书、抄书或刻书，而现代编辑已不可能单个制作出版物。

辩证唯物主义认为，物质世界是由无数相互联系、相互依赖、相互制约、相互作用的事物和过程形成的统一整体。这也是系统普遍存在性的哲学基础。编辑工作具有一般系统所共有的特性，它是一种属于社会文化活动的系统，是一个信息控制系统。编辑工作是精神生产劳动，其内容是信息的获取、筛选、加工和利用等等，它和外部交换的、在系统内部传递的主要是信息，所以说是信息系统。任何一个系统还必须有控制，不能让它自发地运动，自发运动很难达到系统所追求的目标。例如，图书的质量、图书效益价值，都必须加以控制，才能达到预期效果。所以编辑工作系统是一个信息控制系统，它比一般物质控制系统更具复杂性。在研究编辑工作的系统性时，要特别注意它的整体性、调控性和动态性的重要特征。

图书的编辑过程是一个有机统一的整体，系统中的各个环节既有相对的独立性，又有相互联系、相互制约的特性。系统功能要通过系统各个环节的整体作用才能实现。各个环节都具有各自的功能，任何一个环节没有发挥自己的功能，就影响系统功能的实现。但系统功能又不是各个环节功能的简单代数和。一般来说，系统功能大于各环节功能之和；对于一个失于组织的系统，系统功能也可能小于各环节功能之和，甚至产生负功能。这也是系统论中的一条重要原理。在编辑工作中，选题和组稿是在捕捉、收集、处理大量文化信息的基础上进行的。选题和组稿工作又影响图书的质量和销售数量；书稿的质量也依赖于编辑工作的其他环节，既受组稿的影响，也与审稿、编辑加工、校对密切相关。图书的质量包含内容质量、编校质量、装帧设计质量和印装质量，哪一个方面质量不过关，都会影响图书的成品质量。编辑工作的周期也有赖于各个环节协调配合、精心安排，倘若某环节失调，就会影响预期效果；如果延误时机还会失去市场，产生负功能。编辑工作的整体性，体现了图书出版的群体性。编辑工作本身不是一个人可以完成的，如"三审"、"三校"，要多人来完成，而且编辑工作与印刷部门和营销部门的人员也形成出版的群体活动。印刷部门必须保质保量及时将书印刷出来，发行销售部门必须采取必要的营销手段，扩大销售，各部门把出版当作一个整体，各自做好自己的工作，才能发挥整体效能，实现效益价值目标。

由于编辑工作的整体性，各个环节是相互关联的，为了保持其系统的正常运转，需要对系统进行调控，调控依靠于外部环境的信息和系统内部的信息。外部环境信息对于编辑工作系统是很重要的，一方面选题的确定依靠外部环境信息；另一方面选题是否成功，成书出版后要经过外部环境检验。图书出版后市场和读者的反应，称之为反馈信息。反馈信息对于系统的调控产生十分重要的作用。系统内部的信息对各个环节起指挥作用，编辑过程的每一道工序，依靠各种指令操作、完成。只有依靠这种调控才能使系统有条不紊地工作、运转。如果某环节进行不畅，就得采取必要措施，或者投入力量，保证工作的顺利进行。

世界上的万事万物都是运动、变化的，编辑工作系统也不例外。编辑过程本身就是时间的函数。而且，更重要的是系统随环境的变化而变化和发展。社会在发展，出版在演变，编辑工作系统也相应变化。如出版图书的品种、数量随社会发展而迅速增加；出版手段随社会发展而不断更新，现代出版由于计算机技术和电子技术的引入，出版已现代化；出版的现代化使编辑工作现代化，计算机已在信息收集和处理、审稿、编辑加工、校对等方面得到了广泛的应用。这些变化和发展要求编辑工作适应形势和客观发展，与时俱进。

认识编辑工作的系统性，目的还是为了使编辑工作系统始终处于最佳运转状态，保证工作的最优效果。因此，我们应当注意运用系统理论和方法来指导编辑工作。例如，在策划选题、拟定选题计划时，坚持目标控制，把握出版方向；在出版过程中，强化整体观念，优化运行机制；利用反馈原理，全方位提高图书的出版质量，等等。

以上所谈的编辑工作四点性质是主要的。有的学者还提出了时代性、群体性、经营性等①，有的学者仅提出了政治导向和宣传舆论性②，以及其他不同提法③。无论怎样提，编辑的中介性是编辑工作的主线，其他都由此展开。

---

① 李海崑. 现代编辑学. 济南：山东教育出版社，1996：36－46.

② 朱胜龙. 现代图书编辑学概论. 苏州：苏州大学出版社，2003：3－7.

③ 庞家驹. 科技书籍编辑学教程. 沈阳：辽宁教育出版社，1996：36－37.

第二节 图书编辑工作的功能

由于图书具有双重属性，既具有精神产品属性，又具有物质产品属性，所以图书编辑工作既具有鲜明的意识形态属性，又具有出版产业的经济属性。从这两方面出发，结合考虑上节所述的编辑工作的性质，图书编辑工作具有导向、优化和经济功能。

一、导向，促进两个文明建设的作用

由于编辑在传播过程中处于重要位置，编辑工作是整个出版工作的中心环节，编辑既是文化的建设者，也是文化的传播者。社会需要先进文化，先进文化往往又体现在图书内容中，因此，编辑是先进文化的实现者。图书出版的"二为"方针，用现代的出版理念来衡量，图书出版工作要"坚持以科学的理论武装人，以正确的舆论引导人，以高尚的精神塑造人，以优秀的作品鼓舞人"，"传播一切有益于经济和社会发展的科学技术和文化知识"，努力完成社会主义物质文明和精神文明所赋予的任务。"坚持以科学的理论武装人"，就是坚持正确的出版导向，坚持四项基本原则，把党和国家的有关方针、政策贯彻并落实到出版的选题计划之中，用科学的理论振奋人民群众的精神，激发人民群众的热情，鼓舞人民群众的斗志。坚持"以正确的舆论引导人"，首先要搞清楚什么是"正确的舆论"，其次要坚持"引导"。正确的舆论应当与党和国家的利益、人民的根本利益保持一致，就是上面所讲的"科学的理论"。在任何历史时期，都要深入地研究贯彻党和国家的方针、政策，建设路线和思想路线，明确党和国家的任务，动员全国各族人民为之奋斗。现阶段，图书编辑工作要坚持马克思主义在意识形态领域的指导地位，反对搞多元化；把马列主义、毛泽东思想、邓小平理论和"三个代表"重要思想作为前进方向的根本保证。在新的形势下，更要在政治上、思想上与党中央保持一致，紧跟党中央的战略部署，不断把图书出版工作推向新的发展阶段。所谓引导，就是向着某个目标、某个方向前

进。编辑工作是做文化工作的，要使"正确舆论"发挥其影响力和作用，不能单靠灌输，更多地要深入研究表现形式，把人们的思想统一起来，把行动统一起来，扎扎实实搞改革、求发展，使社会主义建设蓬蓬勃勃、蒸蒸日上。坚持"以高尚的精神塑造人"，出版社在选题策划和图书出版中坚持以正面宣传为主，弘扬社会的主旋律，形成中国特色的主流文化。在选题策划中，要善于发现提高人民素质题材的选题，以及改革开放中典型人物和事迹的选题，让正义的、先进的思想和事迹去影响人、教育人。人总是要有一点精神的，理想、道德、情操对人生发挥巨大的作用，要让共产主义的高尚精神塑造一代又一代人。坚持"以优秀的作品鼓舞人"，关键是"优秀作品"，不要在金钱的诱惑下，出版腐朽没落的作品。"优秀作品"的标准，就是大力弘扬社会主义主旋律，弘扬时代精神，弘扬民族特色，弘扬我们这个时代的英雄人物和社会主义社会的新生事物，使图书出版在社会主义精神文明建设中发挥更大作用。"优秀作品"也就是具有社会效益的作品，在图书出版中，要从社会和民族的需要出发，从人民的根本利益出发，坚持把社会效益放在首位。编辑要坚持以这些为出发点来设计选题、组织书稿、出版图书。

编辑工作的导向是时代赋予我们的重任，也是社会主义图书出版的特性体现。图书出版既有时效性，也有积累性。千秋功业不能只图眼前利益，急功近利不可取。2001 年国务院颁布的《出版管理条例》第三条明确指出："出版事业必须坚持为人民服务、为社会主义服务的方向，坚持以马克思列宁主义、毛泽东思想和邓小平理论为指导，传播和积累有益于提高民族素质、有益于经济发展和社会进步的科学技术和文化知识，弘扬民族优秀文化，促进国际文化交流，丰富和提高人民的精神生活。"这就指出了出版事业的方向和任务，这也就是处于出版工作中心环节的编辑工作的方向和任务。

信息的数量是无限的，社会和读者需要的是有用的信息。编辑工作首先就是要选择信息。由于读者是多层次的，年龄、文化程度、民族、性别等诸多因素的不同，导致需求的多样化。不要因为导向，而使品种单一，这样也满足不了社会的需求。现代社会的多样性，会使图书品种走向多品种，少批量。在我国，现在每年出书在 20 万种以上，单个品种能销售 1 万册，就认为是畅销书了，可见现代需求多种多样。编辑的选择要注意掌握政策，把握时代脉搏，优先出什么书，少出什么书，不能出什么书，做到心中有数。将会对人们的思想和行为以及社会效果产生什么影响，在选择和优化图书时，都必须有所估计。我们所从事的事业是文化事业，对人们思想和文化产生十分重要的影响力，决不能掉以轻心。导向工作做得好，对社会主义精神文明建设和物质文明建设都是很大的促进，功不可没；导向工作做得不好，会造成思想混乱，阻碍社会前进的步伐。

二、优化，贡献最好最美的图书给社会

优化贯穿于编辑工作全过程，选题优化、书稿内容优化、设计优化，等等，都要经过编辑的不懈努力，达到从内容到形式的完美统一，使贡献给社会的作品最好、最美。

编辑工作首先就要制定选题计划。选题计划的制定，关系出版的整体。在改革开放初期，图书出版追求的是品种数量—效益。进入 20 世纪 90 年代后期，随着改革的深入，图书出版是转向质量—效益，"优化结构，提高质量"。在制定选题计划时，要深入调查研究，了解读者需要，掌握市场动态，把握时代脉搏，围绕出版任务来制定选题。如古代文化历经编辑优化，去糟粕取精华，使那么多优秀古典作品传世；外来文化，更是经过精心挑选，才有那么多洋为中用的世界名著翻译出版。尤其是从 1978 年以来，国外科技图书的引进更是成绩斐然，大量科技图书得到引进和翻译出版，加快了我国科学技术发展进程。不过，在优化选题上还要进一步下工夫，要减少、杜绝重复出版，避免资源浪费。

内容优化，由编辑工作含量决定图书的质量和效益。速度与质量是矛盾的，但要看到它们的辩证统一。没有质量，速度也就变得毫无意义，要在保证质量的前提下，考虑图书出版的时效性，加快出版速度。总的要求是对每一产品都要经过"精雕细刻"，但不可能都是同样的时间。时间短，也要采取措施，同样"精雕细刻"，保证质量，保证出版周期，这就要在管理上下工夫。书稿加工严格按照"三审制"的要求，

不能走过场。书稿的审读、修改加工的质量，也体现了编辑的水平和素质。要注意培养和提高编辑的工作水平和素质。只有高投入的编辑含量，才会产生许许多多的图书精品。

设计优化，如果从广义上谈设计，则应从选题设计、装帧设计、营销设计全面去谈，但更多的时候是从狭义上去谈设计，主要讲装帧设计，从美术设计、技术设计、材料设计等方面去强调设计。设计优化就是要从整体出发，根据美感的原则，使每种图书都是美的，达到整体美、和谐美。不同类型的图书、不同档次的图书，其设计应与之相适应，全面考虑美化、适应和成本三者相互关系，并使之协调。产品设计决定产品价值。图书在物化过程中，转化为有形的产品，主要是设计和印刷、复制，而关键是设计。因为图书的印刷、复制由印刷厂完成，而且是完全按照预先设计的要求进行的。在现代印刷技术迅速发展的今天，图书装帧设计更加多样化、现代化。因此编辑更可以展开创意的翅膀，驰骋想象，拓宽思路，大胆创意，设计出更多更美的图书贡献给社会。

三、获利，使出版社得以生存和发展

在计划经济时代，编辑工作不会主动涉及图书销售，但在市场经济条件下，编辑工作必须围绕经济效益而去开展。因为，出版社的生存和发展，以及出版社人员的生存和发展，都与经济密不可分。"巧妇难为无米之炊"，没有经济的支撑，企业无法运行下去。当然，在市场经济条件下，编辑工作首先要坚持正确的出版方向，方向正确是根本保证。但是在强调社会效益时，不可避免地要讲究经济效益，虽然不要求每个图书品种都获利，但整体应当获利。为此，许多出版社对编辑室和编辑个人都制定了获利目标，下达了利润指标。

编辑工作的经济功能初看起来不明显，好像产品利润的来源是销售和发行，其实，我们深入分析一下，查查源头，就会十分清楚，编辑工作的经济功能十分重要。众所周知，编辑工作是整个出版工作的中心环节，这就概括地说明了编辑工作的作用和地位。出版工作是从编辑工作开始的，选题的策划、书稿的选择和加工、内容质量的保证、图书整体

设计等主要都是由编辑负责，编辑还要参与宣传推广，负责重印、再版等工作。从图书出版发行全过程来看，编辑只是没有直接把书销售给读者，但是图书生产的成本投入与销售的效果，都与编辑工作有关。

在我国，编辑工作的经济功能是在市场经济的条件下才体现出来的。在计划经济条件下，所有的图书均由国营书店包销，编辑工作只注重把好政治关和文字关，只管提高书稿质量，不承担出书的经济责任，不调查研究市场需要，不介入图书印制过程，也不关心图书出版以后的命运，不参与促销活动。选题计划只要制定后经主管部门批准就会安排编辑出版，不管市场是否需要，不管是否有人购买，不管是亏损还是盈利，好像这些都与己无关，的的确确只管埋头编书。

实际上，任何产品都要遵循市场需求规律，有需求才有生产的必要，盲目生产只能导致销售不畅，造成产品积压。有需求才能实现产品的价值。出版社由计划经济体制向市场经济体制转轨以后，为了出版社的生存和发展，为了国家出版事业的繁荣，编辑已经更新了观念，改进了工作方式，增强了市场意识和总体策划意识，开发选题除了注重书的思想内容、文化价值和社会需要外，还要考虑生产成本、制作方法、销售发行等因素，并全程设计营销活动。在这当中，编辑工作的好坏，直接关系图书的盈亏。美国斑马图书公司董事长瓦·札卡顿亚在介绍自己与同行的体会说："编辑部是出版社的中坚，既能兴社，也能毁社。"①我国著名的出版家邹韬奋在谈到出版物的属性时曾说过："因为我们所共同努力的是文化事业，所以必须顾到事业性，同时因为我们是自食其力，是靠自己的收入来支持事业，来发展事业，所以必须同时顾到商业性，这两方面都应该相辅相成，不应该对立起来。"② 可见，编辑工作的经济作用与社会作用同样重要，而且两者是互相促进的，这也正是社会主义市场经济条件下编辑工作的特点。

---

① ［美］出版商周刊，1992－04－13.

② 韬奋文集（第3卷）. 1955：492.

第三节　图书编辑工作的规律

　　"规律就是关系……本质的关系或本质之间的关系"，是"不以人的意志为转移的客观过程的反映"。传统的编辑工作主要包括选题、组稿、审稿、编辑加工、定稿发稿、校定付印等六项工作，而现代编辑必须有"十八般武艺"：既要会选择和策划书稿，又要精通图书制作、谈判、宣传促销、广告、新闻发布、营销、会计、社交等等。编辑在各个方面必须有绝佳的技巧，才能获得很好的工作业绩。编辑工作规律是客观存在的，但研究和揭示现代编辑工作规律是复杂而困难的事。有的学者认为，"选择与加工是编辑活动基本规律的核心"。更多的学者认为编辑活动基本规律是编辑与读者和作者的关系的相互作用和反映。在这里只择要谈三个方面的内容。

一、选择和策划，主体和客体相统一规律

　　选择和策划是指主体（编辑）对客体（图书）的选择和策划。编辑面对社会，通过深入调查研究，掌握了许许多多的信息，手中有不少的选题，一方面要对图书选题进行筛选，另一方面还要开发设计新的图书选题。策划选题比选择更难，更具有创新性。在进行图书选题的选择和策划时，重要的是将主体和客体统一起来，充分体现主体的把关、导向和创新作用。

　　精神产品的生产者有各行各业的专家、学者，只要具有一定创作素质的作者，都可以创作作品，由此产生的作品各种各样，水平参差不齐，编辑必须对这些作品有选择性地出版。选择时不是盲目的，要根据出版方针、时代要求和社会需要予以选择，根据传播的规律和规格，将分散的、独立的作品纳入编辑系统使其规范化，从而有利于受众接受，从而使传播媒介的功能和效果得到充分的发挥，又使作者的作品能够在市场中得到读者的青睐。

　　主体和客体（包括图书、作者和读者）的矛盾，往往会在图书上

表现出来，如何将矛盾统一起来，是编辑工作目的所在。所以编辑在策划时也不是随意的，它服务于一定的目的，包括把关、尊重个性、积累和创新。把关具有倾向性，解决意向、目标和要求等。意向是策划的前提。为什么要提出这样的选题，是社会效益好，还是社会效益和经济效益都比较好？这是首先要回答的问题。比如，形势的需要、宣传的需要、教育的需要、学术的需要、文化积累的需要等，构成了编辑的意向。编辑意向的形成，不是凭空的猜测臆断，而是通过对大量信息的分析、筛选，转换有价值的构想。有了意向，还要反复调查研究和充分论证，最后才会被确定下来。这个过程，也是主体和客体由矛盾走向统一的过程，统一得好，才会使图书贴近社会，被读者所接受。目标是编辑工作意向策划的奋斗目标，有近期目标和长远目标。近期目标是具体的，如年度计划目标。长远目标是综合性的，具有一定的系统性。而要求则有出版方针政策的要求，有出版社的目标任务的要求，有社会需要的要求，这些也是制约编辑意向的东西，不能脱离要求而随意形成自己的意向。尊重个性也是编辑选择和策划选题需要遵循的。图书的多样性是适应多层次读者的需要。应当说，我国每年新增10多万种图书投放市场，没有一种是完全相同的图书。所以，编辑在形成意向时，不能形成模式化，条条框框会阻碍文化的繁荣和发展。只有尊重个性，才会有色彩斑斓的文化局面产生。积累和创新是编辑工作应该遵循的一个重要原则。人类文化就是靠不断地积累和创新。文化积累越多，社会的文明程度越高。图书是人类用以传递与积累文化的主要载体，今后仍有不可忽视的重大意义。如何通过图书去积累文化是编辑工作须在策划选题时经常考虑的问题。古籍整理是文化积累的一个重要方面。出版古籍为今所用，是出版的一项经常性任务。但是另一个重要方面的文化积累是今天出版的十分有价值的著作。现今的著作，经过历史的检验而沉淀下来就是积累。实践证明，凡有生命力的作品都有创新，而有价值的创新作品就可能成为文化的积累。如牛顿在物理学中的创造发明，达尔文在生物学中的创造发现，最终都成为人类文化积累中的组成部分。当然，并非所有创新都会成为文化积累，只有经得起历史检验的创新才能成为文化的积累。所以在选择和策划选题时要特别注重创新的作品，才有可能

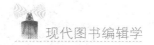

为文化积累作出重要贡献。编辑面对众多的书稿，应当经常思考的问题是：有哪些新的创造或发现？哪些是有价值的新见？它在既有的文化阶梯上向前进步了没有？它为人类文化大厦是否增添了砖瓦（或新知）？有可能给后世流传下什么东西？如此等等。着眼于文化积累的深思熟虑，常常会形成高瞻远瞩的真知灼见，而不会为急功近利的短期效应所诱惑，沉着而稳健地为编辑出版事业建造一座座丰碑。编辑着眼于文化的积累和创新，不仅要有博大的胸怀，还要有真才实学，没有广博专深的知识，只能人云亦云，追风逐市。因此，编辑要能为文化的积累和创新做出成绩，既需博古通今，又需具备创新能力和鉴别能力。

二、加工和优化，质量最优化规律

对已经决定采用和准备出版的书稿，编辑还需审读、加工。审读一般放在列选题之前，决定书稿是否采用。决定采用的书稿应当说是符合出版条件的，其中有许多优稿，但是为了使书稿规范完美，进一步提高质量，编辑必须进行加工处理。当然，如果是质量差的稿子，怎么改也不会出佳作。所以在选择决定取舍阶段的审读是十分重要的。在决定对书稿修改之前，应当看到它的闪光之处，新意所在，否则你所花的工夫就会白费。

为什么要对书稿进行修改加工？道理很简单，就是对作者、对社会、对读者负责。作者写的书稿，除了极少数十分严谨的作者可以不改一词外，大都总有某些欠缺之处：或者对文献的引用有错漏，或者对数据没有仔细复核，或者不符合某些出版政策规定，或者对语法、修辞、逻辑不够严密，对标点符号忽略不注意。至于出版规范、出版技术方面的要求，作者就更容易疏忽。如果是科技类图书，作者对法定计量单位的使用、名词术语的使用、数字和外文的用法等往往不太规范，这些都需要编辑加工处理。

对于图书，小疵也不能忽视，一则小疵总是毛病，完美的图书不应该保留小疵；二则小疵有时可以酿成大患；三则小疵积多了，就是图书质量不高的表现。因此，编辑必须尽心尽意地担负起完美书稿、提高图书质量的职责。商务印书馆的创办人张元济校对《二十四史》三遍，传为出版史上的佳话。邹韬奋先生也说过："我不愿有一字一句我所不懂或不称心就随便付印。""看校样时聚精会神就和写作时一样，因为我的目的是要没有一个错字。"

加工就是要使书稿优化，达到高质量。编辑工作的整个过程，始终贯穿着选择和优化。选题的优化是基础，书稿的优化是保证，整理加工的优化是完善。许多作品是经编辑"雕琢成器"，加工后成了名著。在编辑加工阶段，其任务是按照出版要求和规范对准备出版的书稿进行修改、润色和整理，把书出好。有的学者把审稿比作"采玉"，而把编辑比作"磨瑕"。磨瑕就是对稿件进行精雕细刻，使稿件达到它应该达到的水平，使稿件完美，使之成为"精品"。加工处理是费时费力的，是一件繁重而又细致的工作，要花费编辑的大部分时间。对于编辑加工的策略和方法将在后面专章论述，在此不赘述。

三、传播和竞争，质量和效益同步规律

图书出版的目的在于传播。书出得再好，销售不出去，很难收到社会效益，更不用谈经济效益了。市场经济是竞争的经济，无疑竞争已成了现代编辑工作中一个重要内容。竞争首先是选题的竞争，其次是出版创新和出版时机的竞争，最后是市场销售的竞争。计划经济时代，编辑不用管销售，竞争很难体现。现代市场经济，编辑要参与营销，特别是营销策划，宣传推介。为了达到质量和效益同步，还必须讲究竞争艺术。在图书出版过程中，一是要创名牌，二是要把握时机，三是要加大宣传力度。

精品、名牌、品牌是 20 世纪末以来在出版界出现频率很高的词。精品与名牌不等同，精品不一定是名牌，名牌必是精品。名牌是企业形象的体现，名牌是质量、信誉、效益的综合象征。名牌能产生信誉效应和扩散效应。品牌接近名牌，是指具有影响力的图书。当人们在逛书店的过程中，会想到自己去购买的图书是哪些出版社出版得好。如词典工具书类会想到商务印书馆，外语类书会想到外研社，计算机类书会想到清华大学出版社，等等。现代企业经营把"名牌战略"放在很重要的位置，以"创名牌，争一流"为目标，精心策划、经营，不断推出名

牌、发展名牌、保护名牌，使图书产品市场占有率不断上升。

把握时机对于瞬息万变的市场非常重要。图书的销售有时效性，有季节性，有"热点"风。图书的销售在一定时间内有某些热点，这些热点又都具有相对性。如奥运图书，在奥运期间销售比较好，奥运一过，销售也就逐渐降了下来。所以编辑要善于审时度势，预测热点的变化趋势。只有很好地把质量、时效、周期三者结合，达到最佳操作，才能实现最大化传播，才会在竞争中取胜。盲目跟风往往难以取胜，而在策划选题时就要有前瞻性，赶在热点形成前把图书推向市场。

由于图书品种增加，我国近几年图书品种每年 20 多万种，新增图书品种 10 多万种，图书的宣传推介已显得越来越重要。要使图书传播在空间、时间上都有一定效果，就要在相应的媒体上发布书讯、书评，或者用其他宣传手段，使读者了解它，并激起购买欲望。宣传推介一般要在图书出版前或者刚刚上市时就要开始宣传，如果宣传滞后，有可能被其他产品替代。现代图书市场竞争是激烈的，就是对于名牌、品牌产品，其宣传力度依然是很大的。如《哈利·波特》的美国出版商学者公司（Scholastic）投入第五部新书的促销花费达到 300 万到 400 万美元。那种认为"酒好不怕巷子深"的时代已经过去了，因为"好酒"太多了，弄得人们不知"喝"哪种"酒"才"过瘾"，所以及时宣传、评点也就很重要了。

竞争是好事，有竞争才有发展。竞争繁荣了图书出版，提高了图书质量和效益，推动了市场发展，扩大了图书传播。竞争贯穿出版全过程，落实在销售发行上。竞争要有策略，竞争要有艺术，不能拘泥于某一模式，也不能简单仿效，要尽量避免不良竞争，努力营造一个良性竞争氛围，使出版者在自己的跑道上尽情地奔跑。

第三章

图书编辑工作的客体

　　所谓客体，在哲学上指主体以外的客观事物，是主体认识和实践的对象。在图书编辑出版过程中，编辑是主体，编辑工作的客体是书稿（图书）、作者、读者和除编辑以外的与图书生产有关的其他人员，也就是编辑主体的工作对象。书稿（图书）是编辑工作客体的中心，编辑从事编辑活动的目的，是为了出好书。作者、读者和图书生产有关的其他人员也都希望出好书，都围绕书稿（图书）而展开工作。这样，书稿（图书）理所当然便成为编辑工作客体的中心，是编辑工作的最主要的对象和内容。因此，在这里讨论编辑客体时，就只讨论图书了，书稿的最终物化形式就是图书。

第一节　出版物的特殊性

　　我们在第一章中已经讨论过出版物和图书的概念以及它们之间的关系。广义的出版物包括定期出版物和不定期出版物两大类。定期出版物又分为报纸和杂志，不定期出版物主要指图书。传统的出版物包括报纸、杂志和图书，都是印刷品。20世纪相继发明缩微成像技术、录音技术和录像技术后，又有电子计算机成为传播各类信息资料的媒介。人们把经过不同的技术手段复制，具有一定传播功能，成为精神产品载体的缩微胶片（卷）、录音带、软盘、光盘的生产也称为出版，由此生产的这些产品也被视为出版物。《出版管理条例》就明确把报纸、期刊、

图书、音像制品、电子出版物统称为出版物。在此，出版物的概念是广义的，把经过编辑、复制，具有精神内容，能够传播的作品就视为出版物，图书显然当属出版物。

出版物种类较多，各有自身的性质，但作为出版物这一大类，它们又有共性。揭示出版物的共性，一方面可以确定出版物的内在联系，更好地理解出版物的概念；另一方面可以明确与其他事物，尤其是与普通商品的区别，从而弄清楚出版物的内在规律，寻求解决出版中矛盾运动的方法和策略，促进出版业的发展。

一、既是精神产品又是物质产品的特性

出版物的内容是首先要考虑的因素。出版物有思想、知识或艺术内容，这是在精神生产过程中由作者和编辑完成的。消费者购买出版物，不是为了购买它的形式、物质外壳，而是为了精神生活的需要。由此看来，我们应当把出版物视为精神产品。如果看不到这一点，把出版物等同于一般物质产品来生产，就会看不到出版物最重要的特性，忽视出版物的思想性和知识内容，从而产生重大错误。

出版物在其物化过程中，又与其他物质产品的生产一样，符合物质产品的生产规律，也是劳动者使用劳动工具作用于劳动对象的过程，生产三要素缺一不可。出版物的生产过程和出版物传播发行销售过程，和其他商品的生产、销售没有两样。再好的学术思想、艺术构思、科学成就，或者已经成熟的创作，只有通过以一定的物质为载体的生产，才能称其为产品，成为消费品。以图书生产为例，在排版、印刷、装订等物质生产过程完成以后，它就成为了物质产品，具有使用价值，能够满足消费者的精神生活的需要。它一旦拿到市场上销售，它就是商品，具有抽象劳动所形成的价值。这样，我们又应当如实地把图书看成物质产品。其他出版物也与图书类似。

出版物产品既是精神产品又是物质产品的两重性是客观存在的，不容否定。我们不能只把出版物当作精神产品，而否定它是商品，否定出版业是产业，以致极大地阻碍出版业的改革和发展；也不能只把出版物当作物质产品，而忽视它是精神产品，不去重视对精神内核的把关，为

了经济利益而牺牲社会利益，会给社会带来不良的影响和后果。作为精神产品，体现于内容质量，作为物质产品，体现于形式质量，内容质量永远是第一位的。

作为一般商品，如电子产品、纺织产品，它们在物质形态设计完成以后，其产品的生产是在一个生产过程中完成的。而出版物不同，它有两个生产过程：一个精神生产过程，一个物质生产过程。在精神生产过程中，出版物的思想、知识和艺术内容是在这个过程中完成的。在物质生产过程中，就是完成各种出版物的复制物质形态。出版物产品的内容与形式的分离和统一，是出版物生产不同于一般工农业、生活产品生产的特殊现象。

内容决定形式，形式影响内容。任何产品都是形式与内容的统一。没有内容的空壳子仅仅是一些载体物质，仅有内容而无形式仅仅停留在稿纸或盘片上，这些都不是出版物产品。只有将两者紧密结合，才成为出版物产品。

二、社会作用和使用价值关系的特性

任何商品都有使用价值，如衣服可以遮体、御寒保暖；粮食能饱肚充饥、健壮体魄。作为消费者，购买商品，就是购买它的使用价值。有的商品具有收藏和装饰的作用，也是它的使用价值。没有使用价值的商品就是无法交换的废品。物质产品的使用功能有大有小，使用寿命有长有短，而且使用价值都是正面效用，反面效用只有个别现象，或者是不合格产品，或者是伪劣的产品，或者是使用不正确。由此看来，商品使用价值作为一般情况，都能产生社会效用。

但是，作为出版物情况有所不同。出版物的价值和使用价值是存在矛盾的。出版物的使用价值既可能产生正面社会效用，又可能产生反面社会效用。一些荒诞、淫秽的图书，或者是宣扬封建迷信和反科学、伪科学的图书，它同样有使用价值，能满足某些人某种精神生活的需要，如果进入市场，还可能成为某些读者竞相购买的热门商品。但这种使用价值只能产生反面的社会效用，不能起到好的作用，只能起坏的作用。而且，由于出版物是批量生产，销售出去的影响面是很广的。所以，要

认清出版物与普通商品的不同之处，使用价值与社会价值的关系既有相一致的一面，也有相背离的一面。

三、社会效益和经济效益关系的特性

商品，随着出售，就实现了价值。价值中的必要劳动部分，转化为劳动者的工资；剩余劳动部分，转化为利润，即经济效益。商品的消费过程，就是产生社会效益的过程，它的使用价值，就是社会效益，经济效益与社会效益密切相关，相得益彰。除特殊情况外，一般不存在只有社会效益而无经济效益的现象，即一般不存在经济效益与社会效益的对立。

但是，出版物与一般商品不同。出版物的经济效益与社会效益既有一致的一面，又有对立的一面。如有的书报刊既有社会效益，又有经济效益，两者是一致的、统一的，畅销的图书，发行量大的报刊就是如此。有的书刊有社会效益，但经济效益较差，甚至亏本，两者不一致，如读者面较窄的图书，像学术著作、科技类专业性很强的图书，还有些杂志，像学报等，这些书刊还必须给予补贴出版，它们很难产生经济效益。也有的出版物能取得一定的经济效益，但不能获得社会效益，两者是对立的。因此，要认真分析两者的关系，正确处理它们之间的矛盾，坚持把社会效益放在首位，努力实现社会效益和经济效益相结合的原则。

四、出版物数量、价格、利润关系的特性

商品的价值是由商品的劳动量决定的，由死劳动和活劳动组成。其中生产资料属于死劳动，劳动力属于活劳动。它们在生产中各占一定比重，随产量增减而变化。而价格则是商品价值的货币表现。因此，对于一般商品，在相同的技术条件下，生产量的高低一般不会导致利润率大起大落。因为生产产品的生产资料和必要劳动，每件都会有相应的比例，即使扩大生产量，相应比例变化不大，利润率也会维持一定的比例。大批量的生产也只能够适量降低成本，利润率不会有若干倍的差异。当然，产量增加，只要能销售出去，总的利润也会随之增加。

但是出版物就不同。以图书为例，如果同样性质的书，如果篇幅字数、印张、用料相同，由于印数不同，有的亏本，有的赚钱，结果大不相同。这是与一般商品不相同的。因为在图书生产成本中，有一部分是可变成本，如纸张、印刷、装订等费用，与产量同比增长；有一部分是不可变成本，如编校费、录入排版费、制版费、装帧设计费用，它们与印数无关，只与篇幅字数、印张有关，图书稿酬，若采用有限稿酬，而不采用版税等办法时，也为不变费用。图书的定价不随产量印数变化，它只与篇幅字数印张、装帧等有关。因此，在定价相同的条件下，印数就决定了图书的盈亏。因为在印数很小的情况下，成本率就很高，利润率很低，有负数或零的情况，即销售收入小于投入的生产成本。而在印数很大的情况下，成本率就下降，利润率就会增高，有时利润率会超过百分之十，高达百分之几十。这说明出版物的利润相当一部分来自于因大印数而使不变费用的比例相对降低而产生的收益。这一现象为出版经营者提供了一种与众不同的经营机遇，即在保证社会效益的前提下，最大限度地创造大印数的出版物，并有选择地出版社会效益较大的小印数出版物，以前者所带来的收益补偿后者的亏损。

第二节　图书的性质和社会功能

　　图书是人类在改造客观世界和主观世界的长期实践中凝结而成的知识宝库。一方面在人类历史的发展进程中积累思想、文化、科学技术的成果，另一方面任何时候都对社会起到宣传教育、传播知识、丰富文化生活、推进道德风尚的重要作用。

一、图书的性质

1. 品种的多样性

　　图书的多样性产生原因有两个。一是学科种类的多样性。除了古老学科文、史、哲、数、理、化、生、地等外，还出现了许多新兴学科。学科总的分为社会学科和自然学科，按《中国图书馆图书分类法》分为 22 个基本大类。据统计，学科数量已达 2600 多种，实际上可能更多。学科种类的繁多，造成了图书的品种繁多。二是读者对出版物需求的多样化。一般说来，凡有一定数量的读者需求，都有可能促使产生相应的出版物。容易形成数量规模的读者需求，主要可以分为三大类：一是教育类，其中又可分为学校教育和非学校教育两大类；二是职业类，职业涉及各行各业，都需要自己相应的出版物，对文化、技术要求越高的职业，对出版物的需求也就越大；三是生活类，其中又可分为实用和精神享用两类。

由于学科种类多和读者对图书需求的多样化，图书的多样化是不可避免的。我国每年出版图书的品种，1977 年仅 1.3 万种，2002 年已有 17.88 余万种，2006 年 233971 种①，品种数大幅度增加。品种如此增加符合社会发展趋势。因此，编辑应参照各种不同学科的情况，根据读者不同方面和不同层次的需求，找准自己图书的内容和对象。

出版物的品种和数量标志着一个国家出版业的规模和水平，也标志着一个出版社的规模和水平。但是，不顾出版物的质量去盲目追求多品种，这种做法对出版社本身和社会都是有害的。因此，仅仅根据品种的数量指标去考察编辑工作的优劣是靠不住的，要从"质量效益"上去衡量编辑工作。

2. 图书的共享性

所谓共享就是大众共用，只要文体与读者的语言文字符号相通，就可以共享。凡出版物，其文本与读者之间皆可能出现这种共享关系。图书的共享性就是图书的一个重要特征。

就受众方面而言，主观的条件如何，必定影响其与文本的共享程度，于是便出现共享的差异性。主观条件是文化程度、专业特点、兴趣爱好、世界观、人生观等等。因此，文化水平低的读者很难接受内容高深的图书，某一专业的读者很难接受内容相差甚远的专业性图书。由于文化修养、人生经历等方面的差异，即使读同一种文学作品或理论著作，不同读者也可能产生不尽相同的理解。从个人的政治观念、宗教观

---

① 中国出版年鉴 2007. 中国出版年鉴社，2007：782.

念或种族观念出发，一些读者对于与自己信仰或信念相反的思想观点往往持排斥或否定的态度。所有这些，都是共享的差异性。再从图书的内容看，往往是有倾向性的，它的思想内容常常代表一定阶级或一定集团、一定地区的利益。这种具有倾向性的图书，与具有相同思想倾向的读者自然可以形成较大的共享性，没有相同思想倾向的读者其共享性较小。

共享性和共享差异性是客观存在的。因此，编辑要十分注意为出版物考虑如何扩大共享的范围，如何缩小共享的差异，以及如何才能比较容易地与读者形成共享关系等。出版物中所使用的语言文字和符号，标准化和规范化是其共享性的基本条件。现代图书的世界共享性，使得制定一些国际标准成为必然。如计量单位的国际化，各类标准的国际化。例如，我国为了加快图书的国际化进程，1984 年我国国务院颁布了《关于在我国统一实行法定计量单位命令》，要求各行各业都必须贯彻执行，并要求 1995 年 7 月 1 日起正式实施 GB3100～3102－93（量和单位）国家强制性标准。又如语言文字的规范，国家早就有要求，1990 年国家科委、国家教委、新闻出版署联合发文强调："特别各种工具书，应把是否使用已公布的规范词，作为衡量该书质量的标准之一。"文字的使用、标点符号的使用、数字用法等，都有相应的国家标准。这些标准和规范，就是为了达到一个目的：图书广泛的共享性。那么，为着这一目的，还应杜绝图书中的错别字、乱造新词、文理不通等现象，以避免产生歧义，提高图书的质量，这些是编辑工作的重点。同时，我们还应注意到，共享性的前提是多样性，因为读者的年龄、文化、民族等都存在差异，我们在强调图书的共享性时，还要具有针对性。每一种图书都应有自己的读者群，要在同特征的读者群中加强共享性。因此，在知识的深浅度、语言的表达方式等方面都要有针对性，适应该书的读者群。只有那些针对性很强、共享性很高的作品，其销路就好，会受到其本身的读者群的青睐；而那些针对性不高、共享性很差的作品，是很难销售出去的。

3. 独创性和先进性

《中华人民共和国著作权法实施条例》第二条指出："著作权法所

称作品，是指文学、艺术和科学领域内具有独创性并能以某种有形形式复制的智力成果。"因此，图书的独创性是一个很重要的特征。

图书的独创性首先是内容的独创性。作品就是创作的成果。我国图书品种每年以20多万个品种投入市场，但它们具有各自的个性。出版社每推出一本新书，应该表现民族文化中或大或小的新成果、新理论、新观点，或者新体系、新方法、新技术，等等，与其他著作相比，具有不重复的独创性。其次独创性还表现在形式上。如科普图书，它们在内容上并不一定是新知识，但表现手法可以是新的，写作方式可以是新的。又如"画说"之类的图书，也是一种新的表现形式。这些是在传播形式上的创新。所以，出版物的创新方式非常广泛，从而也就形成了图书的多样性。如果仅仅是装帧的不同，那么这种创新只是品种的创新，而不是图书内容上的创新。比如将某图书出版平装本、精装本、豪华本等等，它们的书名、作者、内容都没有变化，只能算不同装帧的图书，而不能算独创的新书。图书的独创性，除表现在内容和形式上，装帧设计也要独创，它的封面设计、版式设计都应具有鲜明的个性。

图书的独创性和先进性一般是统一的，但是，也要看到它们的不统一性：先进的文化应当都是独创的，但有独创的作品不一定都是先进的。如何把握图书的思想性，就在于它的先进性。传播先进的思想、先进的成果、先进的观点、先进的技术和先进的方法都是编辑的职责所在，创新的内容还要考察其是否先进。图书的社会效益主要也就体现在创新性和先进性上。有益于社会和人民的图书是具有创新性和先进性的图书。

4. 系统性和逻辑性

系统性是一切图书的重要特性，也是区别于报刊等其他出版物的重要标志。每本图书在一个主题下，通过一定的章节层次结构，把知识内容组合成一个有机的整体。图书的知识内容围绕一个主题展开，论述或记载的内容有自身完整的体系。如一部小说，有开头、发展和结尾；一部论著，有大论点、小论点以及若干论据，层次分明，结构严整；一部学科著作，以某一学科或某一分支学科或某一方面为主要内容，各自有明确的主题和客观的科学体系结构。如果是科技类图书，逻辑性和系统更加明显，一个个层次之间、概念之间、定理之间有一定的内在逻辑性，联系很密切；较高层次的理论建立在基础理论之上，不能颠倒。

图书除了上述四个性质外，还有其他特性，如时效性、可转换性等，也是图书很常见的特性。

二、图书的社会功能

图书在社会进步的历史过程中起了不可磨灭的重要作用。主要有以下几个方面的作用。

1. 促进人类文明

图书作为一种传播媒介，传播思想、科学和文化，促进了人类文明的进步，推动了社会生产力的发展，这是最主要的社会功能。每一种社会形态都有与之相适应的文化，每一种文化都随着社会物质生产的发展而发展。文化的发展集中地反映在书籍的内容和形式之中，所以书籍被认为是人类进步的阶梯。历代积累的精神财富在书籍中得到最全面、最充分的体现。不同时代的书籍内容记载了不同时代的社会文明，书籍的不同物质载体本身就是人类文明发展的产物。

文字、符号等的产生，为交流、记述人类精神生活和物质生活提供了可能和前提。在我国，记载社会文明的手段，最早是利用甲骨、铜器等，以后是简帛。这些载体都极为稀少，传播极为有限。但自从我国发明了纸张和印刷术以后，制作书籍的成本变得低廉，且使用方便、传播速度快、范围广。这样，写书的人多了，印书的人也多了，品种增多，人类文明几乎都可以记载下来，一代代地传承下来，积累了灿烂的人类文明。19 世纪俄国著名作家和伟大思想家赫尔岑曾说过："人类的全部生活，会在书本上有条不紊地留下印记，种族、人群、国家消失了，而书却会流传下去。书是和人类一起成长起来的，一切震撼智慧的学说，一切打动心灵的热情，都在书里结晶成形。在书本中记述了人类狂激生活的宏大规模的自白，记述了叫做世界史的宏伟的自信。"① 赫尔岑这些话，生动描述了书籍是人类文明的标志。

---

① 李海崑. 现代编辑学. 济南：山东教育出版社，1996：68 – 69.

从人类进步的历史看，书籍始终是社会进步的革命力量，任何一次焚书、毁书、禁书，都伴随着对社会进步的阻碍。书籍给人思想、给人智慧、给人力量，使人类社会不断发展、前进。在这里以自然科学为例予以说明。自然科学领域每一次划时代意义的科学成就，都使人类从旧的思想桎梏中解放出来，产生一次思想革命，使社会向前跨进一大步。1543年波兰天文学家哥白尼出版了他的《天体运行论》，创立了"日心说"，推翻了中世纪基督教宇宙观的理论基础"地心说"，为近代科学革命开辟了道路，自然科学从此从宗教神学的禁锢中解放出来了。1687年英国物理学家牛顿出版了著名的《自然哲学的数学原理》一书，第一次把地面力学和天体力学统一起来，建立起经典力学体系，完成了近代自然科学史上第一次大综合，开创了科学的理性时代，对人们的哲学思想支配了100年之久。1859年英国生物学家达尔文出版了他的《物种起源》。这是一部具有划时代意义的革命性著作，彻底改变了人类进化的历史观，对现代社会进步所起作用之大是难以估量的。马克思、列宁都曾高度赞扬达尔文的物种进化论，马克思说达尔文的物种进化论"为我们的观点提供了自然史的基础"。[①] 第二次世界大战后几乎同时出版的香农（Claude Shannon）的《信息论》（1948）、维纳（N. Wiener）的《控制论》（1948）和柏塔朗菲（Ludwig Von Bertalanffy）的《系统论》（1949），通称"老三论"。它们把人们带进了一个新的信息时代，"老三论"不仅应用在自然科学、应用科学中，而且在社会科学中也被广泛应用。信息已成为现代社会一项重要资源，信息科学技术的应用也已扩展到科学、工程、管理以及日常生活的各个方面，影响极大。综观几千年的文明史，书籍对人类进步的促进作用是十分明显和巨大的。

2. 推动经济建设

"知识就是力量"，"科学技术是第一生产力"，是被社会实践证明了的真理。它体现和反映在三个方面：一是知识和科学技术体现和反映在劳动产品和劳动工具中，即马克思所说的"物化的智力"。二是体现和反映在生产技能、技巧、经验以及劳动者的素质中。三是体现和反映

---

① 马克思恩格斯全集（第30卷）. 北京：人民出版社，1977：131.

在各类学科中，反映在各类出版物的载体上，也就存贮在人们的头脑中，使得知识形态的潜在生产力转化为实际的生产力。书籍在把科学技术转化为生产力的过程中起到了重大作用。在现代，要提高劳动生产率，单靠体力支出已不能奏效，更要靠脑力劳动来完成，也就是更多地依赖智力资源——知识、科学、技术，来创造更多的财富。财富的创造"取决于一般的科学水平和技术进步，或者说取决于科学在生产上的应用"。例如，有"杂交水稻之父"美称的我国杂交水稻专家袁隆平，他在《杂交水稻育种栽培学》一书中系统地总结了杂交水稻这方面的成就，进一步推动了杂交水稻科学技术的发展。这项成果不仅在我国产生巨大效益，而且已作为农业技术转让给了许多国家。袁隆平于 2004 年获世界"粮食奖"。我国科学家李四光创立地质力学，出版了《地质力学概论》《中国地质学》等多种专著，为我国开发出大量油田，促进我国石油工业的发展作出了卓越贡献。在科学上，科学技术成果最初的表现形式上是论文和书籍，书籍能全面、详细地反映科学理论和科学技术，能够广泛地得到传播，进而将此转化为生产力，促进了经济建设快速向前发展。"科技兴国"是我国和世界上许多国家的基本国策，科学技术的传播和推介，最重要的手段就是通过各类出版物。因此，随着科学技术的迅速发展，出版物也急剧地增长，现在全世界每年发表的科学论文大约几百万篇，出版图书近百万种，这些出版物反映着并促进着科学技术的发展，也推动了经济建设。

3. 积累文化科学成果

文化知识和科学技术的最大特点是具有继承性和积累性。时至今日，书籍已经成为高度发展的由各类学科组成的庞大知识体系。书籍具有长期保存和反复阅读的特点，不仅在历史上，而且在现代社会，仍然是积累、储存文化知识和科学技术传之后世的最有效的工具。书籍作为知识的载体，一代一代地传承下来，由少到多，由低到高，由零散到系统，永无止境地积累着，永远不断地传播和交流着，并且在更新中不断发展着。文化、科学、技术永远是向前发展的，没有必要、也不可能一切都从零开始，做一些重复性的工作，而是要在前人工作的基础上，在已有的成果上发展、前进。如果不是这样，社会永远无法前进。文化知识，特别是科学技术的发展，都是循环不息、螺旋上升的发展。每前进一步，每一个重大的理论和科学技术的突破，都是前人知识的结晶。书籍是进步的阶梯，也是与之相发展的各个阶段的标志，没有积累和传承，科学也就无法登上一个又一个高峰。

4. 宣传教育人民大众

人的素质的提高在于宣传教育。从对社会进行宣传教育的角度看，有广播、电视、各类出版物，还有现代网络传播。图书的作用仍然是很重要的。图书便于保存和使用，携带方便，阅读灵活，可任意反复阅读，篇幅可长可短，容量可大可小。图书以前是、现在仍然是宣传教育中的一个有力工具。通过图书，把国家的方针、政策、法规法律和理论知识等传播到群众中去，常常可以达到家喻户晓、人人皆知的目的。

教育更是离不开书本。即使现代已经有了网上教育、远程教育、广播电视教育，但是书本仍有不可替代的作用。由于书本阅读的方便与重复性，受教育的人还是希望或喜欢拥有教科书。教育对社会的发展和进步起十分重要的作用。现代教育包括学校教育、函授教育、业余教育、家庭教育等，都需要教科书以及辅导读物、课外读物，教师还需要教学用书和参考书，其数量和品种都较多。因此，图书是教育不可缺少的重要条件。从历史上看，教育的普及和提高，与出版业的兴起和发展是密不可分的。在书本需手抄的时代，教育的大范围普及是不可能的，只有在书籍可以大量印刷以后，文化的普及、教育的普及才成为可能。高质量的各类教材是保证教育质量的关键之一，现代对于各类教材建设已经非常重视，从编写、出版、发行都层层把关，保证课前到书。

一个民族素质的提高，关键在于教育。为了提高中华整个民族的素质，党和政府十分重视教育。素质教育的概念应当是大教育的概念，除了我们上述已讲的教育——文化知识教育和思想教育以外，还有其他教育，如科学技术知识的教育等。一本好书可以激励人们奋发进取，受益无穷，但是一本坏书也可以使人们沉沦堕落，毒害很深。因此，什么时候都不要忘记图书的思想性、科学性和先进性，要使书籍在任何教育中都能起到积极的正面作用，减少和抑制负面作用的产生。

5. 丰富人民生活

人们除了物质的需要外，还必须有精神的满足，这样身心才能得到健康的发展。精神满足是具有个性的，满足的形式也是丰富多彩的。有的要读哲学著作，有的要读古籍，有的要读文学作品，有的在紧张的劳动之后想获得娱乐和消遣，要读轻松消遣读物，等等。当然，电子出版物的出版，声、像、文俱备，给人们的娱乐、消遣、欣赏增添了新的途径和方式，上网也抢占了许多读者的时间，但人们阅读书、报、刊的习惯依然存在。在消遣读物中不乏优秀作品，可使人得到情操的陶冶，心灵的净化，精神的享受。有时会由于阅读了一篇优秀作品，犹如喝了一杯芬芳的美酒，回味无穷。很难想象，一个人既不读书，又不看报，也不上网，会是怎么样。精神空虚，知识贫乏，只能沉溺于牌桌之旁。书籍伴随人的成长。各个不同的年龄段的读者会寻找适合自己的书来阅读。从读者的阅读心理和购买心理来看，在满足自己精神生活的需要时，还有收藏、追求时尚的心理。就是有一些不经常读书的人，也会花钱购买一定量的图书，装饰自己的家居，以显示其儒雅之风。为了满足自己的家庭文化，书籍在这方面的需求也是很大的。

第三节　图书的组成和分类

一、图书的组成

图书的组成就是指一本书的构成。一本书是一个整体，它的组成可以从内容和形式两个方面来考察。

从图书的内容组成看，任何一本书都由正文和辅文两部分组成。正文是著作的本文，表现著作基本内容部分。辅文是指帮助读者了解、理解和利用正文内容的材料，以及印在书上向受众提供该书的各种信息（如在版编目数据和版权记录）。正文是书的主体，辅文处于从属地位，两者虽然是主存关系，但是互相依存，缺少任何一部分都不能成为一本完整的书。

从形式结构看，每本书由内芯和封面构成。内芯是正文和辅文的载体，封面是书的标志性识别，包括封一、封二、封三和封四，以及书

脊，有的还有勒口和书标等，这些要素组合起来，就构成了封面。封面又叫封页、书皮等。

在这里对书的组成仅从内容构成来讨论，形式结构将在装帧设计中予以讨论。

1. 图书正文部分

图书的正文包括一本书的基本内容和图表。正文是整个图书结构中的主体或主干，图书结构中其他部分都是作为表现或说明正文部分而存在的。正文部分由正文文字、正文性图表和注释等构成。

（1）正文文字

图书有只有文字而无图的，有以文字为主而以图为辅的，也有文图并茂的，还有以图为主文字为辅的，表一般在科技类图书中多见。这些情况中的文字都属于正文文字。

一般图书的正文文字是由标题和题下文字组成。整个正文由一定的篇章结构和格式组成，有严密的逻辑性和系统性。篇章结构最基本的层次是章节，以下依次可以有条、款、项等层次。大于章的层次有部、卷、辑、集、编或篇等。章以上的标题有时可单独占一页，章题须从另页排起。

编辑在审读、加工书稿时，对正文的审读、加工要花大量的精力和时间。在编辑过程中要对标题和题下文字认真审读、加工。

标题是正文内容的概括，是文章的中心内容或论点，从整体上表现了图书的结构体系和逻辑关系。对于理论图书和科技类图书，它们的标题应审查所概括的科学内容是否准确，各标题之间是否合乎逻辑；对于文艺图书，它们的标题审查应注意是否具有表现力、感染力。各种性质的图书标题应符合其个性特点，但总的要求是准确、鲜明和生动。

题下文字是围绕标题展开的，它表现着特定的知识体系，由各个小部分构成知识大厦，所以要注意这些小部分的坚实基础，准确无误，科学无瑕，逻辑不乱。

（2）正文性图表

作为图书主干部分的绘画、插图和表格，都属正文性图表。有画册的绘画，有连环画图书的绘画，有科技图书中的图表，等等，图表可多可少，但它们都是不可缺少的内容。缺少了它们，光有文字，这些图书的内容就得不到表现或得不到完整的表现。图表具有很好的直观性，而且信息量也比较大。图表绘制、设计得好会增强图书的美观性。编辑在处理正文性图表的时候，应该注意提高图表的表现力，并且注意使图文融为一体，使之和谐、美观。

（3）注释

注释有两种情况，一种是对正文里涉及到的有关问题另加的说明、解释、补充、考证、订正或评论；另一种是对引文出处的说明。它们一般紧随正文，因此有的也把它们划为正文部分。

注释的方式一般有文内注（随文注）、页末注（脚注）、文末注或书末注，也有章末注的。除了文内注以外，都要标明注符，并一一对应。

注释的作用在于帮助读者扫除阅读的障碍，加深对正文的理解，或为进一步研究提供参考材料。

2. 图书的辅文

图书的辅文种类很多，从位置来看，有在正文前的，如扉页、出版说明、前言、序言、目录等；有在正文上方的，如书眉、眉批等；有在正文旁的，如旁题、中缝、书耳等；有在正文后的，如跋、后记、参考书目、附录等。版权记录一般要求印在正文前的扉页背面，但也有印在图书最后的空页，有的受书的印张限制也有印于封四的，但规范要求排印在主书名页背面。

图书的辅文按功能可分三大类，即识别性辅文、说明性辅文和检索性辅文，在此按功能性分类予以叙述。

（1）识别性辅文

为了识别不同的图书，出版者向读者和购买者提供一本书最基本的信息，这些信息有书名、作者名、出版者、出版时间、开本、篇幅、书号、定价、条码等。这些标志性信息主要集中在版本记录、在版编目数据上。

1）图书在版编目数据

图书在版编目数据又称"CIP 数据"（其中的 CIP 是英文 cataloguing

in publication 的缩略语），是依据一定的标准，为在出版过程中的图书编制的书目数据。图书在版编目数据内容包括著录数据和检索数据两个部分。著录数据有 6 个项目：书名与著作责任者项、版本项、出版项、丛书项、附注项、标准书号项。检索数据包括图书识别特征的检索点和内容主题的检索点。图书在版编目数据应置于主书名页背面的中部（或上部）。

2）图书版本记录

图书版本记录置于主书名页背面的下部位置，应该提供图书在版编目数据未包含的印刷发行、载体形态记录，以及出版人项。具体来说，应该列载印刷者名、发行者名、第 1 版及本版本次印刷的年月、印张数、字数、印数、定价、开本及其幅面尺寸、附件的类型和数量（如"附 8 开地图 3 张"，"附 3 盒录像带"）、出版人姓名（即出版社主要负责人姓名）。此外，常有把书名、副书名、作（译）者名、出版者名及出版者地址、中国标准书号也列入版本记录的。还有将编辑者名、校对者名、封面设计与装帧设计者名也列入的。不过从发展趋势看，已逐步执行 GB 12450 和 GB 12451 的有关规定。

3）版权说明

版权说明对图书著作权的归属作出明示。一般标注版权符号ⓒ，并注明版权所有者的姓名及首次出版年份，还可加注诸如"版权所有，未经许可不得以任何方式使用"，或"版权所有，翻印必究"等字样，以及其他说明，如版权代理者、著作权合同登记号、检举电话等。版权说明一般排印在版权页的上部位置。

版权页的功能颇多，可以使读者和购买者从中了解图书出版的基本情况，版权所有者，编辑、出版、发行的责任者，并且也是有关部门储存检索、统计分析的数据。

书名、作者名和出版社名是识别一本书的主要标志，因此不仅印在版本记录页上，而且印在扉页和封面上。其中书名是最重要的识别标志，印在封面、书脊等最引人注目的部位。在封面上有时作者名和出版社名可以不印，但不能没有书名。

（2）说明性辅文

说明性辅文包括：内容提要、前言、出版使用说明、后记、附录、参考文献等。

1）内容提要

又称内容简介，是向读者介绍图书的主要内容、特点和读者对象等，主要起导购的作用。内容提要排印位置，习惯多置于版本页上端，但随着版本页内容增多，也有印在封面的勒口上的，也有在主书页后另设内容提要专页的。

2）前言

在这里，将正文之前的前言、序言、编者的话等通称前言，是向读者交代有关该书情况的说明文字。前言多用于一般性图书，如教材、文选、各类读物等，用得很普遍。序言则多用于学术专著。前言内容一般包括编写意图、背景、主要内容和特色，编写方法，或对内容的评介等。序言有他序和自序，其内容与前言稍有不同，主要包括出版意图、内容特点、作者情况，以及对作品的评论或对有关问题的阐述。如果一本书既有序，又有前言时，应尽量避免内容的重复。序和前言虽对篇幅的长短不限，但应以简明、扼要为要。

3）出版使用说明

使用说明是词典、手册、百科全书等工具书，或者地图册、科技专业书、资料汇编，用以说明该书的编排方法和检索方法，方便读者查阅使用的说明文字。有的工具书称"凡例"，有的工具书称"体例说明"，有的工具书称"编辑说明"、"编辑体例"，等等。主要目的是帮助读者迅速学会使用该书的方法。出版使用说明主要内容包括编纂意图、编纂体例、选文标准、收词原则、条目编排、释义范围、释文要求、行文规格、资料来源、检索方法以及其他所有必需的技术性说明。使用说明一般置于目录或正文之前。

4）后记

后记是放在书末的说明文字，有的又将后记称为跋、附记等。跋是相对序而言，后记、附记相对前言而言。跋、后记与序、前言既有区别又有联系。有些内容放在前言和后记中都可以，如写作分工、感谢之类的话。但对书稿完成后的感想等应放在后记中。跋和后记一般应由作

（译）者撰写，少数也有由他人撰写的。跋排在后记之前。

5）附录

附录是与正文有关系，但不适宜直接写入正文的各种材料。这些材料具有独立存在的价值，对正文内容起补充或参考作用。附录的种类繁多，如文件、地图、图表、大事年表、译名对照表以及有关资料。附录可由作（译）者完成，也可由编辑者在编辑过程中视需要而制作。但要注意不能把附录的范围搞得过宽，要求简明、可靠、新颖、实用。

6）参考文献

参考文献是正文参考和所引用的资料来源，而无法在脚注或文内注等处注明的情况下，只好列在书末。参考文献应开列出作者曾经参考利用过的文献资料，帮助读者了解本书资料的来源、使用范围、新颖程度以及作者立论的依据。参考文献是学术性或资料性很强的著作的重要导读辅文。参考文献的内容包括的基本项目应为：作者名、篇名、书（刊、报）名、出版者名称、卷数（刊物期数、报纸日期）、出版时间、版次、页码等；外文资料宜附原文形式的书名、作者名、出版者名称与出版时间。参考文献的刊印既表现了学术规范要求，也体现了对原作者的尊重。

（3）检索性辅文

检索性辅文用于帮助读者方便阅读、快速查找所需内容，主要有目录、索引、书眉、检标等。

1）目录

目录是出现最早的检索工具之一，也称"目次"，是图书正文前表明该书基本内容和层次结构的部分，依次序把正文和辅文的标题及其在书中出现的页码编排出来，兼有检索和介绍作用。目录是每一本书不可缺少的辅文。目录所标明的标题根据实际情况处理，有简单的，也有繁复的。有多级标题的，最少应收入两级。只有章的标题而无其他级的，或内容单薄的小册子，收排一级就可以了。目录详细可方便作者检索，但过分详细会显得烦琐，而且也会增加成本。目录一般由图书责任编辑编排。

2）索引

索引是根据一定的需要，把书中的有关事项，如字词、句子、人名、地名、作者名等，按一定的检索法编排，以供查阅。索引又称引得，即 index 的音译；也有的书上称通检。索引是辞书的必备内容，学术著作和科技书，以及资料性很强的图书都应配以索引。还有专书索引，按书名和作者姓名编索引，独立成书，具有学术价值，在此不予叙述。作为辅文的索引，是图书的主要检索工具，其作用在于为查找资料，有选择地阅读和全面利用书的内容提供线索。索引一般应由作者完成，但编辑应当根据编排索引的原则——条目齐全、编排科学、简明易查三方面进行编辑处理。索引一般放在书末。

3）书眉

书眉是横排本印在版心上方的书名、篇章节标题或字头、词目等说明文字，其作用在于提示本页的内容，可以帮助读者迅速找到所需的章节或条目，也可以使读者在阅读过程中知晓自己读到了什么地方了。书眉多用于词典、手册、百科全书、论文集等科技书，但现代使用书眉的图书更多，有的为了装饰的需要也编排了书眉，而且书眉位置也不仅只限于版心上方，横排本也有编排在切口上方，竖排形式。

4）检标

检标是指在翻口处（外白边）直接依次印出不同的部首、字母或首字母这类的检索标志。主要应用于词典等大型工具书，方便读者从外部就能直接看到检索标志，节省查找时间。由于这类检标编排的不同，还有称书指、拇指索引、梯标、踏步口等名称的。

辅文的类型很多，根据需要和实际情况而定。一本书中，辅文不一定面面俱有。但除以上叙述的这些常见辅文外，也还有其他辅文，如口号、题词、献词、大事年表、符号对照表、译名对照表、人物表、宣传语、勘误表、编后记，等等。

二、图书的分类

图书的分类属于图书分类学，是一门独立的学科。但是图书分类也是图书馆学和图书编辑学的研究对象。图书分类是从事图书工作的编辑、出版、发行及其管理者必不可少的基础知识，也是读者选用图书的索引。

图书品种繁多，类型十分复杂，从不同角度、不同层次、不同性质各有划分方法。在此只就现代我国还在采用的划分法和与编辑工作密切相关的划分方法作简单介绍。

1. 图书分类的"人大法"

《中国人民大学图书分类法》，简称"人大法"，是中华人民共和国成立以后，第一部根据图书的学科内容编制的图书分类法。

"人大法"把全国图书分为四部 17 大类。

四部 17 类的具体内容是：

总结科学……1. 马克思列宁主义、毛泽东思想

2. 哲学、辩证唯物主义与历史唯物主义

社会科学……3. 社会科学、政治

4. 经济、政治经济学与经济政策

5. 国防、军事

6. 国家与法、法律

7. 文化、教育

8. 艺术

9. 语言、文字学

10. 文学

11. 历史、革命史

12. 地理、经济地理

自然科学……13. 自然科学

14. 医药、卫生

15. 工程、技术

16. 农业、畜牧、水产

综合图书……17. 综合参考

"人大法"的 17 类分类法，曾被采纳作为我国图书统一编号的基础，并于 1956 年 4 月 1 日起开始实行，从 1987 年 1 月 1 日起，已逐步被《中国标准书号》"中图法"所替代。

2. 图书分类的中图法

我国目前使用最广泛的是《中国图书馆图书分类法》，简称"中图法"。"中图法"是 1971 年 2 月由北京图书馆提出倡议，在国家文物事

业管理局支持下，组织全国各类型图书馆系统 36 个单位，成立"中图支"编辑部而集体编制的。1975 年出第 1 版，1980 年出第 2 版，1990 年出第 3 版。它包括简本、详本、资料版和期刊版等四种版本，以及使用说明与索引的系列产品。它是我国图书分类法中编制较好、配套版本最全、使用最广、影响最大的一部综合文献分类法。它的第 3 版已经被定为国家标准的图书分类法。

　　"中图法"把我国的图书分为五部 22 大类。

　　五部 22 大类的具体内容是：

马克思主义、列宁主义、

毛泽东思想……A. 马克思主义、列宁主义、毛泽东思想

哲学……　　　B. 哲学

社会科学……　C. 社会科学总论

　　　　　　　D. 政治、法律

　　　　　　　E. 军事

　　　　　　　F. 经济

　　　　　　　G. 文化、科学、教育、体育

　　　　　　　H. 语言、文字

　　　　　　　I. 文学

　　　　　　　J. 艺术

　　　　　　　K. 历史、地理

自然科学……　N. 自然科学总论

　　　　　　　O. 数理科学和化学

　　　　　　　P. 天文学、地球科学

　　　　　　　Q. 生物科学

　　　　　　　R. 医药、卫生

　　　　　　　S. 农业、林业

　　　　　　　T. 工业技术总论

　　　　　　　U. 交通运输

　　　　　　　V. 航空、航天

　　　　　　　X. 环境科学

综合性图书……Z. 综合性图书

以上 22 大类的下面，各又分成若干个小类。二级类目中，除工业技术外，其余一律用阿拉伯数字表示，所有的三、四类目均用数字表示。

3. 从编辑工作角度分类

我国现在出版的图书的学科分类是以"中图法"分类为依据的，中国标准书号图书分类的所属学科的分类号就是根据"中图法"给出的。但是在日常工作中，特别在编辑工作中，人们所使用的图书分类概念是按照不同角度划分，每种划分没有像"中图法"那样详细，各类也是交叉的，就是同一本图书同属几种分类概念。以下主要谈五种与编辑工作关系较密切的分类方法。

（1）图书的学科类型

学科分类详细的科学分类方法就是上述的"人大法"和"中图法"，但是一般概念，将学科分类的一个概念包含多个学科的图书，主要有政治理论、科学技术、文化教育和文学艺术等类图书。

政治理论图书是政治和社会科学理论著作的总称。包括宣传党和国家有关路线方针政策和国家法律的读物等；哲学、政治学、经济学、军事学、社会学等学科的著作，以及这些学科中的新兴边缘学科的著作。编辑出版政治理论图书，特别注意它们政治的方向性和正确性。

科学技术图书是自然科学著作和工程技术著作，包括自然科学总论、数理科学和化学、天文学和地球科学、生物科学、医药和卫生、农林和工业技术、交通运输、航天和航空、环境科学，以及自然科学领域和工程技术领域的新兴边缘学科的著作。它既包括这些领域的理论科学，又包括这些领域的应用科学，还包括科普读物。编辑出版科学技术图书应该注意图书的创新性、科学性和准确性。

文化教育图书范围很广，包括文化、教育、历史、地理、体育、语言、文字等学科的读物。文化教育图书有两种情况：一种是读物，另一种是教材。教育读物包括许多学科，可以列入各学科分类。教材不仅学科多，而且还有教学参考书、课内外辅导读物、课外知识读物等。文化教育涉及社会科学、自然科学和工程技术等许多领域，读者的对象有学生和老师。编辑出版这类图书，要注意读者对象的层次性，图书的教育性。

文化艺术图书是文学著作和艺术著作的总称，包括散文、诗歌、小说、戏剧文学、音乐、绘画、雕塑、文艺理论等等。文艺图书的读者极其广泛，年龄跨度较大。编辑出版这类图书，应该注意贯彻党的文艺方针，多出精品，向社会贡献有益的精神食粮。

（2）图书的性质类型

图书的性质类型主要有学术专著、教材、科普读物、工具书、古籍书、画册、翻译书等。现代出版也把教材专列出来，其他图书统称为一般图书，这种分类是粗线条的，不利于对于图书性质的把握。不同性质的图书其作用各不相同，著编出版过程内容和形式会有差异。如学术专著主要在学术上有新的观点、新的理论、新的成果，为科学技术的发展服务，著作应充分体现其先进性、学术性和科学性。教材是培养人才的工具，应特别注意其准确性，严谨而又科学，编写是由浅到深，循序渐进，结构层次性好。科普读物是为了普及科学知识、提高劳动者的科学文化素质，应注意它们通俗易懂，内容正确，深入浅出。工具书是寻检查阅解惑释疑的工具，它的准确性和时代性都是十分重要的，工具书必须具有其权威才能成为工具。古籍书在于继承发扬祖国优秀的文化科学遗产，古为今用。翻译书就需要做好选择，洋为中用。每类图书由于其功能各异，内容不同，著述方法各有特点，对于编辑工作也各有特殊要求，注意与之相适应。

（3）图书的读者对象类型

图书都有其特定的读者对象，针对不同的读者群，按年龄有青年读物、少儿读物、老年读物；按性别有女性读物、男性读物；按职业有工人读物、农民读物、军人读物等；还有一些特定的读者群的读物，如民族读物、母亲读物、残疾人读物等。不同的读者群对图书有不同的要求，因而图书的内容、表述方式、语言文字以及外观形态都要有针对性，对编辑工作的要求也各不相同。就以年龄不同的读者对象的读物来说，它们各具其特点：

青年读物：主要是修养方面的，引导青年在现代文明社会如何发挥自己的积极作用，所以要兼顾教育性和知识性，针对不同职业和不同文化程度的青年编辑出版他们所适合的书。

少儿读物：要考虑少儿的心理特点和年龄特点，注意他们的接受能力，做到所出版的图书既准确又有趣味性，易于接受，图文并茂。

老年读物：这类读物围绕老年人的兴趣和实际问题，如老年大学类读物，解决老人健康问题和心理问题的读物。既要激发他们发挥余热，又要使他们安度晚年。

（4）图书的形式类型

图书的形式有多种情况。按载体形式可分为①泥版书、纸草纸卷、兽皮书、简册、帛书、贝叶书、纸书、缩微胶片（卷）、磁带（盘）书、光盘书等。按装帧形式可分为线装书、精装书、平装书、活页书、散装书，还有其他装帧形式的书，如册页式。按开本形式，可分为16开、32开、小32开、64开、128开，以及其他形式的开本。按版次形式，可分为初版书、再版书，还有其他版本形式，如修订版、增补版、正编、补编、续编等。按复制方式的不同，还可形成不同类型的图书，可分为抄本、拓本、临摹本、印本等。随着时代的前进，有些形式的书已经很少见，或者见不到了，有的只有在图书馆可以见到，而且一些新的形式的书又会出现。

（5）图书的规模类型

在这里讲图书的规模是指内容的含量多少，不是指印数的多少。由内容的含量不同，可以分为单本书、丛书和汇集。

单本书也叫单行本，一般单行本只有一卷，但也有一卷以上的多卷本，如《三国演义》分为上、下册，《乾隆皇帝》分为六卷本。由此，衡量单行本的依据是它是表现一个主题思想的一种图书。

丛书："丛"就是聚集的意思。丛书是汇辑两种以上至数千种图书并冠以总名的一套书的统称。丛书有一个总的宗旨和要求，有大致统一的体例、风格和装帧设计的要求。纳入丛书的单本书，既相互之间有某种联系，又有其独立性。丛书又称"丛刻"、"丛钞"、"丛刊"、"丛

---

① 阙道隆等. 书籍编辑学概论. 沈阳：辽海出版社，2000：58-59.

稿"。中国历史上最大的一部丛书是清代乾隆三十九年至五十二年（1772—1787）编纂出版的《四库全书》，收书 3461 种，共 79307 卷。现代以后，也涌现了不少巨型丛书。如中华书局出版的《四部备要》；商务印书馆出版的《四部丛刊》《万有文库》《丛书集成》；生活书店出版的《世界文库》，等等。丛书的种类很多，有综合类丛书，又有分类性丛书。如综合类的杂纂、举要、搜异、辑佚；分类性的专代、专地、专人、专类等。丛书的出版应注意时间不要过长，有能力最好同时推出，也不要过于分散。

汇集：由某特定的作者的作品聚集而成的图书称之为汇集。这类图书有全集、选集（又分自选和他选）、文集等。全集是一个作者（有时是两个或几个关系密切的作者）的全部著作编在一起的书，如《列宁全集》、《马克思恩格斯全集》。全集一般是在作者去世以后才编辑出版。选集是选录一个人或若干人的著作而成的集子。选集有一卷的，也有多卷的，如《毛泽东选集》。由作者本人选录汇集成册的叫自选集，如首都师范大学出版社出版的《学术论著自选集》共 21 卷。文集是把作家的作品汇集起来编成的书，可以有诗有文。文集比选集所收的文章更多更全面，但是比全集所收的文章少。汇集反映了作者一生的主要科学文化成果，也有利于人们了解和研究作者的思想和实践。

对于图书的类型还有一些其他分类，如根据销售市场概念，还可以分为畅销书、常销书和滞销书，它们是根据图书市场流通过程中的销售量而判断的。各个国家对此判断的数量没有统一的标准。我国书刊发行协会评选畅销书的入选最低标准为当年实现销量 2 万册以上，而美国则要求 10 万册（精装书）或 20 万册（简装书）。常销书不少由畅销书形成，它是出版社的拳头产品，给出版社能带来稳定的社会效益和经济效益，掌握市场竞争的主动权。滞销书可能由畅销书转化而来，那就是有一部时效性很强的图书，一段时间后会成为滞销；也有可能图书一出版，就销不动。作为编辑工作的重心，应瞄准畅销书和常销书，尽可能减少滞销书，以争取最佳效益。

第四节　图书形成过程的规律

一、图书质量是图书形成的核心

任何物质产品，质量永远是第一位的，没有质量，也就没有了生命力。图书也是如此，质量是图书的生命。

人类自创造了语言，发明了文字，撰写出文章，再经过用物质材料和技术手段复制成书以后，图书就成了人类知识的载体，在人类文明的历史长河中发挥了极其重大的促进作用。图书的质量包括内容质量和形式质量，而最重要的是内容质量。图书的内容决定了图书的作用。在历史长河的进程中，优胜劣汰，只有那些质量上乘、闪闪发光的精华成了优秀文化的遗产，传承着千年文化。图书的质量也是衡量一个国家、一个民族、一个出版单位思想文化素质和科学水平的重要标尺。1997 年国家新闻出版局颁布的《图书质量管理规定》（以下简称《规定》）对图书质量的分级和标准作出了规定，以下各项质量主要按《规定》叙述。图书的质量体现在五个方面。

1. 图书的内容质量

《规定》把图书内容质量分为两级：合格和不合格。在思想、文化、科学、艺术等方面，有一定的学术价值、文化积累价值或使用价值的，为合格。在思想、文化、科学、艺术等方面，没有价值，有严重问题，或违反国家有关政策禁止出版的，为不合格。

作为出版人，不能出版内容质量不合格的图书，同时也不能满足于出版合格品，要追求的是出好书，多出精品图书。

2. 图书的编校质量

《规定》把图书的编校质量分为四级：优质、良好、合格、不合格。差错率低于 0.25/10000 的为优质；差错率超过 0.25/10000，未超过 0.5/10000 的为良好；差错率超过 0.5/10000，未超过 1/10000 的为合格；差错率超过 1/10000 的为不合格。目前，图书的编校质量有呈下降趋势，这大概与编辑工作中的浮躁、追求速度和经济利益有关，不管怎样，要想获得好的效益，唯有不断提高编校质量，克服"无错不成书"的错误认识。

3. 图书的装帧设计质量

《规定》把图书的装帧设计质量分为两级：合格、不合格。封面、扉页、插图等，能够恰当反映图书的内容，格调健康，全书版式设计统一，字体、字号合理的为合格；封面、扉页、插图等，不能够反映图书的内容，或格调不健康，或全书版式设计不统一，字体、字号使用混乱的，为不合格。图书的装帧设计随着时代的前进和科学技术的发展，越来越呈现新颖、美观、多姿多彩的发展趋势，不仅仅起到装饰作用，而且也是一种美的享受。

4. 图书的印制装订质量

《规定》把图书的印装质量分为四级：优质、良好、合格、不合格。图书印刷装订的质量全面达到优质品标准的为优质；图书印刷装订的质量某一项或两项存在细小疵点，其他各项均达到优质品标准的为良好；图书印刷装订的质量全面达到合格品标准的为合格；图书印刷装订的质量有严重缺陷，达不到合格品标准的为不合格品。关于图书印刷装订的质量评价，还要依据其行业标准，对照标准作出分析、评价。

5. 图书成品质量

图书成品质量要根据以上四个方面的标准加以综合评价。《规定》把成品图书质量分为四级：优质品、良好品、合格品、不合格品。图书内容、装帧设计的质量达到合格标准，且编校、印刷装订的质量达到优质标准的为优质品；图书内容、装帧设计的质量达到合格标准，编校、印刷装订的质量达到良好标准（含其中一个项目达到优质标准）的为良好品；图书内容、装帧设计的质量达到合格标准，编校、印刷装订的质量均达到合格标准（含其中一个项目达到优质标准）的为合格品；图书内容、编校、装帧设计、印刷装订四项中有一项不合格，为不合格品。

二、图书质量形成的相关因素及其规律

图书质量从整体来看是成品质量，从各部分来看，有内容质量、编

校质量、装帧设计质量和印刷装帧质量，它们在形成过程中，都与其相关因素有关。

图书的内容质量取决于选题质量和写作质量。选题是图书的灵魂，好的选题产生好的图书。选题的形成凝聚了编辑或作者的心血和智慧，体现了编辑或作者的眼光和特色。选题质量很大程度上决定着图书的质量，也影响读者的购买热情。一流的选题还要有一流的作者，才能造就一流的图书。图书的写作质量与作者的写作能力密切相关。作者的写作水平、写作经验、写作热情和写作态度、时间都会影响作品质量。优秀的作者能够深刻地理解和把握选题的构思和脉络，通过自己生动的文笔，达到高水平的写作目标。一个平庸的选题或作品，编辑的加工水平再高，也无法修改出佳作。只有优秀的选题、高质量的书稿，才能产生高质量的图书。

图书的编校质量显然与编辑和校对人员密切相关。编校质量的优劣不仅仅影响一本书，还会影响到出版社整体形象。读者特别青睐的是那些名牌出版社和老牌出版社的图书，因为它们一贯重视图书的编校质量。编校质量的好坏与出版社的管理和编校人员的水平素质有关。出版社在抓好管理的同时，加强对编校人员的培养和提高，使他们适应工作的要求。

图书的外观质量会直接影响到市场的销售。现代，出版单位越来越重视图书的外观质量。图书的外观质量包括装帧设计质量和印刷装订质量。高质量的图书，内容美和形式美应当达到完美的统一，和谐美观。在浩如烟海的众多图书中，要能吸引读者，引起读者的兴趣，就在于选题的独特和高质量的装帧设计。装帧设计质量的好坏在于编辑和美术设计人员的默契和密切配合。图书的整体设计、开本设计和封面设计在贯彻美学原理要求的前提下，与内容要相协调，与读者对象相适应。有了好的设计和好的材料，还要选择技术条件好的印刷装订厂，确保图书在物化过程中的高标准、高要求的落实。粗制滥造的图书不会受读者的欢迎，读者在阅读的同时，很希望书籍带给他美的享受，而不是模模糊糊的字符增添他学习的烦恼。

现代出版企业之间的竞争是很激烈的，一切竞争归于一条，就是图书质量的竞争。谁能把质量搞上去，谁也就会产生许许多多的精品图书、品牌图书，谁也就会出奇制胜地占有一定的市场份额，赢得读者和市场。

三、贯彻木桶原理，把握图书整体质量

木桶原理是说组成木桶的原材料假若有长有短，参差不齐，为了要做一个盛水量较大的木桶，不是取决于最长的木板，也不取决于所有木板的平均长度，而是取决于最短的那一块。为了提高木桶的盛水量，关键是将最短的那块木板补长。这个理论就称之为木桶原理，也叫木桶理论。木桶原理深刻地揭示了生活中的辩证法，告诉我们一个重要的哲理：要提高事物的整体功能，就要抓住整体构成的各个因素，而且要特别注意对薄弱的而又是不可缺少的环节予以改善，这是非常重要的。

图书质量的关键是内容质量，但是不能忽视其他方面的质量。哪一个方面的质量不好就会影响整体质量，也会影响到图书价值的实现。正如《图书质量管理规定》的那样，成品图书质量由四个方面评定，哪一个方面不合格，就算某方面是优质，也会评定为不合格。

图书质量关系到方方面面，是一个系统工程，因此要从整体上着眼，从各个环节上下手抓好。

1. 重视选题策划

选题和稿件的来源很广泛，有作者自投稿、专家或者相关团体推荐稿、上级管理部门任务稿、征集稿以及文稿经纪人荐稿等，但是，对于出版社主要的稿源还是通过策划选题组稿和访稿，策划选题是依据党和国家的方针、政策和全党全国工作大局的需要，根据读者需要和图书市场变化、发展的趋势，根据出版社的图书结构及选题优势，对所收集的信息进行分析、综合、提炼、筛选和升华的成果。这样的选题针对性强，效益好，因此，出版社必须重视图书选题的策划，以获得最佳的社会效益和经济效益。

2. 选准作者，保证质量

由于图书内容质量几乎完全由作者决定，作者的写作水平、写作能力影响作品质量，因此要选择适合相应选题的作者。不同作品，不同层

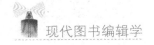

次的图书，根据各自的特点和读者对象去选准作者。例如，科普作品的作者，不见得说学术水平越高的作者就越好，而要选择能够写作科普作品的作家。科普作品既要考虑深浅程度，还要有趣味性，可读性强。选择作者的条件将会在后面组稿一章中谈到。

3. 严格制度，提高编校质量

图书的编校质量会给作品质量带来很大影响，编校质量高会使图书锦上添花，成为精品图书；编校质量低劣的图书，读者就会觉得是粗制滥造之作，会给阅读带来不畅。要提高编校质量，关键是严格执行"三审制"、"三校一读"制，不要走过场，要层层把关，人人尽职尽责。

4. 加强装帧设计，把形式美和内容美很好地结合起来

装帧设计主要由美术编辑完成，但要从整体上设计好，责任编辑要和美术编辑很好地配合。责任编辑熟悉书稿内容，知晓读者对象，而这些对于图书的内容与形式的结合很重要。从现代图书的发展趋势来看，图书的装帧越来越被重视，也越来越美观、漂亮。强化图书装帧设计是时代发展的需要，也是读者提高了审美情趣的需要，作为出版人要与之适应，与时俱进。

5. 狠抓物化环节措施的落实

图书的物化就是使精神产品（加工好了的书稿）成为图书成品（物质产品）。在这个过程中，有计算机录入排版，出片印刷，装订成书等环节。在各个环节中，出版者虽然不是直接参与，是委托排版厂、印刷厂、装订厂来完成，但对各环节要注意质量控制，有质量要求，有得力措施。如纸张的选择，印刷厂的选择，都要引入竞争机制，以达到价廉质优的目的。

第四章

................................>

图书编辑工作的主体

　　图书编辑工作的主体，即编辑主体，就是编辑工作人员，担负着选题策划、组稿、审稿、编辑加工整理、定稿发排、校定付印、检查样书等编辑过程的全部工作。由于"编辑"一词是多义词，既可作名词，又可作动词。作名词是指编辑人员或编辑职务，作动词是指编辑工作。在这里讲编辑，是指编辑人员。

　　由于当今图书市场竞争激烈，很多图书一开始就是由编辑的精心策划、组织、加工整理而形成的。无论从整个出版工作还是从图书所承载的文化信息的传播关系，还是就社会文化环境来说，编辑都始终处于主体地位。现代编辑人员在图书出版中，是精神产品物化为出版物过程中的重要角色，居决定性的地位。编辑过程是出版过程的中心环节。为了适应现代编辑工作的需要，使出版既能沿着社会主义的方向前进，又能在竞争的环境中生存和发展，编辑主体需要具有比较高的修养和素质。

第一节　现代图书编辑人员的构成

　　分析编辑人员的构成，可以从不同的角度去分类。按传播媒介划分，编辑人员包括图书编辑、期刊编辑、报纸编辑、音像制品编辑（如电视编辑、电影编辑、广播编辑等）、电子出版物编辑、网络编辑等。按学科划分，即按所编辑的书刊内容性质划分，编辑人员包括社会科学编辑、文学编辑、科技编辑、少儿编辑等，按学科划分的编辑还可以更细，各种不同出书范围的出版机构，就有相适应的编辑人员。具有不同专长的编辑人员，反映并决定出版机构的性质和优势。按工作内容的不同划分，编辑人员包括策划编辑、文字编辑和美术编辑。在一般的图书出版社，美术编辑的工作是为以文字为主的图书服务的。而在美术出版社，美术编辑居主要地位，或者美术编辑与文字编辑同居主要地位，因为在这样的出版社，美术编辑要策划、编辑出版美术类图书，不仅仅从属于图书的美术装帧设计。按职称划分，根据《出版专业技术人员职务试行条例》第二条的规定，编辑人员包括编审、副编审、编辑、助理编辑四类。除专职编辑之外，还有技术编辑，其职称设技术编辑、助理技术编辑、技术设计员三类。报纸编辑人员的专业职称设高级编辑、主任编辑、编辑、助理编辑四类。本书从行政结构和专业技术结构两个方面去分类讨论：担任编辑行政职务的人员和担任专业技术的人员。

一、担任行政职务的人员

主要由正、副总编辑和编辑室（部）正、副主任构成。对于正、副总编辑，有的图书出版社没有明确设立，而是由社领导（副社长）分管总编辑工作。编辑室（部）主任，大多数出版社有策划室主任（含副主任）、编辑室主任（含副主任）、装帧设计室主任（含副主任）、总编室主任（含副主任）。由编辑、编辑室主任、总编辑构成书稿三审制的一、二、三审的承担者和责任者，即书稿由编辑担任初审、编辑室主任担任二审（复审）、总编辑担任三审（终审）。但这种划分也可因不同出版机构组织的不同而有异。有的出版单位在编辑室上设编辑部，由编辑部统管各室，而不设总编辑，那么三审就由部主任担任。三审只是编辑工作中的一个重要方面，担任行政领导的总编辑和室主任还相应负责编辑其他各个方面的工作，对编辑业务工作行使领导权。

二、担任编辑专业技术职务的人员

按工作性质分：文字编辑、美术编辑、技术编辑。以前文字编辑主要从事图书文字加工处理。文字编辑现今的含义要比这要广得多，不只进行文字工作，还包括选题设计、组稿、审读、整理加工、发排、校定付印、宣传推介等项工作，通常就称为编辑。有的出版单位为了强化选题策划，近几年来，设立了策划编辑、组稿编辑。但实际上，策划编辑、组稿编辑也做文字加工工作，也要处理书稿。文字编辑也做策划选题工作，并没有截然分开，只是在工作中各自的任务有所侧重罢了。美术编辑主要从事图书装帧设计工作。如果是专业美术出版社，则美术编辑和文字编辑是同时兼任的，他们主要编辑出版美术专业图书。技术编辑主要从事图书技术设计工作。如版式设计、材料和印装设计等。一部分出版社没有专门的技术编辑，这部分工作就由美术编辑或文字编辑担任。

从工作性质来看，还有一类人员就是校对人员，他们与编辑人员划在一起，同属专业技术人员，为校对系列。校对系列设一级校对、二级校对和三级校对。

按学科性质分：文科编辑、理科编辑等。这是按大学科社会科学和自然科学来分的。如果细分，至少有几十类。如按图书分类，常见分类就有 22 大类，实际工作中编辑不会分得这样细，以自己的专业为主，兼做与本专业有联系和比较熟悉学科的图书。在处理书稿中常常会遇到许多实际困难，因此对编辑的知识结构要求专而博，要有广博的知识面，才能面对学科的多样性。编辑的知识结构和素质会直接影响对书稿加工的效果。所以编辑必须要不断加强学习，扩大自己的知识面，从而提高编辑图书的质量。

按专业技术职务任职资格分：文字和美术编辑有编审、副编审、编辑、助理编辑。其中编审、副编审为正、副高级职称，编辑为中级职称，助理编辑为初级职称。技术编辑有技术编辑、助理技术编辑、技术设计员。其中技术编辑为中级职称，助理技术编辑、技术设计员为初级职称。校对职称有一级校对、二级校对和三级校对。其中一级校对为中级职称，二级校对和三级校对为初级职称。

第二节　几种图书编辑的名称含义和作用

随着出版业的发展，在图书编辑工作中，经常使用这样几种编辑名称：文字编辑、美术编辑；责任编辑、特约编辑；策划编辑、组稿编辑等。这些名称的含义是什么，它们的作用如何？本节予以简要讨论。

一、文字编辑和美术编辑

文字编辑和美术编辑是按照工作性质来分，是相对应的编辑名称。他们都可以评聘编辑专业技术职务，但这两个名称及下面所提到的几种编辑名称都不属于专业技术职务的名称。

文字编辑是指处理文字稿的编辑。一般来说，文字编辑工作范畴不仅仅只是从事文字处理，即包括书稿的选题策划、组稿和选择、审读加工、整理发排和审读清样等一系列编辑工作，而是负责从选题列选申报到图书出版的全部工作，除此之外，还要参与图书宣传推介、收集反馈信息等工作，以上应当就是通常所讲的编辑工作所涵盖的所有工作。现在也有逐步将文字编辑从编辑中独立出来之势，这是因为随着策划编辑和组稿编辑的涌现，使一部分编辑专门致力于文字处理工作，只负责书稿的编辑加工。在国外有些出版企业，早就设立了文字编辑，他们又称案头编辑。我国平常称文字编辑，大多是为了与美术编辑区别开来。

美术编辑是指处理美术稿件和从事图书装帧设计工作的编辑。他们既是编辑工作者，又是美术专业工作者。非美术专业出版社，一般都设立了装帧设计室或美术编辑室，他们负责全社所有的图书装帧设计，也负责美术稿件的组织和处理，其主要任务是美化图书。社会越发展，人们对美的欣赏水平也越来越高，图书的装帧设计也越来越重要。装帧设计对于出版社建立自己的图书风格和提高图书的社会效益及经济效益，具有不可低估的作用。美术专业出版社，根据各自的具体情况会设立若干个美术编辑室，美术编辑不仅从事美术图书的编辑工作，也创作作品，供本社出版。

二、责任编辑和特约编辑

责任编辑是出版社指定对一部书稿的初审编辑，并对该书稿出版有关事宜负责，全面负责该书的编校质量。

特约编辑是指非本社工作人员，由出版社聘请担任某种书稿的编辑工作。

责任编辑和特约编辑都不是编辑专业技术职务，而是某种图书责任人的称呼，并可在图书出版的版权页上署名。

责任编辑主要作用是：一是负责处理该书出版的有关事宜。如商定和草签组稿和出版合同，参与营销策划、成本估算、装帧整理设计、调控出书进度、宣传推介、征订、撰写书评、给作者填写稿酬单、寄送样书、收集图书反馈信息等。二是负责该书出版质量，如组稿、审读书稿、加工、整理发排、审读清样；消除书稿和付印样中的错误；吸收和处理好复审、外审和终审的意见，进一步提高书稿质量；检查图书成品印制质量；搜集、研究、处理读者对自己所编图书的意见和反映；从自己所编图书中选出"双效"书提出重印、再版选题等。

责任编辑的工作是整个出版社编辑工作的基础，可以由具有不同职称的人担任。但根据新闻出版署 1997 年颁发的《图书质量保障体系》规定，责任编辑"应由具有编辑职称或具备一定条件的助理编辑人员担任"。"一定条件的助理编辑"应理解为熟悉编辑工作，具有编辑图书的水平和能力，开始可以担任难度较小的书稿的责任编辑，学科范围不超过自己所学专业知识，这样才能保证图书的编校质量。

坚持稿件的三审制度，是出版图书质量的根本保证。担任一审的就是责任编辑，所以，每一部书稿都有责任编辑。一般一部书稿指定一人担任责任编辑。某些部头大、卷数多、内容复杂的书稿可以由两人或两人以上担任责任编辑，分工负责。某种书的责任编辑大多是在制定选题计划时就明确了谁是责任编辑，不过也有一部分书是由出版社组稿和策划人组稿后指定谁担任责任编辑。不论何种情况，责任编辑对该书出版的编校质量负责。

特约编辑担负的任务有两种情况。一种是从组稿开始，参与组稿方案的编制，然后审读、加工整理，直到图书出版。另一种是从审读、编辑加工到图书出版。出版社需要聘请特约编辑一般是特约编辑具有某种优势，如对某个问题有独到的了解和研究，且具有独立的编辑能力，有利于提高图书质量。或者套书、丛书、大型工具书，需要聘请某方面的学者，且其又有独立的编辑能力。有时也因为图书的周期问题，人手不够，需聘特约编辑。不论何种情况，特约编辑都应当更合适编辑该图书。聘请了特约编辑的图书，还要指定社内责任编辑，负责特约编辑以外的其他编辑任务，并负责联系特约编辑，协调进度，沟通三审之间的意见。

在出版社的书稿编辑过程中，除了聘请特约编辑外，还有两种情况，一是外审，二是外编。所谓外审是请社外专家对书稿进行审查评价。责任编辑根据外审意见提出对稿件取舍意见，报请复审和终审决定。所谓外编，则是把出版社已经决定采用准备出版的书稿送请社外专业人员进行编辑加工。担任外审的人员要对该书稿所涉及的学科内容熟悉，学识水平较高，能坚持真理，敢于发表自己的看法。担任外编的人员不仅要有一定的学识水平，还要具有审读、编辑加工能力，能起到把关和完善书稿的作用。当然，外编也可以聘为特约编辑。

三、策划编辑和组稿编辑

随着出版业的发展和竞争的激烈，出版社都对选题的重要性认识更加清楚，把选题视为"出版社的生命线"，十分重视对选题的策划。因此，一些出版社设立了策划编辑室，明确了一些编辑作为策划编辑，并在图书的责任人上印上了"策划编辑某某"。策划编辑有专门从事选题开发和策划的，也有兼做文字编辑而以策划为主的两种情况。策划编辑的工作重点是调查了解图书市场信息，每年能独立地提出几种图书选题，并对选题实施提出方案，经过出版社组织充分论证决定通过以后，交由策划人落实执行。如果提出的选题较多，可交其他编辑协助实施，如组稿、审读、编辑加工、清样审读等。如果提出的选题较少，则自己担任责任编辑。我国现在只有少数出版社试行策划编辑制，而且确定为策划编辑的人数也较少。担任策划编辑的人应当是开拓能力、活动能力和设计能力较强的，而且在选题开发上做出了突出成绩的编辑。

组稿编辑是指组织书稿或向社会物色书稿的编辑。国外一些出版企业比较早就有组稿编辑，与我国的策划编辑相同，通过了解信息，提出选题，然后组织作者撰写书稿。有的国家出版社数量比较多，规模比较小，出版社的老板就是组稿编辑。他们利用自己的各种关系和掌握的信息，组织和选择适合自己出版社利益的书稿，然后交文字编辑或称案头编辑加工整理出版。

我国目前虽有策划编辑、组稿编辑和文字编辑（也叫案头编辑）之称，其实没有截然分开，大多数编辑是集三者于一身，因此，本书提到的编辑工作就是整个编辑过程，所提到的概念都是从整体出发的。

根据编辑个人特点做些适当分工和侧重某方面的工作，值得试行。有利于发挥各自的优势，扬长避短，充分挖掘人力资源，实现最佳组合。但是对每个编辑来说，应当进行全面训练，针对各自薄弱环节，加强学习和修养，努力提高自己各方面的能力。现代出版业需要的是全面发展又能独当一面的编辑，而且越来越需要更多的复合型人才。关于复合型人才的概念和特点将在本章第四节中谈到。

第三节　编辑的职责

编辑的职责，也就是编辑工作的职责。只有明确了自己的职责，才会明确方向，不断地加强学习和修养，培养和提高自己的能力，从而顺利而圆满地完成这些职责。

一、编辑的基本职责

简单地说，可以归纳为一句话：热爱社会主义出版事业，积极完成本职工作。比较完整的提法则是：坚持社会主义出版方针，积极宣传马克思列宁主义、毛泽东思想和邓小平理论，传播和积累有益于提高民族素质、有益于经济发展和社会进步的科学技术和文化知识，弘扬民族优秀文化，促进国际文化交流，丰富人民的精神生活。这既是编辑工作

者，也是出版工作者应尽的责任，必须全面理解和执行，并应努力完成。

"坚持社会主义出版方针"，简述之，就是"二为"方针："为人民服务，为社会主义服务。"为人民服务、为社会主义服务这一社会主义出版的根本方针，不是抽象的，而是具体的，其含义是十分深刻的。在"一个中心、两个基本点"党的基本路线指引下，为人民服务，就是从广大人民的当前利益和长远利益出发，向人民提供品种丰富多样而又质优品高的精神食粮，以提高人民的思想品德和科学文化素质，丰富人民的精神文化生活。为社会主义服务，就是为社会主义的精神文明、物质文明和政治文明服务，为社会主义的经济、政治、军事、科学、技术、教育、文化等各项事业的需要服务，为把我国建设成为社会主义现代化强国服务。编辑在提出选题、编辑出版图书时，都要以社会主义出版方针为指南，十分清楚地知晓什么书可以出，什么书不可以出，使所编辑出版的图书既符合出版方针，又适应社会和读者的需要，具有时代性和创造性。

为促进社会主义科学、文化、艺术的发展和繁荣，党中央和政府还提出了"百花齐放、百家争鸣"、"古为今用、洋为中用"等方针。"百花齐放"是一种发展文学艺术的方针，主张在文学艺术领域内，提倡不同的题材、不同的风格和不同的创作形式、创作方法，并提倡自由开展评论。"百家争鸣"是一种发展科学的方针，主张在学术领域内，提倡不同学派和不同学术观点平等的自由讨论，互相尊重，取长补短。"古为今用"是指整理古代文化过程中，要"剔除其封建性的糟粕，吸收其民主性的精华"，批判性地继承发展古代优秀文化。"洋为中用"是指对于外国文化，"应当以中国人民的实际需要为基础，批判地吸收外国文化"。编辑是从事图书出版的，必须贯彻"双百"和"二为"方针，否则，繁荣和发展科学文化就会成为一句空话。在图书编辑工作中贯彻这些方针对于社会主义精神文明建设和物质文明建设都有重要意义。贯彻"双百"方针有利于作家充分发挥自己的积极性和创造性，有利于出版更多满足读者多种需求的图书，如求知的需要、求乐的需要、满足好奇心的需要、得到愉悦的需要、陶冶情操的需要、提升品位的需要、塑造形象的需要等，而且有利于推动和发展科学技术和文化事业。贯彻"二为"方针，也意义重大。我国是历史悠久的文明古国，有悠久的文化传统，有丰富的文化典籍，弘扬我们民族的优秀文化，以增强民族的自信心和凝聚力，是图书编辑出版工作的一项重要任务。整理出版古籍，一方面是为了满足专业工作者研究的需要，另一方面也是为了满足一般读者特别是青年读者的需要。除了古籍整理出版的专业出版社外，其他适合出版而又有力量出版古籍的出版社都应努力出版古代优秀文化典籍。介绍外国优秀文化也是图书编辑工作的一项重要任务。为了加速社会主义现代化建设的进程，要及时地、积极地引进国外科学技术，使科学技术工作者及时了解国外科学文化的发展动态，吸收国外科学文化的研究成果。我国实行改革开放的总方针以来，国际间的文化交往和合作日益增多，但还必须加大力度，进一步增加版权引进。当然，"洋为中用"，我们要有研究、有选择、有目的地引进。首先引进出版我国社会主义现代化建设急需的著作，如介绍外国科学技术新成果和现代化生产管理知识的读物。其次还可引进出版一些反映外国经济、文化、政治动态，有研究参考价值的图书，供有关研究人员使用。对于社会科学著作和外国文艺书，引进要特别注意选择，西方的政治观、道德观和价值观与我们社会主义国家有所不同，出版这些著作，要通过序言和图书评论做好阅读指导工作。"洋为中用"，要十分注意选用，有用的就引进，无用或有害的甚至反动的不引进。

　　"积极宣传马克思列宁主义、毛泽东思想和邓小平理论"，这是我们编辑工作一项长期的任务。因为马克思列宁主义的基本原则是放之四海而皆准的科学真理，无论是哲学、政治经济学，还是科学社会主义的理论，都是如此。马克思列宁主义揭示了人类社会历史发展的规律，它的基本原理是正确的，具有强大的生命力，坚持马克思列宁主义的基本原理，中国的社会主义事业必然取得最终的胜利。毛泽东思想是马克思列宁主义和中国革命实践相结合的产物，和马克思列宁主义一样，毛泽东思想的一系列基本观点，被中国革命实践证明是正确的。把宣传马克思列宁主义、毛泽东思想作为社会主义出版事业的基本任务、编辑工作的基本职责是理所当然的。邓小平理论是马克思列宁主义的基本原则同

当代中国实践和时代特征相结合的产物，是毛泽东思想在新的历史条件下的继承和发展，是马克思主义在中国发展的新阶段，是当代中国的马克思主义。宣传这一光辉理论，也是我们义不容辞的责任。

社会主义出版事业不仅要坚定不移地宣传马克思列宁主义、毛泽东思想和邓小平理论，而且要正确地宣传，注意宣传的形式和方式。采用说教式的灌输理论的办法，实际效果并不理想。图书应该通过令人信服的宣传教育引导读者接受真理，才是最有效的方式。我们说编辑的作用主要是中介作用，把关和倾向性是编辑工作的性质，那么，体现于图书就是它的思想性和革命性。关于"宣传"不外乎两种情况：一种是直接向读者宣传马克思列宁主义、毛泽东思想的图书，如政治理论、思想修养等专著、教科书、参考书等；另一种是间接宣传马克思列宁主义、毛泽东思想和邓小平理论的，或者以马克思列宁主义的立场、观点为指导的各种图书，如文艺作品、科技图书和青少年读物等。两种图书都肩负"宣传"的任务。而且编辑在图书出版过程中应坚持把关，不能让违反马列主义、毛泽东思想基本原理、观点的图书出版，不要有认为时代在发展，这些思想过时了的想法，反而对西方学说、作品不加选择地出版，忘记自己肩上的责任，走上错误的道路。

"传播和积累有益于提高民族素质、有益于经济发展和社会进步的科学技术和文化知识"，这一要求具有鲜明的时代精神和发展观点。图书与其他物质产品的根本性不同，在于物质产品满足人们的物质需要，如衣食住行等，在于提高和改善人们的生产、生活水平。而图书是影响人的精神世界，如精神面貌、心理需要、心理素质、知识结构、技术技能等。物质产品的影响只是短暂的，而精神产品的影响是长远的，一本好书或一本坏书，可能影响人的一辈子，精神的影响不会因物质产品的消失而消失，它会深深地留在人的记忆中。所以，出版什么样的图书其意义十分重大。我们要抓住"有益"二字，分清好书和坏书。内容有益的、健康的图书才会起到提高民族素质的作用。图书作为精神产品，有着覆水难收的特点，人的思想和心理一旦受到不健康的思想观念的侵蚀，人的心灵就会被扭曲，人的健康成长就会受到影响。民族素质包含的内容是广泛的，如政治素质、道德素质、心理素质、知识和能力素质等等，对此，图书的作用是十分重要的。人类社会的发展表明，知识的传播和积累都离不开图书，无论将来科技如何发展，以纸为载体的图书都无法被高科技所替代，也不会被电子出版物所替代。只有知识才能给人类智慧和力量，只有知识才能转换为巨大的财富，人类需要知识的传播和积累，而这种传播和积累的科学文化知识又必须是"有益"的、"发展"的，与时俱进地不断提高全民族的文化素质。

"科学技术是第一生产力"是已经被确认了的，科学技术已经受到党和国家的高度重视。一个国家的发展水平，受国家的科学文化水平所制约。科学文化水平高的国家，国民经济水平和国民教育水平必然较高。我国与世界先进的国家相比还有较大差距，更应加快科学文化知识和信息的传播，促进我国科学文化事业的发展，提高全民族的科学文化素质，这便成为我国实现社会主义现代化十分重要而又迫切的任务。

真正要履行好这一职责，还要注意总结历史上正反两方面的经验教训，对于成功的经验要发扬，对教训要认真吸取。值得吸取的教训是"左""右"对出版的干扰。"文化大革命"期间由于鼓吹"知识无用论"、"读书无用论"，所以编辑图书就谈不上吸收新的知识和成果，出版事业奄奄一息。拨乱反正、改革开放以后，有些人又误解了政策，搞"自由化"倾向，对外来的文化、学说不加选择地出版传播，有些东西根本就不是"有益"的和健康的，搞乱了人们的思想，影响了安定团结，干扰了社会主义的精神文明建设和物质文明建设，阻碍了社会主义现代化进程。

"弘扬民族优秀文化"，就是要发扬光大祖国文化。我们民族创造了人类发展史上灿烂的中华文明，形成了具有强大生命力的传统文化，前面在谈到"古为今用"时就已经谈到要取其精华，弃其糟粕，很好地继承这些珍贵的文化遗产。同时，一部图书一旦问世，它也具有了成为历史文化遗产的可能性。各种图书的生命力有长有短，有的要流传数千年，有的可能昙花一现，无法流传。但是只要是民族的优秀文化，就要扩大传播和积累，走出国门，走向世界，加强国际间交流，让世界了解中国的灿烂文化，了解中国的过去和今天。

"促进国际交流"，内涵也很丰富，也是图书编辑工作的重要职责。

全人类的历史文化宝库，是十分丰富的，蕴涵了全世界各民族历史文化的精粹，"洋为中用"，也是我们应当贯彻到编辑工作中的方针。尤其在当代，我国的发展离不开世界，在改革开放的总方针指导下，我们应当通过图书这一有力的传播工具，促进国际文化交流。一方面要大力弘扬我国优秀文化，将各类优秀图书送入国际文化市场，进入世界图书之林；另一方面把国外优秀的科学文化图书有选择地引进国内，以便从中汲取营养，加快发展自己。特别是我国加入世界贸易组织（WTO）以后，我国政府承诺国外资本和经营可以进入我国图书的分销业务，会使国际间的图书合作更广泛、更深入。我国在改革开放以来的二十多年时间里，在合作出版、版权贸易等方面已经取得了一定的成绩，在新的形势下，加大力度，一定会做得更好。

"丰富和提高人民的精神文化生活"，有多个层次。根据读者对象不同，他们对精神文化生活的要求也不同。高层次的需求是哲学和科学文化，较低层次的需求是与日常生活有关的文化，有的还需要文化娱乐和消遣，等等。不论哪种需求，只要是健康的、有益的，我们都应当重视和满足。读者的多样性，导致了需求的多样化，所以用"丰富"一词有更深的含义，就是要繁荣和发展文化。"丰富"的意义首先表明当代人民群众的精神文化生活是丰富的，其次说明了图书在丰富人民精神文化生活中起到不可低估的教育和鼓舞作用。"提高"在于提高精神文化生活的品位和质量。事实上，只要读者能识字，就会有看书读报的习惯，从少到老，从女到男，读书是不可缺少的，日复一日，年复一年，从书中得到知识，得到智慧，得到愉悦，得到力量。正如世界著名戏剧家莎士比亚所说："书是全世界的营养品。"人类社会的发展，既靠物质文明建设，也需要精神文明建设，相互依赖，互相促进。没有物质产品是贫穷的社会，没有精神文化是愚昧的社会。物质产品的极大丰富，可以满足人们日益增长的物质生活的需要；精神产品的极大丰富，可以使人们的精神生活更加绚丽多彩，可以引导思想、激励斗志、启迪智慧、丰富知识、增强技能、陶冶情操、健康身心等，可以使人精神焕发地投入工作、学习和生活。由此可见，编辑工作既是一项责任重大的工作，又是一项有意义的宏伟事业。

二、总编辑和编辑室主任的岗位职责

1. 总编辑的岗位职责

总编辑是一个出版社编辑工作的总负责人和重要决策人。目前，出版社实行的是社长负责制，在这种领导体制下，总编辑在社长领导下，分工负责编辑部门的管理工作，对编辑工作进行指导和把关。坚持以建设中国特色社会主义理论为指导，全面贯彻执行党的出版方针、政策和国家制定的有关出版纪律和法规，正确处理社会效益和经济效益的关系，把社会效益放在首位，创造性地做好编辑部门的管理工作。主要职责包括：在认真学习、调查研究和充分吸取全社编辑人员的意见的基础上，提出编辑工作的总的指导思想，领导编辑人员开拓性地制定好长远选题规划、重点图书出版规划和年度选题计划，并根据实际情况做好选题增补计划；领导编辑人员实施选题计划，并且安排好发稿计划和付印计划，制定实施的得力措施；指导编辑人员进行组稿，并且自己组织某些重点书稿；坚持书稿的"三审"制度，负责终审签发书稿，切实起到最后把关的关键作用；指导校对人员做好校对工作，不断提高图书的编校质量；领导总编室做好编务工作，使之发挥对全社编辑工作的协调和促进工作；审定图书的装帧设计方案；组织本社的图书宣传，使图书更好地获得"双效"；组织参加各种图书评奖活动；负责组织出版社的各种学术活动，加强对编辑人员政治思想、业务水平和职业道德的培养；负责对编辑人员职业培训和考核，与其他社领导成员共同抓好编辑队伍的管理；负责其他与编辑工作有关的工作，做好协调、督促和领导工作。副总编辑协助总编辑切实搞好分管工作。

为此，对担任总编辑的人员要求是很高的，必须有相当高的马克思主义理论修养和党的政策水平；具有广博的科学文化知识和一两门深厚或比较深厚的专业知识，以及熟练地驾驭文字的能力和精通出版业务知识及技术；具有获取信息、分析处理信息、转换信息的能力，并能根据新的情况及时提出具体的工作方针、制定措施；具有很好的管理能力和组织活动能力；具有克己奉公的优良品质和以身作则的工作作风。

2. 编辑室（含策划编辑室）主任的岗位职责

编辑室主任是一个编辑室工作的负责人和决策人。在总编辑或主管

副总编辑领导下，主持编辑室的全面工作。主要职责包括：在认真学习、调查研究和充分听取本室编辑人员的意见的基础上，并且根据总编辑的指导思想，领导本室编辑人员开展信息收集，创造性地开发选题，经充分论证，制定好本室选题的年度计划和长远规划，做好选题的增补计划；领导本室编辑人员实施选题计划，安排好发稿计划和付印计划，提交给总编室，并且采取得力措施实施计划；指导本室编辑人员有效地开展组稿，自己也组织书稿，并指导、了解责编与作者签订组稿合同；认真复审本室书稿，把好复审关，解决初审中提出的疑难问题，承担某些重要书稿的责任编辑；加强本室编辑工作管理，协助总编辑抓好本室的编辑队伍建设；组织本室图书的宣传，组织撰写重要图书的书讯书评；负责本室人员的学习、业务考核和思想工作。副主任协助主任工作。

编辑室主任可以适当地担任书稿的责任编辑，其多少应与复审任务的轻重联系考虑。在精力和时间安排上应主要用于全室的选题开发和复审工作上。复审不能走过场，切实搞好，把好书稿质量关。策划编辑室的主任职责也应是上述职责，不过更应强调创造性地开发选题，以进行社会调查、图书市场的信息收集、选题开发、选题论证、选题实施和落实为主要职责和工作内容。

编辑室主任必须具有较高的思想政治水平，较广博的专业知识，较强的编辑业务知识、编辑技能和文字能力，较强的获取和使用有关信息的能力，正确的经营思想和较强的组织能力。担任策划编辑室主任还必须有很强的创新开拓能力、活动能力和现代信息转换能力。

三、编辑专业技术人员的主要职责

1. 编辑工作岗位职责

无论具有何种编辑职称，编审、副编审、编辑、助理编辑，只要处在编辑工作岗位，首先就要承担该岗位的工作职责。一般应承担以下职责：

（1）开发选题

根据社会主义出版方针和本社的选题指导思想开发和提出具有"双

效益"的图书选题,是编辑人员的首要职责,也是考察编辑水平和能力的重要依据。选题必须有利于积累和传播科学文化知识,有利于推动出版事业的发展,促进社会主义物质文明和精神文明建设。选题开发必须坚持社会效益和经济效益相统一,把社会效益放在首位,社会效益差,或平庸选题不能列选。开发选题既要有短期打算,又要有长远规划,逐步形成编辑个人特色和各编辑室的特色。为此,编辑人员要经常进行调查研究,了解社会、了解读者、了解市场,建立通畅的信息渠道,使所开发的选题具有科学性和可行性。选题要变成有效选题,还必须经过充分论证,通过列选,申报批准后方成为有效选题。选题批准后,责任编辑可向有关组织或个人组稿。组稿时应充分了解对方的学术研究情况,详细说明书稿编写方案,包括内容、风格、体例、字数、读者对象和完稿时间等,并经常与作者保持联系,了解写作进度,帮助作者解决写作中的问题。出版社一般还会对策划编辑和编辑提出选题开发的具体数目要求。

（2）审读书稿

对自己所组织的书稿和总编辑、室主任分派的书稿进行认真审读,根据稿件评价标准提出取舍意见,并写出审读报告,做好审读记录,送编辑室主任复审,总编辑终审。坚持以质量为取舍标准,反对出关系书、人情书。如果有的书稿需外审,应做好联系工作,并将外审意见送交复审、终审。

对于三审合格符合出版条件和要求的书稿,须与作者签述出版合同。责编负责与作者协商、草签合同。合同经社领导同意后,正式由法人代表与作者签订图书出版合同。对于负责该书出版的责任编辑落实合同条款。

（3）编辑加工

编辑对于已经决定出版的书稿要进行认真细致的编辑加工,杜绝政治性、科学性、知识性错误。在不改变作者观点、风格的前提下,对书稿进行修饰润色,完善、完美书稿内容。修改要注意做到既尊重作者的权利,又体现编辑的意图。编辑加工完书稿后交总编室。在送交总编室时应做到"齐、清、定",定稿后,一般不得再行更改。所有书稿经责

任编辑加工后，还要经复审、终审，审定签字同意后方可发排。发排时还应认真填写好图书装帧设计通知单，经有关领导签字交美术编辑设计封面，责任编辑应协助美术编辑搞好设计，明确设计要求和设计完成时间。

（4）编后工作

责任编辑在"三校一读"中承担通读清样的责任，并对校对人员提出的问题予以解决；了解和参与所编图书的定价、印数、成本估算、印制质量、出版时间、检查样书等项工作；积极参与图书的宣传推介，认真写好书讯书评；图书出版后收集反馈意见，处理读者意见，并选出"双效"书提出重印、再版选题。

2. 编辑专业技术分类人员的职责

（1）编审

由于编审有广博的科学文化知识，对某学科有系统的研究和较高的学术水平，有较高的政策、理论水平，所以主要职责是：搜集和研究有关学科的学术动态和编辑出版信息，提出改进编辑出版工作的建议或方案；制定选题计划和组稿计划，并组织实施；承担重点图书书稿审读和加工；承担总编辑授权或委托的工作，如终审某些稿件，并签发某些稿件；指导和培养青年编辑，或承担专业人才培养任务；撰写编辑学方面的论著或教材。

（2）副编审

副编审具有较广博的科学文化知识，对某学科有较深的研究，能解决编辑业务中的疑难问题，能指导编辑工作或培养相应专业人才，所以副编审的主要职责是：搜集研究有关学科的学术动态和编辑出版信息，提出改进编辑工作的建议或方案；制定选题规划，指导编辑人员实施；担任重要书稿的责任编辑；复审或终审某些稿件，解决编辑工作中的疑难问题；对有关图书进行评论；撰写编辑学或相关学科的论著，指导和培养专业人才。

（3）编辑

编辑具有本专业扎实的基础理论知识，熟练掌握编辑业务，能独立处理稿件，有较高的文字水平。编辑的主要职责是：搜集研究本学科的学术动态和编辑出版信息，提出选题设想，独立进行组稿实施；独立审读、加工整理稿件；对自己所承担责编的图书提出成品设计整体方案，经有关领导批准后实施；检查图书成品；做好图书宣传推介工作，撰写书讯书评；指导、培养助理编辑；进行编辑学和有关学科的研究。

（4）助理编辑

助理编辑需要掌握本专业的基础理论和编辑业务，有一定的文字水平。主要职责是：协助编辑进行工作；在编辑指导下，搜集整理有关学科的情报和出版信息，练习提出选题和组稿；初审和加工稿件，逐步独立发稿，完成一定数目稿件的审读、加工任务；检查样书；撰写书讯、书评。

（5）技术编辑人员

技术编辑的主要职责是：承担重要或复杂书稿的技术设计工作，研究选择特殊书稿的设计方案，解决有关疑难问题，指导助理技术编辑、技术设计员进行工作。

助理技术编辑的主要职责是：承担一般或复杂书稿的技术设计、印制设计，或插图、制图工作。

技术设计员的主要职责是：在技术编辑指导下，承担一般书稿的技术设计、印制设计，或插图、制图工作；独立完成书稿的有关技术工作任务。

以上所谈的各类人员职责，只是一般性的，各出版单位应根据实际情况，结合本单位的目标、计划，对编审、副编审、编辑、助理编辑的工作职责，参照上述范畴，作出具体的职责要求，有的方面还有定性和定量的规定。校对系列的职责主要承担书稿的校对任务，一、二、三级校对分别承担书稿难易不同和校次不同的校对任务。

第四节　编辑人员的素质

编辑人员广泛存在于新闻、出版、广播、影视、网络等各个传播领域，本书所要论述的编辑人员则只限于从事图书出版工作的人员。就是

图书编辑人员也因工作性质的不同而有多种，前面已经谈到有文字编辑、美术编辑、技术编辑等，校对员也是编辑人员的一部分。因此，广义的图书编辑人员应包括以上各种人员。我们在本书中着重论述的还是文字编辑，包含了图书策划编辑，因为在我国，文字编辑和策划编辑的工作不是截然分开的，都参与图书出版的全过程。这样，我们在论述编辑人员的素质和编辑工作，主要指这部分人员。

编辑人员的素质，根据编辑的工作内容和编辑人员的职责，其要求是相当高的。这是由编辑工作属于高层次的社会文化活动这一基本特性所决定的，也是图书出版的复杂性所决定的。编辑人员的素质的一个总体要求就是能够胜任现代图书编辑工作应具备的基本素质。如果像我们前面所说，编辑人员有专职分工，如分策划（组稿）编辑和文字（案头）编辑，则不同身份的编辑人员的素质要求应有所差别，但总体素质要求可分为政治素质、心理素质、知识结构和业务能力四个方面。

一、政治素质

政治素质是由图书的政治思想性决定的。任何国家的出版业都具有鲜明的政治性。我国的出版业是为人民服务、为社会主义服务的，当前就是为社会主义现代化建设和社会主义精神文明建设服务。作为图书编辑人员要服务好，就要有正确的立场、观点和方法等基本素质，以及敏锐的政策观念、强烈的社会责任感和良好的职业道德修养。

1. 正确的立场、观点和方法

立场是指观察事物、认识和处理问题时所处的地位和所持的态度。在阶级社会中，立场是指阶级立场，就是立足于一定的阶级，反映这个阶级的利益和要求的根本态度。在社会主义制度下，虽然阶级斗争还在一定范围内长期存在，但已经不是主要矛盾，现阶段主要任务就是以经济建设为中心，把我国建设成为富强、民主、文明的社会主义现代化国家。所以，我们讲政治，就是为人民服务；我们讲立场，就是立足于人民群众，立足于社会主义。我们的图书编辑人员必须把自己的一切编辑活动都建立在为人民服务，即建设中国特色社会主义这个立足点上。我们确定选题、组织书稿、审读和加工，都要有利于建设中国特色社会主义这一伟大事业，而不能与之相悖。所以，编辑要认真学习政治理论，提高辨别能力，正确地掌握和执行党的基本路线和一系列方针政策，正确识别、坚决抵制和排除"左""右"错误思想的干扰，在任何情况下都不编辑出版有损人民利益和社会主义的图书。

观点是对事物或问题的看法，观点和立场是密不可分的，没有正确的立场，就不会有正确的观点。方法是解决问题的办法、门路。这里所讲的方法是指方法论，认识世界、改造世界的根本方法。编辑人员政治素质的根本是世界观问题。世界观是人们观察事物的立场、观点和方法。世界观归纳起来有两种，即辩证唯物主义的世界观与形而上学唯心主义的世界观。唯心主义世界观以精神的、意识的活动来解释自然现象和社会现象，所以只能形而上学地、主观地臆想世界，不能真实地、客观地认识世界。马克思主义的辩证唯物主义与历史唯物主义的世界观才能真实地、客观地认识世界、解释世界。辩证唯物主义与历史唯物主义的世界观是科学的世界观，是人类最先进的世界观，也就是编辑所应具有的世界观。

对于编辑来说，科学的世界观更具有特殊的意义。因为编辑所从事的工作，就是编辑出版图书。而图书无非两大类，即社会科学与自然科学。它们皆涉及认识社会、认识自然，或涉及解释社会、解释自然，或涉及改造社会、改造自然。编辑要求对它们作出鉴别、判断、选择和修改，首先自己要有正确的世界观和方法论，才能作出正确的鉴别、判断、选择和修改。对书稿进行正确、准确的鉴别、判断、选择和修改，是编辑工作的核心。除了这些以外，对前期编辑工作的社会调查、信息收集与处理、选题策划，以及后期编辑工作的书评、宣传等工作，同样也只有在科学的世界观指导下才能正确、准确进行。只有坚持唯物辩证法，一切从实际出发，实事求是地认识世界、认识社会，才能抓住那些最有出版价值的选题和书稿。因此，如果编辑不具备科学的世界观就会寸步难行，或不免走入歧途。如何才能具备科学的世界观，主要靠不断地学习，提高自身的政治理论水平。

编辑工作既是科学性、学术性很强的工作，也是政治性、思想性很强的工作。编辑自身的学术水平、专业水平、政治水平和思想水平的高

低会直接影响其编辑工作质量的高低，最终影响图书质量的高低。所以，编辑要加强思想政治理论的修养，努力提高政治水平和理论水平。要提高政治理论修养，关键在于学习好马克思主义、毛泽东思想和邓小平理论，并用以指导编辑工作。在加强学习的过程中，也要结合学习党中央的一系列方针政策的文件。在目前要深刻理解和贯彻执行"三个代表"的思想，出版要很好地把握"中国先进文化的前进方向"。

2. 敏锐的政策观念

政策是党和国家为实现一定历史时期的路线而制定的行动准则。从党和国家的根本政策到各个领域具体政策，如总路线、总方针到发展教育事业、发展科学事业、发展文化事业，以及有关出版工作的方针政策，等等，无所不包，无所不有，这些都是编辑的行动准则。我国正建设各个方面的法制，在一个法治的国家里，每个公民都要遵纪守法。那么，作为从事图书出版的编辑，不仅自己要守法、遵纪、执行方针政策，还要宣传、教育大众提高遵纪守法的自觉性。编辑的导向作用的发挥要以政策为依据，以法律为准绳。能不能紧跟时代步伐有预见性地策划选题，能不能发现和防止书稿中的政治性错误，也有赖于对各种政策的了解、领会和把握。所以，编辑人员要经常学习有关政策，跟上形势的发展。由于出版事业的政策性很强，政策多而复杂，编辑要培养自己敏锐的政策观念。

3. 强烈的社会责任感

编辑工作具有导向性和倾向性，但不是以个人意愿来进行工作，而是代表社会、代表读者的意愿来编辑出版图书。那么，给社会、给读者奉献什么样的作品，与编辑密切有关，从这方面的意义上来说，体现了编辑的主体性。因此，编辑要认识自己在科学文化的传播和社会进步中的重大责任，时时刻刻不要忘记肩负的重任。要做到这一点，在市场经济条件下，其难度会增大，社会的诱惑、急功近利的浮躁心理，会影响编辑工作的重心，有时会忘记肩负的重任。特别是在处理社会效益与经济效益矛盾的时候，不要见利忘义。"君子爱财取之有道"，要始终坚持把社会效益放在第一位，不能不顾社会效益一味去追求经济效益。经济效益是要追求的，追求的是整体经济效益，无法保证每本书都有经济效益，有的书读者面比较窄，但很有价值，也应出版。我国的出版行业，始终是社会主义精神文明建设的前沿阵地，任何置社会效益于不顾而单纯追求经济效益的做法都是行不通的。

4. 良好的职业道德修养

职业道德是社会分工所产生的对从事不同社会工作的从业人员的行业要求和行业准则，体现了不同行业对从业人员最基本的道德要求和制约。编辑的职业道德修养，是调整编辑同作者和读者之间、编辑个人同社会之间的行为规范的总和。编辑职业道德的核心是为人民服务，具体地说，是为实现广大人民群众的根本利益服务，编辑工作一切都要符合广大人民群众的根本利益，而不是为少数人利益服务，更不能为了谋求小集团和个人利益而牺牲国家利益和人民的利益，这就要求编辑具备奉献精神，这是编辑人员的一种根本性的职业道德。

编辑职业道德的基本点是对作者和读者负责，这是一个十分重要的问题。因为编辑是联系作者和读者的桥梁。一方面，对读者负责就是要把最优秀的精神食粮贡献给读者，多出精品书，满足读者多层次、多样化的需求。除了内容健康、有益外，还要编校质量高，消灭错误，减少缺陷，努力达到完美和精品。另一方面，对作者负责，就是要尊重作者的创造性劳动成果，为进一步完善、开发、实现、转化作者的创造性劳动成果而奉献自己的全部智慧和才能。尊重作者的劳动，就要对其作品做出客观的评价，并提供一切可能的帮助。不论作品能否出版，与作者的友谊是长存的。在交往中，也使作者感受到了诚信、公正、客观，这些会稳定、扩大作者队伍，获得更多、更佳的出版资源。

编辑职业道德的基础是爱岗敬业，这是影响工作质量和图书编校质量的重要因素。热爱才是最好的老师、最强大的动力，人只有热爱自己的工作，才会全身心地投入到工作中去，才能发挥最大的潜力，把工作视为乐趣。创造性的发挥在于自己工作的主动性和能动性，爱岗敬业是使自己走上成功的前提。如果不爱自己的工作，坐下来就充满了怨言和烦躁情绪，如何谈得上工作质量，又如何能加工处理稿件呢？更谈不上创造性的工作。我国著名的出版家邹韬奋，毛泽东曾为他题词：热爱人民，真诚地为人民服务，鞠躬尽瘁，死而后已。邹韬奋先生也曾说过：

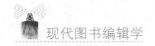

"我不愿有一字一句我所不懂或不称心就随便付印。""看校样时聚精会神，就和写作时一样，因为我的目的是要没有一个错字。"这就是编辑敬业精神的体现。

编辑的职业道德还要求在职业的竞争中只允许采取正当的手段。编辑与编辑之间、出版社与出版社之间的竞争是为了互相促进，因此绝对不能采取不正当的手段和方法，不能拆别人的台，不能抬高自己贬低别人，挖他人的墙脚。某文艺出版社的一位副总编说过一件事，她曾向一位关系很好的作家朋友要稿子，他回答说他的稿子历来是给某某出版社的一位编辑，那个编辑已经很老了，干了一辈子，收入不多，有一只眼睛几乎失明了。无论出多好的条件，这位作家就是把书稿给那位老编辑，她也就不再问他要稿子了。这说明，作家和编辑、出版社和出版社的关系，不仅仅是生意关系，更是朋友关系。那位副总编说："如果你能给作者留下这样的印象，会给你带来更多的稿源。"

中国出版工作者协会于 1995 年 1 月制定、2004 年修订的《中国出版工作者职业道德准则》，主要包括八个方面：一、为人民服务，为社会主义服务；二、增强使命感和责任感，力求坚持两个效益的最佳结合；三、树精品意识，提高出版质量；四、遵纪守法，廉洁自律；五、爱岗敬业，忠于职守；六、团结协作，诚实守信；七、艰苦奋斗，勤劳创业；八、遵守外事纪律，维护国家利益。由此看来，编辑职业道德的内容很广泛，而且都很重要，不管哪一方面都会影响编辑的形象，影响编辑工作的质量和效率。

二、心理素质

心理学最基本的观点是：心理是心理过程和个人的心理特征的总称；认知、情感、意志是人的心理过程的三个方面，三者相互联系又相互制约，认知是基础，情感和意志是将认知转化为行动的动力，情感和意志反过来又促进认知的发展；个人的心理特征包括兴趣、能力、气质和性格；人的兴趣、能力和性格是在学习、工作和劳动中培养起来的；个体心理的发展过程主要受遗传、教育和环境等因素的影响；人的一切心理现象，从简单的感觉、知觉到复杂的想象、思维，从认识到情感、意志，都是人脑现实的形式。关于编辑心理学方面的内容，有《编辑心理学》著作，我们在这里只是简单地论述编辑人员应具备的良好心理素质。编辑工作涉及文化的创造、积累、选择、传播，涉及塑造人的灵魂这样一种意义重大的工作，从事这项工作的编辑，如果缺乏良好的心理素质，那是定难做好的。人的心理素质涉及很多方面，良好的心理素质也不少，针对编辑工作的性质和特点，即创造性、中介性和服务性，以下谈特别重要的四个方面的心理素质。

1. 创造性的思维

创造性的思维素质影响到人的创造能力和开拓能力，有的学者称之为解决问题的思维。

编辑的思维形式，包括逻辑思维、形象思维、情感思维和创造性思维等，编辑在开展编辑工作时，总是综合运用这些思维形式，而不能孤立地只运用某一种思维形式，创造性思维是编辑工作中高层次的思维形式，是现代编辑工作不可缺少的。

创造性思维指有创见的思维，亦即改组已有的知识和经验，从而产生新颖的、具有社会价值的成果的思维。创造性思维产生新的思维成果，可以是物质的，如新技术、新工艺、新产品；也可以是意识形态的，如新观点、新设想、新作品；可以是一种发明，也可以是一种发现。创造性思维是一种高水平的思维，是人类智慧最高级的表现。它集中体现了思维的各种良好品质，既具有一般思维的特点，又不同于一般的思维活动。它具有四个特点：一是新颖性与独特性。"新颖"是不墨守成规，敢于破旧立新，前所未有；"独特"是不同凡响，别出心裁，标新立异。二是思维与想象的有机统一。创造的主体是思维，而使它腾飞的翅膀却是想象。三是发散思维与聚合思维相结合。发散思维也称求异思维、辐散思维；聚合思维也称求同思维、辐合思维。发散思维是创造的触发剂，是创造的前提和基础；聚合思维是创造的结果和归宿。创造思维的过程就是寻求发散思维与聚合思维二者最佳结合的过程。四是逻辑性思维与非逻辑性思维的统一。非逻辑思维主要包括直觉思维和灵感。没有逻辑性思维，就不可能有创造性的思维成果，但是，没有一个创造的活动能离开直觉思维和灵感。此外，创造性思维也是形象思维与

抽象思维、动作思维与理论思维、纵向思维与横向思维、局部思维与整体思维的结合与统一。创造思维不仅涉及到思维的各个方面，而且是各方面高层次部分的最佳结合。

编辑的创造性思维在编辑全过程中起作用。开发选题要发挥创造性，组稿审稿要发挥创造性，修改加工要发挥创造性，装帧设计要发挥创造性，宣传推介图书、读者工作……也都要发挥创造性。可以说，现代编辑没有创造性，也许只能做做案头工作，但是，哪怕是案头工作，加工稿件还必须具有创造性思维。要想在编辑活动中创造性地开展工作，必须具有创造性思维。如果缺乏这一点，不论你如何勤恳，如何认真，如何熟练，也难以做出辉煌的成绩来，只能跟跟"风"，追追"热"，模仿模仿，无法给人耳目一新的感觉。

2. 健康的情绪

情绪为人和动物所共有，是机体对是否满足其生理需要的刺激产生的生理变化与行为反应。人的情绪体验十分复杂。中国古代《礼记》一书把人的情绪分为喜、怒、哀、惧、爱、恶、欲"七情"。亚里士多德分为欲望、愤怒、恐怖、欢乐、怜悯"五情"。冯特则把情绪分为愉快—不愉快、平静—不平静、轻松—不轻松三个维度，认为在三维空间中可以找到各种情绪的位置。现代关于情绪的研究往往把情绪分为欢乐、愤怒、恐惧、悲哀四种基本形式。情绪与人的心境相关，心境可分为积极心境和消极心境。积极的心境有助于发挥主动性和创造性，精力倍增，从而提高工作效率。消极的心境则易使人意志消沉，心情不畅快，从而影响工作效率，也影响身心健康。决定人心境的主要原因是人的人生观、信念和性格，工作的顺逆，事业的成败，人际关系，健康情况甚至自然环境等。积极的心境会体现人的健康情绪。健康的情绪在于人的修养和调控。健康和稳定的情绪由人的四个方面条件决定：一是远大的人生理想，正确的人生态度，也就是我们常说的世界观、人生观、价值观。古人云"君子所取者远，则必有所持；所取者大，则必有所忍"。一个心胸豁达、宽宏大量的人才会把眼光放在远大的事业上，也才会有对社会有所贡献而不是仅为个人利益的正确人生态度，人就会拥有一种精神支柱，就能在遭受挫折、打击和失意时，依然"心有所依，情有所依"，保持顽强的精力和健康的情绪。二是良好的个性品质。强烈的责任感，心胸豁达、宽容等良好的个性品质，也是保持情绪健康的重要条件。三是较强的生活适应能力。适应能力包含接受现实生活的能力和正确的自我评价。四是较强的情绪控制能力。要保持健康情绪，还要加强对情绪活动进行理智和意志的控制。一个具有高度责任感能牢记自己责任的人、一个对自己的事业充满热爱的人，始终能够保持健康的心态和情绪，排除不良情绪的侵扰。

编辑工作性质具有服务性，需要乐于奉献的精神，爱岗敬业才会使自己有一个健康的心态，不会患得患失。健康的心态也就是稳定的心态、平衡的心态。只有有了健康的心态、健康的情绪，才会对工作产生无穷的力量，浑身是劲，充分发挥主观能动性和创造性。要有所创造，需要激情，要处理好稿件，又要心态稳定、平静。如果缺乏稳定平衡、健康的心理素质，在受到不良干扰时，就不易恢复原有的平衡状态。对编辑来说，就会影响到编辑工作，可能图书都编不好，更不要谈到创造性了。

编辑工作花在加工处理稿件的时间是比较多的，就要编辑坐得住，还要认真，需逐句逐字地审读、修改、润色，还要细致、缜密。这些都需要编辑心静，坐得住。编辑心理的稳定平衡，与出版图书的质量关系密切，"精雕细刻"方能出精品。

3. 包容的心态

包容就是宽容、容纳的意思。编辑应具有包容的心理素质。所谓包容的心理素质，简单说来也可说就是"有容乃大"，"能容人、容物、容事、容识"。

"容人"，是在与人的交往中应具备的素质。编辑在单位要与领导、同事打交道，如果能宽人律己，就能营造一个和谐融洽的工作气氛。但是，现在有的编辑欠缺这方面的修养，有的处处抬高自己、贬低别人、肆意中伤他人、斤斤计较、唯我独尊，等等，实际上会适得其反，在别人心目中会产生不良印象。只有尊重别人，才会受到别人尊重。

"容物、容事"会促使编辑见多识广，多观察、多感受、多思考、多成果。"容物、容事"的实质就是感知社会、了解社会。只有通过足够的感性认识，再经思维活动，才能达到理性认识。编辑要策划选题是这样，评价和选择书稿也是这样。一孔之见，孤陋寡闻，是做不好编辑工作的。对社会实践不关心不了解的人，其知识是贫乏的，这样他对选题和书稿等都不可能有深刻的认识和正确的选择。当然容物、容事只是一个基础，要使感性认识上升到理性认识还要使自己的认识符合认识论规律。对感知的事和物，要进行由表及里、去粗取精、去伪存真的分析、综合过程，形成正确的表象，再经多种思维，揭示本质，形成新质。

编辑工作具有中介性和服务性，会收到许多书稿、接待许多作者，从比较中选择优秀作品出版。编辑工作还具有科学性和学术性，要尊重科学就要尊重事实，不能仅凭自己固有的知识和见解，要容得下新事物、新观点、新理论。学术性要求贯彻"双百"方针，要繁荣科学，也需要广种薄收。正如古语所云："河海不择细流，故能就其深"，包容就是能容纳接受各种"细流"，才能成为"河海"。

"容识"，应有两个方面的含义，一是"博学之"，不断扩大自己的知识面，提高自身的文化素质；二是"广闻之"，博采广取，纳百家之言，撷其精华。

4. 坚定的意志

意志是指决定达到某种目的而产生的心理状态，是人自觉地确定目的，并根据目的来支配和调节行动，克服困难，去实现预定目标的心理过程。意志是人类特有的心理现象，是实现人的内部意识向外部动作转化的过程，它充分体现了意识的能动性。动物没有意识，因而没有意志，它只能消极地被动地顺应自然。做任何工作都需要意志，从事编辑工作同样需要意志。由于编辑工作的创造性，没有固定的模式，更需要坚忍不拔的意志。如编辑进行选题策划，制定选题计划，并据此来安排自己的工作，克服种种困难，使选题计划顺利实现。又如，若确定自己在一定时间内编出一两种可能夺大奖的图书，就要从选题、审读加工、装帧设计到印制等各个环节做好工作，为之拼搏奋斗。

做编辑工作，切忌无意志行为。若自己没有目标，只能被动地审审稿，加加工，或者随波逐流，没有高标准、严要求，就无法编出高质量的稿子，也不会有所创意。

意志转化为行动就是意志行为过程。意志行动的前提是目的性；意志行动的核心是克服困难；意志行动的基础是随意运动（所谓随意运动，就是一种受意识调节的，具有一定目的和方向的运动）。因此，首先要有明确的目标，有人生目标、工作目标、近期目标、长远目标；其次，有克服困难实现目标的心理准备，制定可行的措施；最后，自己的行为要受正确意识的支配和调节，即围绕确定的工作目标和方向来行动。把握这三点，并且付诸实施，才能够成为一个具有意志行动的编辑，工作才有明确的方向和坚强的毅力。编辑意志行动的自觉性、果断性、自制性和坚韧性都是意志行动的优良品质，都应来源于坚定的意志。人的意志品质不是天生的，而是在后天生活实践与社会化的过程中逐步形成的，作为编辑，有必要培养坚强的意志品质，并在不断的实践中得到提升。

三、知识结构

编辑从事的工作是科学文化知识的传播工作，而传播成功的关键在于正确地鉴别、选择和加工书稿，这就需要编辑人员具有学科专业、编辑业务和语言文字的三维知识结构，缺一不可。

1. 专业知识

编辑的专业知识需要一专二博。

一专，指学有专长，专于某一学科。对于图书编辑，专是立足点。任何图书都属于一定学科的范畴，没有学科知识是无法做编辑工作的。根据我国现行出版人员职务条例，从初级编辑、助理编辑开始，任职条件中都要求具有大学本科毕业的学历，就因为在大学本科某专业毕业，说明他在某学科、某专业经过正规、系统地学习，具有了某学科、某专业的专门知识，初步具备了这方面专业必需的条件。这也说明了对编辑人员专业知识的要求，应该学有专长。编辑人员的专业知识因从事的工作不同而有不同。由于出版社专业分工不同，出版社整体知识结构会有所不同，如文艺出版社与科学技术出版社，显然，文艺出版社要求文学、艺术、音乐等专业人才，科学技术出版社要求自然科学专业人才。

每个学科的图书必须由具有该学科专业知识的人来担任编辑，或者由具有相关学科专业知识的人来担任编辑，如果出版社没有适合的人担任编辑，就需聘请外审或外编。

编辑在掌握专业知识的同时，也得到了其他多方面的训练和培养，如科学思想、科学方法以及研究、解决问题的能力和更新知识的能力。学数学的还培养了逻辑思维能力，学物理、化学的还训练了科学实验方法，等等。毕业设计、毕业实习、毕业论文还培养和训练了运用理论知识解决实际问题的能力和科学研究的初步能力。知识和能力都是从事编辑工作不可缺少的，是编辑人员的基本功。知识和能力是相辅相成的，有什么样的知识基础，才有什么样的能力；能力越强，拓展知识越快，潜力越大。这也是编辑人员要"专"的意义所在。

"专"的要求还有专于编辑学、出版学。这些对于不同职务（职称）的编辑都有具体的程度不同的要求。过去认为"编辑无学"，今天编辑学、出版学发展很快，渐趋成熟。要提高编辑工作的水平，就应熟悉和精通编辑学、出版学。现代编辑不能只专于与工作密切相关的编辑学，还要专于出版学。有的学者认为，出版学所涵盖的内容除了编辑学以外，出版学的理论体系"有三个层次：第一个层次是基础理论和基础知识，它包括出版学、出版管理学、发展出版学、中外出版史等。第二个层次是应用知识和部门出版知识，它包括编辑学、印刷学、图书发行学、图书装帧艺术、中外编辑史、印刷史、发行史以及其他分支学科，如目录学、版本学、校勘学、读者学等。第三个层次是应用出版业务和技术知识。它包括图书编辑业务、校对业务、图书版式设计、印刷技术、信息资料业务、出版社经营管理、书店经营管理等"①。虽然编辑工作是出版工作的中心环节，但是编辑工作只是出版工作中的一部分，要把图书出版好、发行好，还必须研究使书稿物化成为图书的一系列工作，如装帧设计、材料、印刷等；使图书广泛传播的发行工作，如市场分析、营销策略等。对于这一系列工作不熟悉、不研究，要当好现代编辑就很难。

---

① 宋原放. 关于出版学的对象与任务. 编辑学刊，1986（1）.

编辑除了专于某一学科知识和专业编辑学、出版学外，还应逐步成为某一学科或某一方面的专家，这样会更加有利于策划、鉴别、选择这方面的选题和书稿；有利于取得作者的信任，获得更多的出版信息和资源；有利于某一学科、某一领域，或编辑界专家之间的横向联系，获得新的信息，转化为新质信息。

二博，是指广博的知识。编辑的知识面越广越好，懂得的东西越多越好。为什么要博？有四个方面的原因：一是由于编辑接触的书稿，大多数要超越本人所学专业范围，仅仅自己熟悉的学科范围的书稿很少。二是由于现代的学科体系既是高度分化的，也是高度综合的，学科发展迅猛，新学科或学科分支不断涌现，学科又交叉渗透，产生各种各样的交叉学科、边缘学科和综合学科，不少学科的界限模糊，这就迫使编辑人员必须不断扩展和更新自己的知识，以适应现代科学知识的发展。三是由于现代编辑的工作范围扩展，不是像过去传统的编辑那样，只伏案做文字加工工作，而是要参与图书出版营销等全过程，"十八般武艺俱全"才能够搞好编辑工作。所以，除了掌握专业知识、编辑业务知识以外，还应懂得马克思主义理论、中外历史、文学艺术、科学发展史、经营管理、逻辑、外语、现代科学方法论，等等；还要学会使用工具书、学会谈判。编辑只有具备广泛的知识，工作起来才能够应付自如。四是"博"可以使"专"深。专与博是相互促进的。专要求博，博促进专。知识广博者站得高看得远，能更好地把握学科发展的动态，能更准确地鉴别和选择书稿，能更好地驾驭不断翻新的书稿内容，这也是职业的需要。

专是无止境的，博也是无边际的，专和博的程度就靠自己把握。首先，是要满足工作的需要，以胜任工作；其次，要视自己的时间和精力而定，但不论怎样忙，自己要跟上时代，知识更要不断更新，掌握新的知识、新的动态和新的成果；最后，根据自己的人生目标，为实现自己的价值，或者获得更高的职务，就要不断提高自己的学识水平。广博的科学文化知识，靠编辑日常的学习、工作和社会实践积累，向书本学习，向实践学习，分析研究，获取新知识。

2. 编辑业务知识

编辑业务主要包括选题策划、组稿、审读书稿、加工书稿、整理发排书稿、审读清样等一整套编辑工作。编辑业务知识就是这些工作的基本内容、基本概念、基本规律以及各种编辑方法与规范，包括选题学（论）、编辑学、编辑写作、出版学、著作权法和出版法概论、校对业务概论、计算机应用、装帧设计概论、中外编辑史、出版史，等等。除此之外，还应学习图书物化过程的生产和传播知识，如印刷工艺学、发行学（书刊营销学）等。如果没有这些知识，就只能在实践中慢慢摸索前进，还得不断总结经验教训。若能具备这些知识，工作就会得心应手，起点也就高了，前进的步伐也就快了。

3. 语言文字修养

图书编辑传播科学文化知识，依靠的是文字符号，因此，语言文字的修养很重要。

语言是思维的工具，是思想的直接现实。任何一部书稿都是一定思想的表现，而且只能是通过书面语言来表现。书稿既要语言正确，又要有文采。编辑的鉴别、判断、选择也是使用语言。所以编辑要有语言修养，最普遍的是汉语言的修养。为适应古籍整理、外文翻译、少数民族出版物的需要，有的编辑还要精通古代汉语、一两种外语和少数民族语言文字。语言要求表达清楚、语法准确、逻辑性强、有文采。所以编辑要学习和掌握语言学、修辞学、逻辑学等。

文字是记录和传达语言的书面符号，它是表现书稿思想的一种工具，由文字形成语言。文字的要求是规范化、准确使用。如果是科技图书，符号系统还包括科技术语、符号、公式、图、表等，它们本身的规范要求和与汉字共同表述科学内容时符合一体性原则。外语是文字修养的另一个重要方面。特别是从事科技图书的编辑，必须懂得国际通用的英语，从事翻译图书编辑工作的还要懂得相应的外语。

在强调语言文字修养时，还必须掌握标点符号的正确用法、数字的用法等，这些构成书稿表述的符号系统。

四、现代编辑业务能力

能力是指能够胜任某项任务的主观条件，是人的素质的具体体现。编辑人员的所有素质，最后都会反映在编辑人员的能力上，体现在工作中。编辑人员的业务能力是多方面的，主要有以下四个方面：

1. 文字处理能力

上面已经谈到了编辑需要对语言文字加强修养，其目的就是培养和提高文字处理能力。编辑工作中最基本的、最大量的工作是文字处理工作，所以必须具备这方面的能力。文字处理能力包括：现代汉语文字能力、古汉语文字能力、外文能力。编辑的文字能力，主要包括文字规范能力、文字写作能力和文字加工能力。编辑不仅仅在加工处理书稿时需要这方面能力，就是在作选题报告、审读报告、写书讯书评，也要有较好的文字能力。若要写作论文和论著，更要有较好的文字写作能力。

2. 创新开拓能力

创新是一个老话题，也是一个永恒的话题。没有创新，就没有发展。创新就是走出常规，突破传统。开拓是开辟、扩展之意。创新开拓能全面反映编辑工作的创新性和独创性。具有创新开拓能力的人，才会想别人之未想，做别人之未做，做到"人无我有，人有我新，人新我特，人特我专"。对于一个出版社来说，编辑的创新开拓能力尤为重要，关系到出版社所出版的图书的质量和市场前景，关系到出版社的品牌形象和经济实力，关系到出版社的可持续发展。在出版社的整体工作中，创新也很重要。目前，正处于出版社转制阶段，要全面进行出版制度创新、出版观念创新、出版管理创新，开拓性工作是全面的。编辑的创新开拓，有出版理念创新、选题开发、书稿物化过程中的创新、设计创新、营销创新，等等，开拓能力贯穿于整个编辑过程。其中选题开发是十分重要的，它影响到全局性工作，关系到出版社的"双效"。就是在书稿物化过程中的创新也很重要。例如，审读加工、设计成型，能否善于发现，善于求索，与众不同，与编辑的开拓能力的大小密切相关。开拓能力还有一个很重要的体现是市场开拓能力，它与选题策划密切相关。在选题开发时要调查市场、了解市场，但当图书出版以后，则要宣传市场，拉动市场的消费。市场有现实需求的市场，还有潜在需求的市场。编辑的开拓工作最有意义的是推动潜在市场的需求。刺激潜在市场的需求，首先要把图书出版好，做到价廉物美，或者价优物新；其次是加强宣传，激活市场；三是及时抢占市场，捷足先登，扩大市场占有

率。要想图书获得好的社会效益和经济效益，编辑的开拓性工作是非常重要的。

3. 组织活动能力

所谓组织是使分散的人或事物具有一定的系统性或整体性；而活动是指为了达到某种目的而采取的行动。将组织和活动结合起来就全面了，活动是前提，组织是目的。编辑工作是一项组织性很强的工作，涉及选题的组织、书稿的组织、图书出版的组织等。要把选题组织好，就要进行调查研究，走访书店，召开专题座谈会，获得读者需求信息和市场信息；进行组稿，要有作者的资讯，与作者打交道；书稿交来以后，还要经过多人合作、多个环节才能出版。组织工作贯穿图书出版的全过程。编辑的组织活动能力主要表现在能够团结广大作者、读者和社会各界人士上。只有有了这种凝聚力，人们才会为他提供信息，提供或推荐书稿，出点子、尽力量。

编辑要有意识地把自己培养和锻炼成为具有组织能力的社会活动家。主要靠社会实践，在实践中锻炼和提高，在实践中培养组织能力，锻炼公共活动能力。良好的组织活动能力还与人格魅力、道德品质、工作作风有关系，具有良好的道德品质、严谨诚信的工作作风，可形成良好的人格魅力，会赢得作者、读者和同事们的信任，无疑会有利于进行组织工作和活动公关。编辑的组织活动能力不仅表现在量，更表现在质，在于有效的组织活动，在于活动的成功率和价值。

4. 技术设计能力

这里所说的技术设计能力是指编辑工作中有关技术、设计方面的业务能力，体现了编辑对书稿物化过程的构思和设计水平。设计能力主要是整体构思，如开本、装帧类型、材料使用等；技术能力主要是对版式处理和稿件的整理，稿件整理中如图稿设计的尺寸缩比、位置排放。

在出版社的人员中，一般会有专门的技术设计人员。那么，为什么还要求编辑熟悉技术设计工作呢？其一，图书要求内容与形式的统一，编辑最了解书的内容，如果不懂得技术设计，无法构思整体设计；其二，技术人员在技术设计时对编辑的意见是很尊重的，编辑提出的意见是否中肯，就在于编辑是否懂得技术设计。目前，也有一部分出版社图书技术设计没有专人，由图书的责任编辑兼做，则更应熟悉技术设计工作。技术设计能力的培养主要靠学习和实践，向书本学习，向技术人员学习，向实践学习，并不断总结提高这方面的能力。

五、编辑职业意识

编辑作为独立职业是 19 世纪末 20 世纪初才开始的。随着出版业的出现，特别是现代出版业的形成，图书编辑的职责明确地界定为制定选题、组织稿件、审读书稿、编辑加工等，而不包括撰写书稿。若编辑撰写书稿，也是以作者身份进行的工作，而不是做编辑工作。由于编辑工作的专业化、职业化，促使编辑人员不能不具备编辑职业意识。

"心理的最高水平是意识。"意识是人的头脑对于客观物质世界的反映，是感觉、思维等各种心理过程的总和。存在决定意识，意识又反作用于存在。编辑工作的职责决定了编辑应当具有的意识。有的提了多种意识，如政治意识、大局意识、责任意识、超前意识、创新意识、经营意识、市场意识、中介意识、服务意识、品牌意识、角色意识、学习意识、协调意识等。在这里，只重点论述责任意识、经营意识、市场意识和品牌意识。

1. 责任意识

责任意识是编辑最基本的意识，是指编辑对职业的社会责任感。作为编辑，奉献给社会的图书是什么样的，这是检验编辑工作的唯一标准。图书不但是一代代人创造的文化的结晶，而且也是引导一代代人创造一切的明灯。编辑所编的图书，代表他那个时代的文化，也照亮着那个时代文化发展的道路。那么，编辑所提出的选题，所编辑的图书，要符合社会发展的需要，符合人民的需要，奉献给社会的是有益的精神食粮。首先要解决为什么出书的问题。若只想的是为赚钱，就会出现唯利是图，出版与先进文化相违的、格调低下的图书；若为了传承人类文明，就会把社会效益放在首位。当然出版社不可能不追求经济效益，但应在确保社会效益的前提下进行，决不能以牺牲社会效益为代价去追求经济效益，要把两个效益统一起来，以实现两个效益的最佳结合。编辑所担负的社会使命，决定了编辑的社会责任。我国的出版事业，应是社

会主义的出版事业，应始终坚持社会主义精神文明建设的大方向，永不动摇。

责任意识还体现在提高编校质量工作上面，要克服"无错不成书"的错误观念，努力做到杜绝错误。错误的影响是很大的，尤其是科技类书，一个数据的差错会带来不同程度的经济损失。编校差错会导致图书的社会价值、科学价值下降。在选题策划、组织稿件、审读加工等编辑工作环节中，必须坚持选题论证制度、三级审稿制度、"三校一读"制度等，用制度来强化责任，保证多出好书，多出精品。编辑作为图书出版过程中的直接责任人，没有责任意识就很难把好这一关，很难提高图书质量。

2. 经营意识

在市场经营的体系中，商品的显著特点是一切经营活动要按照经济规律来进行。图书既具有精神产品的属性，又具有物质产品的属性，因此，与其他物质产品一样，也要遵循商品生产、销售等规律。图书作为商品，要能够实现交换，必须要质量好、产销对路。图书质量包括四个方面：内容质量、编校质量、装帧质量、印装质量。产销对路就必须要从选题设计做起，针对性要强。因此，经营意识不仅是在图书销售过程有，还应在图书出版的全过程中有。

图书出版在计划经济条件下，是单纯的生产型，编辑只管编书，出版社只管出书，书店管销售；在现在的市场经济条件下，已转变为生产经营型，出版社不仅管生产，还要会经营。这种转型已经基本完成，目前正经历的是大部分出版社的转制，由原来的事业单位企业管理向以公司制为主要形态的企业转变。在这样的新形势和新情况下，经营意识不仅仅是管理者应具备的，全社职工都要具备这种意识，编辑人员尤其重要。编辑在图书出版中是处于主体地位，策划选题、选择书稿、生产印制，都要在保证社会效益的前提下，考虑能否获得经济效益和能够获得多大的经济效益。如果出版社不能获得足以使自身生存和使其事业发展的经济效益，图书生产就无法继续下去，更不要谈社会效益了。经营意识和现代化经营管理，是出版社可持续发展的保证。因此，作为图书生产者之一的编辑，首先在策划选题时，对选题的可行性要在深入调查的基础上充分论证，使出版的图书针对性强，适应社会和市场的需要。其次严格经济核算，加强经营管理。只要是生产产品，就会有一个成本投入问题，投入和产出的大小决定了是否盈利，若不管投入，成本太高，最后也有可能不能获利。所以，只有人人树立经营意识，才会厉行增产节约、提高劳动效率、加强成本核算、科学定价。作为图书出版的主体——编辑，要参与许多工作，编辑的经营意识是不可缺少的。

3. 市场意识

按理，已经有了经营意识，就没有必要强调市场意识，经营意识就应涵盖市场意识。但是，认真去考察研究，它们没有必然性，故有强调的必要。

图书市场可根据销售方式分为零售市场和专业市场。零售市场是面向广大读者群体开放的无限市场，这个市场很大，包括全国所有的书店，图书发货到哪里，图书在市场上的影响就到了哪里。专业市场带有定向销售的性质，是一个有限市场，图书只能在一个特定的范围内销售，这个特定的范围可以是行业，也可以是一定的地域范围。有市场意识的编辑，就要善于利用一切市场来进行图书销售。对于无限的零售市场，当然要花主要精力，努力拓宽销售渠道，增加市场占有份额。对于有限的专业市场，也不要放弃任何机会，加强合作，发展专业市场。

随着我国加入世界贸易组织（WTO），图书市场竞争更加剧烈，编辑更应深入市场，了解市场，掌握市场动态，策划出适应市场的图书选题，使本社图书的市场占有率最大化。为了加快出版发行业与国际图书市场的接轨和互动，还要开展与之相适应的版权贸易、网上购书等项工作。

作为编辑的市场意识，还要讲究市场策略，如市场定位、细分市场。市场定位越来越受到广大编辑与出版社的重视与关注。因为它不仅关系到编辑如何根据市场的需要去选择出书的方位与角度，而且关系到出版社在纷繁复杂的图书市场中去寻找自己发展的突破口，以便在长期的出书实践中逐步形成自身的出版强项与优势。市场定位对于图书出版来说，是一个较为宽泛的概念。如在规划出书方向、范围和结构时，存在市场定位问题；在确定选题的读者对象和购买力时，存在市场定位问题；在进行图书销售时，发货的区域、空间也存在市场定位问题。图书出版的市场定位还是一个动态变化的过程，这种变化主要受市场需求的变化，但也受本社编辑条件和出书条件优势的影响，既要有自己稳定的销售市场，也要能及时分析市场的变化，再行定位和细分。

市场定位中要十分谨慎对待"图书热"，掌握市场变化规律，把握时机；否则"跟风"会使库存增大，得不到经济效益。出版社要坚持积累，形成自身优势，在显示自身特色与市场需求的预测上寻找吻合点，进而做大做强。

4. 品牌意识

当代，对图书的品牌和如何打造品牌的论述文章很多，越来越引起出版人的重视。何谓品牌？词典上没有解释。词典对名牌的解释说是"出名货物的牌子"。因此，品牌也是一个牌子，"从本质而言是一个符号，这种符号区别了本产品与其他竞争者的产品，联系着产品、消费者、公众及企业等利益团体，并在传播和营销过程中能带来巨大的新价值"①。名牌是品牌，品牌产生名牌。

现代图书市场竞争已进入品牌竞争时代，其基本特征是商品营销中名牌产品居主导地位，无论是生活必需品消费还是精神产品消费都是一些在市场上口碑好、质量佳的产品非常畅销，图书市场更是如此。例如，读者想购买工具书、辞典类书，很快就会想到有关品牌；若想购买计算机类书，也会想到找某某社的品牌。所以，有人说："品牌就是钱。"

多年的出版实践证明，在读者心目中影响很大的出版社，是那些有品牌产品的出版社，品牌的知名度、美誉度和真诚度越高，越能吸引读者，占领市场。品牌靠编辑人员的精心打造，也依赖全社人员的努力。品牌要有高人一等的质量、胜人一筹的设计，还要有高明的营销。品牌靠持续的积累和传承，不能靠短期行为。像中华书局的传统学术著作、商务印书馆的工具书、三联的人文科学书籍、外研社的外语类图书、金盾出版社的农村科普读物，以其严谨、质高、务实的良好出版风气在几

---

① 童晓彦，杨彪. 中国图书出版业品牌化运作的理想模式. 编辑之友，2004（2）：7.

代读者心目中树起了品牌形象，经营规模日益扩大，成为出版界成功的典范。

面对市场经济的竞争，现代出版已经形成了"牌子硬、口碑好、质量佳、销售佳"的共识，但从整体上来看，品牌效应并不强，品牌运作水平并不高，缺乏系统性和全面性。图书品牌运作包括：品牌创立、品牌目标、品牌核心竞争力、品牌传播与推广、品牌营销、品牌管理与维护、品牌策略、品牌延伸与扩展、品牌评估等，那么，编辑的品牌意识就要参与品牌的决策与运作，并发挥中心环节作用。最佳的品牌运作必须从选题开始，并选择品牌作者，撰写和加工都要以创立品牌为目标，在设计时要有别出心裁的装帧和独特的文化意蕴，后期的营销品牌的扩展和延伸，也要一并纳入整体性运作，精心打造品牌。品牌一旦形成，还要很好地管理和维护，要坚持可持续发展。

第五章

图书编辑工作的几项基本制度

第一节　选题策划、申报、审批制度

选题是图书出版的基础，图书成功与否，在很大程度上取决于选题的质量，因此，选题策划、申报、审批制度是编辑工作中最基本的制度，也是图书出版工作中的第一个环节。

一、选题的含义及选题内容

1. 选题的含义

选题是出版社为准备出版的出版物所选定的题目，还可以释义为选题所进行的工作。一般是一本书一个选题，有时是一套书一个总的选题，下面再分列具体的题目。选题工作包括选题构思、选题计划和选题申报。按照一定的编辑构思把各种选题有序地汇集起来，便成为选题计划。出版社根据审批好的选题计划开展组稿、审稿、发稿和出书等出版活动。

选题工作中最重要的是选题策划，围绕着选题开展的信息的采集、思考、论证、组合等编辑劳动就是选题策划。策划选题的过程是编辑人员理解、贯彻和落实出版方针的过程，编辑人员根据读者的需要、社会的需要以及本社的实际情况提出选题方案，经过充分论证形成选题计

划。

选题虽然只是图书出版的设想，但它凝聚着编辑的心血和智慧。在现代图书出版中，选题策划有非常重要的意义，给出版图书勾画出了总的蓝图，为出版社的生存和发展奠定了基础，给作者的写作提供了有益的启示。良好的开端是成功的一半。选题的成功将会是图书质量和出版社效益的有力保证。

2. 选题的内容

选题的内容包括选题名称、内容提要、作者简介、选题性质、选题特色、出版意图、出书要求和时间、成本估算、市场预测、读者对象等。

（1）选题名称。选题名称也就是准备出版的图书的书名。它可以是出书时的书名，也可以是暂定名。如果是丛书，还应列出丛书名和各分册名。

（2）内容提要。内容提要就是准备出版的图书的主要内容简介，要以高度精练的概括性文字对图书的主要内容进行介绍，包括章节结构、特点、预计篇幅以及其他重要内容说明。

（3）作者简介。作者是图书内容质量起决定性作用的因素，拟物色什么样的作者撰写书稿就显得十分重要了。在申报选题时一般应基本上明确作者，但也有没确定的。有的选题最后得不到落实，往往是因为约请不到合适的作者。所以，在论证选题时，对作者的评估要充分。

（4）选题性质。选题性质也就是图书性质，即图书的类型，如学术著作、教材、工具书、通俗读物等等。

（5）选题特色。选题特色包括图书内容特色、写作特色和题材特色等，是选题价值的集中体现。选题要有自己的特色，没有特色是没有生命力的。如果市场上已经有了同类图书，更应说明该选题与同类书的不同之处，新出版的图书就要有"新"的地方。

（6）出版意图。出版意图就是出版目标，为什么要出这本书，要阐明它的社会价值或相关的背景。编辑在策划选题或者接受作者的选题时，都应有比较明确的目的，有自己的构思，这样说明出版意图也就容易了。

（7）出书要求和时间。出书要求包括开本、印装方式等，是精装，还是平装，出版时间也应予以说明。

（8）成本估算。应对选题开发成本做初步估算，包括调研费、稿酬、印刷费等成本投入。

（9）市场预测。市场预测是对图书出版的前景判断。图书出版的价值在于社会价值和经济价值，它们体现于图书市场。市场预测应建立在对图书市场的调查研究分析的基础上，要作出比较客观和科学的预测。

（10）读者对象。读者对象就是对图书读者群的定位。读者对象要具体，年龄、文化程度等都要明确。读者对象越明确，图书的针对性就越强。针对性强就会有读者、有市场。读者对象和图书的性质、内容是紧密联系的。

二、选题策划

1997年国家新闻出版署第8号令发布的《图书质量保障体系》（以下简称《体系》）要求"坚持按专业分工出书制度"、"加强选题策划工作"、"坚持选题论证制度"。

1. 按专业分工出书制度

该制度要求各出版社必须严格按照新闻出版署核定的出书范围和有关规定执行，不准超范围出书。这是因为：按专业分工出书对于发挥出版社的专业人才、资源优势和特点，提高图书质量，形成出版特色，具有重要作用。同时，也有利于为本行业、本部门、本地区服务。从长期的实践来看，也是行之有效的。

2. 加强选题策划工作

图书质量的提高，以及效益的获取，首先取决于选题的优化，要使选题优化，第一步就要搞好选题的策划。作为一个完整的选题策划过程应包含四个环节：发现、构思、论证和优化。发现就是发现选题信息、发现选题苗头。从表面上看，选题似乎是灵机一动的产物，实际上是长期了解信息、捕捉选题机会、思考选择的结果。编辑人员需广泛接触社会、密切联系作者和读者。构思是把发现的选题进行分析整理，对选题的价值进行确认，并使选题从模糊到清晰，从简单到全面，从粗糙到精细，逐一落实各个细节。编辑的构思要发挥自己的优势，形成风格，形成特色，在本社专业分工范围内大展宏图。论证选题既要从微观上论证选题的可行性，又要从宏观上考虑各类选题的合理结构。选题论证是保证选题质量的重要环节，论证选题一定要坚持民主与集中相结合的原则，集思广益，使选题优选、优化。选题的优化在论证过程中已经进行了，但在选题通过以后，还须进一步优化。根据市场变化，要及时对选题内容和形式进行调整，还要在实施过程中，对每一个环节落实措施，优化组合，精耕细作。

3. 选题论证制度

在上面已经涉及到了，但是作为一个制度，有必要再强调一下。因为选题质量的优劣，直接影响图书质量，也影响出版社的整体水平，所以出版社对选题论证要注意三点：一是要坚持以马克思列宁主义、毛泽东思想、邓小平理论为指导，坚持党的基本路线，贯彻"为人民服务、为社会主义服务、为全党全国工作大局服务"和"百花齐放、百家争鸣"的方针，始终以社会效益为最高准则，在此前提下，注意经济效益，力争做到"两个效益"的最佳结合，使选题论证结果符合质量第一的原则，符合控制总量、优化结构、提高质量、增进效益的总体要求；二是要注意在调研的基础上进行选题论证，充分运用各方面的信息资料和群体的知识资源进行深入的分析研究，研究有关的学术、学科发展状况，了解读者的需求，掌握图书市场的供求状况，使选题的确定建立在准确、可靠、科学的基础上；三是要注意论证方法，在召集选题论证会时，不仅编辑人员参加，还要吸收销售人员、出版生产管理人员参加，会议上人人平等，各抒己见，重科学分析，有理有据，力争取得一致意见，在意见不一致的情况下，由社长或总编辑决定。

三、选题申报和审批制度

1. 年度选题的制定和申报

根据2001年国务院颁布的《出版管理条例》的要求制定图书年度选题计划，是出版社贯彻党的出版方针，保证出书质量的重要措施。制定年度选题计划制度是图书编辑出版工作中的基本制度，实行并坚持这项制度的目的，是为了确保图书出版的正确方向，提高选题质量，优化选题结构。我国目前对出版社的选题计划审批实行两级管理制，即由国家新闻出版总署和各省、市、自治区的新闻出版局对选题分别实行管理。每年年底国家新闻出版总署都要下发关于制定选题（图书出版）年度计划的通知，根据党的中心工作，对制定年度计划的工作进行具体部署，提出明确要求，安排申报审批时间表。各出版社的年度选题计划向所在地的主管单位申报，还要向所在地的新闻出版局申报，直属新闻出版局的出版社只须向省局申报，中央出版社则向其主管部门申报。地方出版局和中央有关部委在审查和批准的基础上，将所管辖出版社的图书出版选题年度计划汇总报总署备案。在获得主管单位的批复后，出版社的年度选题计划才能实施。年度计划是出版社在新的一年里应该完成和必须完成的重要任务。每年年底，上级主管单位也要按照出版社在这一年执行年度计划的情况进行检查。在除去某些图书因市场变化因素不能出版外，一般年度计划的实施率应在 50% 以上。年度选题计划既包括新书计划，也包括再版、重印书计划。出版社在制定年度选题计划时，会根据市场需求把准备再版和重印的图书计划同时申报。再版和重印图书反映了一个出版社的出书品种的积累，也从一个侧面反映了出版社图书的质量和特色，因为只有那些具有特色、质量比较好、为读者喜爱的图书才有被再版和重印的可能，这些图书在市场上竞争力也比较强。因此，出版社应努力提高再版和重印书的比例。

2. 制定增补选题计划制度

增补选题是年度选题计划的延伸和补充。由于策划、开发选题是一个经常性的工作，所以出版社会根据一个时期的社会需求和图书市场特定的需求，及时地策划、申报一些选题。与年度计划相比，增补选题更具有针对性和时效性。图书市场与社会紧密相关，社会发生的任何大事和任何热点都有可能激起图书热，因此许多出版社会不失时机地捕捉这些出版热点，针对社会热门话题和市场需求策划出热门选题，这是一方面。另一方面，教育和科研机构的教材建设和科研课题，一旦成熟，也急于以图书形式把成果展示出来，因此，为教学和科研服务性的选题也有可能要及时补报。作为增补选题，一般说来，它们的社会效益和经济效益都是比较明显的。但是，作为增补选题也应注意两点：一是增补选题要能体现本社的出书特色和出版优势，不要为了"跟风""追热"而漫无边际地出书；二是增补选题同样要重视选题的质量，不要觉得可以创利就放松要求。增补选题较普遍的特点是短、平、快项目，而且增补选题中会有协作出版的选题项目，对此，更要慎重。首先，不要违规，按照有关规定出版；其次，一定重视质量，对于出版全过程要进行有效控制，任何出版环节都不要忽视，更不能放弃控制，要像年度选题一样的操作，一样的加强质量控制，一样的强化营销手段。

对于增补选题的报批，各地新闻出版局还会有些具体规定，如增补选题与年度选题的比例问题，每年补报多少次，在什么时候补报，等等。除了特殊情况外，一般每个月或每个季度可以申报一次。

3. 制定长远选题规划制度

长远选题规划一般是 5 年或 5 年以上的出书计划，主要规定一定时期内出书的指导思想、出版目标，明确出版方向和任务。在长远规划中一般要提出出书的品种、规模、主要门类、结构比例，重点出版工程和其他重点图书、丛书，以及新品种的开发等。列入长远规划的选题主要是重点选题。国家有重点选题，省级有重点选题，社级也要有重点选题。

出版社制定的长远规划中的重点选题，是国家和省级重点选题的基础，应当充分考虑作为重点选题的社会价值，应当认真贯彻落实"三个代表"的重要思想，努力实施精品战略、繁荣出版事业。出版社制定的重点选题还应考虑相对稳定性和可行性，对于那些变化因素较多，而且难以实现的选题，不应当列入规划。出版社的长远规划和重点选题由出版社自行确定，报管理部门备案。

出版社的长远规划和重点选题的质量，是出版管理部门评估出版社的一个重要指标，应当予以重视。

4. 重大选题备案制度

国家新闻出版总署根据《出版管理条例》的规定，把涉及国家安全、社会稳定等方面内容的选题，以及可能对国家政治、经济、文化、军事等产生较大影响的选题，列为重大选题范畴，要求在出版之前必须履行备案手续。这是出版工作为全党全国工作大局服务的需要，也是加强宏观管理、促进出版事业繁荣发展的重大举措，也是维护社会主义精神文明建设和物质文明建设的需要，各个出版社都必须贯彻执行。

按照国家新闻出版总署 1997 年的《图书、期刊、音像制品、电子出版社重大选题备案办法》的规定，重大选题包括：

（1）有关党和国家的重要文件、文献选题。

（2）有关党和国家曾任和现任主要领导人的著作、文章以及有关其生活和工作情况的选题。

（3）涉及党和国家秘密的选题。

（4）集中介绍政府机构设置和党政领导干部情况的选题。

（5）涉及民族问题和宗教问题的选题。

（6）涉及我国国防建设及我军各个历史时期的战役、战斗、工作、生活和重要人物的选题。

（7）涉及"文化大革命"的选题。

（8）涉及中共党史上的重大历史事件和重要历史人物的选题。

（9）涉及国民党上层人物和其他上层统战对象的选题。

（10）涉及前苏联、东欧以及其他兄弟党和国家重大事件和主要领导人的选题。

（11）涉及中国国界的各类地图选题。

（12）涉及香港、澳门特别行政区和台湾地区图书的选题。

（13）大型古籍白话今译的选题（指 500 万字以上的项目）。

（14）引进版动画读物的选题。

（15）关于以单位名称、通讯地址等为内容的各类"名录"的选题。

在向新闻出版总署申报重大选题备案时，各出版社应当填写申报备案登记表，并提交以下材料：一是备案申请报告；二是选题、书稿、文章、图片或者样片；三是出版社的上级主管部门或所在地党委宣传部门的审核意见。备案的程序是：出版社提出申请，经省新闻出版局同意后，转报国家新闻出版总署，总署自决定受理备案之日起 30 日内，对备案申请予以答复或者提出意见，逾期未予答复或者提出意见的，备案即视为同意，可以操作。新闻出版总署对备案的重大选题审核时，必要时可以转请有关部门协助审核。出版社在写选题备案申请报告时，要写清楚几点：一是出版社审读以后的倾向性意见，也就是要说明为什么同意出版该书；二是详细介绍作者、作品等有关背景资料和说明；三是写明提请备案审读把关的重点方面的要求；四是要注明出版社的具体联系人和联系方式，便于联系和了解相关情况。

第二节　书稿审读加工制度

一、建立书稿审读制度的意义

图书质量的关键是内容质量，内容质量形成的根本因素是作者，但是出版前的把关就靠审读。书稿审读制度是图书出版工作的基本工作制度，是确保图书内容质量和效益的一项基础性的质量管理制度，是图书质量管理制度的核心。在前面讲过，图书质量包括内容质量、装帧设计质量和印装质量，但由于图书的属性既是精神产品又是物质产品，起作用的是它的精神属性，所以内容质量就显得十分重要了。如果图书的内容质量没有过关，其他质量即使达到了优秀也没有任何意义。审读就是把关、选择和优化。对书稿的审读作用首先是决定取舍，选择的书要是内容质量上乘，又有市场的书。其次是决定书稿的进一步优化，是否需要作者加以修改，提高质量以达到出版水平的要求。通过审读淘汰平庸之作，因为平庸之作是很难加工成为佳作的，只有那些本身具有闪闪发光之处的作品，虽有一些缺陷却可修改加工成为精品之作。

二、书稿三审责任制度

审稿是编辑工作的中心环节，是一种从出版专业角度，对书稿进行科学分析判断的理性活动。在选题批准后，稿件交到出版社，需要对书稿进行审读。审读由初审、复审和终审三个环节构成，缺一不可。三审

环节中，任何两个环节的审读不能同时由一人担任。在三审过程中，始终要注意政治性和政策性问题，同时切实检查稿件的科学性、艺术性和知识性问题。

1. 初审

初审是三审的基础。初审由具有编辑职称或具备一定条件的助理编辑人员担任，一般是责任编辑担任。初审应仔细审读全部稿件，在此基础上，从专业的角度对稿件的社会价值和文化学术价值进行审查，把好政治关、知识关、文字关。并写出初审报告，对稿件提出取舍意见和修改建议。初审报告是衡量编辑人员对书稿内容和书稿质量掌握程度的标尺，不能只是简单重复书稿内容，评语也不能空洞无物，必须作出客观、科学的评价。初审报告至少应包括四个部分：第一，书稿的内容提要，扼要地介绍书稿的基本特点和基本内容；第二，对书稿整体加以评价，包括对书稿的篇章结构、行文风格、编排体例及书稿的政治观点、思想倾向和学术品位、社会价值、文化学术价值等进行评估；第三，书稿存在的缺陷，或者修改建议；第四，结论性意见，提出取舍建议，通过对书稿的全面分析和评估，肯定书稿的可取之处，同时中肯地、比较准确地指出书稿中的问题，并对存在的问题作出进一步分析，是不予采用，还是可以经作者修改可以采用。

书稿中存在的问题，一般大体可以分为以下六类：一类是政治方向的问题。书稿的内容是否符合党和国家的有关方针、政策，是否符合当前的工作大局。书稿中政治思想倾向性包括一些敏感问题的提法是否与党中央的提法一致。二类是知识方面的问题。书稿中涉及的知识要准确无误，符合科学性。三类是编排体例方面的问题。全书要体例一致，层次分明，结构严谨。四类是语言文字方面的问题。语言文字规范、准确，通顺流畅，逻辑严密。五类是人工语言方面的问题。尤其是科技类的书稿，人工语言会比较多，要注意人工语言的通用性、规范化和准确性。六类是书稿中有关名词术语、人名、地名等专有名词的问题。要求准确，全书一致，而且要使用最新颁布的。初审对书稿的评价，主要就以上六个方面予以评价，最后提出初审的意见。当然初审的意见并不是决定性意见，还要经过复审和终审决定。

2. 复审

复审又称二审。复审应由具有正、副编审职称的编辑室主任一级的人员担任。复审应审读全部稿件，并对稿件质量及初审报告提出复审意见，作出总的评价，并解决初审中提出的问题。

3. 终审

终审又称三审。终审应由具有正、副编审职称的社长、总编辑（副社长、副总编辑）或由社长、总编辑指定的具有正、副编审职称的人员担任（非社长、总编辑终审的书稿意见，要经过社长、总编辑审核），根据初、复审意见，主要负责对稿件的内容，包括思想政治倾向、学术质量、社会效果、是否符合党和国家的政策规定等方面做出评价。如果选题涉及国家安全、社会安定等方面内容，属于应当备案的重大选题或初审和复审意见不一致的，终审者应通读稿件，在此基础上，对稿件能否采用作出决定。

4. 三审之间的关系

在书稿审读三审之中，初审是三审的基础，是第一道把关口，应当细致、全面审读，不能认为有复审、终审而马虎，不能有依赖思想。复审在三审中起着承上启下的作用，既是书稿的进一步把关者，又是终审的基础。初审中提出的问题，一般都应在复审中得到解决。终审主要是对书稿的政治思想观点等大的问题进行最后的把关，并对复审意见进行评估，提出决定性意见，最后签署同意出版或者不同意出版。三审的意见如果不一致时，总编辑应召集有关人员协商，在充分听取意见后，作出裁决。如果分歧意见较大，又无法作出决定时，还可约请社外专家审读，然后再作出裁决。

三、责任编辑制度

每一种图书，都必须有责任编辑。2001 年 12 月 25 日国务院颁布的《出版管理条例》第二十五条指出：“出版单位实行编辑责任制度，保障出版物刊载的内容符合本条例的规定。”

责任编辑由出版社指定，一般由初审者担任。除负责初审外，还要负责稿件的编辑加工整理和付印样的通读工作，使稿件的内容更完善，

体例更严谨，材料更准确，语言文字更通达，逻辑更严密，消除一般技术性差错，防止出现原则性错误；并负责对编辑、设计、排版、校对、印刷等出版环节的质量进行监督。

为保证图书质量和进度，也可根据稿件情况，适当增加责任编辑人数。在多人担任一部书稿的责任编辑时，应当明确一人为主，担负统筹、协调工作。如果需要约请社外人员担任责任编辑时，还应该指定本社一位编辑担任责任编辑，并且负责与社外责任编辑的联系和社内复审、终审的联系，沟通交流各审级之间的意见。

四、"齐、清、定"发稿制度

"齐、清、定"是我国现有出版社比较普遍实行的发稿制度，是要求经过编辑加工整理的书稿做到齐、清、定。

"齐"是指书稿齐备，包括文稿和图稿，文稿包括正文和辅文齐全，还包括封面设计稿。缺稿要设法在发稿前补齐。此外还应检查书稿有无缺页，文中有无原先留下、忘记填补的空白。书稿一次发齐，可以避免某些疏漏和差错，也可以消除因发稿不齐而延长出书周期的现象，便于有计划地安排生产。

"清"是指文稿和图稿清楚。作者把书稿写得清清楚楚，编辑加工修改得清清楚楚，批注勾画得清清楚楚。不清楚的书稿会给排版和校对工作带来困难和差错，严重影响图书的质量。书稿清楚方面细小的地方也不能疏忽。例如，标点符号，使用应当正确，书写也要规范，逗号不要写成顿号，小圆圈的句号不要写成小圆点的句号，还有范围号、间隔号等等，都要书写准确。外文要使用印刷体，分清大、小写，标注清楚正体、斜体、黑体、白体等。一稿中出现多种外文字的，还要标明何者是何种文字。图表也要十分清楚，不合要求和规格的图要重绘，图在文中所占的大小、位置都要标注清楚。批注所使用的符号要规范，前后一致，清楚醒目。

"定"是指书稿从内容到形式都已改定，无遗留问题，发稿以后一般不再作新的改动。要做到定稿才发稿是不容易的，但必须努力做到这一点。进入到编辑加工阶段的书稿应当是决定采用的稿件，其内容质量是达到出版要求了的，加工只是完善书稿，因此，"定"应当包括质量定、规格定、时间定。发稿时只有"定"稿，才能保证出书的质量和速度。如果发稿不"定"，在发稿以后随意改动，就会造成一系列不良后果，会给排校带来困难，增加工作量，延缓进度，导致质量下降，因此必须尽可能做到"定"稿。

"齐、清、定"的发稿制度在形式上还要履行发稿手续。责任编辑在按齐、清、定要求整理好书稿以后，便填写好发稿单（有的社将发稿单订合成发稿簿），签名后分别送交编辑室主任（或副主任）、总编辑（或有关社领导）复审、终审签发。书稿发排意味着审改结束，随后进入录排、校对、印制等环节。

五、责任设计编辑制度和设计方案三级审核制度

在发排时，还要将封面设计稿一同签发。实际上封面设计在图书设计中还仅仅是一部分，不过它是很重要的设计部分。图书设计讲究的是整体设计，包括图书外部装帧设计和内文版式设计。设计质量是图书整体质量的重要组成部分。提高图书的整体设计质量，是提高图书质量的重要方面。出版社每出一种书，都要指定一名具有相应专业职称的编辑为责任设计编辑，主要负责提出图书的整体设计方案、具体设计或者对委托他人设计的方案和设计的成品质量进行把关。图书的整体设计也要严格执行责任设计编辑、编辑室主任、社长或总编辑（副社长或副总编辑）三级审核制度。图书责任编辑要参与图书整体设计，责任编辑对书稿内容很熟悉，他的参与，会使形式美与内容美和谐地结合起来，达到完美的程度。

第三节　书稿校对制度

新闻出版总署颁发的《图书质量保障体系》第十一条明确指出："坚持责任校对制度和'三校一读'制度。"

一、建立健全校对机构

专业校对是出版流程中不可缺少的环节，直接影响图书的质量。每个出版社应配备足够的具有专业技术职称的专职校对人员，负责专业校对工作。我国曾经比较长的一个时期大多是实行的"编校合一"，这是与出版工作客观规律相悖的。为适应现代出版生产的客观需要，在20世纪90年代，全国各类出版社基本上都建立了专业校对机构，现在的任务是充实合格的、优秀的校对人员。校对是图书编辑工作的延续，是对编辑工作的检查、补充和完善，在出版工作中行使独立的不可替代的职能，不能由责任编辑兼任校对工作。即使在原稿磁盘化和网络化，编辑、校对在电脑或磁盘复印稿上进行的情况下，仍然需要专职校对的充分参与，会同编辑一起消灭书稿写作及录排上的各类差错。在原稿磁盘化和网络化的今天，因无原稿可作比照，所以校对工作不再以传统意义上的"校异同"为主，而是以"校异同"和"校是非"为主。这一变化意味着对校对人员素质的要求提高，而不是可以取消校对人员由责任编辑兼任。这一变化只是校对的两大基本功能的消长变化，校对机制的变化，校对职能的提升。

二、坚持责任校对制度

《体系》要求"出版社每出一种书，都要指定一名具有专业技术职称的专职校对人员为责任校对，负责校样的文字技术整理工作，监督检查各校次的质量，并负责付印样的通读工作"。责任校对制度是从总体上保证校对质量的重要措施。责任校对对校对质量负主要责任，所以责任校对必须由具有中级以上专业技术职称的专职校对人员担任，或者具有相当校对经验、从事校对工作五年以上的专职校对人员担任。责任校对应当参与一本书校对工作的全过程。责任校对的职责是：在各次校样上进行文字技术整理、核对付印和其他有关工作；协助责任编辑解决质疑，并将质疑和排疑存档；参与终校和通读的检查工作。责任校对同责任编辑一样，应在版权记录或图书适当位置上署名，以示对本书校对质量负责，并接受读者的监督。

三、坚持"三校一读"制度

一般图书的专业校对应不低于三个校次，重点图书、工具书等，应相应增加校次。终校必须由本社具有中级以上专业技术职称的专职校对人员担任。担任通读的人员可以是具有中级以上技术职称的专业校对员，也可以是图书的责任编辑。"三校一读"必须由多人完成，不能由一人承担，或者一人兼任几个校次。这是因为校对容易使视力疲劳，重复校对同一内容的书稿，难免注意力分散，由不同的人分别校对，易于发现差错。还有一个原因是思维定势，对同一个错误，如果第一次未发现，在第二次校对时，也会很难发现。因此，同一部书稿，每个校次最好由不同的人承担，并指定一人担任责任校对，对全书校对质量负主要责任。"三校一读"是校对的基本制度，也是保证校对质量的基本方法，也是校对的最低要求，必须得到保证。近年读者纷纷反映，图书中的差错呈上升趋势，其中一个重要原因是图书的校对质量不高，有时在为了赶进度、抓时机的情况下，校对的次数得不到保证，或者几个校次同时进行。这种不顾客观规律，一味追求进度的做法需要纠正。近年来由于书稿都是照排，电脑排版使我们摆脱了"铅与火"的时代，显示了许多优越性，但是也不要忽视电脑排版带来的新问题。由于汉字录入时一键多字根、重码现象的存在，以及病毒污染和操作不慎等原因，校样上往往出现错别字、非文中符号、改样错位、校样部分消失、打印输出与屏幕显示不一致，等等。电脑排版即使清样无错，如果指令失误，软片也会出现错误，如版式变动、文字错乱等。因此，电脑排版的校对工作要适应这种变化。校对人员要熟悉电脑知识和电脑性能，掌握电脑排版的出错规律。在校对比红时，不能只校改动处，还必须注意改错的前后是否引起了新的错误。而且对清样校定之后，仅凭"改正出片"往往会有错，要完全没有改动后才能出片，即使这样还要检查软片或者通读软片，方可保证没有差错。

四、建立校对定额管理制度

定额管理是建立校对质量保障体系的重要手段之一。校对定额管理是将校对工作予以量化，即制定合理的数量定额和质量指标，数量和质量相互制约，达到优质高效的目的，在制定定额时，要注意科学分析，经过努力可以达到的标准定多少，既要考虑积极性，也要考虑实际能力，还要注意数量与报酬挂钩的合理指标。数量定额每个出版单位不会完全一致，但制定时应掌握三条原则：一条是不能超过人的承受能力，应根据人的视力、大脑反应速度和持续工作时限几个因素来制定；二条是按照书稿的难易程度和校对操作方法规定不同定额，或不同付酬标准；三条是根据本单位的实际情况，综合分析各部门、各工种工作的技术要求、工作的含金量，来决定报酬的差别和定额的多少。从目前的实际情况来看，校对人员的报酬在出版单位是偏低的，这将会影响其工作积极性和工作质量，应适当调整，兼顾全局。

校对的目的是完全消除图书的差错，提高图书的编校质量。现代校对肩负两项任务：一是校异同，对照原稿，将录排的校样差错消灭；二是校是非，协助编辑补正原稿中的错漏，使书稿内容更加完美无瑕。因此，在制定数量定额时一定要有质量指标，从而形成数量和质量的相互制约机制。质量指标是规定每一校次的差错率标准，通常以万分比表示，即每万字遗留差错的多少。下面介绍一个参考质量指标：在原稿差错率不高于1/10000、排版校样差错率不高于15/10000的条件下，各校次的质量指标按差错率计分别为：一校不高于2/10000，二校不高于1/10000，三校不高于0.5/10000。原稿差错率高于1/10000、排版差错率高于15/10000的，增加一个校次。差错率的检查、汇总应由校对科负责人收集、整理。每一个校次差错率高于定额指标的，或者打回重校不计工作量，或者折扣工作量。如果长期不合格，超出质量指标的人员应加强培训提高，或者调到其他合适的岗位上去。

国家新闻出版署在《图书质量管理规定》中对成品图书的编校质量分为四级（即差错率低于0.25/10000的为优质；差错率超过0.25/10000但未超过0.5/10000的为良好；差错率超过0.5/10000但未超过1/10000的为合格；差错率超过1/10000的为不合格）。《规定》还指出："连续两年造成图书不合格的责任者，其年终考核应定为不称职；不称职的人员，不能按正常晋升年限晋升专业技术职务和工资；连续三年经检查为不合格品图书的责任者，不能继续从事该岗位的工作。"对获优良品图书的责任者要给予奖励，对不合格图书的责任者要给予处罚，促进编校质量的提高。

第四节　编辑的资质管理制度

一、实行编辑的资质管理制度的意义

这项制度虽然不是图书生产的直接管理制度，但与图书生产密切相关。我们知道，人是最宝贵的生产力，生产力的高低决定了现代生产水平。图书编辑工作有较高的文化含量和信息含量，是要对文化成果进行选择和优化的，这样，编辑对文化成果就要进行鉴别、判断，最后作出选择，这个过程必须以相当的文化素养作为基础，还要具备鉴别、判断能力。作品选择后到出版，还要经过审读和编辑加工整理，准备好出版的稿件，这是一个优化过程，更要求编辑要有扎实的专业知识和文化功底，需要多种能力的综合。因此，编辑必须具有一定的从业资格。根据国务院人事部和新闻出版总署《出版专业技术人员职业资格考试暂行规定》的有关条款，决定在正式出版单位（包括图书、期刊、音像、电子等出版单位）对出版专业技术人员（包括编辑、出版、校对、发行）实行职业资格制度。

二、出版专业技术人员资格制度的要点

1. 级别

出版专业资格分为：初级资格、中级资格和高级资格。

（1）初级资格

取得初级资格，作为从事出版专业岗位工作的上岗证，可以根据《出版专业人员职务试行条例》有关规定，聘任助理编辑（助理技术编辑或二级校对）职务。

（2）中级资格

取得中级资格，作为出版专业某些关键岗位工作的必备条件，可以根据《出版专业人员职务试行条例》有关规定聘任编辑（技术编辑或一级校对）职务。

（3）高级资格

高级资格（编审、副编审）实行考试与评审相结合的评价制度，取得高级资格可以担任出版社重要岗位的工作，并可以聘任相应的副编审或编审职务。

2. 资格制度的基本要求

（1）凡在正式出版单位工作的专业技术人员，必须通过国家统一组织的出版专业资格考试，取得规定级别的出版专业资格，持相应的《中华人民共和国出版专业资格证书》上岗。

（2）凡新进入正式出版单位担任社长（副社长）、总编辑（副总编辑）或主编（副主编）职务的人员，除具备国家规定的任职条件外，还应当具有中级以上（含中级，下同）出版专业资格。无中级以上出版专业资格者，应当在到任后的两年内通过中级以上的出版专业资格考试。否则，不能继续担任出版单位上述领导职务。

（3）凡在正式出版单位担任责任编辑的专业技术人员，必须取得中级以上出版专业资格。否则，不能担任责任编辑。

（4）凡新参加工作进入正式出版单位从事出版专业技术工作的大学专科和本科学历毕业生，应当在进入出版单位后的下一年度内通过初级出版专业资格考试，并在相应的专业技术岗位上工作四年以上，方可参加中级出版专业资格考试。

（5）新调入正式出版单位的在职非出版专业技术人员，要在调入后的下一年度内，通过规定级别的出版专业资格考试。否则，不能从事相应的出版专业技术工作。

（6）出版专业资格获得者可以根据《出版专业人员职务试行条例》有关规定，竞聘相应的出版专业技术职务。

3. 对资格获得者的相关要求

（1）出版专业资格获得者必须坚持以下基本要求：一是遵守宪法

和有关的法律、法规，贯彻执行党和国家有关出版工作的方针、政策，坚持为人民服务、为社会主义服务的方针。二是大力传播和积累科学技术和文化知识，大力弘扬先进文化，把社会效益放在首位，实现社会效益和经济效益相结合。三是严格遵纪守法，依法进行出版活动。不参与任何非法出版活动和非法经营活动，坚决不参与买卖书号、刊号、版号活动。四是遵守社会主义出版工作者的职业道德，竭诚为读者和作者服务，团结协作，诚实守信，自觉抵制行业不正之风。

（2）出版专业资格获得者，要强化质量意识和导向意识，在工作岗位上编辑制作图书等出版物时，要坚持正确导向，保证出版物质量。

（3）出版专业资格获得者应不断更新知识，接受继续教育和业务培训，努力学习和钻研出版专业理论和实务，了解出版行业动态，不断提高工作能力。应聘在职者的每年参加继续教育应不少于12天（或72学时）。

4. 对已在出版专业技术岗位工作人员的要求

所在出版单位应创造条件，支持他们参加业务培训，使之在5年之内通过出版专业资格考试，取得相应的出版专业资格。对经过培训仍不能通过相应级别资格考试的人员，5年之后不得继续在原岗位上聘用，出版单位要调离其工作岗位。

5. 出版专业资格实行定期登记制度

出版专业资格证书实行定期登记制度，每3年登记1次。出版专业资格获得者凭所在出版单位介绍信、单位出具的最近连续3个年度的考核证明、正规院校或省级以上教育培训中心出具的最近连续3个年度的继续教育合格证明，到新闻出版总署指定的机构办理登记手续。

出版专业资格获得者，在一个登记期内脱离出版专业技术岗位1年，缓登1年；脱离出版专业技术岗位2年以上，取消其出版专业资格，若再次从事出版专业技术工作，须重新通过相应级别的出版专业资格考试。

出版单位要对在职的出版专业资格获得者履行职责情况进行检查监督和年度考核。检查监督和年度考核情况按年度书面上报新闻出版管理机关备案。出版专业资格获得者在1个登记期内有1次年度考核不合格

者，缓登 1 年；凡在 1 个登记期内有 2 次年度考核不合格者，不予登记，发证机关取消其出版专业资格，并收回资格证书；出版单位可以将其解聘或调离。

出版专业资格获得者凡有 1 次缓登的，推迟 1 年报考上一级出版专业资格。

第五节　图书评奖的制度

《图书质量保障体系》关于"奖惩机制"一节中，涉及了三项奖励制度和一项处罚制度，即：坚持优秀图书奖励制度、坚持优秀编辑出版人员表彰制度、坚持优秀和良好出版社表彰制度，以及坚持对违规出版社和责任人的处罚制度。在此，我们仅介绍图书评奖制度。

一、图书评奖制度建立的意义和作用

图书质量始终是出版人、编辑人员最关注的，质量影响出版社的形象，质量衡量编辑的水平和工作态度。任何商品质量的提高和完善，都离不开社会对产品质量评价机制的引导和制约。社会对产品质量的评价机制，可以营造提高产品质量的氛围，促进质量的提高；也可以起到监督产品质量的作用。一个产品如果得到了社会评价系统的承认和肯定，就不仅仅是获得了荣誉，同时还会使产品具有相当的市场价值，也还会使受众对该产品的企业产生信誉效应。图书作为一种面向广大读者的社会精神产品，同样也需要建立一套相应的评价机制，监督图书质量，促进图书质量的提高，强化编辑人员的质量意识和责任意识，使图书质量观念在出版界更加深入人心。图书质量社会评价机制既包括了图书质量管理制度，也包括图书的奖惩制度。建立优秀图书奖励制度，通过奖励优秀图书，有利于调动广大出版工作者的积极性，有利于向广大读者推荐优秀图书，从而促进图书质量的提高。通过多年来实施图书质量管理制度和奖励制度，对于全面提高图书质量和广大编辑工作者图书质量意识的形成、提高和强化，起到了重要的激励作用，图书奖励制度的促进、激励作用是很显著的。

二、我国图书奖励项目

1. 我国设立的国家级图书奖

目前最具权威性且得到出版界和社会公认的国家级图书奖有以下几项：中国出版政府奖、中华优秀出版物奖、精神文明"五个一工程"奖和中国图书奖。

（1）中国出版政府奖

改革开放以来，随着出版事业的发展，全国性的出版评奖活动逐渐增多。这些评奖在坚持正确出版导向，发挥宣传、示范、激励、推介作用，促进出版事业发展和人才成长等方面，产生了积极的历史影响。像国家图书奖自 1993 年首次评选以来，至 2003 年成功举办了 6 届。全国优秀音像制品奖、全国优秀电子出版物奖自 1998 年启动以来，成功举办了 3 届。经国务院批准，新闻出版署于 1992 年设立了国家图书奖，每两年举办一届。国家图书奖分哲学社会科学、文学、艺术、科学技术（含科普读物）、古籍整理、少儿、教育、辞书工具书和民族文化图书等九大门类，设国家图书奖荣誉奖、国家图书奖和国家图书奖提名奖三种奖项。有时根据需要还设立了特别奖。自 1993 年举办第一届国家图书奖，至 2003 年举办了 6 届，每届国家图书奖获奖图书总数在 130 种左右，共有 755 种图书获奖。全国出版界和学术界都十分关注国家图书奖的评选，把它作为考核出版主管部门和出版社的一项重要指标，也把它作为评价编辑人员编辑水平的一项硬性指标。因此，国家图书奖的设立和成功举办，极大地促进了我国的出版繁荣，推动了我国的学术发展，使越来越多的图书精品战略得以实施，越来越多的精品图书得以出版。

为了适应政府职能转变和出版业改革发展的新形势，更好地发挥全国性评奖在引导和推动精神文化产品创作生产方面的重要作用，根据中央办公厅、国务院办公厅于 2005 年联合下发的《全国性文艺新闻出版评奖管理办法》，新闻出版总署在对各种出版评奖活动中出现的问题清理整顿基础上，把原有的 22 个全国性出版评奖活动整合为中国出版政

府奖。中国出版政府奖是出版界的最高奖，代表了政府的庄严和信誉，对行业、文化界和社会将产生重要影响，是民族文化积累、知识创新、文明传承的一件大事。可以说，中国出版政府奖既是对我国出版业的历史性记录，又是对整个出版行业的全方位检阅。

为了保证中国出版政府奖的公正性、科学性、权威性和规范性，2006 年 10 月 30 日，新闻出版总署颁布了《中国出版政府奖评奖章程》，章程共有五章十九条，阐述和规定了设立中国出版政府奖的宗旨、奖项设置、评奖标准、评奖机构、评奖程序等。

《章程》在总则中阐述了设立政府奖的宗旨：以邓小平理论和"三个代表"重要思想为指导，坚持为人民服务，为社会主义服务的方向，贯彻百花齐放、百家争鸣的方针，做到贴近实际、贴近生活、贴近群众，弘扬主旋律，提倡多样化，传播和积累有益于提高民族素质，有益于经济发展和社会进步的先进文化，满足人民群众日益增长的精神文化需求。通过奖励、表彰优秀出版物和在新闻出版领域做出突出贡献的先进单位和优秀人物，促进新闻出版业的繁荣和发展，推动新闻出版工作更好地为全国建设小康社会服务。

中国出版政府奖每三年评选一次，目前共设 6 个子项奖，正式奖奖励数额共计 200 个，其中图书奖 60 个，音像制品、电子出版物、网络出版物奖 20 个，印刷复制奖 10 个，装帧设计奖 10 个，先进出版单位奖 50 个，优秀出版人物奖 50 个。另外，还有优秀出版物提名奖 200 个。

中国出版政府奖的评奖范围涵盖新闻出版全行业，出版物奖参评范围包括由国家新闻出版行政管理部门批准成立的新闻出版单位正式出版并公开发行的图书、音像制品、电子出版物、网络出版物，以及经印刷复制质检部门检测的优质印刷、复制产品。先进单位和优秀人物的参评范围包括由国家新闻出版行政管理部门批准成立的图书、期刊、报纸、音像、电子及网络出版单位，印刷、复制企业、发行企业，版权机构，新闻出版行政管理部门以及其他新闻出版企事业单位和在上述单位中做出突出成绩的工作人员。首届中国出版政府奖参评的时间范围为 2003 年 1 月至 2006 年 12 月。首届评奖工作已完成，并于 2008 年 2 月 27 日颁发。

评奖活动要求求真务实，做到公正、公平、公开，努力提高其科学性、权威性，使评选活动有利于多出精品，多出人才，有利于繁荣出版事业和发展出版产业。为此，首届中国出版政府奖评奖工作领导小组还专门制定了评委会《评审工作规则》，强调要坚持四个评审原则：一要导向正确，评选结果要体现社会主义核心价值体系；二要标准严格，坚持宁缺毋滥和行业领先，体现"业内最高奖"的专业水准；三要程序合法，严格按照评奖章程规定的进行；四要代表广泛，评选出的优秀出版物、先进单位和优秀人物要覆盖全行业。

为了达到"评出导向、评出公正、评出权威、评出动力"的目的，在评审过程中贯彻执行以下六点：一是成立专门领导机构，精心组织实施。新闻出版总署成立了评奖工作领导小组，下设评奖办公室，负责评奖的日常工作。二是确保评委会成员构成具有广泛性、权威性和公信力。各子项奖聘请的评委都是各个领域的权威和学术带头人。三是坚持评奖标准不降低，评审坚持宁缺毋滥，不搞平衡照顾，对不具影响和说服力的不迁就。四是严格评奖程序不变通、不走样。注重程序的合法性，每一项决定都经过全体评委充分协调讨论，并用无记名投票表决确定最后结果。五是坚持充分发扬民主，不唯各，不唯上。六是加强监督不放松，不通融。基层推荐名单采取自下而上，逐级审核公示方能上报，评选结果必须经过全国性新闻媒体公示征求意见后，才最终确定并向社会公布。

中国出版政府奖——各项奖都要体现业内最高奖专业水准。章程规定了各项奖参评标准，清楚具体，评审中严格按照标准。图书奖是各项子项奖中的重要奖项，参评单位多，涉及面广，参评图书数量大，品种多，题材丰富。获奖图书体现时代特征和要求，突出原创特色和导向，反映出市场的需求和趋向，具有很高的知名度和品牌效应。音像、电子和网络出版物奖体现弘扬主旋律、鼓励创新、鼓励"走出去"等政策导向。装帧设计奖代表当今国内出版领域装帧设计的最高水平。印刷复制奖，获奖作品工艺先进，装帧设计新颖、美观，装订工艺规范。光盘复制作品技术含量高，代表光盘复制业的先进水平。先进单位代表了各

类出版单位的较高水平，在社会主义物质文明、精神文明和政治建设中取得显著成绩。优秀出版人物奖集中体现了当前我国出版业各类优秀人才的代表，在新闻出版工作中有突出贡献。

历史经验充分证明，在我国出版业繁荣发展过程中，评奖活动已成为引导和激励出版繁荣发展的有效手段之一。中国出版政府奖作为出版行业的最高奖项，既是以往我国出版业公认的国家图书奖等多个权威奖项的延续，又是顺应出版事业发展新形势、新要求的体现，因而比以往的奖项更具权威性，要求也更高。中国出版政府奖的设立，作为引导广大作者多写好书，推动出版单位多出好书，引领广大读者多读好书的一种有效手段，必将有力地促进出版事业的发展进步。

（2）中华优秀出版物奖

根据中央办公厅、国务院办公厅《全国性文艺新闻出版评奖管理办法》精神，中宣部于 2005 年颁发了《关于中华优秀出版物奖、韬奋出版新人奖的批复》（中宣办发函［2005］69 号），决定由中国出版工作者协会主办"中华优秀出版物奖"。

评奖指导思想：中华优秀出版物奖的评选，坚持以邓小平理论和"三个代表"重要思想为指导，坚持"为人民服务、为社会主义服务"的方向和"百花齐放、百家争鸣"的方针，弘扬主旋律，提倡多样化，传播和积累有益于提高民族素质、有益于经济发展和社会进步的先进文化，满足人民群众日益增工的精神文化需求，为全党全国工作大局服务。通过评奖，发挥正确的导向和示范作用，促进多出精品，多出人才，繁荣和发展我国出版业。评奖活动要求务实，坚持公开、公平、公正的原则，并接受社会监督。

奖项设置、评奖间隔时间：中华优秀出版物奖设图书奖，音像、电子和游戏出版物奖，优秀出版科研论文奖三个子项奖，奖励数额共计 160 个。其中图书奖获奖数额 50 个，音像、电子和游戏出版物奖获奖数额 50 个，优秀出版科研论文奖获奖数额 60 个。图书，音像、电子和游戏出版物还各设若干个提名奖。中华优秀出版物奖每两年评选一次，三个子项奖同时评出，同时颁奖。首届中华优秀出版物奖已于 2006 年举办。

评奖机构、评奖程序和颁奖：由中国出版工作者协会成立中华优秀出版物奖领导小组。领导小组由有关领导、专家、学者组成，负责该奖项的领导、组织、协调。领导小组下设评奖办公室，负责评奖的日常工作。中华优秀出版物奖三个子项奖分别成立评审委员会，评审委员会的组成人员由领导小组批准。各评审委员会分别制定子项奖的评奖办法和实施细则。评选分三段进行。第一阶段收集整理参评作品。第二阶段专家组织推荐入选作品。第三阶段是评委会评定。经认真评议，然后以无记名投票的方式评出获奖出版物，经公示无异议后报领导小组审定。领导小组对获奖出版物审定后，由中国出版工作者协会举行中华优秀出版物奖颁奖仪式，公布获奖出版物名单，并颁发奖牌和证书。建议各有关单位对获奖人员进行奖励。

（3）"五个一工程"奖

由中共中央宣传部组织的精神文明建设"五个一工程"奖评选活动，自1992年每年举行一次，评选上一年度各省、自治区、直辖市和中央部分部委以及解放军总政治部等单位组织生产、推荐申报的精神产品中的五个方面的精品佳作。这五个方面是：一部好的戏剧作品，一部好的电视剧（片）作品，一部好的电影，一部好的图书，一篇好的理论文章。并对组织这些精神产品生产成绩突出的省、自治区、直辖市党委宣传部和部队有关部门授予组织工作奖，对获奖单位与入选作品颁发获奖证书与奖金。从1995年度起，先后将一部好的广播剧、一首好的歌曲、一部好的理论文献电视片列入评选范围，"五个一工程"奖的名称不变。

"五个一工程"奖的评选，至此已评出优秀图书300多种，每年几十种。如2001年获优秀图书奖65种，2003年贯彻中宣部压缩总量、提高质量的要求，获得优秀图书奖的只有11种。这些图书的评选，充分体现了图书在社会主义精神文明建设中的作用，图书出版坚持为人民服务、为社会主义服务、为全党全国工作大局服务的方针，弘扬了主旋律，对繁荣社会主义出版事业，促使图书把时代精神和思想性与艺术性完美结合，为广大人民群众出版更多深受他们喜爱的精品图书。现在，对图书评奖范围限定为文艺类作品。

"五个一工程"奖的评奖程序是：在各省、市、自治区党委宣传部及中央有关部委的领导下进行的，以各省、市、自治区党委宣传部及中央有关部委为参评图书的申报单位，然后再组织评选。在中宣部的统一领导下，这项工作得到了各省、市、自治区党委宣传部和新闻出版局的高度重视和各出版社的积极响应和参与，不少地方将参评"五个一工程"奖作为发展精品战略、打造图书品牌的重要举措。

（4）中国图书奖

中国图书奖是在中宣部和新闻出版总署的指导下，由中国出版工作者协会主办，中国图书评论学会承办的全国性、综合性图书奖。它筹办于1986年，创办于1987年，每两年举办一次，至今已成功地举办了15届，在出版界享有盛誉，已成为全国出版单位多出好书的激励机制。十多年的评奖实践证明，中国图书奖对于贯彻党的出版方针，坚持正确的舆论导向，推动多出人才、多出精品，繁荣社会主义出版事业，发挥了重要的促进作用、激励作用和示范作用。根据中共中央办公厅、国务院办公厅发出的《关于加强全国性文艺新闻出版评奖管理的通知》，经中宣部批准，中国图书奖已被正式列入国家级图书评奖奖项。全国各出版社的图书均可参评，每家出版社从两年内出版的本版书中推荐不超过4种图书参加评选。

中国图书奖的指导思想是：坚持以邓小平理论和"三个代表"重要思想以及党的基本路线为指导，坚持"为人民服务、为社会主义服务"的方向和"百花齐放、百家争鸣"的方针，弘扬主旋律，提倡多样化，把社会效益放在首位，为全党全国工作大局服务。评奖活动坚持科学性、权威性和群众性，发挥正确的导向和示范作用，使之有利于多出精品、多出人才，繁荣我国的出版事业。

中国图书奖的参评范围：从全国各出版社近两年出版的各类新书中择优评选。有关党和国家领导人的著作以及有关其生活和工作的图书不参加评选；教材教辅读物不参加评选；违反现行出版管理规定出版的图书不能报送；已获国家图书奖（2003年以后为中国出版政府奖）和中宣部"五个一工程"奖的图书不再重复评奖；翻译作品可以参加评奖。

中国图书奖的评奖条件：优中选优，主要依据图书的内容质量和发行数量、技术指标，兼顾印刷质量、装帧水平、编校质量，全面综合评比，同时参考读者的反映和图书反响的评价。

中国图书奖的评选程序：第一步，出版社确定本社参选书后，填写"中国图书奖"推荐表和出版社关于该书编校质量的检查表。推荐表经省、市、自治区新闻出版局图书处和出版工作者协会同意盖章（中央部委直属出版社由主管单位盖章）后，连同报刊评论文章、专家审读意见、读者反映情况和样书寄送中国图书奖评奖办公室。第二步，评奖办公室将参选书分类，组织专家、学者和有关人员审读。审读后，评奖办公室组织专家共同讨论，提出初选入选书目。经评奖办公室综合平衡后，报评委会讨论确定初选入选书目。第三步，确定初选入选书目后，由评委分组审读，同时在《中国新闻出版报》《中华读书报》《中国图书商报》和《中国图书评论》等杂志上向社会公示，广泛听取意见，供评委参考。第四步，评委会在广泛听取专家组和各位评委审读意见的基础上，进行充分讨论，然后采取无记名投票方式选出中国图书奖获奖图书，并向社会公告，召开隆重的颁奖大会。

2．其他图书奖

（1）专业类图书奖

由有关行业组织的专业类图书奖有很多类，如全国优秀少儿类图书奖、全国优秀科普类图书奖、全国优秀青年读物奖、全国优秀通俗理论读物奖、全国优秀外国文学图书奖、全国古籍整理图书奖、全国优秀艺术图书奖、国家辞书奖、全国优秀党建读物奖、全国教育图书奖、全国优秀科技图书奖、中国民族图书奖等。这些评奖项目，有的已经整合到"中国出版政府奖"中去了，有的是作为国家奖分支奖，如全国优秀科技图书奖、全国优秀外国文学图书奖等。有的由新闻出版总署主办，但大多是由中国出版工作者协会或者其分支工作委员会主办。

（2）区域性组织的优秀图书奖

由若干个省市的同类出版社分区域组织优秀图书的评奖活动。如中南等地区人民出版社协会组织的中南等地区优秀政治理论读物奖、中南等地区科学技术出版社协会组织的优秀科技图书奖、中南等地区大学出版社协会组织的优秀图书奖等，还有相关的其他奖，如优秀图书装帧设

计奖、优秀图书校对奖等。

（3）省级优秀图书奖

省级优秀图书奖有以省政府办公厅和新闻出版局主办的省优秀图书奖，如湖南省优秀图书奖。还有以省委宣传部、新闻出版局主办的"五个一工程"奖。还有相应的省级优秀图书装帧设计奖和优秀图书校对奖。

三、编辑要做好各类图书奖的参评工作

1. 树立正确的参评思想

第一，要认识到出版社参加图书评奖的重要意义。对于出版社来说，通过评奖过程打造图书品牌，提升出版社在读者中的形象。一个出版社如果要想得到长足的发展，形象在读者心目中很重要。信誉好，会产生好的扩散效应，会使读者密切关注，也会更加信任其他产品。特别是国家级的三大奖，在读者心目中的地位很高，影响更大，因此更应重视策划出版这类图书，并争取获奖。第二，要明确是否获得图书大奖是对出版社出书水平和出书能力的衡量。能够获奖的图书，都是优中选优，质量优秀、制作精良的图书，特别是国家级的三大奖，更是精品中的精品，没有一定的水平和实力，是没有办法出版获得大奖的图书的。因此，许多出版社都把此作为一个奋斗的目标，在一个时期内计划多少种图书获得哪一类图书奖，并为之努力。一个出版社的图书要在大奖中获奖，必须要有一定的精品图书作为基础，才能有条件去展示自己的实力和水平。第三，图书获奖也是对编辑工作的肯定。图书获奖说明了图书的整体质量是过得硬的，也说明了编辑的整体素质比较高，包括在策划选题、组稿和编辑加工各个环节中所表现出来的能力和水平。同时，这些图书奖也有力地促进编辑工作能力的提高，激励大家出好书、多出精品书。第四，不要为了评奖、为了名次而去参加图书评奖，不能不讲究经济效益而去刻意做些在市场上无法销售出去的图书。社会效益和经济效益是相辅相成的，完全没有经济效益的图书怎么去评价它的社会效益呢？有价值的书，就应有社会效益。社会效益的实现应当靠读者的阅读和购买才能实现。当然，有的图书由于非常专业，在某学科、某领域

处于领先地位，它的读者面会窄一些，但它一定有读者，必然也会有一定程度的经济效益。笔者曾经策划出版过一本《中国蜘蛛》的书，还获得第五届中国图书奖提名奖，应当是一本读者面很窄的学术著作，但是由于它的权威性和图文并茂，不仅国内有读者，还销往了国外，尤其欧、亚地区购买了上百本，印刷的1000本书很快全部销完。

2. 编辑在图书参评中的工作

（1）要明确参评图书的要求。不同的图书奖对参评图书的要求不同：一是对图书出版时间会各有明确的要求，而且都会以版权页上所注明的出版时间为准；二是要求参评图书的范围不同，有的社会科学和自然科学、文艺图书、工具书都可以，有的则侧重社会科学，有的是单项奖，有的是综合奖，这些都要按要求选送相关范围的图书评奖；三是对申报材料的具体要求不同，有的需要出版社先请专家评审，并写出评审意见，有的编校质量要求符合良好以上，等等。

（2）认真准备参评图书的申报材料。申报材料要按要求准备齐全。怎样写好材料应当特别注意，既要实事求是，又要突出重点、精心谋划。材料应当包括图书的特点、图书的专家评价意见书、图书的社会反响材料等。对于社会反响材料要注意收集，并附上原件或复印件。材料较多要有一个目录，便于评委翻阅。整个材料整理、撰写，图书责任编辑都要参加，不要漏掉了材料。

第六章

....>

图书编辑的信息工作

第一节　信息工作的重要性

一、关于信息的概述

什么叫信息？关于信息定义的表述有三四十种。拉丁语 informatio，有描述、陈述、概要等意思。英文的 information，有通知、消息、情报、知识、资料、数据等多种含义。《现代汉语词典》的解释："①音信，消息。②信息论中指用符号传送的报道，报道的内容是接受符号者预先不知道的。"这个定义似乎窄了一些。在传播学中，将信息定义为："信息是降低环境中不确定因素，即减少可能发生的不同情况数量的内容。"对此，好像又难以理解。《中国大百科全书·自动控制与系统控制》中定义信息是："符号、信号或消息所包含的内容，用来消除对客观事物认识的不确定性。"信息是普遍存在于自然界、人类社会和人的思维之中的。信息概念是人类社会实践的深刻概括，并随着科学技术的发展而不断发展的。现代一般认为"信息是事物（物质和物质运动）特征的表达，是物质客体之间相互联系的一种形式"。信息不是事物的本身，而是事物的表征，是事物发出的信号、消息等所包含的内容，是表征事物的运动状态、事物之间的差异或相互关系的一种普遍形式。信息是自然界普遍联系、相互作用的一种形式。但是许多人从不同的角度引入信息的概念，从不同的侧面表达信息的本质。因此，信息一词往往在不同的场合有不同的含义。例如在控制、通信和计算机科学等领域内信息是信号和数据的同义词；在新闻传播、经济管理和情报检索等领域内，信息是消息和情报的同义词；在科学、文化、教育等领域内，信息是新知识的同义词。在社会经济生活中正广泛流行着借用信息一词来表达不同的概念。

信息的概念已成为现代社会最重要的概念之一。信息一般具有下列特征：①信息来源于物质，但不是物质的本身；②信息与能量有密切关系，但不等于能量；③信息必须有载体，在信息传输的过程中载体可以不断变更，而信息保持原来的内容；④信息具有知识的秉性，能给观察者提供关于事物运动状态的知识；⑤信息具有弥漫性，可以在时间上无限延续，也可以在空间上无限扩散；⑥信息具有可利用性，可以被人类、生物、社会、机器所利用；⑦信息可被感知、检测、识别、存储、传递、变换、处理、显示、记录和复制；⑧信息是一种不可缺少的资源，可以采集、生成、压缩、更新和共享。

在信息传输过程中，主要解决好信源、信道和信宿三个方面的问题。信源是产生消息的系统，初始信息的来源。信宿是接受消息的系统，接受信息的设备和对象。信道是传输消息的通道，即信息传输通道。广泛地开辟信源，保持传输通道的畅通，使接受的信息可靠、真实，都是信息传输系统需要注意解决的。

在通信、指挥系统中保证信息的不失真尤为重要，但到现代，人们的生产、生活实际则还要更多地应用信息。因此就有了对信息的筛选、分析、存储、利用和转换的问题。人类已经离不开信息了，我们已经进入了信息时代，信息对人们已经越来越重要了。

二、信息在编辑工作中的重要性

1. 信息是编辑工作的基础和源泉

图书编辑，不论是纸介质还是电子介质图书，都是职业传播者使用传播工具，向不确定的受众传送信息并且影响受众意念的行为。在图书出版传播过程中，编辑承担着对信息进行选择和把关的重要工作，因此信息对编辑具有特殊意义。编辑所从事的是文化传播工作，与编辑有关的信息有两类：一类是指编辑需要获得与图书出版工作有关的信息。它包括政策信息、社会信息和市场信息，以及相关知识领域的动态信息，对编辑在选题策划、组稿、编辑加工、营销等全过程起支撑、基础、决策作用。没有这些信息，编辑无法工作下去，它是编辑工作的基础。另一类是指进入编辑流程的稿件内容所包含的信息。编辑的审稿、加工处理都以此为依托，它是编辑工作的对象。由此看来，信息就是编辑工作的源泉，没有信息，编辑工作就成为无源之水。信息贯穿于编辑工作的全过程。在图书出版之前所收集的信息可以统称为编辑工作的前期信息，图书出版以后读者对已出书的各种反应，以及图书市场的销售情况，就称之为反馈信息。图书出版的反馈信息是对编辑工作系统起调控作用的重要控制信息。前期信息和反馈信息都是来自社会的信息，是社会对编辑工作系统的作用，这种作用是以信息流的形式产生影响，这也是编辑工作系统外部信息流施加的作用和影响。对于编辑工作系统内部也存在信息流的影响和作用，编辑工作流程的前一环节和后一环节都是信息在进行指挥和调控。例如，选题传递给组稿的信息是选题计划、选题方案及与此有关的信息内容；组稿传递给审稿的信息是作者的书稿和有关选题、作者的背景材料；审稿传递给编辑加工的信息是审稿意见和有关背景材料；如此等等。各个环节之间的信息流是否畅通，是编辑工作系统能否运转得好的重要条件。上一环节的信息影响下一环节的工作，下一环节对上一环节也提供反馈信息。如在编辑加工时，编辑人员应当了解审稿意见和有关材料，也还应了解组稿时的编写方案和编写提纲，对加工好书稿有参考、调整作用；在书稿校对时，校对人员应当将差错情况和质疑问题反馈给责任编辑，促使书稿质量的提高和书稿问题的处理。如果在组稿过程中发现选题方案的不妥之处，在审稿过程发现书稿的缺陷，在校对时发现编辑加工处理问题，等等，都应及时反映，及时得以解决。因此，通过信息流的调控，保证编辑过程的顺利进行，使质量和时间上得到保证。只有使编辑工作系统始终处于最佳的运转状态，才能得到优质的付印样，那么，各环节之间信息畅通是很重要的。

2. 信息是图书出版的资源

信息是资源，信息是效益，已经越来越成为人们的共识，物质产品是如此，作为精神产品的图书也是如此。在市场经济体制下，社会信息和市场信息对图书出版的全过程都会有影响、起作用。来自图书市场的信息，如读者群体的阅读需求或热点，以及市场的走势等，这是成功的选题策划所要求的最重要的参考依据。特别是畅销图书的策划，更是离不开充分、深入的市场调查和市场信息的了解和把握。反之，在销售上失败的图书，正是忽视了对市场信息的了解，或者是对原始信息的分析、研究中出现了结论的偏差。图书市场调查的成果不仅可用于选题策划，也可以作为对自投稿取舍的重要判断依据。策划依赖于信息，不仅要有充分的信息的量，还要重视信息的质；不仅是对原始信息的简单收集，还要对原始信息进行精心处理。同样的信息经过不同处理可以得到迥然不同的效果，要使信息成为资源，还必须进行大量的信息处理。信息成为有价值的选题是资源，还有其他信息也可以成为资源。如学科发展动态和作者资料等信息，在完成读者定位、市场定位的选题策划以后，设计出适合读者需求的作品、物色最合适的作者，保证让编辑策划的意图变成优良的作品。在内容上、作者选择上胜人一筹，会使产品在市场竞争中占有更多的市场份额。信息对编辑审读加工书稿也有积极意义。编辑只有以与内容相关的信息为参照，才能对书稿质量作出正确的价值判断，并由此作出采用与否的取舍决定。对于内容的修改，也要根据最新知识的发展和标准的规范来进行，没有这些信息，加工无从下手。在构思整体设计方案时，内容的深层含义、读者的心理需求、印刷技术条件、材料供应情况、图书定价水平等信息的了解和掌握，是设计出形式与内容完美结合、为读者提供他们所喜爱的图书的重要条件。信息对图书的营销同样也是必不可少的，是很重要的资源信息。不管是编辑全过程策划中的营销方案设计，还是市场营销的具体部署工作，都需要建立在对市场信息、读者信息有充分把握的基础上。无法想象，在现代出版过程中，不去作充分的深入调查研究，没有充足的信息资料，而从事图书出版会是一个什么样子和结局。

三、编辑信息工作的现代化

当今信息工作的标志是应用计算机和通信技术，它的特点是多样化和快捷性。现代信息的收集已经不仅仅是传统的书报刊、广播、电视，而且还有现代快捷的通信技术、计算机因特网等。目前全球的信息量每年都以指数速率增长，面对如此庞大而复杂的信息世界，仅仅依靠个人手工方式去收集和整理信息已远远不能适应信息时代社会了，需要调动社会和各单位的力量，通力合作，运用现代信息技术，建立适应出版业的多层次的信息库和检索系统，来进行信息的高速、高效的传播和交流，进行信息服务和数据处理服务。在数据库管理系统方面建设发展很快，目前全世界已有几百个联机检索系统提供可查 5000 种以上数据库的信息服务，开辟了跨越国家、地区提供信息服务的新时代。现在人们可以在几分钟或十几分钟内查阅几个大型数据库，查阅几十年的情报资料，而且大多数数据库一个月或半个月甚至一周就更新一次。发达国家数据库系统建立比较早，规模比较大，我国数据库系统的建设虽起步较晚，但也发展很快，许多政府机关、科研机构、情报所、图书馆等都建立了自己的数据库和检索系统。数据库建设具有内容广泛、技术手段现代化、信息资源共享化和产业化等特点。我国新闻出版数据库建设也发展很快。如中国出版科学研究所于 1985 年创立的"查重中心"，专为外文书的编辑提供是否有重复翻译的信息；国家新闻出版署信息中心于 1994 年建立"全国出版信息网"，这是全国第一个全国性的出版信息数据库，它将全国出版社的发排新书，每半月通报一次，为出版管理机构决策提供科学依据，为出版社提供最新的出版信息。还有编辑工作所需的学科信息、出版信息等多种信息的数据库可以利用，编辑人员要熟悉国内外有关这些方面数据库的情况，并充分利用这些信息源。

计算机和互联网的出现，为编辑的信息收集增加了一种便捷的渠道。互联网上直接与出版有关的信息源有多种：①国内外出版社网站。这些网站一般设有最新出版动态、新书评介、在版书目、订购服务等栏目。有的甚至设有书稿、论坛、期刊、工具书在线等栏目，提供在线出版、电子书销售、作品定制、即时印刷、版权交易和电子商务等服务。这类网站有的是很有特色的大型出版专业网站，功能比较齐全。②国内外网上书店。一般可以在这些网站上浏览、检索到最新书目，参与并检索图书评论或讨论，链接到其他相关的网站上进一步浏览。③国内外出版信息服务商。目前已开设了许多专门从事出版信息服务的网站，提供出版专题的搜索。如出版商分类主页（http：//northern. lights. com：80/publisher）提供了全世界出版商目录和它们的主页，用户可利用"国家名称索引"选择链接目标。④国内外网上报刊。这类网站很多。有的报刊与图书出版关系密切，如著名的《出版商周刊》（Publishers Weekly）的网络版，有作者访谈、新书预告及评论、图书销售、图书设计与印刷等内容，每周公布畅销书排名榜，发表各种有关统计资料。⑤国内外网上图书馆和联机检索系统。网上图书馆一般可分为两大类：一类是传统图书馆提供的将馆藏文献数字化后上网服务，如美国国会图书馆（http：//marvel. loc. gou）；另一类主要是广泛搜集互联网上的文献信息，按学科或主题进行组织，并提供多途径检索的分布式资源系统。

由以上可见，随着信息的剧增，获取信息的途径已多样化，获取信息的方法已现代化，编辑人员就必须十分迅速地去捕捉最新、最前沿的信息，才能及时地开发出有意义、有价值的新选题。而且，图书出版不仅仅面对本国，还要面对世界，无论收集出版信息，还是学科信息，都要从全世界范围考虑，对于浩瀚、复杂的信息，不采用现代信息技术手段去捕捉和处理信息是很难有所作为的。

第二节　编辑工作的信息内容和收集

一、编辑工作的信息内容

编辑工作涉及选题策划、组稿、审读加工、编后工作等，与此相关的信息就是多方面的，但是现代图书编辑工作的中心是选择和优化，据此，归纳起来主要有以下六个方面。

1. 政策信息

出版工作是一项政治性、政策性很强的一项工作。党和国家关于社会主义物质文明建设和精神文明建设的方针、政策，出版方面法律法

规，出版方针，等等，这些都是政策信息，编辑必须了解、掌握。政策有国家大的方针政策，也有出版方面具体的政策，如哪些内容在图书中不能出现，哪些涉及到的内容选题必须先报批。现行还有许多关于出版的政策，如著作权法，出版管理条例，质量管理规定等。这些政策都要掌握，还要了解一定时期的政策。随着出版工作的前进和发展，国家还会出台新的方针、政策，作为编辑也应随时了解、掌握。政策信息是出版社制定出版方针、选题规划和决定书稿取舍的基本依据。政策信息不仅仅限于有关国内的政权，还涉及国际方面的。如版权方面，国际上还有两个国际性的公约：《伯尔尼公约》和《世界版权公约》；中国加入世界贸易组织（WTO）以后，有关图书出版和发行方面的条款，都应当了解。

2. 社会信息

这是指图书出版中出版社的外部环境的有关信息，是不同时期社会的政治、经济、思想和文化动态及发展趋向方面的信息。出版要适应时代的发展，反映社会的需要，必须使出版适时对路，与时俱进。编辑出版深层意义就是对人类思想、科学文化成果的组织、优化和传播，因此离不开社会、离不开科学文化教育事业的发展，不仅要把握时代脉搏，还应走在时代需求的前面。

3. 学科信息

这是指与图书内容相关的学科的发展动态。对于学科信息掌握的程度，直接关系到图书内容的质量。在图书出版工作中，要充分地收集与选题有关的学科发展的动态，如学科的研究现状、水平，学科发展过程与前景。既要了解该学科在国内的发展状况，也要获得国外的有关信息；既要把握该学科的总体发展状况，也要掌握学科研究的前沿动态和前沿课题；同时，还要收集、了解与该学科有关的其他学科的信息。无论是学术专著、教材，还是科普图书和一般图书，都应反映科学技术的前沿情况，反映新知识、新观点，如果脱离了学科信息，就很难保证图书的独创性和创新性，即使出版也会因其内容陈旧毫无新意而无实用价值。学科信息是非常广泛的，所以编辑人员只能在自己的学科领域中去采集、挖掘所需信息。

4. 出版信息

这是指国内外一定时期内图书（包括电子图书）的出版消息。它包括各学科、各类图书的目录、评论、出版统计资料和出版动态等。它对于编辑工作中确定选题方向，判断出版价值，决定出版和出版方式、印数、定价等，都是重要的依据。在市场竞争的激烈状况下，要做到选题和图书"人无我有，人有我优"，就需要充分掌握有关出版动态的信息，随时研究同行的出版策略和同类图书的特点。现今图书出版业还要参与世界间的竞争，还必须掌握和研究国际出版动态，了解和掌握这方面的信息，使自己能和国际图书出版处在同一竞争平台，不致落后于国际水平。

5. 作者信息

作者信息是指有关作者情况的资料，它包括作者的分布情况，作者从事学术工作的简要经历和主要成果、写作优势、代表作、当前的研究新课题以及新的写作计划等。从作者信息中可以获得新的选题计划和好的点子。从有利于组稿的角度考虑，作者信息还要包括作者的人际关系、性格爱好等情况。作者信息要长期积累，善于发现作者、挖掘作者，并和作者建立朋友关系，也可以建立作者信息库，保持长期联系和合作。

6. 读者信息

读者信息主要有两个方面：一是读者对图书的需求情况；二是读者对图书的反应、意见和要求。读者需求信息有不同层次、多样性。不同年龄、不同性别、不同知识水平、不同地域、不同民族，其需求是不同的。读者需求欲望有期望型、提高型和特殊型，多种多样的需求形成了图书的多品种。图书在读者中的反应，也称反馈信息，有对本社图书的反应，也有对众多图书的反应，如对某一种书的评价、销售情况；有对某一层次、某一类图书的综合反应，还有对一个时期内图书倾向性的总体反应。读者信息直接或间接地反映了读者当前和长远的需要，也反映了图书的预期效果和在读者中产生的实际效果的差异程度。读者信息对编辑工作有重要的调控作用，从选题开发，到图书质量都会得到不断的提高，使编辑工作总是处于最佳状态。

二、编辑工作的信息收集

信息收集就是采集或捕获信息，把经过初步鉴定认为有用的信息加以集中，它是信息工作的第一步。关于编辑工作的信息收集，应解决两个问题：信息收集的原则和信息收集的方法。信息收集方法又可分为两类：一般性方法和不同类型信息的收集方法。

1. 信息收集的原则

（1）针对性

信息的收集是将分散的信息有序化、集约化，原始的信息纷繁、复杂，要使它们有序、有价值，就应分类收集。信息的价值大小在于它们符合实际需要的程度。出版业的产品与其他企业的产品有很大的区别，出版业的图书产品是个性化产品，一种图书就是一个个性化的产品，即使是同类书，有大同也还有不少小异，应当没有完全相同的产品。因此，无论是选题策划还是单本书组稿，信息的收集都要针对性地进行，有的放矢，围绕所需信息重点收集。

（2）连续性

连续性的信息才会反映出发展的趋势，才会反映出价值所在，一点一时的信息难以反映出全局。例如某种书的效益，收集一个月的销售量与连续数月甚至一年、两年的销售量，说明的问题是不相同的。编辑工作的连续性，更需要信息的积累。形势是发展的，情况是变化的，只有掌握好一系列连续不断的信息，才能驾驭选题的价值，否则只会盲目地"追风"和"跟热"。

（3）预见性

编辑的信息收集是一种为决策提供依据的基础工作，因此要有预见性。信息的收集要有发展观点，既要及时获取现实需要的信息，又要获取反映事物发展状况的新信息，预测发展趋势，展望未来需要；同时在处理信息过程中，要进行必要的信息储备，这些信息在当时不一定有用，但往往在以后可能出现使用价值，特别是事物新生长点的信息，更可能过一段时间就会有用。社会的需要，随着形势的发展，它往往存在形成期，达到成熟期，待到水到渠成之时，就是新的热点形成之期。

（4）综合性

针对性和综合性应当是不矛盾的，针对性是因为信息的纷繁、复杂的原因，而综合性是说明事物不是孤立的、静止的原因。编辑工作系统是一个开放的系统，它与社会存在着物质、能量和信息三者的交换，与很多因素相互联系、相互依赖、相互制约、相互作用，所以要注意收集多方面信息，并在此基础上连续积累某一方面信息，在处理、利用信息时，也要对信息进行综合分析处理，做到融会贯通。

2. 信息收集的途径

（1）图书市场调研

市场简单说来就是商品交易场所，按照经济学的观点，市场是一个商品经济范畴，是一个非常复杂的经济活动和经济关系的综合体。图书市场由图书、读者、购买力、购买动机等要素组成。图书市场是获取读者信息、出版信息等最主要的途径。一是调查书店；二是参加书市和图书订货会；三是观摩国际性书展。我国书店很多。大城市有大型图书商厦，图书门类齐全、品种丰富、读者众多，是了解图书市场的重要场所。其他中、小型的图书销售店，也是不可忽视的地方。有的出版社的图书，在农村销售店也有很好的市场，就在于我们用心去调查、开发。到图书市场了解信息方式主要是翻阅图书、了解销售情况、向营业员咨询、向读者作口头或问卷调查，还可开座谈会、通信、电话联络等，可以直接获得第一手资料。参与全国书市和全国性图书订货会，这也是编辑调研市场的好机会，因为这些会展不仅具有订货、销售功能，而且具有展示出版社实力、交流图书信息等诸多功能，由此，可以了解到订货情况、出版信息和出版销售策略。国际书业每年都会举办国际性书展，其中规模较大的有德国法兰克福国际图书博览会、日本东京国际书展、美国书展等，我国每两年在北京举办一次国际图书博览会，从2002年起，改为每年举办一次。编辑参与观摩，或派出参展，可以获得国际书业信息和国际图书市场信息，有助于进行国际间出版合作、版权交易，也有助于全方位地提高图书质量，提高国际图书竞争能力。

（2）关注大众传媒

在信息化社会，大众传播媒体是人们获取多种信息的最常见的渠道，也是编辑人员收集信息的重要途径。大众传媒显示的现成资料，获取信息方便、成本低。使用较多的纸介质的有书报刊政府出版物等，电子介质的有广播、电视和因特网等。专业性报刊比较多，如《中国新闻出版报》《中华读书报》《中国图书商报》《中国出版》《中国编辑》以及其他多种出版、编辑、发行的刊物。这些业内和专业的报刊，提供了许多图书出版的信息。还有大量的社会新闻从各类报刊、广播、电影中获得，社会新闻也直接或间接与出版有关联，从中也可获取编辑所需信息。互联网的出现，为编辑的信息收集增加了一种便捷的渠道。互联网的网站比较多，有国内外出版网站、国内外网上书店、国内外出版信息网站、国内外网上报刊、国内外网上图书馆，等等。编辑可以随时浏览相关网站，获取图书出版多种多样的信息，速度快，成本低，真所谓足不出屋，全知天下事。

（3）利用专业信息机构查询检索

图书馆、档案馆、情报所和一些专为出版业服务的信息中心，都是以存储和提供信息为目的的专门机构。这些机构存储的信息量大而且系统，是编辑以文献检索的方式获取信息的重要途径。这些机构普遍采用电子化的信息存储和检索手段，为编辑的信息收集提供了便利，能快速、有效而及时地检索出所需的信息。政府机关、研究所、出版单位的资料室，大学图书馆等也是获取信息的场所。

（4）利用专业市场调查机构

编辑的信息收集除了编辑或出版社自行进行以外，也可以委托专业的市场调查机构，如市场调查公司。国外在这方面发展很快，国内也在近几年出现了类似机构，有的专门从事图书市场的调研，如北京开卷图书市场研究所可向出版社提供《全国图书零售市场简要分析报告》和其他专业报告。大型出版项目立项之前可以委托市场调查公司作市场调查分析研究，也可以在网上或报刊上查看调查公司公布的调查分析报告。编辑还可以借鉴调查公司公布的调查方法进行市场调查和分析。

3. 不同类型信息的收集途径和方法

（1）政策信息和社会信息的收集

主要来源于各种大众传媒。编辑人员要十分关心国家大事和国内外社会动态，经常注意学习有关政策文件和法规；要熟悉国家和出版管理部门的政策、法规、条例和《著作权法》；要善于应用政策法规类工具书和法规信息库等。政策性信息除了文件之外，报刊上也会及时公布各种新的法规、法律文件，也要注意随时阅读和收集。实际上，要做好编辑，还要掌握国家和行业颁布的各种标准和规范，这也是编辑好图书必备的知识，不懂得相关的标准和规范是无法编好图书的。社会信息靠经常性地浏览大众传媒，书报刊、广播、电视、因特网都是编辑信息收集的途径。

（2）学科信息的收集

学科信息的收集主要有四个途径：一是通过文献资料收集。任何科学文化技术成果，一般均记录在文献上。文献按介质分有纸介质的印刷型文献、电子介质的机读型文献。文献按出版物类型分，有图书、期刊、报告、会议文献、专利文献、学位论文、技术标准、产品样本等。这些文献可以到各级图书馆、情报所、档案馆和资料室等文化机构查阅。查阅可以通过传统检索工具和检索方法，也可以通过计算机现代检索方法。二是通过参加学术活动收集。学术活动包括国际国内学术会议、科学项目评审会、专题研讨会、成果鉴定会和现场观摩活动等。参加这些活动可以掌握学科研究的进展和阶段性成果的信息，而且这些信息是动态的、最新的和前沿的，对编辑工作更具有实际意义。三是专家追踪。编辑人员能与自己所涉及的学科范围内的专家保持联系，就会了解到他们的研究工作计划和进展情况，掌握学科发展动态，从而了解他们成果结题时间和他们的写作计划，及时组织有价值的新选题。与专家的联系要靠平时的积累工作。四是到科研管理机构走访、了解科研计划、项目和进度。我国科研管理机构主要有各级科委，还有管理与研究一体的科学院、科研所，大学的管理机构科研处，到这些单位、院、所咨询，会获得大量的学科信息。

（3）出版信息的收集

出版信息的收集主要有四种途径：一是大众传媒的资料分析。报刊、广播、电视、互联网上发布的各种新书消息、出版动态和出版广告等，分析研究得出一些规律。二是出版专业媒介的资料分析。全国性的图书征订目录，如《社科新书目》《科技新书目》《标准新书目》《全国地方版科技新书目》《全国新书目》等；还有年鉴，如《中国出版年鉴》，省出版年鉴等；还有国外以期刊形式综合报道图书出版消息的书目刊物，如《书目》（Booklist）《选目》（Choice）等；还有一些专业性刊物，如评论性的《中国图书评论》等。这些出版专业的资料值得编辑去分析、研究，从中得到启发，获得新质信息。三是现场调查研究。这也就是我们前面谈到的，编辑人员到书店、书展、书市等现场，所闻所见，获得第一手资料，这样获得的信息比较全面、准确，再经比较、深入研究，得到很有价值的新质信息。四是利用出版信息服务机构。如我国出版科学研究所于1985年创立的"查重中心"，1994年由新闻出版署信息中心组创的"全国出版信息网"，都有助于了解新书信息，也可避免重复策划，重复出版。

（4）作者信息的收集

编辑工作离不开作者，作者提供的书稿是编辑工作的基础和前提，作者是出版社的支柱，出版社选择作者，作者选择出版社，所以，作者信息对编辑工作很重要。作者信息的获取主要依靠编辑个人的活动。编辑通过参加社会活动，特别是学术性活动，结识作者；通过图书出版交往活动，结识作者；通过图书和科研信息，提供作者。结识和知晓作者以后，要和他们交朋友，保持联系，经常了解他们的情况，如他们的研究计划、写作计划，及时掌握他们的动态，如果有可能，帮助解决一些力所能及的实际问题。有的出版社或编辑，还建有作者的信息库，便于经常性的联系。对于作者信息的获取，主要靠编辑工作的长期积累。编辑需要作者，作者需要编辑，在这种相互依存的关系中，关系的建立和保持，既靠工作的交往，又靠人的素质和人格魅力。

（5）读者信息的收集

读者是图书的消费者，也是信息的归宿，没有读者，就没有图书的生产，显而易见，编辑工作的目的和动力就在于满足读者的需求。读者是多层次、个性化的，读者的需求也是多样化的。读者信息对编辑工作是十分重要的。获取读者信息最重要的方法是自觉地深入到读者中去。采取的方式有举行读者座谈会、向读者发放征求意见表，对出版物作追踪调查，认真处理读者来信来访；到现场调查了解读者信息，到书店采访营业员，参与书市、书展活动，参加图书销售信息发布会等等；阅读相关报刊、统计资料、评论综述等等。还可从图书市场销售统计资料了解读者需求信息，市场需要就是读者需要。在收集读者信息中，还要注意收集读者反馈信息，尤其注意听取读者对本社图书的意见，包括质量意见、定价意见和服务意见等等，以此调整自己选题计划和营销策略。读者信息的收集也要依靠编辑经常性的积累工作，再经分析研究得到有价值的信息。

第三节　编辑对信息的处理和利用

编辑收集信息的目的就是为了利用信息，为达到这一目的，首先要对信息进行处理。

一、信息处理的方法

信息处理的目的是把收集到的原始信息通过筛选、加工，转换成便于传递、储存和利用的形式。信息的收集和处理往往是不能截然分开的，在信息收集的过程中，实际上就已经开始了对信息的处理，在信息处理过程中，又需要信息的补充收集。原始的信息是一种客观存在，任何人都可以获得同样的信息，但不是都会进行同样的处理和理解，不同的处理方法可能使信息产生悬殊的价值。所以信息处理是信息工作的关键环节。

信息处理应遵循两个基本准则：准确和及时。"准确"是要保证每一条信息的真实性，能够剔除一切虚假错误的信息，去伪存真。"及时"是要注意信息的时效性，及时处理和利用，信息一旦过了时限其价值就会降低，或者失去任何价值。

1. 信息的筛选

筛选是将收集到的分散、零乱、鱼龙混杂的信息，经过识别、核实，将其中过时的、多余的、不准确的信息剔除出去，把主要的、有价

值的信息保留下来。在信息时代，信息的分散、重复现象十分突出，所以进行筛选是十分必要的。筛选中的核实十分重要，但它做起来很不容易，因此要特别注重第一手资料的获取，也要注意随机性和全面性，不能仅仅以某一点一个信息就以偏概全，匆匆作决策。筛选过的信息仍保留原信息的内容。筛选信息不是简单的加减法，而是对信息进行甄别、提炼。在这一过程中，筛选信息的质量由筛选者的眼光和工作态度所决定。

2. 信息的加工

加工是在筛选的基础上，经过整理、组合、分析，形成系统的、有一定规格的信息资料，或者形成调查分析报告等，使信息有序化、系统化。有的信息还可通过计算机处理，制成统计分析表、几率分布图、销售分析表等，这种分析处理会使信息的科学性显现出来。

3. 信息的存储

存储是将信息保存起来。有的可立即利用，有的留待日后利用，有的还会重复利用，所以应将筛选、加工后的信息分类管理保存起来。存储信息要明确存储目的、方法和设备。"目的"就是为什么存储。目的不明确，存储就混乱。"方法"是采取什么存取方式，便于随时迅速查检。通常按主题或分类存储，辅以其他的检索手段。"设备"是信息的存储装置。传统的设备是纸卡片，分类存放在卡片盒内，它简便、有效，随手可翻阅。现代的设备是电子介质的，如磁盘、光盘、磁带，等等，容量大，存储时间长。其中磁盘之类容易补充、更新。编辑要熟练掌握现代存储技术手段，可建立多种信息库，如选题信息库、新书信息库、学术信息库、作者信息库、需求信息库、市场信息库，等等。建立互联网以后，许多信息资源可以共享。这些存储形式是有形存储，信息还可以无形存储，是指存储在编辑头脑中，这就是无形存储。无形存储利用起来更灵活、快捷。

二、信息的开发利用

编辑从事的是信息传播工作，对信息的应用可以说是多方面的，没有信息，编辑工作无法进行。但是，我们在这里不可能将编辑工作对信息应用的方方面面都谈到，只择其主要应用方面予以介绍，而且在本书后面谈到反馈信息的收集和应用时，还会介绍对反馈信息的利用。

1. 重组信息，开发新质信息

信息重组可以从五个方面着手：①将信息按一定特征或要求重组，如按主题、时间和历史；②将相关关系的信息加以串联，如因果关系、层次关系；③将不同类型的信息建立横向联系，如政策信息与社会信息、学科信息与出版信息、读者信息与作者信息等，这种横向联系会产生相互影响；④将有关信息组成网状结构，进行宏观和微观的综合分析研究；⑤将信息交互组合成三维结构，立体式地开发出新的选题，如用信息交合法开发选题。

要把信息转化为编辑所用，必须进行信息的融合、转换，直接应用的信息很少，具有应用价值的就是那些呈现出动态的、相互交叉的信息，因此，不能孤立地、静止地、机械地使用现有信息。这就是为什么虽然都可以获得相同的信息，但使用起来却得到了不同的价值、不同的结果的原因。例如，1995年春，时任国家科委主任的宋健为一个小记者团题词，赞扬孩子们为宣传环保所做的努力，并鼓励为此继续工作。这则消息见报以后，江苏科技出版社成功地策划了一套以环保为主题的科普读物，《蓝天绿地丛书》的选题产生了。又如，自从教育部在全国中小学推行素质教育以后，各出版社纷纷策划了不少的素质教育的图书选题，作家出版社于2000年策划出版的素质培养纪实——《哈佛女孩刘亦婷》获得了很大成功，当年发行137万册，至2004年10月，已印刷65次，销售200万册以上。由此说明，同样的信息，有的获得了很有价值的选题，其关键在于应用。要把信息转化为编辑工作的成果，需要信息的融合、重组和互动，从而升华为思想、思路、灵感、创意和方案。要达到这样的水准，要能产生新质信息，编辑需要将多种信息重组、交融，将思维多元化、多角度的延伸，将信息化成求新求变的观念，化成丰富的想象力，化成工作的策略。

2. 信息增值，开发挖掘信息潜在价值

信息潜在价值的发掘和开发，可以从三个方面着手：①从个别信息推测同类群体信息的特征，如采用统计分析、数学模型等方法；②从孤立的信息中发掘相关信息，如用比较方法，发现跨学科领域的新选题；③将一般规律应用到特殊情况中产生新信息，如参照某类书的市场流通规律推测某种书的销售情况。

信息开发的目的就是使信息在原有价值的基础上获得增值，得到新质信息。对于编辑工作来说，这种增值就是产生新的选题、新的知识、新的思维、新的观念，从而产生新的出版理念和策略。在信息的开发过程中，使超过一定期限而失去价值的信息，变成有价值的信息；不重要的信息变成重要的信息；低层次的信息变成高层次的信息；只有单体效应的信息变成具有整体效应的信息，等等。

3. 综合利用信息，获得新的编辑工作策略

信息的概念广泛，有消息，也有知识。编辑工作除了策划选题需要大量的信息外，其他工作，审稿、编辑加工、装帧设计等，都需要相关的信息，只有在新的信息影响下，才能谈得上与时俱进。有一句俗语，"学到老，做到老"，应该就是这个意思。与其他行业相比，编辑更需要知识的更新，头脑观念的更新。没有新的知识和新的观念，根本就跟不上形势的发展，更谈不上出版现代版的图书。仅就出版印刷技术的发展就可见时代的发展很快。20 世纪 80 年代我国印刷业还处于"铅与火"的时代，90 年代普遍实现了电脑照排技术，随之数字化印刷、即时印刷又冲击了传统印刷观念；现代的网络出版，又冲击着纸质出版。处于信息化时代、知识"爆炸"时代、科学技术快速更新时代，我们必须加快信息的获取，全面综合利用信息，使自己保持着清醒的头脑。

随着出版竞争的日趋激烈，信息工作在整个出版中所占的比重日益加大。传统认为编辑工作主要是六艺①，即选题、组稿、审稿、加工、发稿、读样。现代编辑工作的内涵宽广得多，不仅要懂得传统的六艺，还要懂得经营，而且更要懂得获取信息。处理和利用信息，可简称信息工作。信息工作对编辑来说应当是一项基本工作、基础工作。由于现代获取信息的手段更加快捷、完善，获取信息的渠道更多、更宽广，出版竞争的部分内容实际上已经转移到了出版信息的竞争上，谁能准确、及

---

① 潘树广. 编辑学. 苏州大学出版社，1997：79.

时地占有有效出版信息，谁就会策划出更多有价值的选题，谁的出版工作就会上一个新台阶。

实际上，编辑人员经常在做信息开发工作。编辑工作不仅是接受信息，而且是新信息的产生源。如编辑人员的调查报告、统计数据分析，都是信息开发的结果，对选题决策和工作策略可以起很大的作用。编辑人员还可以在编辑图书的过程中派生出许多信息资料，如制作索引、题录、文摘、书讯，撰写图书评论，编制手册、年鉴等。编辑人员自觉地认识到信息开发利用的积极意义，就可以更充分地发挥自己对社会的作用。

第七章

图书选题策划

第一节　选题策划的重要意义

图书选题是出版社为准备出版的图书所选定的题目，策划也就是筹划、谋划之意。编辑根据多方收集的信息，为适应读者需要、社会需要提出图书出版选题。在选题提出过程中，围绕着选题开展的信息收集、构思、论证、组合等编辑劳动，即称选题策划。单个的和系列的选题，是编辑构思和策划的产物；年度的和长远的选题计划是社长、总编辑和全社员工总体策划的产物。成功的选题策划，是出版社出版优质高效益图书的基础，是编辑创造性劳动的反映。因此，积极主动地策划选题，是编辑的一项基本职责，此项制度在本书第六章中已涉及到了。

"选题是出版社的生命"，已经被大家所公认。选题的意义和选题策划的意义，二者是密不可分的。由于选题的至关重要性，才谈选题策划的重要性。谈选题策划的重要性，也就蕴涵了选题的重要。选题和选题策划的意义有如下几点：

一、选题策划是编辑工作和出版工作的前提和基础

在编辑、出版工作中，选题和选题计划是出版社各项工作的基本依据、前提和基础，先要有选题和选题计划才能开展编辑出版工作。选题和选题计划的制定，就必须加强选题策划工作。

选题对后续环节起约束性作用。组稿是根据选题意图落实的；作者写稿、编辑审读和加工是以选题设计思想和编写提纲为依据的；装帧设计、出版要求也都由选题和选题的性质所限定，由此可以说，选题一旦确定，也就大致规定了出版物最终可能的效果。

选题还是出版社机构设置、人员配备、出版、发行、资金投入以及其他各方面工作的依据。条件制约选题规划，选题要求相应条件。例如，我国比较长的一段时间实行过编辑人员数目与一定的选题数目相匹配。选题决定了出书结构，出书结构若发生变化，编辑人员配备和其他工作就要随之调整。从这个意义上说，以选题为主导的编辑工作是出版社工作的"龙头"。

二、选题策划是出版社的生存与发展的关键

在计划经济时代，不强调选题策划，而在市场经济体制下，不仅要求社会效益，也要求经济效益，没有经济支撑的企业只能破产、关门。为此，出版社把选题策划作为了头等大事来抓。

出版社的任务始终是为读者多出好书，一切工作都是围绕出好书来进行的。要出好书，首先要有好的选题。好的选题是出好书的基础。好的选题必须靠好的策划。

2003 年 10 月召开的党的十六届三中全会通过了《中共中央关于完善社会主义市场经济体制若干问题的决定》，根据《决定》的要求和精神，大多数出版社都将按照经营性文化单位的要求向企业化转制，而且还要加快转制的步伐。由原来的事业单位企业管理向以公司制为主要形态的企业转变，那么，出版产业不再是一个非竞争性的行业，而是竞争会日益加剧。在出版社林立、竞争激烈的情况下，出版社必须在读者心目中赢得声誉、树立形象，才能争取到生存和发展的空间。出版社形成竞争优势的重要内在动力，是选题和选题的优化。出版社只有加强选题策划，才能使选题和选题计划得到优化。只有依靠优化了的选题，才能形成特色，在强手林立的情况下，才有一席之地，并不断扩大市场占有份额。倘若不精心策划选题，出版后的图书特色不明显，很难赢得读者的青睐。图书销不出去，久而久之，会造成企业亏损，出版的"崩溃"

也会难免。因此，无论从什么角度看，选题是一个出版社成败的关键，关系到自己的生存和发展。

三、选题策划是落实出版方针、提高图书质量的有力保证

出版方针是依靠一个个符合出版方针的选题去落实的，策划选题的过程就是编辑人员理解、贯彻和落实出版方针的过程。编辑人员在了解社会的需求和读者的需求后，对这种需求提出可行的方案。出版社制定了好的选题计划，就是走上了正确贯彻、落实出版方针的轨道。

选题策划的过程是编辑们深入地调查研究、反复推敲、认真思考、多方论证选题的过程，选题凝聚着编辑和编辑集体的心血和智慧。有些选题是编辑对社会精神生产某个领域深入研究的成果，本身就很有价值的科研成果。选题的策划是对精神产品的设计，引导着精神产品的生产过程。有的选题是经过大家集思广益和反复精雕细刻，潜心打磨出来的，闪烁着集体的智慧。一个好的选题策划，不仅可以让编辑明确自己的工作思路，还能给作者很多有益的启示。作者可以根据选题的目标、思路、要求，选择自己的写作方法，保证书籍质量。而且，在策划选题时，对作者的选择是有要求的，对于学科门类、学识水平、写作技巧都有要求，使书稿的写作处在一个高起点上。

良好的开端是成功的一半。有了好的选题，事情就成功了一半。在构思选题时，就要考虑书的质量，质量的另一半是写作，那么，我们就先做好这一半，把选题策划好。当然，一个选题好不好，最终检验是图书出版后经过社会实践的检验。

社会具有多样性，读者也是如此。读者的需求由于年龄、性别、地域、民族等多方面的差异也不同。因此在策划选题时必须予以考虑。要在新、奇、异、实等方面下工夫。"新"，新知识，新科学，新信息都是产生新选题的源泉；"奇"，在众多的、浩如烟海的图书品种中脱颖而出，不要守旧，不要嚼别人嚼过的馍，不断创造出新的选题；"异"，不论是同类产品，还是不同类产品，都不要雷同，内容上不同，物化的形式也要不同；"实"，实用，具有社会价值，不论读者是求知的目的，还是求名的目的，或者为了娱乐，或者为了收藏，都要有针对性，具有

实际的用途。这类"新、奇、异、实"的选题，永远是充满生命力和活力的选题。传播知识、沉积文化是出版者的使命。作为精神产品的生产者，出版者是无法离开社会发展的要求另外去选择题目的。想着身上肩负的使命，不断开拓挖掘出人们喜爱的新品种，以繁荣社会主义的文化市场。把选题工作做好了，就会把握住前进的方向，而且选题的成功在一定程度上能保证作品的高质量。

四、选题策划是创建出版特色、塑造出版社良好形象的必由之路

创造特色、多出精品，始终是出版社的工作主题。要坚持走特色之路，选题策划是关键。有了特色，就有了自身的优势。突出特色，是实现出版业从扩大规模数量为主向提高质量效益为主转变的需要。如何突出特色呢？首先在选题策划时要突出出版社的整体特色。对一个出版单位来说是整体，对全国来说则是个性的表现。特色的形成是要经过一个较长时间的积累，坚持不懈地做下来，就能形成特色。特色一旦形成，就会显现出充满活力的形象，就会被读者认可。其次要突出选题的"原创"特色。在专业领域范围内，强调选题的原创特色。要做到这一点，必须注意：一是要占有大量的原始材料，而不能东拼西凑，当"二传手"；二是对不同的学术见解，包括材料的运用，要以正确观点和科学方法进行辨析，不能人云亦云。由此形成有独创特色的选题，继而推出专业功底见长、与实践紧密结合的精品图书。再者，要形成特色，还要突出一般选题的创新特色。在相同的领域要有自己的创造和新意，独领风骚。最后，每个编辑也要在自己开创的选题范围上，形成个性，有自己的特色。可以围绕自己有价值的选题纵向和横向开发，这样可以形成个人标志性的选题。这样一个选题一个选题地突出个性特色，一本书一本书地积累，便会逐步形成出版社的整体特色，进而形成规模，产生规模效应。

出版单位的形象是通过出版物来展现的，因此，选题策划便成了塑造形象的首要环节。高质量的选题，不仅可以帮助出版单位建立正常的工作秩序，为出版单位的生存和发展奠定良好的基础，而且使出版单位以良好的形象出现在世人面前。如商务印书馆策划出版了一套大型学术读物：《汉译世界学术名著丛书》。不管图书市场潮起潮落，商务印书

馆坚持完成这套丛书的出版计划，表现了可贵的文化责任感。这套丛书，以其厚重的文化含量，推动了我国的学术研究，也帮助商务印书馆树立了重视学术文化的出书特色和品牌形象，产生了良好的社会影响。

第二节　选题策划的基本原则

选题策划是出版工作中的第一大环节，也是出版成败的第一决定因素。作为出版物的图书具有两种属性，一种是精神产品，具有文化属性；一种是物质产品，具有商品属性。作为精神产品，它的作用主要是：一是传播人类所创造的知识和信息；二是积累和储存人类的一切文明；三是调控人类文明的走向和发展。作为物质商品，它与社会建立了经济关系，获得经济利益，使出版业本身得到生存、壮大和发展。美国出版家德索尔在他的《出版学概说》一书中指出："图书出版既是一项文化活动，又是一种经济活动。""这些从其经济的方式和从业人员的资格，都反映了这种双重性质。"①

由于书籍的两重性，就决定了选题设计的复杂性、特殊性。精神产品首先要体现它的社会价值和实用性，满足社会需求，推动社会的精神文明建设。商品的传播又是靠经济活动来进行的。书籍生产的投入是一项高投入，少则上万元，多则几十万元，甚至百万元，是否能收回投入，是否能获得利润，出版单位也必须经常考虑。但是在对待每一种图书，就要看其具体情况了。所以，面对如此复杂的情况，出版界、编辑学界总结概括了若干制定选题的基本原则或原理，进行了全面系统的论述。有的提出了十二条原理②：求知原理、求新原理、求异原理、适时原理、特色和系统化原理、价格原理、积累原理、精品原理、收藏原理、审美原理、超前原理、周期性原理。还有其他的提法，不一一列举。

在策划选题的过程中，必须掌握最基本的原则，才能使选题制定、

---

① ［美］J. P. 德索尔. 出版学概说. 姜乐英，杨杰，译. 北京：中国书籍出版社，1988：13.

② 赵航. 选题论. 沈阳：辽宁教育出版社，1998：66.

设计更加顺利，更加卓有成效，少走弯路。为此，我们认为有以下几条基本原则是必须要明确和掌握的。

一、选题策划以信息为基础的原则

简称信息原则。信息对图书编辑出版全过程的每道工序、每个环节都起着重要作用，更是选题策划的基础。选题策划的实质就是对信息资源的重组和开发。编辑在有针对性地收集所需信息的前提下，有选择性地对能开发出新质选题信息进行整合，按照一定的原则和条件构思出新的选题。在当代信息社会，大千世界的种种变化，五光十色的社会生活，都是编辑工作的重要信息。信息资源是层出不穷的，只要人类社会实践不断地在进行，出版信息资源就会源源不断形成，永不枯竭。然而如何使出版信息资料变成选题，形成新的社会信息，就在于编辑对信息的捕捉和感知能力，以及信息处理、开发和转换能力，即将社会信息转化为选题策划的有效信息，并构思、设计出符合社会需要的图书选题。在前一章已经对编辑应当收集的信息内容和方法，以及信息的重组、开发等问题进行了讨论，现在的问题是如何去迅速地捕获与选题有关的有价值的信息，并开发出新的选题，这个过程与编辑信息工作能力有很大关系。一个对信息不敏锐、对信息转换能力不强的编辑，很难有新的创意和开发有价值的选题。

因此，离开信息去策划选题，更是无法想象会是一个什么局面。离开信息等于是脱离社会、脱离实际，策划出的选题既不符合社会实际，也无法满足社会的需求。现代社会并不缺少信息，缺少的是对信息视而不见、听而不闻，缺乏的是我们对信息的感知能力和利用转换能力。这里面有两层意思：一层是信息无时不在、无处不有，但有的人采集不到；二层是信息被感知、采集，但若不善处理和转换，其结果大不相同。举两个例子。第一个例子关于信息的采集。在 20 世纪 90 年代初，国家教育部曾对小学生需要进行体育与卫生的知识教育的要求有一个报道，笔者曾工作过的出版社的一位编辑抓住了这个信息，很快策划出版了一套《体育与卫生》的小学教材，获得了很好的效益。这个例子说明见报的信息有许多编辑都见了，但视而不见，只有这个编辑很快利用了这个消息成功地策划了选题。第二个例子是关于素质教育的信息。大家都利用这个信息策划了素质教育方面的图书，有两家出版社几乎同时出版了"大学生人文素质教育丛书"，有一家的丛书作为了大学生的素质教育教材，有一家的丛书则很难销售出去。一个优秀的策划编辑要善于从司空见惯中发现不同寻常之处，善于化平淡为神奇，善于将常见的社会信息转化为选题策划的有效信息，并不失时机地推出颇具影响的特色图书。

二、选题策划以价值为准则的原则

简称价值原则。选题优劣决定出版社的生命和水平，有了好的选题，才会有好的图书，才会有好的社会效益和经济效益。图书的价值首先体现在选题的价值，策划选题就要以价值准则来衡量。当然决定选题的价值最终是看选题物化以后的图书的市场价值，但在选题策划时，只能进行市场预测，不过可以从选题的政治、社会、实用价值来判断选题的优劣，没有价值的选题无法带来市场价值。

1. 政治价值

社会主义的新闻出版事业，始终要坚持社会主义的政治原则，为社会主义的物质文明和精神文明建设服务。不论哪个出版社都要遵守、服从国家的法律、法规，坚持党的出版方针、政策。不论哪个选题，都要符合党的四项基本原则，贯彻党的"三个代表"的基本思想，把党和人民的利益、民族的利益放在高于一切的位置。如果有悖于这些方面的选题，不管能赚多少钱，都不能列选。因此，我们时刻不要忘记处理好社会效益和经济效益的关系，不要因小失大、见利眼开。当然，讲政治价值，不是每本书都是政治书籍，而是要注意以优秀的作品、先进的思想去教育人民、武装人民、鼓舞人民。

2. 社会价值

《中国大百科全书·新闻出版卷》对出版物的功能作了这样的概括："出版物是人类思想知识的一种重要载体。出版物从诞生之日起，其主要功能就是记载、传播和积累人类在生产活动和社会活动中产生的各种思想和科学文化知识，它是沟通人们与历史、与外部社会联系的主要桥梁之一，对人类社会和生产力的发展起着不可估量的促进作用。"[1] 在整个人类漫长

---

① 中国大百科全书·新闻出版卷. 北京：中国大百科全书出版社，1992：63.

的历史发展过程中，能起到承上启下、发挥着纽带和桥梁作用的，只有出版物。社会的发展和演变，人类认识世界、改造世界，都是由出版物记载传播下来的。珍贵的科学文化遗产，是无价的精神财富。世界文明是与出版物密不可分的。

当今的社会，人们为了改造自然、改造社会，同样需要出版物。出版者作为出版物的策划者、生产者，是无法离开社会发展的要求而去另选题目的。历史使命在身，只有承其之命，才会有价值。所以，策划选题要深入社会之中，充分利用社会信息策划出有价值的选题。

3. 实用价值

根据马斯洛（A. H. Maslow）的需要层次论，人的需要有七个层次，即生理的需要、安全的需要、归属与爱的需要、自重的需要、自我实现需要、求知与理解的需要、美的需要。社会越发展，人类需求的层次越高。作为上层建筑的出版活动，是人类较高层次的需求。现代社会人的需求已经呈现多样化，具有更高层次需要的人越来越多。人们要实现自我价值，普遍需要求知——获取科学文化知识，接受各类教育。在制定选题计划时，针对各种情况设定选题。除了求知外，还有娱乐、猎奇等需要。广泛涉猎，博览群书，根据自己的学习、工作和个性需要，必定在各自的领域有读者群体。随着经济的发展，礼品书、收藏书也成为一种时尚。选题是否有适应价值，就需要在选题规划前广泛地开展市场调研，不能闭门造车、想当然、凭心血来潮，总觉得市场那么大，总会有人购买。要知道，图书不像食品，它的弹性是非常大的，凭想象是不行的。

有了社会价值、实用价值的选题，经济价值也是会有的，只是或大或小。如果是畅销书、常销书，其经济价值是可观的。但是如果适应面较窄，经济效益会差一些。这时，具体情况就要具体分析。对于专、精、深的科学著作，如优秀的学术著作，虽需要的人数不多，但为了弘扬科学文化，传播新观点、新信息，也应当列选出版。

三、选题策划以社会需求为主导的原则

简称社会需求原则。社会需求也就是社会需要，是国家发展和社会

进步的需要，是和国家发展战略、方针、政策相一致的，和读者的真正需要也是一致的。社会需求表现形式就是市场需求，它表现在两个方面：显形市场需求和隐形市场需求。显形市场需求是明显可见的，对此应当适应市场的需求，满足供应。隐形市场需求也就是潜在市场需求，对此要能激活市场需求，引导市场。对开发潜在市场需求有一定的风险，但如果预测准确，可能收到意想不到的效果。

　　社会需求、市场需求、读者需求三者在一般情况下是一致的，但也有不一致的情况。因为读者的多样性，导致读者需求的复杂性，有正当的需求，也有不正当的需求。正当的需求是希望从书中获得有益的科学技术文化知识，获得高尚的审美情趣，它与社会需求是一致的。不正当的需求则是与正当需求相反，追求的是那些刺激不健康心理和生理的东西，例如淫秽和色情的、反科学和伪科学的、封建迷信的等等，这些图书一旦出版也会有市场，但它与社会需求相悖，社会主义社会应当摒弃这些东西，需要的是健康的、积极向上的出版物。因此，选题策划只能适应读者的正当需求，以社会需求为导向，决不允许迎合读者的不正当需求，不允许腐朽思想文化滋生蔓延。

　　策划选题要以社会需求为导向，就要能把握时代脉搏，要有超前意识，能够引导市场，引导读者，刺激读者的新的需求。要做到这一点，必须对选题的制定和实施有科学预见。一方面，要从社会各种因素的发展规律及现实动态信息预见社会对图书的需求。比如，了解到党和政府将出台和实施什么重大方针政策（如改革开放的方针、农村政策、社会主义精神文明建设的举措），了解到国家将推行哪些重要的教育活动（如爱国主义、社会主义、集体主义教育活动、全民普法教育、健康教育活动），了解到将举行什么重大的纪念活动等等，从而预见到社会对图书的新需求。如2001年1月，人民文学出版社出版了《中国农民调查》一书，推出时，刚好党中央在年初发布了第1号文件，文件就是关于农村若干改革政策方面的。该书的策划出版，完全说明了编辑具有超前意识。另一方面，要了解科学、文化、艺术的发展规律及现状，预见到它们能给社会提供哪些新成果。总之，要分析和综合需要与可能这双方面的新情况和新问题，再结合出版动态，从而策划出具有预见性的选题。选题的超前性才会使选题具有开拓性和新颖性，才能使图书具有竞争力，才有可能获得好的效益。倘若等到社会需求明显出来，例如一个纪念活动马上要举行，一个事件已经发生过了，再去报选题，然后去组稿，那无异于临渴掘井，不会收到好的效果。选题的超前性促使编辑人员形成工作的主动性和创造性，在信息上要捕捉最新最前沿的信息，并对信息进行深入分析，把握客观事物发展规律，能创造性地开发出新的选题。坐享其成、仅仅满足目前的市场需求是很难有超前性的选题产生的。

以社会需求为原则的选题，不仅体现在选题本身的策划，还应反映在对选题的构思、组稿及成形、物化全过程各个环节的策划。以社会的变化、市场的要求来指导选题的运作和物化，使之与社会的发展相适应。现代意义上的选题策划，应包括图书的物化和营销。成功的选题策划，不仅包括选题的框架结构、编排体例的设计和合适作者的物色，还包括图书的形态设计、出版时间要求、图书宣传、必要而适当的图书推介、市场分销渠道的建立等。近几年来，越来越多的实践表明，选题策划已经扩展为图书出版发行全程策划。编辑独到的选题策划思路，只有在选题成形、物化的全过程中，在与作者、美编、营销等相关人员的互动中，根据各种信息反馈进行及时的调整和修正，才能越来越接近市场的实际需求，从而实现效益的最大化。读者在图书消费过程中，既要满足自己精神需求，也要满足产品美化需求。在阅读过程中，得到美的熏陶和享受。甚至有的读者就是因为美而收藏。《哈利·波特》是全程策划成功经验的典型代表，人民文学出版社精心谋划了出版的每一环节和营销过程，从而获得巨大成功，使投入实现了最大化产出。这一选题策划成功的经验表明，选题从引进到营销都最大化地满足了读者和市场的需求，适应了时代潮流和社会的发展。

四、选题策划以特色为策略的原则

简称特色原则。一个出版社要想兴旺发达，只有一条"捷径"，走特色之路。出好书、创名牌是当今出版社为之追求的。要想图书有特色，关键的是选题策划要形成特色。现在我国图书的品种每年在 20 万种以上，这样多的图书，如果没有特色，任何出版物都会沉寂到出版物的汪洋大海之中，激不起一点浪花。出版社出版的图书如果能以特色著称，那么这家出版社必然会赢得很高的声誉和读者的关注，并创出名牌。图书的特色和出版社的形象互相联系、互为依托、互相映衬，产生互动互促的效果。如果出版社在长期的出版运作中，始终以创新精神不断地推出系列的、与众不同的图书，形成自己的风格，那么它的产品在读者的心目中等于挂上了有特色的标牌。著名出版家邹韬奋曾经明确指出："没有个性或特色的刊物，生存已成问题，发展更没有希望了。"①刊物是如此，出版也是如此。具有特色才构成自身的典型性，才会在众多的出版社中脱颖而出，产生影响力。要求选题出特色，就要求新、求异，"人无我有、人有我新、人有我特"。没有特色体现不出创造力和新颖性，更谈不上形成精品群体。到现代，已经有不少的出版社形成了自己的特色图书，也使自己成了特色出版社。如商务印书馆、三联书店、金盾出版社、清华大学出版社、外语教学与研究出版社、中信出版社、人民文学出版社等等。

选题要形成特色，在策划过程中应抓住以下几点：

第一，独特性。不管选题设计是首创还是推陈出新，都必须先把握这一点。选题的重复、跟风"逐热"都缺乏生命力，更不会形成特色，只是资源的浪费。特色具有不可替代性，它体现在内容上、形式上和风格上，使其内容和物化形式达到完美结合。选题的特色和形式的特色都显示了策划者深厚的文化功底和实践经验的丰富，以及思维的敏锐。我们在绚丽多彩的图书世界里，发现了许多类似的选题图书，但是由于构思独到、设计别具一格仍然显示了它们的不可替代性，独领风骚，有着巨大的影响力和强大的生命力，成为双效书和畅销书。如《BASIC 语言》的畅销不衰。独创性的图书主要在于创新。创新涉及多方面，编辑人员首先要在观念上创新，面对新世纪、面对全球经济一体化，要有面向未来、面向世界、面向现代化的新观念；其次编辑创新，包括选题策划、加工、设计等都要创新，从内容创新到形态创新。

---

① 邹韬奋. 韬奋文集（第 3 卷）. 北京：三联书店，1955：79.

第二，最优化。选题必须力求优化，优化是指所策划的选题达到最优化的效果，结构优化、品种优化、内容优化、形态优化。选题设计大致有三种：一种是长期性计划，是带有战略性的选题计划；一种是中期选题计划，是带有导向性的，三年、五年计划；还有一种是短期的选题计划，如年度计划。这些选题计划都要制定好，形成系列性、配套性的计划。不论短期计划，还是长期计划，都是出版社的重要目标计划，也是编辑人员开展业务活动的工作纲领。计划制定不好，影响出版社整体工作，计划关系全局，关系到投入与产出，关系到规模、效益。在做选题策划和计划时，首先考虑结构优化，如重点图书比例、图书类型比例、图书效益分布，都要有合适的比例，最佳的组合。结构优化要特别注意特色的形成，如何以特色选题的一个或几个"生长点"为中心，逐步形成有群体特色的选题，这应当成为决策最重要的着眼点。其次要考虑品种优化，作为图书市场应当是以多品种满足读者多样化的需求，但是作为出版社不应分散得太厉害，否则出版的书就是十分零乱。倘若选题策划是无序的，就会"东一榔头西一棒子"，"深一脚浅一脚"，没有合力，事倍而功半。出版社在自己的专业分工范围内，将零散的单个选题系列化，整合为几块，做大做强，做深做透，充分显示出整体化、特色化。第三，内容优化也是无止境的，不同选题要内容新、质量高，同类选题也要内容新、质量高。内容是吸引读者兴趣的关键，只有内容新而优，读者才会爱不释手。在选题策划时，就应设计好编写思路和方案，组稿、作者选择、加工处理都要从新和优上下工夫，达不到这样的效果，就不会产生优品和精品。第四是形态优化。形态优化对于重点图书在选题策划时就要有所考虑，不能走一步看一步。对于一般图书，也要突出特色、突出风格，不可马虎。最近两年人民文学出版社精心出版的《哈利·波特》畅销全国，应该说从选题引进到出版、营销每个环节都是最优的策划。在图书成形物化阶段，该社策划了国内罕见的国际流行开本（小 16 开），正文使用了专门调色、配制的彩色纸印刷，封面则烫色击凸并压制形态各异的特殊纹路，使用镶有纯银片的防伪纸做内封，每册书还配一张异形裁切的精美书签，同时还制作了印有哈利·波特形象的魔术杯、魔术棒、魔力贴，赠送给读者，以吸引更多

读者的注意力。

选题的优化，首先应解决优化的标准，任何研究都应当有明确而具体的标准。优化的标准一方面是选题个体的标准，即什么样的选题应当列选，什么样的选题可以列选，什么样的选题还应优先列选，选题要有层次，要有判断标准，从而会放弃一些平庸的选题；另一方面要解决选题的整体性标准，根据出版社内外部条件，调整自己的整体结构和品种，从而达到最优组合，最佳比例，最好效益。当然，凡是社会效益最大、经济效益最大、风险最小的选题，应当是最佳的选题。一般情况下，要优化选题，就要设计多种方案，以便比较选择。每一个供选择的选题方案和单项选题，都必须清楚具体：为什么要出这本书，作者是谁，主题是什么，读者对象是谁，体例怎样，篇幅多大，已出版的同类图书比较优劣，何时出版，市场预测等，都要有理有据，不能用模糊的语言作不确定的估计。只有每个选题具体和清晰，才能比较、筛选和优化，从而达到整体优化。

第三，新颖性。选题新颖才可能具有特色。对于"新"的理解，我们应当把握以下五点：其一，内容要新。新的成果、新的发明、新的发现、新的观点、新的思想、新的技术、新的信息。这也就是从出版的功能考虑的，传播知识和信息。其二，要是原创型的，要"新"得别人从未见过，"新"得绝不和谁雷同。其三，这"新"应该是被人们所接受的、文明的、美好的。其四，这"新"应当是社会所允许的，服从于国家的法律、法规，遵循社会的伦理道德。科学技术也要经得起实践的检验，不要搞伪科学，更不能搞封建迷信那一类不健康的东西，更不允许出版反社会的东西。其五，"新"要新在物化形式上，内容与形式的统一，以全新的面孔推向社会。

求新、创新是选题策划上的第一要素。没有新意，任何出版物只能是出版的重复，它的社会价值和经济效益都会大打折扣。

内容上的创新是选题创新最重要的，可以从相关联的选题横向和纵向设计出许许多多的新选题。如根据上海辞书出版社出版的《辞海》，相应地推出了《学生辞海》《儿童辞海》等等；根据中国大百科全书出版社出版的《中国大百科全书》，推出了《少年百科全书》等等；根据

《365 夜故事丛书》，不知推出了多少个《365》。

出版物的创新，也表现在物化过程中的创新，从内容到形式，从内在的精神创作到外在的物质形态，都应达到统一、和谐、优化、美妙的效果。

新世界一切新的东西，都应该也必须在出版中得到最快的反映。所以，对选题策划和设计来说，求新应该是永远追求的、最重要的课题。

第四，系统性。特色需要系列化。单本图书有的也很有特色，但毕竟"独木难成林"。选题策划只有向纵深发展，使之成套、成系列、成批量，这样才会带来整体效应。只有具有序列化的产品才会深入读者的心里，受到关注。例如，中华书局的各类古籍今印、商务印书馆和上海辞书出版社的各种工具书、人民出版社的政治书籍及马列经典论著、人民文学出版社的中外文学名著，等等，都是经过长期的积累，不断深化，不断有序化，才获得了选题策划的系列化效应。

选题的系统性还要从整体和全局高度综合考虑开发选题。首先将选题整合为几块，予以系列化，从横向和纵向加以研究、延伸。其次把握好整体特色。选题出特色的设计是一个系统工程，如内容特色、形式特色、装帧特色、定价特色、营销特色，等等，都要综合考虑，系统设计，配套相协调。

五、选题策划以民主集中制为原则

简称民主原则。由于选题策划的重要性和复杂性，所以选题策划工作必须坚持民主集中制原则。要策划选题就要收集大量的信息，信息收集就要越多的人参与才能收集方方面面的信息。选题的构思依靠人的大脑思维，每个人的思维方式和思维效果也不相同，构思出的选题也会各种各样，因此只有坚持群众路线才会策划出好选题，也才能谈得上优化、比较、综合和筛选。对于选题开发决策，有几种情况：一种是感觉决策，领导者凭直觉认为是好的、不好的，这种决策有时可靠性很差，也会因人、因关系而决策；一种是经验决策，领导者根据成功、失败的经验教训来决定选题，一般不会很成功，因为不适应新的形势和变化了的情况，此时非彼时；还有一种是科学决策，这就是民主集中的方法，以准确可靠的信息为依据，经民主充分论证，筛选、提炼、优化，并运用科学的决策技术和科学的思维方法，然后确定选题，制定选题计划。

选题策划也不能仅仅依靠几个策划编辑，比较好的办法还是依靠全体编辑人员出谋划策，使各自在本室分工范围内或本专业学科领域内进行开拓，策划室的编辑人员可担负更多的任务，如从全社整体上来开发选题，同时，也要鼓励全社所有职工，尤其是图书营销人员把自己的新发现、好设想提出来。这样人人开动脑筋，上下左右配合，并且做到经常化，形成群策群力的社风，就既可以发掘出更深更新的选题，也可以将选题领域扩展深化，领导者再集中群众的意见，决策选题才会具有科学性。

在选题策划和制定选题计划的过程中，还要进行选题论证。选题论证是召开全社性的会议，由编辑人员、图书营销人员、出版人员、财务人员及其他相关人员参加，和社领导一起，根据选题的标准，对选题逐个进行论证、筛选、打磨、优化的过程，要在充分讨论和论证的基础上，社长和总编辑等领导再对选题进行决策，从而制定出选题计划。选题的论证是很重要的一环，它在编辑策划选题和选题决策之间架起了一座桥梁。这座桥梁架得好，选题就得以优化，否则，好的选题也可能付之东流。在选题论证过程中是否充分发挥民主作用，"头脑风暴法"值得我们借鉴采用。

头脑风暴法（亦称智力激励法或智囊团法）是由美国的创造学家 A. F. 奥斯本在 1939 年提出的，1953 年正式发表①。这种方法的原理是通过众人的思维"共振"，引起连锁反应，产生联想，诱发出众多的设想或方案。它的具体做法是：召开 10 人以下的小型会议，围绕一个明确的议题，自由地发表各种意见和设想。会议要求有主持人和记录员，并要求与会人员严格遵循下述规则：

①不允许批评他人的想法；②提倡自由思考、畅所欲言；③以议题为中心，提出的设想多多益善，并且全部记录下来；④不能在会议进行

① 中国出版，1998（5）：25.

中作出任何总结和批判，不阻碍个别人的设想；⑤参加会议者不分资历、地位、水平如何，一律平等对待；⑥不允许私谈或代他人发言。

采用"头脑风暴法"论证选题，必要的前期准备工作是十分重要的。前期准备工作主要有三个方面：其一是参加讨论的人要懂得图书出版的法纪、法规，掌握国家对出版的要求和规章。图书既是一种特殊的商品，也是一种精神产品。因此，出版工作要遵守国家的出版法规定和出版政策，要明确哪些图书可以出，哪些图书不能出。不能出的图书坚决不出，要多出精品，多出高品位的图书。还要经常了解当时的中心和时事，把握时代的脉搏，使所出的图书起到鼓舞人、教育人的作用。其二是知识准备。作为编辑和参与论证的人，要有相应的素质。编辑队伍的自身素质是选题策划的第一制约因素。编辑素质包括政治素质、文化素质和创新素质等。在文化素质中，知识结构是比较重要的。编辑队伍的知识结构在巩固和深化专业学科知识的同时，还应向相关学科延伸、渗透，形成"扇形知识结构"，同时要有丰富的知识积累和对前沿科学技术知识的了解。一支学科知识门类齐全、学历层次较高的编辑队伍，对出版社的选题的开发、论证，以及选题的优化，是非常有利的。其三是信息准备。我们都知道，当今的时代是信息时代，面对瞬息万变的信息世界，作为出版工作者最重要的是掌握以下几种信息：①政策信息；②社会信息；③学科信息；④出版信息；⑤作者信息；⑥读者信息。在讨论选题前，尤其在讨论年度选题前，必须深入实际，了解社会，了解读者。通过调查，要分析市场要求，研究读者心理：他们喜欢什么类型的书，对什么样的内容感兴趣，希望出版什么样的书。市场的需求是多维的、多层次的。有的读者需要理论性强的书籍，有的读者需要操作性、实用性强的书籍，有的读者需要通俗读物，等等。根据了解的情况，综合分析，从无序中找规律，形成编辑、科室、出版社的多层次书籍特色。对自己已经出版的书籍，掌握市场对它们的反馈信息是必不可少的，要经常作动态分析，以不断地调整自己的出版进程。

采取"头脑风暴法"的好处，笔者认为至少有以下几点：

（1）可以充分调动大家的积极性，真正做到集思广益，达到选题优化的目的。在选题的讨论中，如果民主气氛不浓，或者不是有意去鼓励大家，一些人就会听之任之，不会主动地去思考问题。我们作为出版工作者，对此常有比较深刻的体会，如果会议气氛活跃，大家都十分投入的话，与会者思想奔放，相互启迪、激励，可提出更多的设想和方案，最佳的选择便由此而产生。实际上，往往一些有重大效益的选题，如套书、丛书，就是由于在论证选题过程中迸发出的火花，经过"精雕细刻"而成形。

（2）可以避免失误。一个选题的提出，虽然经过市场调查，有的还作了可行性报告。但是，有时会因多方面的原因而难免具有片面性。选题由一个人或几个人说了算，讨论不充分，失误可能存在，"关系书"、"人情书"也难以杜绝。根据美国心理学家克雷奇（Krech）的观点，功能上的固定性是创见性解决问题的一个障碍。也就是说，解决问题要尽量避免思维定势、头脑中的固有模式和个人的偏见。因此，采用"头脑风暴法"可以从多方面、多角度对选题加以论证，所作出的选题计划也就会客观、全面，具有生命力。考察一个选题的优劣，每个出版社都会根据内外部条件制定若干项具体指标来衡量、评价选题。

（3）可以激发创造性。根据认识规律，积极的大脑思维是要经过激活的，这种激活有两种方式：神经激活和化学激活。采用"头脑风暴法"的讨论，显然是一种神经激活方式。通过这种形式，使大脑神经元处于激活状态，大家就会积极地去思考问题、讨论问题，创造性情绪很快上升。逻辑思维能力和创造能力是选题优化工作对出版工作者最基本的能力要求。通过采用"头脑风暴法"的训练，会使这些最基本的能力得到锻炼和提高。

（4）可以营造一种民主的氛围。人们都期望自己工作、生活的环境是和谐的，而这种"头脑风暴法"可以使人感觉到很民主，不受任何压抑，充分给他说话的机会，他会觉得心情无比舒畅，从而也使他更加热爱这个集体，并为之而奋斗。在一种民主的氛围中工作，会有利于大家彼此交流，相互协助，积极配合，极大地提高工作效率。

第三节　确定选题的标准

策划选题、制定选题计划，要有客观的标准，才能进行论证和决策。但是，由于在确定选题时图书没有出版，没有经过实践的检验，也没有产生社会效益和经济效益，怎么样定标准，是一个难题，要使标准客观就更难。也就是一方面需要标准，另一方面又难定标准，这其中就存在着矛盾，存在着风险。策划选题、制定选题计划既是有重要意义的工作，又是带有风险性的工作。所以，每一个出版社都十分重视这一工作，要花许多时间和精力用于信息的收集、选题的构思和选题的论证。这个工作做得越好，越能使出版社快速发展和壮大。在制定选题的标准方面也在不断探索和完善，都想找到比较科学的、客观的标准。

2001 年国务院颁布的《出版管理条例》第三条指出："出版事业必须坚持为人民服务、为社会主义服务的方向，坚持以马克思列宁主义、毛泽东思想和邓小平理论为指导，传播和积累有益于提高民族素质、有益于经济发展和社会进步的科学技术和文化知识，弘扬民族优秀文化，促进国际文化交流，丰富和提高人民的精神生活。"第四条又指出："从事出版活动，应当将社会效益放在首位，实现社会效益与经济效益相结合。"这些是出版的根本原则，也是制定选题计划、评定选题的根本原则。同时，目前国家对新闻出版的总要求是"加强管理，优化结构，提高质量"。根据这些根本原则来指导选题策划、制定选题计划。

对选题的评价和检验一般经过三个阶段：首先，决策前论证时的评估；然后，选题实施完成后，在审稿阶段的再次评估；最后，成形出版后社会和读者总体对其评估。评估的信息反馈给选题策划者，根据实际情况进行自我调节、自我优化、自我完善。在出版过程中，每一个环节都不能出错，但选题的制定始终是关键的一节，应当慎之又慎。所以出版者便试图建立评判选题客观标准的体系，但是由于选题千差万别，很难用一把尺子去衡量。选题之间的巨大差异，各自的个性，读者对象不同，群体的结构、数量的不同，图书的内容和形式的不同，带来的效果

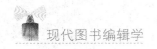

也不相同，因而需要从不同的视角去检验，只能用原则性的总的标准去评价、衡量。但至少应当掌握以下标准：

一、创造性

一个好的选题，无论选题的立意，还是内容的选择，都应该体现出创新，体现出编辑独特的眼光，给人一种全新的感觉，具有鲜明的个性。哪怕是同类书，它的内容和形式也应具有特色。1915 年，商务印书馆推出《辞源》，这是我国第一部大型新式汉语词典，词典出版以后深受欢迎；21 年后，中华书局又推出另一部大型汉语词典《辞海》，取《辞源》之所长而又有所创新，在词典出版史上树立了新的里程碑；20 世纪后期，《汉语大词典》问世，泱泱 12 卷广收古今词语，成为汉语词典的一个新的高峰。这三部词典都是编辑创新的产物。创新是选题设计的灵魂。那种"跟风"、"追随热点"，都是不可取的。在自己出书范围内，创造、设计出自己有特色的选题，勇于开拓新领域，选取新角度，提出新见解，逐步形成"拳头产品"，才会占据不可替代的地位。

创造性、新颖性已经谈得很多了。选题新、内容新、形式新，都是图书出版者为之追求的。独创性就是要给人以焕然一新的感觉，要有独有的风格、特色，等等。

二、针对性

图书作为科学文化传播的载体，应该具有现实的针对性。针对性就是选题的目的性，即为什么要策划这个选题，它针对什么层次的读者或读者群，去解决它们的什么问题。在深入调研了读者的需求以后，设计的选题就不能无的放矢，读者对象不能模糊不清。图书的针对性越强，选题的质量也就越高，它的出版价值就越好，适销就会对路。在选题设计前后，都要充分了解分析读者的需要、兴趣和接受能力，使选题更具针对性。

要做到针对性，首先要了解研究的读者需求。读者作为消费个体，因为有年龄、职业、知识、性别、地域、语言、爱好、民族等差别，就构成了千差万别的读者需求。个体的需求具有其特殊性，但由个体构成的一定群体，需求又呈现出了共性，共性就形成对图书市场的需求。这些需求可以概括为以下七个方面：①求知。以对知识的追求为目的的购买需求，这是读者中最普遍、最常见的一种心理活动。完善自己、发展自己是人们普遍存在的需求。求知动机正是这种需要的一种心理反映。由于求知而购买图书的读者所占比例很大。特别是广大青少年学生，他们求知欲特别旺盛，求知主导了他们的购买动机，因此突出地反映在对文教读物需求量的不断增长。②求实。求实是以追求图书的实用价值为主要特点的一种购买需求。能够解决人们在日常工作、学习和生活中的实际问题的图书，是受到读者欢迎的，如词典类的工具书、教学辅导书、科技类图书等。③求新。求新是以追求图书内容的新颖性为主要目的的一种购买需求。由于知识的日新月异，读者为了工作和学习，不断地需要更新自己的知识，实际上也是求知的需求，因此反映在图书上，是对新成果、新知识、新思想、新观点的图书需求。一般说来，内容陈旧的图书不会受到读者欢迎。读者渴望读到各个学科领域的最新著作，以获得最新的信息。④求美。求美是以图书的艺术价值和鉴赏价值为追求目的的一种购买需求。随着人们物质文化生活水平的不断提高，人们的审美观点也在发展，对图书美的追求也在不断提高。一方面是在购买图书时，既注重内容，也重视产品的装帧设计；另一方面，特别注重装帧设计，例如对收藏类图书的选购。所以，不断提高图书装帧艺术水平，符合读者日益增长的求美心理，有利于增加图书销量。⑤娱乐。娱乐是以追求精神享受的满足为目的的一种购买需求。娱乐需求主要追求图书的内容美。大多数购买者为了娱乐、消遣的需求，主要是购买文艺类图书，以及通俗读物。随着人们工作日的减少，休闲时间相应延长，使得人们有更多的时间进行娱乐消遣，这类图书的销量也在逐步增加。⑥猎奇。猎奇是以好奇为目的的一种购买需求。心理学研究表明，猎奇是人们的一种主要的心理动机。它也是读者选购某些图书的一种重要心理因素。猎奇的那些图书主题特殊、特别、有趣或有争议，或者是限量发行的。⑦收藏。收藏是以时尚和增值为目的的一种购买需求。一方面由于生活水平的提高，一部分读者购买一些时髦的图书装饰自己的书柜和家庭。另一方面，由于图书具有商业价值功能，随着时间的增加，它的保值、增值功能就会必然产生，所以，人们的藏书活动得以延续和发展。为了适应人们的藏书活动，出版业在开发这类选题上已形成一个长期的"热点"。各类的珍藏本、豪华本、绝版本图书应运而生，形成了一个不可小觑的大市场。读者购买心理，除了以上需求心理外，还有求便求廉等心理动机，所以我们在选题策划时，还要注意策划读者便于查阅、便于携带的图书，还要注意价格因素，不要过分强调用材和设计的高档次。总的来说，我国读者的购买力仍然比较低，如果图书的定价过高，就会抑制需求。因此，图书要以多品种、多档次满足市场需求的多样化和多层次。在考虑读者的需求时，还应掌握读者的数量与规模，它们在一定程度上决定图书市场的大小。我国人口众多，预示着我国是一个存在巨大容量和发展潜力的市场。但是，还应当考虑读者的文化程度和消费能力，这两者也会影响图书市场。

要做到有针对性，其次要明确选题的价值所在。选题的价值会决定图书的价值。其价值主要是三个方面：①学术价值。学术价值就是图书的科学价值，估计和判断起来有一定难度，虽仁者见仁，智者见智，但是，是金子总会闪光的，还是能够通过专家、学者、读者肯定的。有的图书也可以通过各种奖项予以评定，有的通过反馈信息，如图书评论等可以看到。一个有眼光的编辑是可以通过自己的工作使命感去策划具有学术价值的选题的。②社会价值。社会价值是指图书通过传播在社会上所起的作用，在选题策划阶段就只能从涉及到的内容去评估和预测。社会价值非常广泛，几乎涵盖了前面所谈到的读者多方面的需求，能够解决读者的需求就应当有社会价值。如思想价值、教育价值、实用价值、历史价值、收藏价值等。思想价值在于正确的世界观、历史观、方法论等的传播，先进的思想、新的理论、新的观点的介绍。教育价值更为普遍，各类教材、教学参考书、辅导书等，都起教育功能。实用图书也很广泛，如经济建设、生产实践、生活等方面实用图书，科学技术类的书可以转化为生产力，生活类、健康类图书可以提高人们生活的素质。历史价值则指图书的历史继承性和积累性。收藏价值是社会价值的体现之一。一是由于图书的增值性，随着历史的推进，许多具有历史积累性的图书会增值；二是由于图书的时尚性，将知识性和观赏性融为一体的图书，具有收藏价值。图书的社会价值是一种潜在的经济价值，有价值才会有读者对象，没有读者对象或需求，也没有价值，没有必要列选出版，这也是针对性标准的要求所在。

三、预见性

图书出版需要一定的时间。从策划选题到选题审批，组稿到写作完成，编校到印刷出版，这期间有一个出版周期。因此，编辑在设计选题时，要考虑到出版周期。如果不考虑这一因素，随着市场的发展和变化，以及同类图书的面世，图书出版后很可能失去时效，成为过时产品。处于激烈竞争的今天，市场变化加快，这就要求编辑具有前瞻的眼光，既要看到近期的需要，又要看到远期的目标，以保证图书出版时不但不过时，而且还具有较持久的市场生命力。这是从时间周期的角度来看需要预见性，是预见性的重点。不过，我们也应看到图书在其他方面的预见性。

从社会发展的规律和趋势来看，也需要预见性。制定选题计划首先要解决目前的需要，积极策划出版读者急需的出版物，不能脱离现实和现实需要，但也要看到社会是发展的，社会生活和科学文化事业是不断向前发展的，社会和读者的需要也是不断向前发展的。例如有的学术著作，社会和读者现在对它们还没有迫切的需要，也看不到它们的应用价值，但可能使科学技术出现重大突破，对社会生产和生活产生重大影响。我国著名科学家李四光创立地质力学，出版了《地质力学概论》《中国地质学》等学术著作，为我国开发出大量油田，促进我国石油工业的发展作出了卓越贡献。近、现代科学技术的发展也是如此，先产生新的学术理论，然后产生技术革命。所以对新观点、新理论的著作，虽然一时读者还不十分需要，但站在社会发展的高度，必须积极出版。还有些文艺作品，现在曲高和寡，但随着历史的推移，其艺术价值会逐渐被人们所认识，也会成为大众喜爱的作品。编辑策划选题应该有长远的眼光，积极主动出版这类图书。但是也要妥善处理，控制好一定的比例，把市场的现实需求和文化建设的长远需求结合起来。没有这方面的预见性，选题也难以创新。

最后，预见性也反映在引导读者消费上。刺激读者需求，就能把潜在的市场激活。我们知道图书的消费不同于一般物质产品的消费，一般物质产品购买多了就没有意义了，但图书的消费伸缩性很大，可少可多。对于潜在的需求，可利用独特的产品、营销策略、价格策略等去刺激读者的购买欲望，扩大市场需求。在这方面，更要精心策划选题，并反复论证，决定列选后，就要精心安排生产，加大宣传力度，把读者的需求激发出来。在图书出版的实践中，这种成功的例子是很多的，许多经验值得总结推广。

四、可行性

选题策划可行性标准应当是落到实处的要求，上面几点标准虽然也很实在，但它们带有方向性，而可行性的标准就要从出版的外部和内部要求去分析、落实。因为选题计划一旦确定，就会随之实施。选题的可行与否，应分为两个方面讨论：一是外部环境和条件；二是内部环境和条件。只有在这两方面都允许的情况下，选题才是可行的。

对于外部环境和条件，选题策划要考虑三点：①选题要符合国家的方针、政策和发展战略。哪些图书可以出版，哪些图书不能出版，哪些图书应先备案，作为编辑人员应当一清二楚。这些在有关条例和规定中都已明文列出来了，在此不赘述。②选题要符合出版社的任务、出书范围和条件。我国的出版社基本上都有自己特定的任务和相应的出书范围，这是出版社历史分工的结果。长期以来，各自根据分工范围形成了自己的鲜明特色，这种特色也体现了出版社的优势、资源和竞争力所在，也是出版社通过长期不懈地选题策划实现的。面对现代市场的激烈竞争和新的挑战，既要保持自己已经形成的特色，又要根据新情况进一步发挥优势。对于未形成鲜明特色的出版社，要确定自己的定位，尽快形成特色。同时，每个出版社根据自己的定位，尽快形成特色。同时，每个出版社根据自己的任务和出书范围，还要确定自己的出书结构。出书结构就是每年出版图书的比例组成。出书结构在制定选题计划时，就要考虑出版图书的最佳组合。各种出书的结构按学科结构、类型结构、水平结构、层次结构和效益结构予以分析，结构状况反映出版社的特色和形象，尽可能使社会效益和经济效益得到最佳结合。在制定选题计划时，也必须考虑出版社各方面的条件，如编辑力量、知识结构、资金、印装技术水平和发行营销能力等等，因为它们都会对选题计划产生影响，有时甚至会起决定性影响。出版社的人力、财力等条件影响出版社选题的数量和规模，也影响到质量，要量力而为，妥善处理好有所为和有所不为的关系。③选题要适应市场需求和市场规律。市场是无情的，不管策划时设想得如何好，检验结果须靠市场。因此要对市场和市场规律有真正的了解，正确的认识和较为可靠的判断。所以，在这方面有的出版社制定了一些硬性指标，达不到一定的征订数目，不得开印。用数学的方法计算出保本印数、最佳印数等。定量的市场需求是选题决策中重要的参量。市场规律的掌握也得花工夫。图书市场是由图书、读者、购买力和购买动机四个方面的基本因素构成的，要了解图书市场，掌握图书市场的运行规律，就得从构成市场要素的角度去分析、把握市场规律。现代市场的多样性、层次性、专指性、可诱导性、伸缩性、时代性、关联性等是图书市场的基本特征，在选题策划时要注意把握。

在讨论选题的可行性时，特别要处理好社会效益和经济效益的关系。在市场经济条件下，一切经济活动都以取得良好的效益为目标，制定选题计划不能不考虑出书的效益问题，选题可行不可行，往往这方面是一项硬指标。不过，出版经营活动始终要把社会效益放在第一位，在这个前提下，努力实现两个效益的统一。图书的社会效益和经济效益有时是一致的，社会效益好的图书，经济效益也好。但是，有时不一致，社会效益好的书经济效益不一定都好，或者经济效益好的书社会效益不好。两个效益都好的书要积极出，社会效益好而经济效益不好的书要有计划地争取出，经济效益好而社会效益不好的书要坚决不出。出版社一般的做法是：以丰补歉，以书养书，一手抓名牌、特色产品，一手抓双效书和畅销书；以重印书养新书，努力出版有重印再版价值的书，不断积累扩大再版书目。

第四节　策划选题的策略和方法

一、策划选题的策略

策略是计策谋略之意，根据形势发展而制定的行动方针和斗争方法。图书选题策划和制定的策略要根据选题的标准和要求，确定具体的行动方针，每个企业、每个出版机构由于自己不同的环境和条件，会采取不同的策略，在此，我们仅介绍几种具有共性的策略。

1. 洞悉社会，急时代之需

选题的优劣决定了出版社的生命和水平，这是出版者公认的事实。有了好的选题，才会有好的图书；有了好的图书，才有好的经济效益和社会效益，才能使出版社得到持续发展。而出版赋予编辑的使命就是满足社会和时代需要，出版国计民生所需的图书，这也是出版的根本任务所在。要完成其根本任务，就要调查社会，了解社会，把自己融入社会之中，从中感悟社会和时代的命脉，领略社会真谛，与时俱进地策划出好的选题。出版的本质属性就是：传播知识，积累智慧，推进文明，美化生活。讲究社会效益，必须涉及社会的经济效益、社会的文化效益、社会的环境效益。图书的社会经济效益，包括图书对社会生产、分配、流通、消费及其他经济领域所产生的效益，对社会物质文明建设所产生的影响和推动作用；图书的社会文化效益，包括图书对社会智力、心理、道德、修养、风尚等产生的效益，对社会精神文明建设所产生的影响和推动作用；图书的社会环境效益，包括对社会的自然环境和人文环境，如人口条件、民主生活、社会秩序以至民族和国家关系等所产生的效益，对社会政治文明所产生的影响和推动作用。选题策划就要使出版的图书能产生这样的社会效益，这样的选题才是"执历史之命，补时代之缺"，紧密结合了社会和读者的需要，也是策略中的核心。这种策略的实施，就会自觉和不自觉地深入社会，广泛收集信息，细致地进行市场调研，分析、筛选自己所需的信息，策划、构思出社会、时代所需的图书选题。如湖南人民出版社曾在我国改革之初，策划出版了"走向世界丛书"，就是时代的产物。

2. 瞄准市场，捕变化之机

根据社会和时代之需要，制定选题计划，出版图书，最后反映、体现在市场：市场的认可和市场的购买力。一般来说，社会需要和市场需求是一致的，但是由于市场存在显形市场和隐形市场，所以市场需求有时会是变化的，作为出版者，则应随时瞄准市场，捕捉瞬息万变的市场，及时把握时机，投放市场。对市场的调研，要了解读者需求的结构、数量，以及影响读者需求的各种因素（如购买力、需求心理、价格、形式等）；了解市场的竞争情况（如同类图书出版动态、定价策略、宣传举措等）；捕捉市场机会和挖掘市场细分空白点；了解图书市场的运营状况、营销动态（如分销渠道、促销活动、发展态势）；预测未来出版发展方向和态势，等等。谁能及时和准确掌握图书市场，谁就能占领"制高点"，瞄准市场，把握时机，策划出适应市场需要的图书。市场是动态的，不要以静止的观点去看待动态的变化的市场。否则，等把信息变为行动，图书出版后，同类产品早已占领了市场，若没有创新之处，后来者只能自认倒霉。所以在实施这一策略时，要准，要快，还要有前瞻性。当然在瞄准市场时，还可采取捷足先登，另辟蹊径，独胜一筹等方略。如清华大学出版社、电子工业出版社等，长期在计算机类图书方面胜出，与它们捷足先登，独胜一筹有关；又如广东教育出版社出版的《新三字经》，发行1000多万册，就是另辟蹊径所致。

在市场经济的条件下，每一个企业家、经营者都必须瞄准市场，掌握市场规律和动态，捕捉市场时机，针对市场需求，找准自己的市场定位，才能紧跟市场的步伐前进。由于图书市场具有多样性、层次性、专指性、可诱导性、伸缩性和时代性等特点，一个出版企业或出版社要想在市场上站稳脚跟并不断发展，必须要将企业的经营活动建立在对市场全面了解的基础上，也才能谈得上瞄准市场。如何进行市场调研，本书在前面和后面都提到或将进一步提到，在此不重复，不过反复强调一点就是实施这一策略是每个出版社重中之重，而且必须建立在充分、全面、准确、真实地掌握市场的基础之上。

3. 创立品牌，走特色之路

从总体上看，出版具有时代特色，出版物反映了时代的风貌和水平。但是，对于每个出版社来说，仅有时代特色还不够，还要有自己的出版特色。出版发展到今天，创品牌、树特色已经形成了出版界的共识。面对激烈的市场竞争，出版企业要想在竞争中取胜，就必须实施品牌战略，走特色之路。从 20 世纪 90 年代以来，我国的市场竞争已从产品竞争逐步转变为品牌竞争，消费者的品牌化消费倾向越来越明显，企业也越来越重视品牌的创立与维护。在出版业，也是如此。出版业竞争中涌现的品牌有图书品牌，如"布老虎丛书"的品牌，其品牌价值就有 1.2 亿元①；有出版形象品牌，如文学大师鲁迅、沈从文等，他们的作品影响深远；有编辑品牌，如张元济、邹韬奋等，他们是编辑的楷模、典范；有服务品牌，如外研社的特色俱乐部及培训服务，吸引和引导着读者。品牌就是效益，品牌的价值是无穷的。《哈利·波特》是近几年创造的一个品牌，已有 70 多种语言的译本，在超过 200 个国家畅销②，累计销售 3 亿多册并且通过品牌的延伸和扩张，不仅创造了出版奇迹，同时还创造了电影奇迹和商业奇迹，赢得了巨大的经济效益。

特色和品牌有联系，但有明显的区别。特色是指事物所表现出的与众不同的风格、色彩等。我们知道，各种事物都有其矛盾的特殊性，正是这种特殊性才构成一种事物区别于其他事物的特殊本质，也造成了世间事物的千差万别。而正是由于这千差万别才构成了绚丽多彩的世界。出版的根本任务就是反映事物的本质，由此也就形成了出版的个性和特色。有新、有异才有特色，没有特色体现不了创造力。有了特色，才会引起读者的关注，才会有市场，才会占有自己的一席之地。如清华大学出版社、电子工业出版社的计算机类图书、外研社的外语类图书、金盾出版社的实用科技类图书，等等，各自具有显著的特色。当读者需要购买那一类图书时，就会主动地去寻找这些出版社出版的相应图书。由图书特色就形成了特色出版社。特色要求内容新、形式新，从选题新到装

---

① 李瑛. 布老虎十周年活动在京举行，品牌无形价值达 1.2 亿元. 北京娱乐信报. http：//www. booktide. com，2003 – 09 – 15.

② 魏雅华.《哈利·波特》让全球洛阳纸贵. 出版广角，2003（8）：42.

帧新。"新"是社会发展的主方向，谁与时俱进地出新，谁就会获得发展的新机。在出版业流行的行业语就是："人无我有，人有我新，人有我优，人优我特"，这就是出版企业的总的策略。

特色是创造品牌的基础和前提。没有特色的出版社是平淡而无名气的，读者很难想起它。只有积累形成了特色，并不断深化，才会创造出品牌。没有特色的出版社也许会偶然创造出一两个品牌，但它成不了气候，形不成规模，并难以持久。只有大量的出版物以特色著称，才会赢得作者和读者的青睐，才会创造出品牌，并在此基础之上，进行品牌的延伸和扩张。

出版物的特色应体现它的不可替代性、新颖性、系统性和综合性，由此形成出版社的特色。要走特色之路，必须在这几个方面下工夫。我们也应当明确，有所为有所不为。要分析和研究自身的条件、能力和环境，决定自己的主打方向，集中自己的力量，在某方面或某几个方面，潜心攻之，必成大业。倘若不分析、不研究自己，不了解出版市场，不能"知己知彼"，而盲目地全面出击，就很难收到成效，更不可能形成特色。

要形成特色也要持之以恒。当你紧握"拳头"，要形成"效应"，还需要有量和时的要求。数量上要形成规模，由一个点、一个面横向纵向伸展，不断深化，做出特色，多出精品，由"量变"引起"质变"，使之成为具有特色的出版企业。时间上要持续下去，不能采取"游击战"，打一枪换一个地方，"东一榔头，西一棒子"，那又怎么能形成特色呢？无数的出版实践都证明了这一点。如"布老虎丛书"，坚持规模效应、系列化，十年来一共出版长篇小说33部，总印数达211万册；金盾出版社长期坚持以实用科技图书为主范围，以普及推广实用技术为目标，以中等文化水平的读者为服务对象，从培养军地两用人才入手打开市场，继而延伸到广大农村和城市，从而找到了自己广阔的出版空间，形成了鲜明的个性和特色，获得了令人羡慕的社会效益和经济效益。

策划选题的策略远远不止上述三点，如上下结合、内外结合，也是策划选题的策略。上下结合是首先由编辑人员提出选题，再经编辑室集体讨论经过筛选，形成编辑室的选题计划，然后由总编室汇总各编辑室选题计划，由社领导召开选题论证会议，讨论各室选题计划，经过充分讨论，筛选、调整和补充形成全社选题计划，整理上报主管单位。室和社的讨论往往需要多次进行，进行必要的调整，最后达到优化的效果。主管部门审查选题后还会提出问题，还需组织讨论，进行适当的调整和修改，形成正式选题计划报上级主管部门审批实施。这也是策划选题和制定选题计划的一般程序。

内外结合制定选题计划也不失为一种有效的办法，这也是把选题策划始终建立在不断调查研究的基础之上。出版社在初步制定选题计划以后，组织召开社外专家会议、书店发行销售人员会议，以及社内专家会议、社内出版和发行人员会议，广泛听取意见，集中智慧，开拓思路，使选题计划更趋完善。

二、策划选题的方法

策划选题，对于现代编辑来说，是一项制度，是一项任务，也是对编辑能力的衡量之一。如何策划选题，是有方法的，但无定法，有的学者总结出六种战术：鼎新术、集成术、逆反术、移植术、改进术、预测术；七法：组合法、联想法、移植法、设问法、信息查询法、列举法、等值变换法；九法：求上法、联想法、远眺法、纵深法、广延法、求全法、分细法、求缺法、翻新法；十法：上下两头结合法、空白地带寻找法、专业学科建设法、畅销选题延伸法、阅读热点追踪法、整旧如新法、删选剔除法、整体操作法、逆向求异法、外版选题引进法。还有其他方法，不一一列举。

选题体现了一个出版社的特色和形象，同时也是编辑政治修养、思想素质、学识水平与业务能力的综合反映。选题的提出可能有不同主体，或由编辑，或由作者，或由编辑和作者结合，或由读者，但都由编辑综合优化，选择具有价值又适应市场需求的选题，形成选题计划。在此主要讨论编辑如何策划选题，提出以下七法。

1. 调查法

"没有调查就没有发言权"①，调查研究就是人们对客观情况的具体

---

① 毛泽东选集（一卷本）. 北京：人民出版社，1964：749.

了解和分析研究。无论做什么事，都必须先进行调查研究，获得第一手资料，在有了初步认识的基础上，进行分析，把感性认识上升到理性认识，去指导实践活动，使其少走弯路或不走弯路，因此，调查研究是办任何事情的先决条件和基本保证。整个社会的出版事业的选题过程都是建立在调查研究的基础之上。可以说，没有调查研究，就没有出版，也不会产生有价值的选题，"闭门造车"是选题策划的大忌。在信息工作一章中，我们已经谈到了获取信息最重要的途径是调查研究。由于选题策划工作是一项经常性的工作，所以调查研究也应是经常性的工作，不过，每家出版社都会在制定年度选题计划之前，集中一段时间进行全面深入的调查研究，调查社会，调查市场，调查读者，从中获得需求的真实信息，从而作出选题构思和设计。调查研究要有目的性、针对性、连续性，密切注视图书市场的需求和变化，及时调整自己的计划。由于读者的多样性，导致需求的多样化，再根据出版状况，结合需求的批量数，作出自己的决策。调查要全面、深入、细致，分析要深刻、透彻，判断要准确、果断。

2. 信息法

信息法离不开调查，调查是获得信息的主要途径。我们在这里仅讨论信息的转换，信息的获取和处理已经在编辑信息工作一章中讨论了。

在获取信息后，重要的是转换。同样的信息，通过不同的转换会得到不同的结果。在转换过程中，有直接转换和间接转换。直接转换中又有两种情况，一种是垂直转换，另一种是交合转换。垂直转换就是由信息直接得到选题。例如，我们在前面"编辑对信息的处理和利用"中读到的例子：《蓝天绿地丛书》的出版，以及"选题策划"中读到的例子：《体育与卫生》的出版，就是信息转换的产物。国家的一个方针、一个战略，报上的一个消息，社会的一个需求，都必然会产生许多选题。交合转换是指将信息进行二维或二维以上的多维交合转换为新的信息，即新的选题，这也就是张希玉编审曾经提出的选题开发信息交合理论①，可参阅作者的论述以进一步了解。

① 张希玉. 信息交合法与选题开发技术. 编辑之友，1988（2）：16-18.

信息间接转换也就是迁移性转换。要想有所创见，这种迁移性转换是很重要的。倘若没有这种能力，往往就只能趋势跟风，永远追着别人的步伐前行。迁移性转换是由一类信息得到另一类信息的结果，它与原信息虽有联系，但明显有不同之处。例如，出版界都知晓辞典、词典类图书是一种常销书，由此转换，把古典诗、词等做成辞典类书，如1983年上海辞书出版社首推《唐诗鉴赏辞典》，它的创新就在于首次把文学赏析读物和工具书体例结合起来，既加强了内容的权威性，也增加了图书的实用性和文献价值，极大地扩展了读者面，从而使之常销不衰，并由此推出了一系列"鉴赏辞典"。

3. 混沌法

《中国大百科全书》中对"混沌"的解释是这样的："现实世界中存在的一种貌似无规律的复杂运动形态，亦称混沌。"[①] 而混沌理论是研究使系统从混沌走向有序，从低级有序走向高级有序，以及从有序又转化为混沌的具体机理和共同规律。在这里讲混沌法，也是使选题策划的有序化。目前，国家对新闻出版总署的要求是"加强管理，优化结构，提高质量"，其中所讲的优化结构很大程度上就是优化选题结构。策划选题既是不断优化选题的过程，也是一个创新的、动态的过程。只要是动态的、开放的系统，就会涉及无序和有序。无序是自发的，有序是要付出努力、花费力气的。要使选题有序化，需要从以下三个方面进行策划。一是从无序到有序，创特色，树形象。将无序的选题有序化、系列化，久而久之就会形成自己的特色，单本图书有的虽然也很有特色，但毕竟"势单力薄"，难成气候。选题策划只有向纵深发展，使之成套、成系列、成批量，才会带来整体效应。只有具有序列化的产品才会不断深入人心，更加受到关注。二是有序立体式扩展。即采用横向、纵向扩展。横向扩展就是对同一层次、同一类型的图书由一种推及其他几种，就具体内容和对象分别确定选题。如前面所述的"鉴赏辞典"，由一种推出其他若干种。这种横向扩展有时是根据某种图书或几种图书策划的成功，而通过联想类比分析，创造了一系列新的图书选题，形成

---

① 中国大百科全书·自动控制与系统工程. 北京：中国大百科全书出版社，1992：188.

系列后，也就显现出了特色。纵向扩展就是从上往下或从下往上挖掘新选题。上下联想开发选题最著名的实例是《百科全书》，许多国家出版了一系列"百科全书"。这种由上下扩展联想所创造的新选题，是对出版资源的再开发，使选题更加系列化。这种横向和纵向扩展，也是由于读者的多层次，导致读者需求的多样化。有读者、有市场，这种扩展就是必要的。从选题内容的深度上可以划出不同层次，从读者的需求上可以划出不同档次，从这两方面出发，寻找"碰撞点"，让它爆出火花，完成选题和需求的成功"对接"。立体式扩展新选题，常有三法，即线性扩展法、延伸法和相关法。线性扩展就是从内容和形式上整体设计开发，如可以形成简写版、珍藏本、简装本、袖珍本、精装本、豪华本等。延伸扩展就是由品牌或者"双效"图书扩展新书或新系列。相关扩展就是通过类比分析，采用相关联想，借用前一品牌影响打造出另一品牌。三是有序中求异。人类在认识世界、改造世界的过程中，不断地将无序世界变为有序世界，又在有序世界中发现新的问题和新的情况，世界就是在这种无序——有序的相互转化中发展前进的。任何事物都有未被发现的东西，认识是没有止境的，关键是我们要仔细观察它、发现它。要想有所创新，人们的发散思维、求异思维、直觉思维起重要作用。前面所谈的横向、纵向开发选题，它所用的是联想、类比，很大程度上依赖的还是求同思维。现在要从横向和纵向中寻求新的选题，那么主要依赖求异思维。要在横向、纵向中求异，就要先知道图书出版现状，横向、纵向的图书已经出版了哪些，哪些还没有出，还必须在选题策划过程中查重，看是否产生重复。补缺就是一种求异，没有出版的选题，但又有出版价值的选题，可以填补空白列选出版。在创造思维中，逆向思维往往给人们带来意想不到的效果。爱因斯坦认为："创造不仅是发现事物间相同之处，更重要的在于发现事物间的相异之处。"沿着逆向思维，已经策划出版了许多有价值的图书。如《手术失误及其处理》《误诊学》《有毒中药大辞典》《令人深省的发明失误》，等等。从反面解剖分析，有助于人们获得便捷，符合人们的认识规律，使人们少走或不走弯路。

4. 选择法

应用选择法是指对自投稿的选择。出版社不论名气的大小，都会有作者主动投稿，只是有多有少和作者名气大小的区别。对于自投稿，出版社不可能都全部列选出版，因此就有一个选择的问题，唯优而择。自然来稿有几种情况，有作者投稿，有专家、学者或学术团体推荐稿，有上级主管部门交来的任务稿，还有某个时期向社会征稿，等等。自然来稿是出版社的稿源之一，数量不小，质量参差不一，采用的比例一般不大。对于做好自然来稿的选择意义是大的。一方面，可以从大量的自然来稿中选出佳作和精品；另一方面也有利于扩大稿源，发现人才，扩大作者队伍。

选择自然来稿，编辑不能以个人好恶为标准，应按照选题评价标准和书稿质量标准来选择。编辑选稿的眼光是编辑水平和能力的反映。我们都知道法国作家儒勒·凡尔纳投稿的故事。当他的处女作《气球上的五星期》完稿以后，先后向 16 家出版社投稿，但都被退稿，凡尔纳在激愤之中，把手稿投入火炉，幸亏被他的夫人抢出，投到第 17 家出版社（巴黎少年读物出版社），出版家儒勒·埃策尔将其出版。1863 年出版该书后，轰动了全世界，成为不朽之作，并开辟了科幻作品的新纪元。凡尔纳一生写作了 66 部科幻小说，被誉为"科学幻想小说之父"。我国著名作家巴金就幸运得多。巴金的处女作《灭亡》，1927 年在法国写完后，寄给上海开明书店的一个朋友，被当时任《小说月报》的编辑叶圣陶发现并迅速刊出。因此，巴金很感慨地说："我感激叶老，因为他给我指出一条宽广的路，他始终是一位不声不响的向导。"由此也说明编辑选稿是多么重要啊。

唯优选稿，就要科学、准确地评价稿件。要做到这一点，除了掌握自己所属出版社策划选题的条件和标准外，还要加强自身修养。在个人品位和专业品位之间是存在很大差别的，即使不经常阅读的图书门类，作为编辑，也应涉猎，广泛了解，也要能辨别出优劣。当然，对自己熟悉和了解的题材，要相信自己的直觉和热情，相信判断的准确性，不过也要多征询发行销售部门的意见，选择会做得更好一些。美国一位资深主编马雷克（Richard Marek）在回答作家问他选什么样的书时，他总是回答说："我想找的是我没有看过的东西。"[1] 这个回答说明了他选择的

---

① ［美］马雷克. 如何选书. 编辑人的世界. 北京：中国工人出版社，2000：92.

是创新作品，新观念、新声音、新视野、新的表达方式反映了与众不同的作品问世，可能会深深吸引着读者的购买欲望。当你选到一部好作品，并使其成为受欢迎的佳作和精品，你会感到有莫大的成就感，作者也会非常感谢你；而当你把佳作拒之门外，却被他人发现并出版，你会因此遗憾终生。因此要擦亮你的眼睛，提高你的判断、选择能力，不要轻易放走任何一部作者为你送上的佳品，也不要把平庸之作推上市场。

5. 扫描法

扫描是对已出版的图书进行全面审视。一般有三个层次，第一层次整个图书出版的扫描，第二层次某一类图书的扫描，第三层次自己出版社图书扫描。根据扫描的情况作出求全、细分、延伸、扩展的分析，从而可作出跟势超越、补缺扩展、追踪延伸等各种决策。古人云，"观千剑而后识器，操千曲而后知音"。只有经过全方位的扫描，才可提高识别能力和聚集能力。通过扫描，可以了解到出版了些什么图书，同行出版了些什么，哪些图书在热销之中，哪些方面的图书还没有出版，有多少空白可以填补，等等。编辑在策划选题中，不断寻找捕捉选题的机会，只有紧密联系社会，认真关注国内外图书市场的情况，才会获得机会。面对全世界每年出版几十万种新书和我国每年出版十多万种新书，我们编辑也好，读者也好，都特别检索和扫视"品牌图书"，通过品牌了解出版社，了解编辑和作者，品牌图书在读者心目中显示出了它们不可抗拒的品牌力。扫描越全面，越透彻，信息的占有量就越大，出版中的"克隆与跟风"就会减少，盲目性也会越来越少，而执历史之命、补时代之缺的作品会越来越多。

6. 反馈法

反馈是指系统功能作用的结果反过来对系统功能特性的影响。从控制论的角度看，反馈就是控制系统输出的控制信息作用于被控制系统后，把产生的结果再输出回来，并对信息的再输出起调节作用，以实现系统预定目的的过程。这一过程可分为信息输出、信息返回输入、再输出三个阶段，这三个阶段是一个不断循环往复的过程。人们把利用反馈的思路去分析和处理问题的方法称为反馈法。信息反馈是系统调节控制的基本形式，对系统的控制起着决定的作用。信息反馈的形式有多种，

如正负反馈、纵横向反馈、串行并行反馈等。反馈在管理系统中应用很广，也十分重要，没有反馈控制的系统可能导致一个失控的系统。反馈应来自上、下、左、右多方面，反馈信息来源也需全面、系统、真实，多方面真实的反馈信息，使管理更正确、更高效。

在市场经济体系中，图书出版的质量和数量关系到一个出版企业的生死存亡，必须用反馈信息来优化图书的品种、结构、质量和数量，不断提高自己的地位，形成自己的特色，扩大自己的效应。在图书出版中，反馈信息具有决策、调控和经济作用。编辑应当充分利用各种途径，建立畅通的反馈信息通道，广泛收集自己所出版的图书的质量反馈信息、读者反馈信息和销售反馈信息，经过筛选、分析、处理，再应用到图书出版管理中、选题策划中。

对于选题策划，利用反馈信息来策划选题有以下方法：

（1）综合法

信息综合分为兼容综合、扬弃综合、典型综合。兼容综合是指将不同角度、方面、层次的信息，结合起来兼顾考虑，以达到多样的、统一的综合；扬弃综合是指扬弃虚假的、对立的、滞后的信息，将真实的、兼容的、先进的信息综合；典型综合是指在纷繁复杂的信息中，选取最有代表性的单元进行综合分析。综合法主要用来开发新的选题。不管哪种综合，都必须将有价值的信息加以综合考虑。如某出版社收集到自己的科普图书在质量、装帧、价格等方面得到读者认可，销售量也很理想，再综合考虑市场需求，认为可开发新的科普书。这里面要考虑自己的作者队伍、编辑实力、本社的经济承受力和出版条件，这是内部条件；还很重要的是要考虑市场需求和读者的需要，这是外部环境。将内部条件、实际效果、外部环境三个方面综合，就能下定开发新的选题的决心，这样的选题就会获得好的社会效益和经济效益。

（2）推导法

推导是以某些事实的信息为起点，依据事物的因果关系进行逻辑性的推断，从而得出某种新的成果。推导形式有多种，在出版中策划选题，利用图书反馈信息的主要有关联推导、类比推导和辐射推导。关联推导是从表征的信息出发，依据事物间的某种关系或事物发展的某种规律，推导出由该事实所引起的某种反应或后果，从而获得新质信息。关联推导不仅注意事物间纵向联系，因果关系，步步深入地推导，而且注意事物间的横向联系，在错综复杂的现象中，寻找其因果联系。关联推导的这些特征在出版上的应用，会从收集的出版反馈信息中，演绎推导决定新的选题，如畅销书的扩展，系统书、套书的推出，同时，还会决定哪些书重印，哪些书再版，等等。类比推导是以表征某两种事物相似的本质特征的信息为对象，通过分析类比，找出它们之间的相似或相同点，再以此为基础将其中一事物的有关信息、性质推导到另一事物上去，从而获得新质信息。如一类图书出版获得成功的反馈信息，与另一类开发选题相比较，找出不同点和相似点，来决策是否上另外的新选题。又如某一种图书的营销策划成功，比较另类，找出问题所在，采取迁移的办法，也用于另类的营销上去。这种类比推导也可以用于图书市场上某种或某类出版物的成功比较本社图书出版销售情况，吸取别人所长，补己之短，推动自身的发展。辐射推导是以表征某些事实的信息为中心，依据辐射思路的模式和有关规律或关系，沿着不同的方向和途径而推导出由该中心所引起的不同反应或后果，从而获得新质信息。辐射推导所用的是扩散性思维，可以拓宽人们的思维空间，可以对问题作多角度、多层次、多方位的思考。如某方面图书出版的成功，会辐射更广的范围。《百科全书》的出版，引发了各学科、各层次的百科全书，有科学技术的、农业的、军事的，有成人的、少年的、儿童的，等等。

（3）联想法

联想法也是一种创新的办法，是以表征某一事物的信息为基础，联想到另一事物，或者由一条信息联想到另一簇信息，从而获得新质信息。联想法利用反馈信息应用于开发新的选题和实施新的营销策略有重要意义。通过深入分析所收集的出版反馈信息，进行联想思维，开发出新的选题。既可以纵向发展，也可以横向发展。如奥林匹克类选题，横向发展，开发出数学、物理、化学、生物、信息学等学科选题；纵向发展，可由高中到初中，以至小学，等等。由奥林匹克类图书，还可以开发相似选题，如各种联赛以及其他类竞赛图书。联想法的基础是综合和推导。由此，在处理反馈信息中，各种方法是交叉使用，不可绝对地分

开，只有灵活使用各种方法，才能取得充分利用信息的更好效果。

7. 引进法

引进法是指从国外引进优秀的作品加以出版的方法，也就是开展版权贸易。当然，在国内，同样也可以进行合作出版、联合出版和转让出版权等，这也是引进，在这里主要讨论从国外引进。

优秀的科技、文化作品是全人类的共同财富，通过版权贸易引进或输出优秀的科技、文化作品，既有利于满足我国经济建设和科技发展对相关信息的需求以及人民群众日益增长的文化需求，也有利于让世界了解中国，促进中国的改革开放。随着我国加入世贸组织，版权贸易将越来越成为我国出版业走向世界市场的重要途径，成为我国出版业新的经济增长点。《哈利·波特》就是一个典范，《哈利·波特》让全球洛阳纸贵，在中国前四部已发行平装本 600 多万册，第五册首印 1000 万册。

版权贸易，又称著作权贸易，一般指我国出版单位与外国出版机构或著作权人，就作品著作权的转让或使用许可所进行的交易活动。现行这种交易活动一般有三种类型。一是直接的著作权转让或作品的授权（许可）使用，即通过签订合同有条件地（包括付费）从国外出版机构获得某一作品的部分著作权（财产权）或其使用权，或反向有偿输出。相对其他形式来说，这种合作形式数量最大。二是合作出版，即先由一家出版社提出选题并组织编辑成稿，再通过推销，在其他国外出版社的参与下才开印，同时推出不同版本。这种合作形式常用于印制费用昂贵的大型出版物，如精美的图册等，共同印制可以降低成本，提高效益。三是联合出版，或称合资出版，即同其他出版机构合资，共担风险，分享利润。这种形式随着出版融资操作，会呈增加趋势。

要引进作品，获取版权贸易信息，其主要途径：其一是与海外出版机构建立和保持联系。国外的大出版机构都定期向外界发送新书（包括即将出版的书）书目，一般可通过定期访问出版机构的网站了解这些出版状态和版权贸易动态。还有一些专业网站，如亚马逊网上书店等，由此可了解新书出版的综合信息及图书市场的反映。一旦与有关机构建立了联系和合作关系，它们会定期通报有关信息，推荐选题，提出版权贸易的建议。其二是参加国际书展和国际刊展。国际书展和国际刊展是集中进行书刊出版信息的发布和交流，寻求和进行版权贸易谈判的最重要场合。各国出版商都十分重视参加国际书、刊展。在国际书展上可以直接了解选题和著作信息，并可直接进行有关的贸易谈判。每年 10 月举行的法兰克福国际图书博览会是世界上最重要的版权贸易场所。还有伦敦、东京、美国芝加哥等地的国际书展。我国自 1986 年起每两年举办一届的北京国际图书博览会，从 2002 年起每年举办，也已经发展成为国际上最重要的书展之一。其三是借助于版权代理公司。版权代理公司又称"著作权代理公司"，是专门从事各项版权代理业务的商业中介机构，接受作者或出版机构等著作权人委托，为委托方寻找并负责办理有关作品著作权转让或使用许可的事务，按惯例收取合同金额一定比例的代理费。同这些版权代理公司建立和保持合作关系是获取版权贸易信息的重要途径。我国已相继成立了多家版权代理公司，如中华版权代理公司、上海版权代理公司等，这些代理公司已成功地为国内各出版社代理引进了许多图书，促进了版权贸易活动的开展。

通过以上三种途径获得选题和优秀作品的信息以后，再根据本社的出书范围和条件，决定引进的品种。在引进过程中要注意谈判和合同的签订。如果在这方面不是十分清楚时，要咨询有关机构，或请代理公司办理。引进图书既要推动科技文化的发展，也要互惠互利，达到双赢的目的。

第八章

······························>

编辑的组稿工作

第一节　图书的稿件来源

"稿源是出版事业的血液和生命。"① 选题计划制定以后，编辑就要着手组织书稿，书稿和选题一起构成了编辑工作的基础。没有稿件，选题计划无法实现，编辑工作无法进行，图书出版就成了"无米之炊"。因此，如何获得选题所要求的书稿就是继选题之后的关键环节。出版社的稿件主要有以下几种来源。

一、约稿

编辑根据选题计划组织作者撰写书稿称之为约稿。约稿是编辑主动约请作者写稿，要根据选题的计划要求去撰写，只要作者选择得合适，书稿的质量和交稿时间是会得到保证的。约稿是出版社获得稿源的主要方式，而且质量一般可以得到保证。组稿工作应当是编辑的一项经常性工作，根据本社出书任务和选题计划组织稿件。约稿工作是件比较细致、具体的工作。从选定作者、签订约稿合同确定约稿的关系，到收到作者的书稿，约稿任务才告完成。其间还要经常与作者保持联系，帮助

---

① 阙道隆. 书籍编辑学概论. 沈阳：辽海出版社，2000：288.

作者解决写作中遇到的困难或问题，注意作者写作质量，督促作者如期交稿等。根据作者的个性特点，约稿中工作的侧重点会有所不同。如果选题由出版社和编辑策划确定，选题的构思、编写方案都是由编辑完成，编辑的关键是物色作者，加强与作者的沟通和交流，使作者明晰写作思路，提高写作质量，这类作者有人称之为"编辑主导型作者"，也就是说，从作者的写作到作品的完成，编辑起了重要作用。如果从选题的提出到写作的完成，主要是作者，编辑的影响力不大，这类作者称之为"创作主导型作者"，这类作者在读者中、市场上已经有相当的影响力和号召力，本身就是一个品牌，如知名作家，影视界、演艺界、传媒界、体育界的名人，科学界和教育界的巨匠，这些作者的书稿本身就有很高的价值，一旦出版就会有很好的社会效益和经济效益，或者是畅销书，或者获得大奖。所以有些书稿成为多家出版社争夺的目标，编辑要拿到他们的书稿是很不容易的，须付出更多的精力，付出更高的代价。因此，能作为组稿编辑的人学术水平较高，对著作界和图书市场情况熟悉，具有很强的活动能力，他们能够对书稿的价值、印数、效益作出综合预测，他们提出的意见是社领导决策的重要依据。

二、自投稿

自投稿就是作者主动向出版社投稿。作者根据出版社所出版的图书，判断其出书的宗旨、范围和要求，把自己精神劳动成果的稿件自动投寄给有关出版社，希望自己的作品得到出版，公开传播。从实践来看，作者自投稿的数量很多，但采用的比例很小。一般说来，专家、作家的自投稿采用率很高，一般作者的自投稿也有成功的。作者主动投稿说明了作者对出版社的信任，也是对出版社工作的支持，出版社应热情接待，认真及时予以答复。

对于自投稿的选择，关键在于编辑的鉴别能力和眼光，因此要认真审读，不能因人而异，或者带有个人好恶倾向。评价一部书稿，要从书稿的质量和价值上去评判，要尊重作者、保护作者自尊心。即使一时难以出版他的著作，但是，一份情感、一份友谊应当存在，也许不久的将来，你就会与他进行合作。如何处理好自投稿，也就意味着处理好与作者的关系。

在我国老一辈著名编辑家中，存在许多培养新作者、支持新作者的佳话。巴金曾经指出："编辑的成就不在于发表名人的作品，而在于发现新的作家，推荐新作品。"① 这句话深刻地说明了培养新作者的意义。任何新作者的诞生、成长都靠出版社、编辑的支持和培养。今天成名的作家、学者，都是昨天编辑给了他展示作品的机会。前面我们举了叶圣陶曾经迅速刊出巴金的处女作《灭亡》的事例，使巴金从此步入文坛，开始了辉煌的创造生涯，成为我国一代文学大师。巴金对叶老也很感激。还有丁玲的处女作《梦柯》和《莎菲女士的日记》，也是叶圣陶在投稿中发现的，作为头条在《小说月报》上发表，为丁玲打开了步入文坛的大门。巴金和丁玲两位文坛巨匠，在当时也是无名的新作者，是叶老慧眼识才，使他们成就了文学创作的辉煌。而法国作家儒勒·凡尔纳在开始创作之时没有他们幸运，经多次退稿几乎将不朽之作投入火炉毁之。这些事例都充分说明了编辑对新作者的发现、支持和培养是十分重要的。成名作者的作品大家抢着出、争着出，不惜重金想获得稿子，因为其效益很明显。而有眼光的编辑发现新作者、出版新作品，是一件非常有意义的事情，具有更高的价值。名家之作肯定会出版，而新作的出版则更需要有眼光、有魄力。倘若某家出版社为一位新作者出版了他的处女作，并使他出了名，那么会使这位作者终生铭记，他会愿意和这家出版社长期合作，成为这家出版社的基本作者。帮助新作者出版作品，对于新作者的成功起决定性作用，所以，编辑人员对自投稿要认真审读，不要只翻一翻，就随手一扔，这可能会毁掉一位有巨大潜质的天才作者，同时也是对作者劳动的不尊重。当然，在对待自投稿的选择过程中，始终要坚持标准，坚持原则，出以公心，不能谋取私利、讲关系、讲人情，要秉公唯优择稿。

三、推荐稿

推荐稿与作者自投稿性质是一样的，只是由有关机构、学术团体或

---

① 阙道隆. 书籍编辑学概论. 沈阳：辽海出版社，2000：172.

专家、学者出面推荐的，不是作者直接投来的。推荐稿有两种情况：一种是作者借重外界条件，希望出版社对稿件引起注意和重视，用领导机关、学术团体、名人专家的名望来影响出版社，促使书稿获得出版机会。另一种是这些推荐者主动奖掖人才、提携后学，如著名人士推荐青年作者的作品。

推荐稿的处理，编辑应与自投稿一样，热情接待，认真审读，及时回复。在标准上应与自投稿一样，坚持质量第一，并符合本社出版任务、范围和条件，择优出版。推荐稿在采用上比自投稿的比例高一些，这恐怕也有两个原因：一是稿件本身质量好，由于这些推荐者在某方面的专长，发现作品确实不错，予以推荐，并非盛情难辞。二是这些推荐者与出版社的关系，有的是领导，有的是长期的作者，有的是学术权威，也可能在基本情况差不多时，天平倾向了推荐稿。对于后者要特别注意，不能降低标准，但可以仔细地做好工作，或者要求作者按照出版要求予以修改，使之达到出版水平。不管何种情况，编辑都应坚持统一的审稿原则和取稿标准，这也是编辑人员应遵守的工作纪律和职业道德。

四、引进稿

引进稿是指通过版权贸易或者出版交流而获得的稿源，有好多是已见于图书市场的成品图书。随着我国实行对外开放政策和国际出版界建立的广泛联系，版权贸易日益增多，引进版图书也会越来越多。在这方面有许多出版社都做得很成功。如湖南科学技术出版社，策划出版的《第一推动丛书》，就是引进了一批关于科学思想和科学精神的世界名著，丛书分第一、二辑，分为九种，例如《时间简史》等，该套丛书常销不衰。又如众所周知的人民文学出版社 2000 年 8 月精心引进的《哈利·波特》，同年 10 月 6 日在北京举行首发式后 21 个月里，四卷本共销售 118 万套平装本，7 万套精装本，按国际上的统计方法，总册数500 万册，码洋 1.5 亿元人民币，第 5 册首印 1000 万册，创造了出版奇迹。外语教学与研究出版社从 20 世纪 90 年代开始，引进了大量的外版图书，包括原版文学名著，获得了很好的效益。

要进行版权贸易，首先要能获得这方面的信息，信息获得途径主要有三个：一是与海外出版机构建立和保持联系，获取这些机构出版的新书书目，还可了解这些出版机构的出版状况和版权贸易动态；二是通过参加国际性书展，直接了解到新书，并可直接进行版权贸易；三是通过版权代理公司进行版权贸易，以获得版权信息和自己满意的书稿。

稿件的来源除了上面四种来源外，还有其他途径，如任务稿、征稿、书稿经纪人荐稿等。任务稿一般是出版社的主管部门交来的书稿。任务稿多为会议文件、文集、情报资料和研究成果，以及法规法律汇编等。这些对有的出版社是很稳定的稿源，有的书稿读者面大，经济效益很明显。当然也有任务稿经济效益不是很好的，如大学出版社为了学校的学科建设和科研成果的需要，出版的学术著作和大学教材，若获不到一定补贴，可能会有亏损。征稿是指出版社向社会征求所需要的稿件。征稿的做法出版社现在越来越少，而刊物做得比较多。征稿的好处是扩大稿源、发现新作者、宣传自己，但是由于书稿太多，增加了审读、选稿的困难，水平不一，增加处理难度。还有一种是经纪人荐稿，这种途径呈快速发展趋势。这种途径在一些发达国家，如美、英、日等国家开始得比较早，出版社从这些经纪人那里获得所需的书稿，扩大了自己的稿源。我国近几年发展很快，尤其是一些大、中城市，以经纪人为特征的书刊工作室、文化传播工作室的建立，他们大多都十分熟悉出版和销售，与图书市场很贴近，往往策划、设计了很好的选题和书稿，由他们代表作者和出版社联系，争取较高的稿费或版税，甚至联系发行销售商，他们从中提取一定比例的佣金。

第二节　组稿的作用和原则

一、组稿的作用

1. 组稿是落实选题计划的需要

选题只是对出书的构想，选题计划是出书的蓝图，组稿就是落实这些构想，实现这些蓝图。选题计划制定以后，如何落实稿件就成了出版社工作的关键，没有切实有效的组稿活动，选题计划就会落空。为什么每年的年度计划实现率不高，除了有由于形势变化和市场新的情况外，有一个重要原因是组不到合适的稿件，只好忍痛放弃。因此，我们应当充分认识到组稿的重要性。选题计划对比书稿来说，它是比较粗糙的，只有通过组稿，检验和调整选题计划，修正不足之处，完善、充实选题设计，使选题各方面做到更佳。在组稿活动中放弃一些选题，又策划出新选题也是正常的。再者，选题策划和组稿活动有时也难以截然分开。一些大型选题、重点选题、丛书、套书选题一般是在进行组稿之前先有较完备的规划和精心设计，而日常选题的形式，常常是在编辑有意和无意的组稿活动中产生的，尤其是学术著作和教材之类，以及创作为主导型作者的作品，都有可能写稿在先，列选在后。这些组稿活动影响到了选题计划的制定，意义更大。编辑通过和作者接触、联系，能够获得许多学科信息和作者信息，在选题构思、设计上受到启发，开拓出有价值的新选题来。

2. 组稿是编辑工作之源

稿件是出版社的重要资源，也是编辑工作的对象，它和选题计划构成了编辑工作的基础。出好书先要有好的选题，但是选题好不等于书稿好。好的选题必须要由与之相适应的作者来完成。佳作就是佳作，平庸之作就是平庸之作，在编辑后续工作环节中无法从根本上改变，更好的编辑加工也无法将平庸之作加工成为佳作。没有高质量的书稿，即使有好的选题计划，也不过是一纸空文。没有高质量的书稿，编辑工作成了"无米之炊"，社会效益和经济效益无从谈起。为了获得高质量的书稿，使全部编辑工作能够顺利进行，必须扎扎实实地搞好组稿工作。

3. 精心的组稿是书稿质量的保证

书稿的写作质量，常常和编辑组稿活动中的工作直接相关。作者的写作水平及相关素质决定书稿的质量，因此，选准作者就成了组稿工作中的关键。要尽可能选择有学识、有见解、有写作能力、写作态度严肃认真的作者。此外，还要考虑到作者的写作时间和精力等。不同性质的图书，写法是不相同的，须选定相适应的作者。在组稿开始，要使作者明确书稿性质、读者对象、特殊要求、篇幅和交稿时间等，只有作者全面知晓书稿的要求，才会写出针对性很强的高质量书稿。而且，由于作者有专业局限，对自己所从事、研究、涉猎的领域比较熟悉，但对书稿的组成要求、出版要求、规范要求等不十分清楚，尤其是初次写作者或写作特殊要求的书稿，更要编辑与作者多交流，提供必需信息，帮助作者进入角色。通过组稿中这样细致的工作，才能保证书稿的质量。不要在制定选题计划以后，把选题交给作者了事。抱着这种态度和工作作风去组稿，很难获取高质量的书稿。

4. 组稿是发现和发展作者队伍的重要途径

无论哪家出版社，都需要有一支相对稳定、高水平的作者队伍。因此，要想方设法从各种途径发现和发展出版社自己的作者队伍。组稿活动是网罗作者的一种有效途径。我们讲过，作者对出版社的重要作用主要体现在三个方面：一是为出版社写稿，书稿是出版社工作的源泉；二是为出版提供多方面信息，为开发选题出点子；三是帮助出版社审阅和校订他人的书稿，成为出版社不可或缺的重要参谋。编辑在组稿活动中，有条件和机会接触到各方面的人，广交朋友，获取信息，从中发现作者，并逐渐形成自己的作者群。编辑的人格魅力，也具有信誉扩散效应，由一个到多个，久而久之，越聚越多，非常有利于自己的工作。当然，作者队伍的稳定和发展，还不能仅仅靠组稿活动，平时也应与作者保持联系，交流信息，解决力所能及的困难和问题。在与作者交往过程，也要注意了解作者的心理状态，尊重作者，虚心向他们学习，肯定他们的劳动成果。美好的愿望还要有美好的行动，我们的出发点是发现作者、发展作者、建立一支稳定的作者队伍，而要达到这样的目的，就要善于和作者沟通、相处，保持长期友好合作的关系。

二、组稿的原则

1. 加强沟通

沟通在组稿工作中是十分重要的。在与作者建立联系前，应当通过作者的作品和相关资料了解到作者的一些基本信息，如作者的工作、成果、研究动态，甚至个人的性格和爱好、兴趣，一旦向作者组稿，他会觉得你对他如此熟悉，乐意和你交谈，也会愿意接受你的约稿。如果编辑对作者情况不熟悉的话，应通过向熟悉他的人先了解一些基本情况。总之经过多种途径，有必要先了解到作者的一些基本情况。在约稿工作开始时，更需要经常与作者沟通。根据作者类型，沟通的内容可多可少。对"创作主导型作者"应尊重作者的创作劳动，不要过多地渗透编辑的创作意见，而要多提供一些市场信息和读者信息供作者参考。对于"编辑主导型作者"，则可把选题的构思、编写方案等与作者协商，使作者较好地了解选题的性质、编写意图，使内容贴近读者、贴近市场。在书稿写作初期使作者了解得深入、透彻，写作起来就会得心应手。而且作者接受约稿，不论哪种类型的作者，除了对选题的认同，同时也包括对编辑的工作态度、工作作风和工作能力的认可。钱钟书为什么愿意把自己的作品交给中华书局的周振甫，在很大程度上是因为他与周振甫相识相知，能够沟通，有共同的语言。能够沟通，有共同的语言，其难度是很大的，不仅要熟悉作者，还要善于沟通，谈什么，不谈什么，怎样谈，应多想想。不要贸然问东问西，像个审问者。也不要盛气凌人，好像你给了他恩赐，这不仅组不到稿，还可能会碰一鼻子灰。这样的事例是到处可见的。

约稿以后，还要保持联系，经常沟通。作者接受了约稿，即便签订了约稿合同，编辑也不能撒手不管，要与作者保持联系，了解进度，提供作者所需信息，帮助作者解决困难，保证稿件按期顺利完成。

2. 催化激励

编辑组稿还应发挥催化激励的作用。一般来说，作者有几种情况：一种暂时没有写作计划，也不想写什么；一种是感觉到了写作的冲动和欲望，有了初步打算，顾虑重重，没有最后下定决心；还有一种是已经接受了别人的约稿，还在写作过程中，或者自己拟定了写作计划，正在写作，但没有决定交给哪一家出版社。对此，编辑都有工作可做，通过编辑的催化、激励作用，都会有结果、有收获的。没有写作计划的作者在编辑的激励下，也会欣然拿起笔来写作，因为有了选题，有了目标。对于有写作欲望的作者，编辑催化一下，作者也就会把冲动变为行动。已经着手写作了的，编辑看中了也就要想方设法把书稿拿到手。

3. 甘当参谋

不论哪种类型的作者，写作主体是作者，是作者创作，是作者享有著作权，编辑应当尊重作者的选择，不能强人所难。但是作者也会出现"当局者迷"的情况，需要"旁观者清"的点拨，更何况若选题是由编辑提出来的，编辑有自己的深思熟虑，能够提出很有参考价值的意见，对作者很有启发帮助作用。编辑处于读者和作者之间的中介位置，明了读者需要什么，不需要什么，什么性质的书应当怎么写，如科普类图书就不要写得像学术著作那样，要深入浅出，通俗易读，把科学性和艺术性很好地结合起来。前几年，某出版社编辑根据教师撰写论文的需要，策划出版了《教师科研论文写作丛书》，中小学教师分类出版了三册，其中小学教师一册，中学教师按文、理科各一册。在组稿过程中，由于编辑把召开教师座谈会的精神向作者介绍透彻，要求明确，后来书稿写出了特色，而且很实用，成为了常销书。在作者的写作过程中，编辑的参谋作用发挥得好，书稿的质量能得到保证，更加受读者的欢迎。

4. 做好服务

编辑工作的服务意识体现在多方面，服务好读者，也要服务好作者，在编辑加工整理书稿阶段需要服务意识，在组稿阶段与作者交流思想、智慧的同时，也要辅以真诚、热情的服务。如果在这方面做得很好、很到位，是非常使作者感动的。比如作者在接受约稿后，编辑要向作者详细解释写作要求，共同拟定编辑提纲，若缺少资料编辑帮助寻找提供，等等，甚至还包括日常生活方面的照顾。据说国内一家出版社的社领导，为了组编英语方面的大学生教材，曾较长期为一位写教材的教授做多方面的服务，甚至为其购买藕煤等。教授深受感动，后来与该社进行了长期合作。在这方面传为佳话的要数美国作家菲茨杰拉德和编辑家珀金斯的交往。菲茨杰拉德从小失去父母的爱，珀金斯像父亲一样关心他的健康，照顾他的生活。他称珀金斯是"最忠实和最亲密的鼓舞者和朋友"。珀金斯之所以成为著名的编辑家，与他的服务精神是分不开的。

5. 尊重作者

要使作者和出版社、和编辑真诚合作，并且合作愉快，编辑做到尊重作者是很重要的。

尊重人是一种社会美德。人和人之间的关系是否融洽，关系是否长久，最根本的一条就是互相尊重，你尊重我，我尊重你，不管是领导、同事、朋友、夫妻和长幼之间，都应少不了这一点。图书编辑对于作者的尊重，更应当是一种职业道德。作者对于出版社来说，是出版社的资源和人才。我们的社会也要求造成尊重知识、尊重人才的氛围。出版社是精神产品的生产者，文化氛围很浓，更应做到这一点。作者是学有所长，或者是某一领域、某一学科的专家、学者，或者具有某特长的专门人才，在某一方面必定是我们编辑的老师，应当尊重他们，虚心向他们学习，不能自以为是，总觉得我手中有选题，有书号，是你来求我，而盛气凌人，这样肯定是当不好编辑，更组不到好稿件。怎样才是真诚尊重作者呢？至少应注意以下四点：一是虚心向作者学习。学无止境，术业有专攻，善于向别人学习、请教，可以不断充实、提高自己。虚心求教可以获取书本和文献资料中得不到的知识，可以获取不少新的信息和好的点子。二是以诚相待。一般来说，和作者的关系大多是建立在工作上，要讲究公正、公平，以诚相待，不要虚情假意。应该要交代作者的事项要讲清楚说明白，应当肯定的要肯定，应当否定的要否定。只要中肯，只要有理有据，作者是乐意接受，愿意修改的。为了适应读者，提高书稿质量，以达到出版后的最佳效果，而且事实结果也是如此，常常由于编辑的诚挚、坦率态度和对作品中肯的分析、宝贵的建议，而赢得作者的信任，合作得到发展、友谊得到加深。三是关心作者。关心要满腔热情，关心到实处，使作者感受得到。当然作者最关心的是自己的作品得到出版和传播，倘若有的著作不属本社出版范围，也不要漠不关心，可以为他提供出版信息，或者帮他联系相关的出版社。就是有些书稿适合本社出版，但一时条件不允许接受出版时，也要耐心解释。特别是成为自己组稿对象的作者，更要为作者解决写作中的困难，甚至尽可能地为他们提供有价值的参考资料，包括各种标准和规范，如科技书中的法定单位使用规范等。关心作者的眼光要放远点，不要认为仅仅是书稿的合作，也不要认为就是一两次的合作，努力争取建立长期合作关系。四是尊重和保护作者的合法权益。作者合法权益是多方面的，如著

作权、署名权、修改权、作品完整权、报酬权，等等。在著作权法中，就是著作权和著作邻接权，这些权利归属于作者，在组稿和以后的编辑环节中都不要损害作者的权利。编辑对书稿的加工是为了优化，拾遗补缺，锦上添花，修改要在尊重作者意见的前提下进行，修改的只是非实质性的内容，实质性的修改应由作者本人进行。著作邻接权也必须按著作权法的规定。有的编辑有时忽视保护作者的正当权益，如在作品上任意增加署名，有的将稿酬换成给作者一定数量的图书，这些都有损作者的权益，应当停止这类侵权行为。

编辑与作者关系处理涉及多方面，靠我们细致而认真的工作，虚心而真诚的态度，去建立和发展作者队伍，当你赢得作者的信赖时，就会给你带来无穷的智慧和极大的财富。

第三节　组稿的内容和程序

组稿的任务是要获得符合出版要求的书稿，为了使组稿顺利进行，书稿质量得到保证，组稿有以下内容和程序。

一、组稿准备

编辑承担组稿任务，大致是两种情况：一种是编辑本人开发的选题，然后待选题通过确定之后，由自己去组稿；另一种是选题计划确定之后，那些由出版社或编辑部集体开发的选题则分派给编辑去组稿。因此，有必要进行组稿前的准备，只有准备好、心中有数后才去组稿。为此，编辑应做好以下准备：

1. 明确选题意图，研究选题要求

组稿主要是向作者约稿，在选择作者之前，要弄清楚组什么样的书稿，明确为什么要写这本书，要写成一本怎样的书，写给谁看，该由什么样的作者去写作，要求什么时候完成等，也就是研究图书的出版宗旨、读者对象、质量要求、篇幅、时间等等，并且要研究该由什么样的作者去写才合适。对于文学作品和学术著作等，写作的作者是创作为主导型，组稿具有特殊性，虽然选题和写作方案不是由编辑事先提出来的，但也要认真研究和了解这类选题的方向和要求，才能与作者作必要的沟通。对选题研究透彻，有利于选择合适的作者。对选题写作要求研究有利于和作者一道提高作品质量。

2. 制定组稿方案

对于选题，制定以后还可以进行修订、调整，甚至撤销，但是组稿完成，收到书稿以后，处理就要慎重，有约稿合同予以制约。因此，组稿以前，一定要认真研究，考虑周到，制定具体方案。组稿方案是组稿活动的行动指南，行动起来就会井然有序，不会忙乱，也不会出现措手不及的情况。选题方案不管形成有形和无形的，一定要有。一般须包括以下设想和计划：书名（或暂定名）、编辑要求、读者定位、书稿性质、专业类别、编辑方式、字数估计、进度安排、稿酬标准，等等，逐条议论、落实，使组稿编辑理解、明了，并能变为行动。当然，方案中内容有些在选题策划时就已经设计好了，只要进一步明确，但是有的内容是在选题审批之后组稿之前才讨论决定的，如作者的选定、稿费标准、写作进度、稿件处理等。

组稿准备工作具有实际意义，尤其是大型图书，如套书、丛书，多个作者写作，更需要有周密的安排和计划。只有经过充分的准备，组稿工作才会顺利、有效地进行，才会少走弯路，避免不必要的重复工作。

二、选择作者

作者的选择是组稿活动最重要的一环，也是组稿的实质性工作。根据书稿的性质和编写要求，选择最合适的作者。作者队伍的建立和发展要靠平时的积累和工作，不能临渴掘井，这样很难找到符合要求的作者。对于作者的选择，理想的、合适的作者应具备下列一些条件。

1. 具有一定的政治思想水平

作者的世界观、人生观、价值观，往往会融入作品，影响读者。对于科技类书，作者的科学思想、方法论的正确与否也很重要。作者在这方面的修养，会反映在分析问题、处理问题和阐述问题之中。政治思想水平还会反映在理解、掌握和贯彻党和国家政策、法律法规上，写出来

的作品要符合党和国家的方针政策。

2. 具有较高的学术水平

作者的学术水平，直接影响作品的内容质量。特别是学术著作、科技著作、工具书等，如果作者没有造诣很深的专业知识和相当的学识水平，其书稿的先进性、科学性很难得到保证。各类教材的编写，不仅要求作者有较高的学识水平，还要求作者有丰富的教育经验。专业性很强的图书，更要求有很高的专业知识。只有作者知识丰富，有学识，有见解，写作能力强，才会写出好的作品。

3. 具有文字修养和写作能力

作品通过文字表述给读者阅读，文字通顺、流畅，表述严谨、简明，层次清晰，结构严密，还要逻辑性、修辞好，等等，都是作品的基本要求，各种不同类型的作品还会有不同的要求，因此，文字修养和写作能力是对作者最基本的要求，也是最重要的要求。不具备写作能力也就无法完成书稿的写作。

4. 具有写作的热情和严谨的写作态度

作品的主体是作者，编辑仅仅只能起参谋作用，无法代替作者工作。因此，作者要有写作的激情，要有较高的写作热情。只有爱好，才会克服任何困难，把全部精力投入到创作之中。充满写作激情的作者，会使自己的思维总是保持最佳状态，会不知疲倦地忘我工作，思潮如泉，行文如水，滔滔不竭，能保质保量按期完成写作任务。

作者严谨的写作态度是保证书稿质量的重要条件。作品传播于世，影响之广且影响之久，是所有传媒之冠。对作品不能马虎，更不能粗制滥造。科学性来源于严密的科学理论和科学实践，一个资料，一个数据，都要准确无误。特别是科技类书，书中常有大量的图表、公式、照片等，相当复杂，容易出错，必须依靠作者认真细致的工作，反复查证核实，准确，符合标准和规范。

5. 具有写作时间和写作精力

编辑组稿时，根据以上条件，往往想到了具有较高水平和能力的专家、学者、教授，这些作者是完全可以胜任的，但是也要注意到，他们工作多，事务繁忙，社会活动多，写作时间和写作精力都可能无法保证。对于那些时间要求比较严格的选题来说，由他们去承担会遇到交稿时间的两难境地。同时，还有可能这些人也是多家出版社组稿的对象。鉴于这些原因，在与作者组稿时，都应了解清楚，并要作者充分考虑时间因素，同时，还要用合同形式予以约束。如果专家学者太忙了，最好去选择其他合适的作者。在考虑时间条件时，也要考虑身体状况，年老体弱的作者难以承担繁重的写作任务，不要过分勉强，使作者为难，到最后，也可能会使组稿落空。

在选择作者时也要注意作者的写作经验。对于第一次写书的作者，编辑要对其写作能力作进一步了解，最好通过试写，给予一些帮助，具体给予指导，特别是关于出版方面的规范和标准，应当给作者这方面的资料，使作者在写作前就明了、掌握，作者写作起来会顺利得多。

三、确定编写提纲

编写提纲就是编辑和作者共同商定的写作计划和写作要求，是作者写作和编辑检查书稿质量和完成情况的依据。编写提纲的制定是在与作者确定约稿关系，作者承担书稿写作任务之后就要进行的一项工作。不管编辑采取有形的或无形的形式，都要与作者研究编撰计划和要求，若采用无形的形式，则应将有些重要的要求写进约稿合同的条款中去，当然最好拟定一个有形的提纲。编写提纲的制定应符合选题的构思和设计。将编辑的构思融入作者的构思。当两种构思融合时，若有矛盾，应通过讨论和交流，达成共识。编辑的构思对书稿要求是从读者角度和出版角度考虑的，但是也要根据实际情况，尊重作者的意见。出版的总原则和要求是要坚持的，但也不能太细、太具体。编写提纲主要内容包括：书名，书的性质，读者对象，主要内容和特点，体例、结构安排，字数估计，写作进度，等等。

确定编写提纲是一项细致的工作，往往要经过反复讨论才能确定下来，有些问题要注意全面考虑。例如，质量与进度，在写作过程中要想使质量得到保证，需要充分收集资料，旁征博引，反复推敲修改，就要有时间保证；但是大多数图书又有时效性，需要及时出版，错过机会就有可能丧失市场，因此，要统筹兼顾，不要顾此失彼。写作要有时间，交书稿后，审读、编辑加工、校对、印刷装订等过程还需要一定周期，还要留有余地，充分考虑其他因素的影响。所以，若在时间上考虑，策划选题，组稿要有预见性，超前安排，倘若时间会错过，就不能再安排这类选题，最重要的是要始终保证书稿质量。

在确定编写提纲时，重点放在套书、丛书等重点图书的撰写，而且对待不同作者类型，提纲的详略也会不同。对创作为主导型的作者，提纲内容主要放在特色和篇幅，以及时间进度。对编辑为主导型的作者提纲内容可详细一些，而且若是多个作者，或者新作者，则要求写出样章。编辑对样章审阅过程中，了解作者的写作水平，体例结构的安排，文字修养和写作技巧等，若有不同意见要尽早交换，形成一致后，印发给其他作者作为参照。倘若是第一次写作的作者，通过样章可以反映作者的写作能力，也好决定取舍，或者早发现问题，早作处理，早作安排。编辑的意见既要注意中肯，实事求是，也要注意明了，态度鲜明，不要含含糊糊，模棱两可，待书稿全部完成再去提就迟了。作者一般都是很愿意听取编辑的意见的，尤其是年轻的新作者，编辑的坦诚之言能给作者写作起参考、启发作用。当然，不论是什么时候，编辑都要尊重作者，尊重作者的权益，会使合作更加顺利，更加长久。

四、订约稿合同

约稿不是个人行为，编辑是代表出版社向作者约稿，双方都要有投入。作者要花精力和时间，甚至放下手中其他工作去写作，目的就是为了发表。出版社策划好了选题，目的就是为了实现选题计划，出版图书，获取效益。那么，作者和出版社目的一致，都期待一个双赢的结果，所以，都不希望计划落空。为了保证共同目的的实现，一旦确定了约稿关系，就必须签订约稿合同。约稿合同全面反映作者和约稿者的权利义务关系，保护作者和约稿者的合法权益，具有法律效力。其主要内容包括：著译者和约稿者姓名（或名称），著译稿名称，作者类别，文种，字数，对著译稿的编写要求，有关著作权的条款（不得侵犯他人权益，专有出版权，衍生出版权等），交稿时间，约稿者对稿件处理方式（包括退稿条件及赔偿方案等），意外情况处理办法，违约方所应承担的责任，付酬办法和标准等。

出版社一般都有统一的约稿合同，签约时只需双方把有关条款内容商定落实填写上去即可。但是对于一些大型、特殊选题的约稿可根据具体情况拟定约稿合同。约稿合同具有法律作用，所有条款应当认真对待，慎重商定，用不产生歧义的语言，防止不同理解就会有不同解释的情况发生。编辑虽然在合同上不签名，而是出版社法人代表签字，但编辑在组稿活动中是代表出版社与作者协商，编辑要比较客观地处理好自己的身份，既代表出版社，又要维护好作者的合法权益，和作者建立一种相互依赖的友好合作关系。

如果和作者的关系比较密切，或者已经有了长久的合作关系，也可以不签约稿合同，口头或书函也可以约定。但为慎重起见，趋向于都签订出版合同。不管是否签订约稿合同，待图书出版前，都要签订出版合同。收稿后，经"三审"决定采用出版的书稿，便与作者签订出版合同，约稿合同则自行废止。

五、收稿前的工作

这是指从签订约稿合同后到收稿前的编辑工作。约稿关系虽然确定了，但编辑的组稿活动并没有结束，还需与作者保持密切联系，继续做好有关工作。收稿前的工作也视不同类型的作者情况而定，对有著作经验，熟悉图书出版规范要求的作者，或以创作为主导型的作者，可以少做。而对于首次写作，不太熟悉图书出版规范要求的作者，或以编辑为主导型的作者，则应多做一些，联系也要多一些。收稿前的工作主要有以下几个方面：一是为作者提供必要的信息资料以供参考。这方面主要有读者信息、图书出版信息和市场信息。读者信息以决定作者的写作技巧和内容取舍；图书出版信息视这类书是否已经出版，若已经出版再出应在哪些方面创新或写出特色，这类信息在制定编写提纲时就应提供，但写作时也应随时提供，并要及时调整内容；市场信息则主要应从进度上来要求，确保按时出版，创造最佳时机，市场瞬息万变，要很好地把握。二是为作者在著译知识和出版规范方面提供帮助。在图书出版方面有自身的特色，也有许多出版方面的专业要求，对缺乏写作经验的作者有必要提供必要的帮助，尤其是科技类图书，符号、公式、图表多，它们都有特殊要求，国家和行业都制定了若干标准，在出版中必须执行。这也是公众传播的要求，没有统一的规范和标准，是无法进行传播的。这类标准和规范较多，编辑根据作者情况、图书类型等实际需要，进行介绍，有些甚至要进行说明解释。这项工作应该在写作之初向作者提供，不要等稿件成形后再去做。三是及时了解作者执行编写提纲的情况。编写提纲应是写作的基本依据，发现问题及时处理，特别是多个作者的写作，在体例、结构、风格上要比较一致，不要差别太大。对于篇幅也要注意，当长则长，当短则短，尤其是一些字数控制严格的图书更要注意。当然，写作中也不排除对编写提纲的微调和修改，这要根据新的情况作出恰当的决定。四是关注写作进度。由于作者的主客观原因，可能会影响写作进度。主观原因可能是作者准备材料不充分、写作速度慢等，客观原因可能是作者工作繁忙或者事务性工作的冲击，以及其他意外情况，影响写作活动。情况是复杂、多变的，编辑人员多加注意，积极帮助作者解决困难，尽可能按时收稿，按时出版。确实有困难无法按时交稿的，编辑也要能理解、谅解，并对出版计划进行适当调整，或者在后续环节中采取补救措施，争取不影响书稿质量，也不影响图书的时效性。

约稿以后经常与作者保持联系，除了能给作者提供信息和帮助外，还会使作者比较放心地去写作，不会担心出版社会不会改变计划，使作者尽心投入，会提高书稿质量。同时，在联系过程中，编辑也会从作者那里获得不少信息，有些信息也可能是很有价值的。

六、收稿

收稿是编辑工作中的最后一环，应按照约稿时规定的要求办理，主要是按"齐、清、定"的要求收稿。"齐"就是作者一次性交齐稿件，正文和辅文一次交来。如果是科技类图书，还有图表和照片及其他附件也要一并交齐，并按一定顺序标注清楚。"清"就是稿件清楚，不允许模糊不清，或者潦草马虎，如果不清楚应重新撰写清楚、工整。"定"就是书稿一旦交给出版社，一般情况下作者不能再增补或变更内容。编辑收稿后要对书稿作全面检查，认定合格后才收稿，并及时登记，以转入后续编辑环节。

由于计算机的普遍使用，越来越多的作者用计算机写作，所以，当作者来交电子文稿时编辑最好调试一下，不能出错，交来的电子文稿应具兼容性，而且最好还有一份经作者校对过的样稿，以便区分在编辑后续环节中审读和加工所做的工作。

第九章

书稿的审读和加工

第一节　书稿的审读与选择

一、审稿的意义和作用

审稿是指阅读审查作者的原稿，然后对稿件作出评价和选择，是编辑工作中一项基本制度，并在审稿中坚持"三审制"。在编辑过程中，它是中心环节，是实施选题计划的具体步骤，也是稿件进入编辑加工的前提条件，是承上启下的重要工序。作者在完成书稿后，交到出版社，一般是由相关编辑来审稿，也有一些特殊专业需聘请社外专家审稿。无论编辑审稿还是请专家审稿，审稿的目的、程序、要求都是一样的。审稿要对稿件内容作出准确判断。书稿的主旨和框架是否符合组稿设想，其内容和形式是否达到出版要求，需要通过审稿作出判断。审稿人员要按照审稿要求、审稿制度，坚持标准，认真阅读书稿，分析研究，对书稿质量作出评价，对是否接受出版作出选择。或者拟接受出版但需要修改的书稿，提出修改要求、建议。对不接受出版的书稿，也要提出中肯意见，作出妥善处理。以上就是审稿的任务。审稿工作进行得如何，与编辑的素质有着极大的关系。众所周知，出版家选编辑，编辑选稿，读者选书。编辑的选稿能力就是要从众多的稿件中选出读者欢迎的优质稿件。如果所选稿件编成书以后读者不欢迎、不选取，出版社是经营不下去的。所以，编辑人员的思想水平、学识水平、业务能力和工作态度是决定审稿工作质量的关键。审稿工作决定作品的命运，也决定出版社的成败，关系重大。书稿的优劣靠审稿者把"关"，选题再好，设计出版再好，若书的质量不好也是无济于事。审稿者把关的目的就是为了把那些导向正确、内容健康、有益于读者、有益于社会的书出版，防止有害的或低劣的作品出版。如果审稿者真伪不辨、好坏不识，或者工作责任感不强，致使好作品埋没、差作品出版，不仅对编辑工作造成被动，而且对于整个编辑出版工作都会产生一定的影响。因此，审稿的作用在于对社会文化负责，对出版者负责，对读者负责，对作者负责。审稿工作的意义可以概括为以下几个方面。

1. 审稿是决定稿件取舍的基础

审稿包括了编辑的约稿和作者主动投的稿。在选题组稿阶段，编辑对作者加以选择。选题计划体现出版社的出书方向、品种结构、创造精神和特色，确实非常重要，但选题还只是一种构想和设计，它不能保证作品的质量，作品的质量主要取决于作者的水平和写作能力。在编辑过程的前期工作中，如果出版选题偏离方向、脱离市场，或者作者选择不当，等等，这些偏差或问题到了审稿阶段，通过审稿加以解决。但是，如果审稿把关不严，产生失误以后，却是无法补救的。审稿阶段重点是对书稿内容质量的把关。注意让那些好的作品，具有先进思想、优秀艺术、科学方法的作品，想方设法积极出版；对那些方向正确，但存在某些不足的作品，审稿要大力扶持，热情帮助，指出问题，帮助修改，使其达到出版要求；对那些偏离方向的坏作品，要坚决亮红灯，不让它们流入社会。有些作品的内容可能还是"卖点"，能获得一些好奇人的青睐，但只要是偏离方向、不利于社会稳定、团结的作品，编辑不能被它们迷惑而网开一面。编辑在审稿时，一定不能以个人好恶作为标准，而要以社会和读者的根本利益为重，以出版主管部门和出版行业所制定的标准为准。因此，编辑要经常不断地加强学习，不断地提高自己的政策水平、思想水平和业务水平，才能很好地履行自己的职责，做好稿件的评价与选择工作。

在认真审稿的前提下，对稿件作出评价，评价的目的就是为了对稿件作出取舍决定，评价决定书稿的命运，选择决定出版社的兴旺，必须以十分认真、负责、慎重和公正的态度来对待书稿，评价中肯，选择公正。一般对书稿的取舍有如下四种情况：一是采用，不需退改，即可进行编辑加工。这类书稿在内容和形式没有大问题，已经达到出版要求。二是有采用基础，但是必须退给作者修改，根据修改后再决定取舍。这类书稿，没有大的问题，方向是对的，内容和形式基本上是好的，但还有必要作者进行修改或内容的增减，这些修改内容不能由编辑修改，必须要作者自己去修改，修改后是否采用，再经"三审"而定。三是送审待定。这类书稿有的内容很专，或者很重要，编辑无权作出决定，或不能作出决定，须送主管单位或有关专家审读、审查再决定取舍。四是不予采用，须退稿。这类书稿有几种情况：书稿不符合本出版社出版范围和条件；内容和形式未达到出版水平；稿件不对路。在审读书稿时，虽然侧重在内容和形式的把关，不像策划选题时那样，对价值进行预测，对市场进行预测，这一步已经论证过了，但在审稿时还是应该结合市场对书稿进行审视，是否符合选题的构思和编写提纲，是否符合出版社出版条件和经济能力，是否有印刷水平和条件，等等，这些也应该考虑，进而作出合理决策。

2. 审稿是提高书稿质量的保证

根据一项调查表明①，在一些编辑出版机构中，审稿环节的工作极其薄弱：有41.8%的编辑对稿件有时看，有时不看，10.9%的编辑干脆不看稿。试想，在这样的编辑手下出版的图书，质量究竟是怎样的呢？质量会得到保证吗？审稿是把质量关的第一道防线，编辑是其把关人。如果不审稿，如何去发现好与差？良莠不齐的书稿都会进入下一道工序。一旦签订图书出版合同，对那些不宜出版的书稿怎么办？怎样给这些书稿编辑加工呢？因此，这种现象应当制止，必须认真地进行审稿。

图书是精神产品，是宣传思想、传播文化、传授知识的重要工具。图书是否能够在这些方面表现其应有的功能以起到促进社会政治、经

---

① 张才明，杨文华. 现代编辑学概论. 北京：中央编译出版社，2000：232.

济、思想、文化、科学诸方面发展的作用，则取决于其在内容与形式两方面的综合质量的高低。

不论作者的作品是"一气呵成"，还是"三十年磨一剑"，都必须存在一个再审视、再修改、再提高的过程。当然首先是作者本人对书稿的审视、修改、提高，直到自己满意为止。书稿交到出版社后，出版社则指定相关编辑审读，以决定取舍。在质量方面重点审读有三个方面：一是审其思想性、科学性、学术性方面是否存在问题，这方面的问题如果是严重的、致命的，此稿件就不能采用，如果是局部的、次要的，看其通过修改后是否采用；二是看其内容在结构上、完整性、条理性等方面是否有问题，如果可以调整，修改后可以采用，如果工作量太大，或无法调整修改，则不能采用；三是看其语言表达，是否清楚、顺畅，是否逻辑性、可读性强，这些方面影响作品的感召力和生命力。审稿者在对作品进行审读时，是带着"挑剔"的眼光，根据图书质量标准来进行的。审稿就是一种控制、筛选，不让差作品流入社会。不论作者是否是名家，稿件都不可能十全十美，都不能保证其作品符合出版要求。只有通过审稿者的"挑剔"，然后与作者沟通，经过必要的修改，使原稿中的疏漏、偏差得到改正，才能保证图书的质量。

编辑人员对审稿的性质和意义要有正确的认识，避免一些误识。如有的编辑认为"文责自负"，写稿是作者的事，出了问题也就归作者承担，用不着辛辛苦苦讨没趣。其实不然，写作的是作者，作者对作品应当负责，但不等于说出版社和编辑就没有责任。为什么我们要署上责任编辑的名字，就说明有了一份责任。因为作者的作品是经过编辑的手传播出去的，那么就有了社会责任和对作品的责任。传播的作品的内容和质量如果有问题，作者、责任编辑和出版社各自都要承担相应的责任。

3. 审稿是发现人才的有效途径

出版社由于出版能力有限，出书的种数有限，于是对大量的书稿变成书的仅只有一部分，通过对书稿的审读，可以发现优秀人才和有发展前途的作者。对于约稿，编辑都会审读，但对于自投稿，由于不能都采用，有的不去审读，也就不会了解作品内容，很难发现其中很有潜力的作者，往往只会关注在社会上很有影响的作者。像我们熟知的例子，法国作家儒勒·凡尔纳在从事科幻小说创作以前，早就从事歌剧创作，对他的作品，也遭到十多家出版社的拒绝，由此可见，认真审读书稿还是很有必要的。在慎重对待每一部书稿的过稿中，会对书稿作出评价和判断，也就加深了对作者的了解和认识，也就会发现作者的才能和潜力。

对于不能采用的书稿，要给作者提出意见，如果编辑的意见很中肯，对作者是一个很大的启发和培养，他会在成功的道路上获得捷径，少走弯路。而且，即使不采用的书稿，也要分析原因，使作者明确还应在哪些方面下工夫，加强修养，提高自己。若书稿是范围不符，或与出版社的条件不合等，也可帮作者出点子，协助他找到合适出版的单位，这样也是团结作者很好的办法。作者队伍对出版社是很重要的，要经常注意发现作者、扩大作者队伍，而对书稿的审读，能客观提出评价意见，不失为发现作者和团结作者的一条重要途径。

二、书稿的审读内容和选择标准

书稿的审读内容是说从哪些方面去着手，每个方面质量标准包括哪些要求，也就是说，内容和标准是不可分的，要用一定的标准去评判内容。所以审稿就是一种从出版专业角度，对书稿进行科学分析的理性活动。对于一部书稿最终取舍的处理，是在对书稿进行不同审级的审稿并作出客观的、科学的评价和判断的基础上作出的。因此，评价与判断标准的客观和科学极为重要。国家新闻出版署于1997年颁发了《图书质量保障体系》，阐述了实施图书质量保障体系的指导思想、基本原则、编辑出版责任机制、出版管理调控机制，对图书质量的衡量标准和制度保障作了明确规定。审读评估稿件一般应以独创性、政治思想性、科学性、系统性、可读性作为基本标准。

1. 独创性

据《中华人民共和国著作权法实施条例》的解释，"作品"是"文学、艺术和科学领域内，具有独创性并能以某种有形形式复制的智力创作成果"，缺乏独创性，作品就没有存在的价值。世界上任何事物都是发展的，要不断创新，推陈出新，只有创新才有生命力。图书从内容到形式都要创新，这是最基本的要求。编辑要严格区分著作和剽窃、抄袭的界限。我国著作权法，明文规定不允许剽窃、抄袭他人的作品。因此，编辑在审视书稿时，就要看书稿的内容是否具有新思想、新见解、新观点、新发现、新成果。这条标准的掌握全靠编辑的知识面和对图书信息的了解，当然有时可以对作者的了解来判断，还可通过合同予以约束。

2. 政治思想性

政治思想性就是政治性和思想性，它们往往密切相关。政治性是指书稿中所反映的政治立场、政治观点和政治倾向，主要指涉及阶级、政党、国家、民族、宗教等关系中的现实政治问题。思想性是指书稿中反映的思想倾向和思想内容，主要是世界观、价值观、认识论、方法论、道德观，等等。在社会科学、文艺书籍中都会直观或间接反映出来，自然科学也会有所反映。所以，作为社会主义的出版事业，政治思想始终是第一位的。书稿中所反映的政治问题、政治立场、思想观点等，首先要认真审视，作出客观的评价。

2001年国务院颁布的《出版管理条例》第二十六条规定，任何出版物不得含有下列内容：反对宪法确定的基本原则的；危害国家统一、主权和领土完整的；泄露国家秘密、危害国家安全或者损害国家荣誉和利益的；煽动民族仇恨、民族歧视、破坏民族团结，或者侵害民族风俗、习惯的；宣扬邪教、迷信的；扰乱社会秩序，破坏社会稳定的；宣扬淫秽、赌博、暴力或者教唆犯罪的；侮辱或者诽谤他人，侵害他人合法权益的；危害社会公德或者民族优秀文化传统的；有法律、行政法规和国家规定禁止的其他内容的。① 这些是我国对出版物的政治要求。对我国出版物的思想性要求是：宣传唯物论和辩证法，反对唯心主义和形而上学；宣传社会主义思想和社会主义道德，反对资本主义腐朽思想和封建主义的遗毒；宣传爱国主义、社会主义和集体主义，反对民族虚无主义、民族沙文主义和狭隘的民族主义；宣传适应生产发展和社会进步的先进思想，反对落后保守思想；坚持积极健康的思想格调，反对低级庸俗的趣味；面向未成年人的读物，不得含有诱发未成年人模仿违反社

---

① 彭国华. 新闻出版版权法制理论与实务. 长沙：湖南人民出版社，2002：299.

会公德的行为和违法犯罪的行为的内容，不得含有恐怖、残酷等妨害未成年人身心健康的内容。①

除此之外，关于涉及国家的政治、方针政策问题、对外关系、技术保密等等，都要与国家保持一致，思想、方法要是先进的。

3. 科学性

书稿的科学性是它们反映客观事物真实、准确、严密、深刻的程度，衡量科学性的标准是内容的科学水平，基本要求是：尊重历史，实事求是，历史是检验一切作品价值的试金石；准确表述各门学科的基本概念、基本原理和规律，取材翔实典型，数据确切可靠，推理论证严密、符合逻辑；结构合理，体例一致；标准规范，实用性强等。科学性要求不仅限于学术著作、科技类图书、教材，对文艺创造也适应，不能含有反科学、伪科学的内容。书稿内容符合时代要求和规定的有关标准。学术著作要在已知的基础上探求未知，提出新的观点、新的理论和新的成果。科普读物要与已确定的科学知识和科学观点相一致。文艺作品也要遵循客观性和科学性原则，尊重历史，尊重事实，不要脱离历史和生活的本质真实而去随意虚构。曹雪芹曾经在谈到《红楼梦》的创作时，说他所写的事迹，"俱是按迹寻踪，不敢稍加穿凿，至失其真"。文艺作品尚能如此，其他作品就更不用说了。

4. 系统性

系统性是图书的共同特性。系统性就是指书稿根据一个主题，按一定的秩序和规律，将各个组成部分按照一定逻辑结构组合成一个整体的特性。整体具有"整体效应"和"系统效应"，具有它各个组成部分独立存在时所没有的功能。

（1）体系整体性要强

一部书稿有时虽然涉及多学科内容，但通常只有一个主题，围绕一个主题合理安排有关内容。图书不同于期刊杂志和论文集，它们有多个主题，按栏目而分，内容比较分散。而图书内容比较集中，有头有尾，层层展开，整体性较强。

---

① 出版专业理论与实务. 上海：上海辞书出版社，2002：96.

（2）结构要严谨

结构就是一本书的框架，是各部分内容的有机结合。根据一个主题，按篇章分述，是图书最常见的结构。结构清楚了，就会纲举目张。结构还要符合逻辑性，承上启下，相互之间既相互联系，又相对独立。

（3）条理要清晰

书稿的条理有结构上的和内容上的。结构上的条理指各章节之间的安排，内容上的条理就是要有一定的逻辑性，不能东扯西拉、颠三倒四。整体看来，图书内容和结构都是有序的，不是杂乱无章的。

（4）层次要分明

层次是指事物的等级，指自然界中各种事物、两个相邻关节点之间具有共同的质的部分。自然界是由不同层次和类型构成的立体动态网络，同一层次中有不同的类型，同一类型中有不同的层次。图书的层次则表现在章、节、段，段落与段落、层次与层次之间应有一条清晰的脉络，或并列，或递进，或从大到小，或从前到后，按照一定的序列，都要明确清楚。

5. 可读性

图书是要给读者阅读的，就要适合读者。书稿的可读性有三个方面要求：一是通俗易懂，让读者读得懂，弄得明白，也就是易于接受理解。二是具有吸引力和感染力，有的书还要生动形象，有的书要能引人入胜，有的书还要有趣味性，有的书可能不能与这些相比，但尽可能不要枯燥乏味。由于书的实用性，总要在某方面能吸引读者，读起来流畅通顺。三是适应不同读者需要。由于读者的多样性、多层次，图书不能千篇一律，以一种笔调、一种风格来写，儿童读物、青少年读物、成年人读物就有不同的写法，写作方法是有差异的。不论怎样，最终要使读者愿意看、爱看、看得懂，这样才具有可读性。作品的可读性如何，与作者的写法、写作水平密切相关。作品要生动形象读者才爱读，如运用一些修辞手法，可使枯燥变得生动形象起来，可读性便增强。

除了上述的共同要求之外，对于不同类型的书稿还会有特殊的标准和要求。例如，教材要由浅入深，循序渐进；美术作品要讲究艺术性；辞典工具书类要求词条选择得当，语言精练等。书稿质量除了内容质量

（这是最基本最重要的）外，还有其他方面的质量，如图表、篇幅等。图表质量首先是要准确，其次还要美观，也要恰当。篇幅也不是越多越好，可写可不写或不需要写的内容，就不要写，内容越多，书越厚，成本也就增加，最后是加重了读者的负担。一本书传递给读者所需要的一定量的信息，自然是篇幅愈小质量愈高，因此篇幅也是书的一种质量。

第二节　书稿编辑加工的作用和原则

书稿经过出版社"三审"以后，决定采用即进入编辑加工阶段。编辑加工是编辑按照出版要求对书稿进行检查、修改、润饰和整理工作。编辑加工是编辑工作中的一个十分重要的环节，工作任务比较繁重，也很具体。在审稿阶段，着重对稿件的宏观把握，其任务是评价、判定该稿是出版还是不出版。而在编辑加工阶段，其任务是把稿件修改、润色、整理，把书出好。前者是选择，后者是优化，选择和优化是编辑工作的主要内容。有的学者把审稿比作"采玉"，而把编辑加工比作"磨瑕"。①"磨瑕"就是使稿件达到它应该达到的水平，即帮助作者使稿件完美，对稿件再进行精雕细刻，使之成为"精品"。

出版社接受的书稿，无论是约稿还是自投稿，无论是专家学者的稿件还是一般作者的稿件，都有一个通过编辑加工整理消灭差错、弥补疏漏、规范文字、统一标准、提高质量的问题。

为什么要对稿件进行修改加工呢？这其中的原因有三：一是由于作者的水平各有不同，写作时心情和态度也有差异，书稿中存在某些缺陷、差错和不规范是不足为怪的。就是名家、权威学者，他们虽知识广博，功底深厚，学识水平高于我们编辑，书稿质量一般是很不错的，但"智者千虑，必有一失"。作为我们编辑则旁观者清，较容易发现其中的疏漏或差错。例如，在历史上，班氏父子对于司马迁的《史记》是局外人，所以他们轻而易举地指出了司马迁的缺点。但班氏父子对于

---

① 蒋广学. 编学原论. 南京：南京大学出版社，1999：205.

《汉书》是当局者，而对于自身的问题则又看不清了，结果晋人张辅则批评《汉书》之失。又如，郭沫若无疑是名人、权威学者，他的著作有相当高的水平。他的早期著作《中国古代社会研究》由人民出版社重排出版时，他自己修改了一遍以后，但仍不放心，交稿时特别叮嘱出版社的编辑认真审读。责任编辑消除顾虑，提出大小修改意见一百多条，绝大部分得到郭沫若的首肯。郭沫若在该书的新版《引言》中说："感谢出版社的同志们，费了很大的工夫从事整理、核对引文、校勘全著，订正了不少文字上的错误。"① 这说明任何书稿，都应当认真地进行编辑加工整理，不可直接发排出版。

二是"作嫁衣裳"的需要。要"作嫁衣裳"就要"裁剪"，单有"原料"是不能自然而然形成"衣裳"的。编辑的职业就是把书稿编辑成书，复制者也是完全按照编辑的指令而复制的。编辑懂得出版规范和要求，按照出版的要求和规范来加工处理稿件。这也就是我们平时所讲的"尺有所短，寸有所长"。作者有较高的学识水平和写作水平，但他不懂得如何编辑书稿，编辑虽然不是该书稿的作者，但他懂得如何编辑加工整理该书稿。编辑是以"挑剔"的眼光来看待作品的，找出其瑕疵，而"磨成玉"，岂不美哉。

三是形势在不断变化和发展，出版要跟上时代的步伐。由于形势的发展，书稿形成后也可能有变化，有重新审视和修改的必要。例如，书稿形成以后，有的提法和观点可能改变了；有新的标准出台了，等等。形势的变化，新知识、新信息急剧增加，都导致了编辑加工稿件的必要性。

一、编辑加工书稿的作用

1. 完美优化作用

作者在写作过程中，已经倾其所能，尽可能把书稿写得完美，仅仅是因为主客观原因，会或多或少的存在毛病，有的作品编辑可能不要再修改、润饰，有的作品可能要做一些，不管怎样，编辑都要逐字逐句阅

---

① 出版专业理论与实务（中级）. 上海：上海辞书出版社，2002：106.

读，保证书稿从内容到形式的全面高质量。编辑需要消除差错，润饰文字，统一体例，订正观点，核对数据、材料等，这是把好全面质量关的关键环节，在审读书稿时，只是评价和选择，并不动笔修改，在编辑加工时，编辑要动脑动手修改。从格式、文字、符号到图、表，从正文到辅文，都要修改、润饰，使书稿得以完善、"美化"，使图书的科学文化知识与艺术相结合，读者不仅能从中获得科学文化知识，还能得到美的享受。

2. 出版传播作用

写作书稿的目的就是为了出版传播，为了保证书稿达到出版传播的要求，就必须经过加工过程。书稿要出版，就有出版要求和规范，而这些，只有编辑才能胜任。编辑按此进行加工整理。书稿要达到"齐、清、定"后方可发稿。发稿进入录入排版工序，书稿要排版就要排版人员看得懂，知道排。不仅看得懂内容，还要看懂看清书稿上每一个字、每个符号、每个标点、每张图，明白编辑的设计思想，按照编辑的指令和版式设计，排版印刷。编辑的修改和标注用与书稿字迹不同颜色的彩笔，既与原稿字迹区别，又可达到清楚醒目的目的。标注是用通用的或特殊的标注方法，按排版要求，在书稿上作种种说明。整理是将文稿和图表无一遗漏地加以有序整理。

传播就是要使受众共享信息，信息的传播具有交流、交换和扩散的性质，为此，人们创立了传播的各种方式方法。图书的传播是符号系统，语言符号是人类最基本的符号体系。随着社会历史的前进，传播的范围越来越广，所以，其符号系统会随之发展、标准化、规范化。编辑就必须按照传播的要求，使符号系统符合标准化、规范化，这样才会使图书受到读者的欢迎，达到传播的效果。一个单位符号、一个标点符号、一个公式的字母符号，等等，都要使用正确、标准、规范，而这一工作就是通过必不可少的编辑加工来完成。

二、编辑加工书稿的原则

1. 尊重作者的原则

对书稿加工，其目的是为了提高书稿的质量，一般说来，作者撰写一部书稿短则一年时间，长则几年，甚至穷尽毕生精力，对自己的书稿内容是最熟悉的。而作为编辑，只在阅读一两遍的情况下，对作者的写作思路、写作目的、写作风格，还不会吃得很透、理解很深，因此，在处理稿件时要十分谨慎，充分尊重作者，不能按照编辑的好恶行事。作者对作品的内容和表达方式负责，对作品的质量，特别是对作品的思想性和科学性负有不可推卸的责任。

《中华人民共和国著作权法》规定，作者有保护作品完整权，即保护作品不受歪曲、篡改的权利。未经作者同意，编辑不能对作品作实质性修改，例如修改作者的观点、思路、论据和篇章结构等。但是，编辑要全面把关，就会与此产生矛盾，因此，在编辑加工中，要把握尺度，多与作者协商。对实质性的修改，编辑可以提出建议，由作者本人去修改，如果本人不予采纳，只要不是违反社会主义四项基本原则的，不违反宪法、法律和法规的，就要尊重作者意见，允许"百花齐放、百家争鸣"。对非实质性的修改，如事实材料的订正、文字的润饰、语法错误的改正、标准的规范等，则可在修改后请作者看一遍，也要征得同意，尤其是一些学科性很强的术语，不要轻易改动。

"文责自负"说明了作者对作品负有不可推卸的责任，从文责自负也就要求编辑动笔修改要慎重，而且修改了的内容需要取得作者的认可。因此，编辑既不能把自己的观点和意图强加于作者，但也不能借口文责自负而放弃把关。对于文责自负和编辑加工要辩证地看，处理好它们之间的关系。由于作者和编辑所处的地位不同，对社会对读者了解的情况有所不同，他们承担的责任也有所不同。作者对作品的内容负责，编辑还要对社会和读者负责。一般说，文责自负和编辑加工是没有矛盾的，因为通过相互交流、相互磋商可以使矛盾化解。非原则性问题编辑尊重作者意见，但如果属于原则性问题和影响稿件质量的问题，作者坚持不改时，出版社有权拒绝出版。

2. 少改多就的原则

编辑修改是对书稿中的缺点错误加以修正，应该是非改不可的，而不该改的一定不要改，可改可不改的不要改，这就是少改多就的含义。

"非改不可的"是指书稿中遗留下来的错误都应该改正，不改就会影响书籍质量。语法错误、文字错误、不规范性错误，都一定要改过来。实质性问题一般由作者自己修改，特殊情况下也可由作者委托编辑修改后加以认可。非实质性问题可在作者同意后由编辑修改，最后仍须作者过目。

"不该改的一定不要改"是说作者的观点、结构和写作风格方面的问题一定不要改，这正体现了"百花齐放"的风格特征和"百家争鸣"的方针。只要是对的、正确的就一定不要改。这不仅可以尽可能多地保持原作的风格，而且可以大大减轻编辑的工作量。

"可改可不改的不要改"是说修改后一定要比原稿明显好，不然就没有必要改。可改可不改的地方，编辑认为不够妥当，或者认为是缺点，编辑认为改一下好。编辑可要知道，作者在某学科、某领域的学识水平往往比自己高，作者研究得更深入、更透彻，不要随便改动。巴金曾经说过一段话告诫编辑工作者："要小心呵，你改别人的文章，即使改对了 98 处，你改错了 2 处，你就犯了错误。"① 所以，编辑下笔必须谨慎，必改的一定改好，可改可不改的不要改。编辑应当明确，决定书稿质量的主要关键是在选题和审稿，而不在加工整理阶段。编辑不可能也不应该逐字逐句修改，只能逐字逐句审读。如果是平庸之作，经过编辑精心加工也难以变成佳作。那么，又何必增加自己的工作量呢。

3. 改必有据的原则

编辑虽然是知识面比较广的"杂家"，但毕竟不是无所不能的。编辑所学和所研究的学科总是有限的，但是面对的书稿却是多学科的，有许多东西是自己接触很少，甚至没有接触过的。因此，编辑在加工稿件时要抱着学习的态度，谨慎从事。修改书稿要讲依据和理由，或者根据自己头脑中已有的知识，或者根据工具书，或者根据有关经典著作，或者请教专家学者，要使修改的内容绝对有把握。如果自己也觉得没有把握，就不能改动。切忌不懂装懂，更不要故意显示自己高明，凭想象修改。例如，如果对引文、材料存在疑问，就需要查证。如果对公式、单位的准确性有疑问，也需要查阅有关书籍和标准化规则，等等。若将对

---

① 张才明，杨文华. 现代编辑学概论. 北京：中央编译出版社，2000：250.

的改错了，作者是会十分反感的。鲁迅先生曾在《望勿"纠正"》一文中说：若自己于意义不甚了然时，不可便以为是错的，而奋然"加以纠正"，不如"过而存之"，或者倒是并不错。作为一位编辑，手头的词典类工具书不能少，以供随时查阅。作为一位科技书籍编辑，除此之外，还要有"编辑常用标准及规范"类书籍。

4. 改必更美的原则

对稿件修改必须改对是最基本要求，改还要改好，修改后的稿件要更完美。修饰、润色、规范都是使书稿从内容到外观，无疵可挑，全其观点，美其风格。修改首先是改得通顺，合乎语法，能够清楚地表达书稿内容的原意，这也是最低的要求。其次是修改得更好，修改的句子会改得形象、生动，更富文采，更美，这是较高的要求。汉语中谓斟酌字句，反复考虑称之为"推敲"，语出胡仔《召溪渔隐丛话前集》卷1931《刘公嘉话》："岛初赴京师，一日于驴上得句云：'鸟宿池边树，僧敲月下门'。始欲着'推'字，又欲着'敲'字，练之未定，遂于驴上吟哦，时时引手作推敲之势。时韩愈吏部权京兆，岛不觉冲至第三节。左右拥至尹前，岛具对所得词句云云。韩立马良久，谓岛曰：'作"敲"字佳矣'。"[1] 为什么将"推"改为"敲"字，就是因为"敲"字比"推"更富有音响效果、更形象，也就是更具有审美价值。加工书稿中的润饰功夫，是很需要有推敲精神的。书名、标题、某些关键性字句都要反复推敲，使之准确、鲜明和生动。修改后的字、句是最好的，具有不可替代性。在编辑加工过程中，要使书稿从内容到形式达到高度统一，从而获得语言美、结构美、整体美、和谐美、奇异美的效果。

第三节 书稿编辑加工的内容

编辑加工是保证图书质量的要求，根据新闻出版署《图书质量保障体系》第九条指出："坚持责任编辑制度"，责任编辑"负责稿件的编

---

[1] 辞海（缩印本）. 上海：上海辞书出版社，1990：791.

辑加工整理和付印样的通读工作，使稿件的内容更完善，体例更严谨，材料更准确，语言文字更通达，逻辑更严密，消除一般技术性差错，防止出现原则性错误"。这是对编辑加工内容的总要求，包括了内容和形式全面的质量把握，具体有以下几个方面的工作。

一、内容方面的加工

1. 消除差错

（1）消除政治差错

根据实践经验，无论政治类图书还是非政治类图书，无论正文还是辅文，都可能出现政治差错。比较容易出错的是涉及党和国家的方针政策、政治理论观点、国内民族关系、宗教信仰、统战工作、港澳台问题和对外关系的论述，以及地图中有关国界的画法。还有，凡是法律法规明令禁止的政治内容在书稿中出现，就属于政治差错。政治方面内容出现在书稿中，其提法与党中央提法不一致，甚至背道而行之，这些都是政治错误。对于政治问题表述不严谨，产生歧义，也会引起政治错误。如果放过了政治性的差错，对国家的危害自不待言，对社会也造成影响，不可避免地会给出版社带来损失，轻则是一种书停售报废，重则是出版社被责令限期停业整顿乃至吊销出版许可证。因此，绝对不可掉以轻心，必须非常认真细致，不要放过每一个差错。

（2）消除知识性、科学性差错

书稿中知识性、科学性差错是分散的、随机的，很容易被忽略，所以要多注意易被忽略的地方，如事实材料的核实、数据的准确，时间、公式、计量单位、图表、引文要核实无误，有时，可能因为小数点搞错，就有可能带来严重的后果。对于知识性、科学性错误绝对不能放过，这些错误多了，显然就是书稿质量存在问题，没有达到一定水平是不能出版的，只有存在极个别的问题时，才可以修改好后予以出版。

（3）消除其他各类差错

这类差错虽然不如前两类重要，但也是不允许存在的。这类差错如标点符号、注释等辅文中存在的差错。

2. 修改缺陷

缺陷是指书稿中表述不准确、不清楚、逻辑性不强等问题。例如，某书稿中有一句话，"工资收入每月大约 900 多元"，用了"大约"，又用"多"，显然概词重复。又如，"人如潮，春如海"。"人如潮"表示涌动的情景是可以的，但"春如海"就不妥当。"海"可以表数量大："火海"、"人山人海"；也可以形容容量大："海量"、"夸海口"。但将"海"比喻"春天"，就不妥当了，春天既不能以数量表示，也不能以容量表示。

在科技书中的表述，更要注意科学性。如，"'惰性电子对效应'不反映事实的本质"。"事实"指事物的真实情况，用在这里不妥，欠准确，应改为"事物"才词义明确。有些缺陷，实际上也可能是误用，或模糊不清等问题，同样也要加以修改。

3. 核对引文

引文往往是作为论证的依据或出发点，为了防止引文错漏，必须进行核对。引文一般都应标明出处，而且以最新版、权威版为准。引文的核对，要看是否符合原文，是否断章取义，是否张冠李戴。若个别书稿引文太多、太专，不能一一查对，也要随机抽查一部分，查实后觉得引文都能一一对应，正确无误，便可发稿。若查后有误，应请作者重新核对，如果版本不够权威，应请作者按权威版本核实。在作者查对修改后编辑还应复核。引文的核对，除了对原稿进行核对外，还要在校样时注意核对，标点符号、注释页码也不要有错。

4. 规范统一

规范是指按照国家的规定标准统一有关用法。不论哪类图书，都会涉及标准和规范化问题，不过自然科学类书尤其多。对于科学技术方面的图书，规范复杂而且繁多；规范既不可能覆盖所有细节，也很难尽善尽美；社会发展很快，规范实行一段以后就要修改，则又须按新的规范统一用法。因而，正确使用规范是一个既重要又有一定难度的问题。有国家标准的使用国家标准；没有国家标准的使用部颁标准，或其他标准，如国际标准，约定俗成规范等。编辑加工中应结合具体问题予以解决。常用的规范标准有：语言文字规范、标点符号用法规范、数字用法规范、名词术语规范、计量单位使用规范，等等。其他还有外文字母使用规范，大小写、正斜体的使用，人名、地名使用规范等。规范、标准

都是要求图书出版遵照执行的，而且全书要求统一。

二、形式方面的加工

这里所说的形式，是指表述形式，它包括结构标题、文字符号、语法修辞、逻辑、标点符号等。

1. 结构标题

图书的结构要求是严谨紧凑，脉络分明，层次清楚，衔接自然，系统性强。一般由篇、章、节、条、款、段等不同层次的结构单位组成。对于大的结构若不合理，要由作者予以调整，或者先取得作者的同意。对于小的结构，如段落划分不合理，合并或分开，可以作出调整，然后，再征得作者同意。文中段落衔接不自然，也可加上几句承上启下的话，使衔接自然，通顺流畅。各章节层次分明，内容不应交叉、重复。

在处理结构时，还要注意辅文，前言、后记、附录、参考文献，位置正确，规范合理。相关注释、索引也要规范统一。审视结构可以先查看目录，如果目录简单，编辑可以准备一份详尽目录，对全书结构一目了然。对于图书来说，存在两个逻辑体系结构：一是内在的逻辑结构；二是外在形式的篇章结构。好的论著，注重立意布局的内在结构，也注重让外在结构和谐的服从生成的内在结构。

标题是在标明图书内容和某部分内容的简短词句，书名是图书内容的总题目，往下依次是篇、章、节、款题等，辅文也有标题。标题主要特点是层次分明，能体现全书的内容和结构。从标题可以反映全书的逻辑联系和层次关系。标题总的要求是应当简练、准确、醒目，文艺作品还要求生动、新颖、有感染力。

书名是读者识别和了解一本书的起点，是图书内容最精练的提要。书名起得好，可以使读者注目，也为书增色。书名一般以名词或名词性词组或简单句子组成，一般不超过十个字，最多十几个字。如果字数过多，不便于记忆，读起来费力。简练的书目使读者一目了然。所以，书名首先要简练，"一语破的"，切忌冗长。其次，书名要准确，名副其实，不可失实、夸张。再者，书名要鲜明，不可含含糊糊、模棱两可。最后，书名也要生动。学术著作和科技书、教材等，崇尚朴实，但也要能吸引读者，具有感染力。文艺作品更加要求生动活泼。取好书名并不容易，但都非常重要，要多加推敲，这也是列入加工之内的原因。书名一般有两种情况：一种是组稿的，由出版社的编辑拟定了书名，然后与作者协商；另一种是自然投稿，作者先取好了书名，编辑再认定是否合适，合适的就可不改了，不合适则与作者协商，但所取的书名应优于原名。不论怎样，书名最好符合以上四点要求。

标题体现了图书的结构层次，书的框架就是由大小章节标题组成的。全部章节标题或者各级标题加上辅文标题，附以相应页码，按次序排列起来便组成目次表（目录）。从目次表可以看出全书的体系结构和基本内容，因此，它对引导读者了解全书内容，起重要作用。所以对标题也应反复推敲。一本书需要几级题，要根据书的性质、内容复杂程度和读者对象来确定。一般图书以不超过四级题为宜，为便于记忆和查找，教科书、工具书和大部头学术著作标题层次可多一些。长篇论述不妨多分些小节，并加标题以助阅读和记忆。目前国内外出版的教学参考书、科学著作和工具书的标题越来越多地采用"结构层次编号法"，即全书各章节用阿拉伯数字分级编号。依照国家标准 GB1.1－87《标准化工作导则：标准编写的基本规定》，两个层次序号之间设齐线圆点，末码后面不加圆点。从所标序号就可以知道标题的级别，并且很容易找到它在书中的位置。

章节标题是本章本节（或本段）的"一句话"内容提要，除了应同书名一样要求简练、准确和鲜明，此外，还应注意以下四点①：一是同一层次标题的表达方式和风格应大体一致；二是上一层次标题应涵盖所属各下一层次标题内容，上下层次标题不应有重复；三是尽量不在标题中用括号对某名词作解释性说明，而应放在正文中该名词第一次出版时说明；四是标题在不产生歧义时尽量不用标点符号，标题末尾一律不用标点符号。

2. 文字符号

在出版物中，最起码的是要消灭错别字，使用规范的文字。由于汉

---

① 庞家驹. 科技书籍编辑学教程. 沈阳：辽宁教育出版社，1996：134.

字是由象形文字演变而成的方块字，结构相识、偏旁相同的文字很多。容易造成错误的汉字的类型有：字形相似，如，己已巳，士土工，戊戍戌，木未末，等等；形似音似，如喧暄，欧殴，候侯，博搏，等等；形似音异，如炙灸，栗粟，盲肓，管菅，等等；音同形异，如蓝兰，辞词，的地，付副，等等；音同义近，如长常，爆暴，震振，嘉佳，等等。所以在编辑加工时，一要认真细致，二要提高识别力，从而做到准确无误。要做到此，真是不容易，只好养成勤查词典等工具书的习惯，不要凭印象、想当然，凡是把握不定的字词都应去查查词典。

在字词使用中，对名词术语的使用要符合规范，按照相关公布的名词术语，全书统一。自然科学领域的科技名词术语具有单义性、稳定性，不能混用、滥用。原则上应首先尽量采用国家已经审定公布的名词术语；其次采用各学科专业部门审定公布的名词术语；若没有审定的，按约定俗成的通用名词术语。若新采用的，应予解释；若外来新用的，应用括号注明原文，全书也要一致。除了名词术语外，还有各类专用名词，如国名、人名、地名、机构名称，这些名词也要认真对待，不能用错，同样一要准确，二要选用已标准化或约定俗成的名词；三要采用严格使用标准译名。特别还要注意科学名词术语会随新的理论、新的研究成果而变化的，要随时弃旧用新，根据新公布的名词术语修正出版物中的用法。

符号在科学图书中使用很普遍，在科学概念、公式、运算式、图表中广泛使用。在使用时也要规范、标准，遵循国际通用性、单义性等规则。国际标准化组织致力于制定世界统一的科技符号，现代科技符号日益广泛为国际所通用，我们应当掌握这些国际规范。我国在制定国家标准时，也充分考虑了国际标准，因此，可以查阅国家标准，将符号统一、规范化。在书中第一次出现时，还必须加以说明，即注意首用注释规则，使读者明确其含义。编辑加工除了检查符号是否准确、规范化，还要检查或标明书写格式，如大小写、正斜体、白体、黑体等，这些有排版格式规定要求，按照规定编排。

3. 语法修辞

汉语语法的内容十分丰富，在此只能将问题提出来，不可能作深入阐述。

句子是语言的实际使用单位，也是文字加工的一个基本单位。常见的语句毛病有：结构不完整（句子必要成分残缺）、词语搭配不当、语序不当、句子歧义、关系不明确、前后矛盾、层次不清，等等。检查句子是否有毛病，一个行之有效的办法是对句子的结构进行语法分析：确定句子的类型，如单句、复句、名词谓语句、形容词谓语句、动词谓语句等；分析句子包含的成分，如主语、谓语、宾语、定语、状语、补语；再分析词法，如实词：名词、动词、形容词、数词、量词、代词、副词、叹词，虚词：介词、连词、助词、语气词，它们使用是否准确无误；然后把句子的各个成分联系起来分析判断。句子的语法有毛病，则体现句子不通达，意思表达不明确，还很可能产生歧义。书稿中句子的语法毛病不应当很多，应当很少，毛病多的书稿应过不了审读关，不可能进入编辑加工环节。但是也不能排除个别毛病，所以还要认真细致地处理稿件，逐字逐句审阅。

修辞是有效地使用语言的艺术，运用各种表现方式，使语言表达得准确、鲜明而生动有力。修辞是对书稿的修饰和润色，使其质量得到提高，做不到这一点，修辞就要慎重，不要把通达的句子弄得似是而非。书稿的"好"很难说有标准，是没有止境的，只有比较而言，认为再没有其他表述会比它更好了就作罢吧。书稿的"好"主要取决于作者，编辑只能量力而为。

修辞首先是准确，其次是简练，最后是生动。不准确就会把意思弄反，不简练就会赘字连篇。准确、简练是基本要求，生动是较高要求。梳理文字，删削赘文，弥补缺漏，修瑕去疵，美其文采是对书稿的润饰，即修饰和润色。编辑要调动自己的知识积累，充分发挥自己的创造性，对作者的书稿精心修改，使书稿的主题更集中、更鲜明，层次更分明，逻辑更严密，文字更顺畅、更精彩。编辑的修改、润色要顺着作者的构思和风格，全其观点，美其风格，不可显得生硬而无法融合，所以修改之后还得征得作者的同意。总的原则，修改之后的作品要更好、更美，更有吸引力。

4. 逻辑

逻辑是指思维的规律，或者指客观事物发展变化的规律。说话写文章都必须符合逻辑，就是说要符合人们思维的规律、规则。图书和文章的严谨就在于逻辑性。任何科学的论述都离不开逻辑，都必须遵守逻辑规律和规则，才使它的体系具有严密的逻辑性。所以，从一定的意义上说，任何科学都是应用逻辑。对于各种书稿所涉及的专业问题，编辑不可能都熟悉，但逻辑知识不可无，逻辑分析是一个工具。通过逻辑分析可以发现书稿中的毛病，常见的有：概念模糊、推理错误、前后矛盾和条理混乱等。虽然符合逻辑的说话未必正确，但是违背逻辑的说法必定错误。因此，作为编辑来说，应当在加工过程中运用逻辑分析，用逻辑规律和规则匡谬，提高书稿的质量。

形式逻辑，或称普通逻辑所研究的是思维规律和思维形式的结构，是一切人们正确地进行思维、准确地表达思想的必要条件，它研究的对象包括概念、判断、逻辑规律、推理、论证等内容。这些规律和规则都可以运用到书稿的分析和评判中去，并去匡正错误。应用语言的混乱同逻辑混乱常常交织在一起，有时看起来语言正确但也会包含逻辑错误。表面通顺的句子所包含的逻辑错误更容易忽略，加工时要格外注意。书稿中出现违反逻辑的毛病较多，难以一一细述，下面有三类情况值得注意：

一类是概念的定义问题。例如定义过宽："思想是客观事物在人脑中的反映"；定义过窄："商品是通过货币进行交换的产品"；还有概念的内涵不确切、划分不严密、限制不当等。

二类是违反逻辑规律。逻辑的基本规律有同一律、矛盾律、排中律和充足理由律。例如，"我基本上完全同意他的意见"，违反矛盾律的要求，"基本上"与"完全"是两个有着不同逻辑意义的语词，实际上这句话表达了"我既不完全，但又完全同意他的意见"的意思，作出了两个互相矛盾的断定。又如，某医学书稿为了说明某种病的发病率与性别的关系，作者对某医院 200 名男女患者作了一个统计，其中男性患者占 30.5%（61 例），女性患者占 69.5%（139 例），由此得出结论：女性发病率显著高于男性。这个结论的错误在于把"发病比例"换成了"发病率"，违反了同一律的要求。发病比例是一定时间内的统计，而发病率是具有统计意义的概念，这也是概念的混淆。

三类是论证方面的问题。论证就是用某个（或一些）真实判断确定另一判断真实性的思维过程。在图书中，论证是很常见的思维、表述形式。论证是论题和论据由论证方式联结而成。论证的三要素就是：论题、论据和论证方式。它们的关系是：论据真实或论证方法正确是论题真实的必要条件；没有真实的论据，或者没有正确的论证方式，就不能必然地推出真实的论题；只有真实的论据，并且借助于正确的论证方式，才能必然地推出真实的论题。所以，编辑在加工书稿中，对论证部分的分析就从这三个方面出发。一是论题本身应当清楚、确切，不应含糊其辞，不应有歧义；论题应当保持同一。在图书中的大小标题，大都是论题，其要求是确切、同一、清楚，不产生歧义。二是论据应当是真实可靠，论据的真实性才推出论题的真实性。所以，图书中的材料应当翔实，数据和引文应当准确无误。不真实的论据会推出不真实的论题。在论证中，论题的真实性是从论据的真实性中推出的，是依赖于论据来论证的，所以，如果论据的真实性反过来又依赖论题的真实性来论证，那就什么也没有论证。同时，注意防止"论据与论题不相干"和"论据不足"。三是论证方式要正确。从论据推导出论题的过程必须符合推理的规则和要求，否则就会犯"推不出"的错误。

5. 标点符号

标点符号是书面语言一部分符号的总称。其所以说是一部分，不是全部符号，是因为传统的标点符号只指语文性的书面语言所使用的一些符号，不包括自然科学和工程技术方面使用的各种符号。从每个符号的作用来看，标点符号可以分成点号和标号两大类：点号表示书面语言的停顿、结构关系和语气；标号表示书面语言中词语的性质和作用，个别的标号实际上有时候也起到表示停顿的作用，例如书名号和破折号。属于点号的有：句号、问号、叹号、分号、逗号、顿号、冒号等七种；属于标号的有：引号、括号、破折号、省略号、着重号、连接号、间隔号、书名号、专名号等九种。

标点符号在书和文章中都具有重要作用，它是其中的一个组成部分，标点符号使用不当，会影响意思的表达，甚至根本改变原意。为规范其用法，我国颁布了 GB/T15834－1995《标点符号用法》，对上述 16 类常用的标点符号作了用法说明，编辑在处理文稿时应按此用法判断作者在书稿中使用是否正确、恰当，若使用不正确，应改过来，否则待图书出版后就铸成了错误。从历年来对图书编校质量检查结果来看，发现标点符号的差错占第一位①。因此，不要认为标点符号关系不大，它与消灭错别字同样重要，值得编校人员重视。

第四节　图表的编辑加工

一、插图

在书籍中，特别是科技书籍，一般都有图。图书，更是包括了图片和含有插图的书。当你一翻开有图的书，图首先映入了你的眼帘，往往成为"第一印象"，图美不美，位置合不合理，和不和谐，很大程度上影响图书的整体美。因此，精心设计图就不是可有可无的事，而是必须设计，还要设计好。

这里讲插图，是以文为主的图书所插入的必要的图形，不是指图片，或以图为主的图书。插图不仅有利于美化版面，而且可以更简明、确切地表达出文字难以说明的内容。插图具有简明性、直观性、通用性和艺术性等特点，所以，科技书的插图常常是内容不可缺少的组成部分，特别是一些实物照片，不仅能形象地表达内容，而且是一些重要观点、效果的佐证。

插图有许多种，如结构图、建筑图、机械图、线路图、生物图、土壤图、地图，以及示意图、方框图、轴测图、透视图、照片图、网纹图，等等。插图的设计是一项十分细致和相当复杂的工作，是加工书稿中不可缺少的一个工作环节，占有重要位置和包含很大的工作量，在书

---

① 阙道隆. 书籍编辑学概论. 沈阳：辽海出版社，2000：334.

稿发排前一定要做好。

1. 图的组成

每幅图一般包括图形、图序、图题和图注四部分。

图形是图的内容，是表述的目的。

图序是图的编号，是对图形按顺序进行编码的一种序号。正文中的图统一用阿拉伯数字表示。图的编序方法最好与公式编号方法一致。例如，公式若用分章连续编号，图也用分章连续编号，如第三章第1张图，就用"图3－1"表示。图序不加括号，图序与图题不用加标点符号，空1字位。每张插图必须有图序，它是与正文配合的不可缺少的联系号，正文讲到图时则以"见图3－1"或"如图3－1"表示。也可以全书统一编序。

图题是图的名称。有时也把图的名称称图名，而把图序和图名称为图题，在此，我们把图的名称称为图题。图题反映图的主要内容，要简洁而准确地表达图的主题，一般以不超过15字为宜。图题末尾一律不加标点符号。图序和图题要求写在图形的正下方。原则上插图都应有图题。

图注是对图形中文字、符号所作的注释，说明字符的含义。图中文字、符号统称图字。图字不多时直接注在图形中，图字多时用数字或外文字母注在图形中，再在图下加注。图注排在图序和图题正下方，图注末尾不加标点符号。图注不是每张图都有。图注的字号可以小于图序和图题，以示区别。

2. 图形要求

图形要求在内容上要符合科学性和简明性；在艺术上要讲究美学效果；在数量上讲究经济原则。

图形的内容必须准确、规范和清晰。如有的图形失真，有的刻度不合理，有的图形模糊不清楚，这样的图就应当重拍、重绘。只要不是艺术图片，在科技书中的正文插图是为了说明、解释问题的，若不科学、不规范，就会失去它的价值，应当坚决纠正。图的另一个重要特性是简明性，每个图只能有一个主题，表述的内容要与正文一致，图字与正文的文字、符号也要完全一致。要以最简洁的图形来表现主题，图形的自

明性也要强，一看就明了。

图的艺术性要求往往从视觉效果来衡量，图形轮廓清楚，线条光洁匀称，粗细有层次，大小相协调，位置合适。美感效果从多方面的综合要求，不同的图形会有不同要求。彩图、实物图等，颜色和谐，清楚美观。黑色照片，层次分明，反差适度，大小合适。线条图要均匀光洁，不要有断线、污迹，描绘逼真，比例适合。图形的缺陷若无法修描，或修描达不到好的效果，就只能重拍、重绘。现代描图大多已不是手工描绘，而是电脑描绘，应当更美观，更清楚，不过编辑也应注意逐一审核图的准确性和规范化。

图的经济要求是从图的成本方面考虑。插图数量多，所占版面大，就使成书后的篇幅相应增加，成本上升。因此精选插图、节约版面成为编辑加工的一个重要问题。精选插图从两个方面着手：控制最少总图数和最合理面积。最少总图数是按少而精的原则使全书总图数压缩到最少，将可以用文字说清楚的内容不再用插图，尽可能删掉。面积控制以清晰明了为准，复杂图形可适当大些，简单图形应画得小些。图的布置要合理、美观，可以串文的就串文排，内容较近的地位可两图或几图并列排。这样既节约版面，又显得很和谐。节约版面还应考虑图的缩比，适当缩图可以使较大的图得到合理的图形面积，对于几百上千幅插图的书是很管用的。当然，图也不能缩得太小，太小了会使图模糊不清，也显得小气。

3. 插图的加工与设计

插图的制作有几种情况：一般由作者或他所约请的专门美术、技术人员提供绘制好的图稿；但是也有只由作者提供草图，由出版社安排美术、技术人员按草图绘制好图稿，绘制图稿的方法可手工绘制在绘图纸上，也可由电脑绘制，随同正文一道排版，实物图、结构图也可用扫描仪扫描进入电脑。我们这里所讲的插图加工，主要是对手工绘制的插图，由电脑制作的插图重在设计和校对。对于手工绘制的插图，编辑加工主要是检查修描图稿、确定缩尺、抄贴图字。

（1）检查修描图稿

检查图稿有三个方面：一是检查图稿是否完整无缺，是否与正文一一对应，按顺序编码；二是检查图稿是否美观、清晰，线条是否均匀，图中字符是否正确无误；三是检查图稿是否标准，是否要重绘，或者需要修描。在经过检查完全合乎制版要求的，即可批注缩尺进入制版生产工序。若有局部不妥的，可进行修描加工，但对问题较多，不合要求的图稿应退回重绘。修描图稿，视图稿的不同情况而异，有的修描难度大些，有的小些，但是注意修描后应完全一致，协调无痕迹。若编辑担心自己修描不好，可以请描图员或美编进行修描。

（2）确定缩尺

为了使插图清晰、美观，大小合适，在制版时一般只宜缩小，不宜放大。这样可以将图稿中线条的毛边、少许断缺等小疵病隐去而不致扩大。图形在缩小或放大时，实际上是图形按整个面积相应地缩小或放大。例如，图形（都可视为矩形）的长、宽分别为 a、b 表示，图形面积就是：$S = ab$。如果将原图的长缩去 $1/2$，则宽也必然缩去 $1/2$，缩小后图形面积 $S' = a/2 \times b/2 = ab/4 = 1/4S$，即为原图面积的 $1/4$。由于用面积大小来表示缩小或放大的倍数不够直观，习惯于用边长来表示其缩小或放大倍数，而且就批"去几分之几"。常用的缩尺比有：去 $1/10$（使制版图的长宽均为原图长宽的 $9/10$，为原图面积的 0.81，以下类推）、$2/10$、$3/10$、$4/10$、$5/10$、$6/10$、$7/10$、$8/10$、$1/20$ 和原大等几种，计算时不包括图廓以外的白边。如果图稿幅面过大，采用合适的缩尺比还不能放进版心时，可采用出血版（即允许图面适当超过版心但不超过版面），如对通俗、普及性读物、画册等都可以。还可以采取横排、竖排整页版，也可以作插页处理。

在批注缩尺比时还应注意，图形、图字和线条等都会随之缩小或放大。其笔画的粗细与缩尺比的关系大体上是：原大或去 $1/20$ 时，图稿的粗实线宽度 $C = 0.3$ mm，去 $1/10$ 时要求 $C = 0.35$ mm，去 $2/10$ 时要求 $C = 0.4$ mm，去 $3/10$ 时要求 $C = 0.45$ mm，去 $4/10$ 时要求 $C = 0.5$ mm，去 $5/10$ 时要求 $C = 0.6$ mm，去 $6/10$ 时要求 $C = 0.7$ mm，去 $7/10$ 时要求 $C = 0.9$ mm，去 $8/10$ 时要求 $C = 1$ mm。当图的实线宽度为 C 时，缩去相应的尺寸，还可基本保持最后实线宽度为 0.3 mm，以免在缩小后线条或字符不清楚。所以确定缩尺比的原则一要考虑图形的作用，重

要的图可以保留大一些；二要考虑图线的疏密和粗细。在图稿上批注缩尺，只能标在粘贴图片的白纸上而不能写在图面上，以免制版时印出。

（3）抄贴图字

图字是指插图中需要标明的文字和符号，不包括图题和图注。如果是电脑绘图的话，图形和图字都同时制好，不需抄贴。但如果是手工绘图的话，图字就需要抄贴。这是因为手写图字欠规范和美观，而要使图形漂亮，图字的字体、字号都要与图书整体质量要求相协调。为此，先将图中字符抄写下来，按内容及缩尺比例要求标明字体、字号、文种等，然后通过电脑照排出来，再逐一贴到图稿上去。图字大小与缩尺比的关系大体上是使缩小后的字体一般不小于六号铅字（或11级照排字），即去1/10时用铅字新五号（照排12级），去2/10时用五号（13级），去3/10时用新四号（16级），去4/10时用四号（18级），去5/10时用三号（20级），去6/10时用二号（24级），去7/10时用一号（32级）。字符照排好后在剪贴时，要求贴对、贴正、贴齐、贴牢、贴美观。

二、表格

表格简称为表，它所表述的内容的逻辑性和自明性特别强，所以也是科技书不可缺少的表述手段。

1. 表格的基本要求

表和图一样要求科学性和简明性。针对表格的特点，要特别注意其自明性、准确性和逻辑性，也要兼顾艺术性和经济性。表要有明确的目的性。只有在必要时才用表，可以用文字叙述的内容，就不一定用表格的形式，图书的表格数量应有所限制，由于表占据的篇幅较大，若表格多了，就会影响正文的文字叙述。表格也要精选。只有在必须用表才能说明有逻辑关系的概念，或者必须提供数据以备读者使用时才附有表格。

表格表述力求简洁，除列出重要的概念、参数、算式和结论外，不应将分析或运算过程中的中间环节混杂在内。一个表格只能表达一个主题，不要试图把性质不同的结果糅合在同一表格内。

表格中提供的数据或结论等应准确，这些数据要么是论题的论据，要么是提供给读者使用的，不应有一点差错。有些表常几经转载，如不加核实，一有错误，往往以讹传讹，造成对实际工作的危害。数据表各栏目中的数字要居中上下左右对齐，如有小数点，则同一行的小数点要对齐，小数点后的位数要相同。表格在版式中按一定的规范要求排放。

2. 表格的类型

表格可以从不同角度加以分类。在此仅从结构角度来分，可分为挂线表（或称系统表）、无线表和有线表（或称卡线表）。

（1）挂线表

挂线表又称系统表、分类表，只用竖线、横线或括号、方框连贯文字的表，适用于表述有多层次隶属关系的内容，分门别类表述其内容，常见的有以下两种形式：

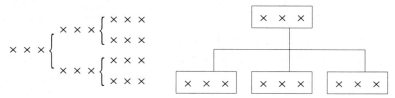

（2）无线表

无线表是只以空距分隔栏目的表，全表无框线、行线和栏线，表格简单明了，大多数属于文字、数字或外文的相互对照，内容简洁。排版时，要注意栏目对齐，行与行对齐，左右字距适宜。无线表不宜跨页排，确需跨页排时，应将无线表改排为卡线表。无线表的一般形式如下所示：

表 1　SI 基本单位

量的名称	单位名称	单位符号
长度	米	m
质量	千克（公斤）	kg
时间	秒	s

（3）有线表

在科技书中大量采用有线表形式，有线表用线来分隔栏目，有框线、行线和栏线。有线表由表序、表题、表头、表身和表注等部分组成，其基本形式如下：

表序……… **表2** ××××××……… 表题

行头……	×××	×××	×××	备 注	……栏头
×××	——①	——	——	——	
×××	——	——②	——	——	……表身
×××	——	——	——	——	

表注……注：① × × × × × × × ×
  ② × × × × × × × × ×

表序是表的编号，表序一律用阿拉伯数字表示，书写格式可与图序同样处理，如"表1－1"，表示第一章第一个表格，也可总编序，如"表1"、"表2"，等等。

表题就是表的名称，排于表序之后，两者之间空一格，不用标点符号。表序和表题在同一行，列于表格顶线上方居中。表序和表题一般用黑体字，其所用字号小于正文而大于或等于表文。

表头包括栏头和行头。表格用横线分成横格，称为栏；以竖线分成竖格，称为行。第一栏称为栏头，第一行称为行头。表头和表身一起构成表格的主体。

表身说明对应栏与行各栏目的内容，包括文字、数值、符号、公式、图等。表的内容大体分为两类：一类说明栏与行之间的逻辑关系，大多以文字、公式、图等表述；另一类说明栏与行之间的数值关系，均以数字表述。

表注是对表中内容的注释。表注有两种形式：一种是在表右端加"备注"栏；另一种在表格底线下加脚注。脚注又分全表注和呼应注。全表注是对全表内容所作的总体说明。呼应注为对表内容中某项目所作的说明。对应注要编码，并在注时予以对应。表注尽量少用，也可在正文中说明。表注通常字号比表文小，为六号铅字。

（4）三线表

三线表属于有线表，由于三线表是国际和国内出版界推荐使用的形式，故单独予以说明。三线表不出现竖线，横线只有顶、底两根反线（粗线）和栏头下一根正线（细线），共三根横线，故名。它保留了有线表的全部功能又减少了横竖线多的缺点，而显得更加清晰。如果表格较复杂，必要时也可以加辅助线（正线），仍称为三线表，如下所示：

表3　发动机启动时的参数

时间	发动机编号		
	1	2	3
3：00	20	30	45
6：00	40	65	80
9：00	70	90	85

3. 表格的编辑加工

除了十分复杂的表格外，表格一般随同文稿内容排版。在处理表格时，根据表格的基本要求来编辑加工。在内容上审视表格的科学性、准确性，在形式上审视表格的规范化。核审表格中的数据有无差错。检查表格是否与正文内容对应。如果表格较多时，要把书稿中正文的"见下表"字样改为"见表1－1"或"见表1"等字样，方便读者阅读，还要注意表格的字体、字号，按照小于正文的原则编排。表的位置在正文中是表随文走的，当正文中出现诸如"见表1－1"，"如表1－1所示"等语时，表就应串排在这些话的相应位置。

第五节　书稿的技术性处理

技术性处理是指编辑在技术规格方面使原稿符合出版的要求，达到进行付印的技术规范。处理过程一般与编辑加工书稿同步进行，处理内容大体上可概括为统一、整理和标注三个方面的工作。

一、统一

没有统一就不成为图书，书从内容和表现形式都是统一体。全书的统一体现在各个方面，如体例、格式、用语、标点、单位、风格等，书稿的前后要一致。不统一就不能发稿。多人合写的书稿，更应高度注意，从大的方面，体例、格式等形式方面要调整到一致，小的方面，一

个名词术语，一个翻译名都要一致。在检查正文时，还要注意到辅文、前言、目录、注释、图表、参考文献、索引中，各种提法、表现手法要一致。倘若每改动一处，相类似的内容不能漏改。

统一和规范往往是密不可分的，要达到统一性，就必须正确使用各种规范标准。按照国家标准、行业标准和约定俗成的标准统一书稿，离开了标准统一就没有根据了。在选用标准时也要注意综合、科学地考虑问题。例如参考文献的著录规则，现在我国有两个标准：一个是GB7714－87《文后参考文献著录规则》；另一个是GB/G15835－1995《出版物上数字用法的规定》第11款"引文标注"中示例规范。这两个标准对著录文献内容项相同，但所用标点符号有所不同，因此，在一本书中就只能采用一个标准予以统一。笔者认为最好采用第一个标准，因为它是专门对参考文献提出的著录规则。

国家的标准是有约束力的。作为编辑，必须熟悉各种各样的标准，知道什么问题适用什么标准。国家为了保证标准的执行，特别加了"强制执行"字样，更应引起重视。如计量单位的标准。GB3100～3102－93《量和单位》国家标准，是根据1984年2月27日国务院发布的《关于在我国统一实行法定计量单位的命令》，以及《中华人民共和国法定计量单位》《全面推行我国法定计量单位的意见》，等效采用国际标准ISO1000：1992《SI单位及倍数单位和一些其他单位的应用推荐》，参照采用国际计量局《国际单位制（SI）》（1991）而修订的。它具有统一、简明、实用、合理、科学、精确、继承等优越性。因此指出："1995年7月1日正式实施的GB3100～3102－93《量和单位》国家标准是发展国民经济的一项重要技术基础标准，必须强制执行。"但是时至今日，法定单位的使用仍不理想，在出版物中使非法定单位和已废止单位的现象时有发生，不能不使我们深刻反思。在现代出版物中，必须严格执行各类标准，才有利于进行国际间的技术、文化、教育的交流，有利于走向世界。

图书的统一性是一项复杂而细致的工作。有些问题看来不大，却常使读者感到困惑，也影响图书质量，影响图书的使用和可读性，所以，编辑要把好统一关，使书稿从内容到形式整齐划一。

二、整理

整理也是对书稿的整容，使稿件清清楚楚、干干净净。文稿要清晰易认，符合排印要求，图稿要符合制版要求。在整理书稿过程中，注意以下几个问题：

一是按照"齐、清、定"的要求整理书稿。

二是编辑在加工过程所做的一切修改，原则上都要经过作者认可，并在修改登记表上签名。

三是落实著述方式，如著、编著、主编、编、译等。作者的署名和著述方式说明不能有错，检查封面、书脊、扉页、版权记录等处，全都一致无误。

四是检查书稿是否完整无缺，包括正文和辅文，按顺序编好页码，而且与目录顺序核对，插图也要按章节顺序编好图序，在文稿中留出批注位置和所占位置尺寸。

三、标注

标注又称批注，是用指定文字或特定的符号向排字人员或录入人员提出排版要求的说明。需要批注的有以下几种情况：

1. 版式

章、节、标题格式，占位、空行及其特殊说明；图、表排位及说明；每面行数、字数、空白，以及其他版式说明。版式还要标明字体、字号等。

2. 字体字号

标明字体字号是标注的一项重要内容。正文通常用五号宋体，但少儿图书、老年图书及艺术类、通俗读物、工具书等，根据图书性质和读者对象字体可变化，字号可大可小；章、节、标题（含序号），按从大到小的规则标注；例题、解、定律定理、重要名词术语等的字体字号；外文字母的字体字号、大小写、正斜体等都要标明，其标注规范按照国家教委科技司 1993 年发布的《中国高等学校自然科学学报编排规范》，其中 6.9.7 款"外文字母的编排规则"，具体规定了外文字母的正斜体、

黑白体、大小写和上下角标的表示，参照此规则标注；图表的字体字号：若正文用铅字五号宋体，则图序、图题可用小五号字，表序、表题可用小五号黑体字，表文可用小五号宋体字，等等。

3. 易混淆的外文字母、阿拉伯数字和数学符号

这些字符若是手写稿，要注意加以区分，若是电脑打印稿，可以区分开来就不必加批，易混淆的符号如：英文 C，c，O，o，S，s，Z，z 等；英文字母与希腊字母 w，ω，a，α 等；英文字母、希腊字母与数字、数学符号 O，0，Σ，ε，Π，π 等；还有一些字母组合的特殊特号，如 pH。易混淆的字符若不加批注，录入排版人员可能就会无法辨认，而带来差错。

4. 上下角标

在科技书中，公式、运算式中都会碰到带有角标的字符，原则上尽量少用批注，以保持稿面整洁，但因为写不清楚的字符，将上下角标分别用阶梯符号标明。

除此之外，有必要说明的都要标注。如半字线、一字线、二字线，它们用法各不相同，书稿中也易混淆，若不清楚也应加批。所有的批注能够用规范的排印标注符号（一般目前使用"校对符号"和"图像复制用校对符号"）的，尽可能用这些统一符号标注，不能用符号或没有符号可采用的要使批注与修改文字相区别，区别方法"校对符号"中已列出。同时批注还要尽可能简洁，如某一页上外文字母都要用正体，可在稿面空白处注上"本页外文均为正体"，而不必每个外文字母下都写"英正"；而且外文正、斜体，可说明只批注一种，先说明："如不特别批注的英文都用斜体"，这样就只需标明使用正体的情况，白体也可作整体说明，那么，只要标明黑体了。

总之，编辑加工确是非常繁重而耗时的工作。但是如果做好组稿时的作者工作，把好审稿关，使加工前的书稿较好地符合出版要求，是可以大大减轻加工的工作量的，同时也要明确，编辑加工的作用是提高书稿质量，达到出版规范和要求。从而说明，在出版过程中，不能忽视每个环节，从选题开始，每个环节都要高度重视，一环扣一环，环环做好，做到位，出版更多的佳作和精品图书。

第六节　发稿

发稿是编辑加工完毕后，将付印稿交付出版部门之前的最后一项工作。有的也称为发排，意思是将处理好的稿件交付录入排版工序。发稿工作最主要的按照"齐、清、定"的要求和手续齐备。

一、发稿制度的形式和要求

发稿制度即已经形成了现在的"齐、清、定"的发稿制度，这是实践的产物，是图书出版客观规律的体现。发稿要求做到"齐、清、定"，这是人民出版社调研组在《出版工作》1978 年第 6 期发表的一篇调查报告中提出来的①。报告是深入调查研究上海、北京等地的出版工作的问题和经验后写成的。针对长期以来存在的出版周期长的问题，报告提出加快出书的六条具体建议，第一条就是"发稿尽可能做到齐、清、定"。这个要求后来写进 1980 年颁布的《出版社工作暂行条例》，1997 年颁布的《图书质量管理规定》，指出："发稿达到'齐、清、定'的要求"。可以说齐清定的发稿要求形成了一项基本制度。

"齐、清、定"的发稿制度是保证图书生产系统顺畅运行的一种调节机制。编辑加工以前属于精神生产过程，发稿以后便进入了物质生产过程。只有通过一定制度和手续约束以后，物质生产才能比较顺利地进入录排、校对和付印，倘若达不到"齐、清、定"，肯定会影响生产周期，延误出版时间，有可能造成经济损失。有手续、有制度就使得责任分明，生产周期可以得到约束，质量得到保证。

发稿的"齐、清、定"要求已经在本书第六章的"齐清定发稿制度"中谈过了，在此不再赘述。

二、发稿前复查

复查涉及两个方面，即编辑的复查和作者的复核。

---

① 阙道隆. 书籍编辑学概论. 沈阳：辽海出版社，2000：351.

编辑对原稿进行复查有普查和单项检查。普查是联系上下文看改动后意思是否连贯，有无错改或笔误，改动是否有必要，有无损害作者原意，有无漏改等。单项检查就是一段时间集中检查一个项目。例如检查引文，看有没有尚未核对的，注码和引文末尾的句号位置对不对，引文出处的格式是否统一等。或者检查标题，有无漏标或重标，从而也可以进一步统一体例，相应级别的标题序号是否一致等。或者检查图表，文图、文表是否对应，图表编序是否一致，有无漏标或重标。或者其他项目。单项检查是保证全书统一和是否有错的最有效的办法。

经过编辑加工的原稿经室主任复审后可退作者复核，并附信说明加工情况，还存在什么重要问题，作者需要做哪些工作。编辑对所作的修改，一般不需作过多的解释，但必要时可在改动处作一些旁批。比如，可在请作者修改处用铅笔在稿面空白处标示一下，并指出问题所在："和某页提法不一致"，"意思不太清楚"，"此处修改一下会更好"，等等，以尊重作者、协商的口吻提出，简明扼要。如果问题和修改意见不长，就可直接标在稿纸上，若太长，可另附纸写出。对于所提意见、修改处一定要留底，以备复核。编辑在请作者修改时，要向作者说明尽量用钢笔或圆珠笔改在字里行间，需删除的可直接删除，改稿时所用墨色应不同于原稿，便于编辑再复查，防止漏改。作者未解决的问题，或不需要修改的，要单独说明，随稿交来。

作者复核后编辑还要检查一遍，改动是否恰当，有无遗漏。只要不是原则性问题或事实错误，一般不必再修改。编辑再对改动完毕的原稿进行复核后，便交终审发稿。

三、发稿程序和手续

由于已经形成了制度，故每个出版社都有规定的发稿程序和手续，一般应具备以下几点：

1. 撰写编辑加工报告

简要介绍书稿编辑加工的经过，对稿件内容进行评价，指出主要优缺点，提出处理意见。报告内容一般包括：书稿内容和结构情况，语言、资料引证、特色，责任编辑所做的具体工作，书稿重要修改举例。

写好加工报告后，连同书稿交复审、终审签述意见，有的还会附有差错登记表。

2. 填写发稿通知单

发稿通知单是付印稿基本情况的记录，也是对有关部门（出版部门和照排部门）提出的任务书。内容大致有：书名、作者名、读者对象、发行范围、类别、字数、开本、文稿页数、插图幅数、插页张数、排版设计要求、印制装订要求、用纸、出书时间，等等。发稿单是出版部门据此安排印制任务的重要文书，需要责任编辑、室主任、总编室和社领导签字，出版部门在检查书稿核对无误后予以签收。

3. 其他手续

其他手续包括填写装帧设计通知单、新书征订单、档案清单等。

装帧设计通知单由责任编辑填写后交美术设计室安排封面设计。通知单内容主要包括：书名（正题、副题、丛书名等，准确清楚）、编著译者署名（以作者署名为准）、出版者名、字数、开本、精平装、设计要求、交稿时间等。这是装帧设计的凭证，一定要认真填写，不能写错。

新书征订单，是供发行销售部门征订新书的依据，一般由责任编辑撰写，内容有：图书出版基本情况（书名、作者名、开本、精平装、字数、估价、出版时间），内容简介，主要特点，读者对象，发行范围等。篇幅为两三百字。征订单中的内容简介要写得准确、生动，吸引读者，打动书店购销人员。

档案清单连同有关资料交出版社档案室。一书一档这是"书稿档案管理"要求。1992年国家新闻出版署、国家档案局联合发布了《出版社书稿档案管理办法》，要求归档材料范围11类：选题、约稿、组稿、出版情况记录和书稿的有关合同、协议书；各级审稿意见，包括责任编辑初审、编辑室主任复审、总编辑终审意见和外审、会审意见及责任编辑加工、整理记录；有关书稿出版过程中的请示、报告，上级的指示、批复，重要电话、面洽、会议的记录；著（译、画）作原稿或复制件（原稿退还作者后应有原稿退还签收单）；封面设计、重要人物的题词手迹等材料；与作者有关书稿问题的往来信件和退改意见；图书出版通

知单位、清样、样书；发稿后的变动情况及变动的根据；稿酬、版税通知单；获奖、受查处情况的记录；有参考价值的读者来信、对图书的重要评论等。

　　书稿档案是国家科学文化历史记录的一部分，也是出版社工作的历史记录，出版社检查总结工作的重要资料。书稿档案就是从选题开始到出书全过程中的一切重要的文件资料，在书稿发排以后就应建立档案，待成书后将所有资料收集齐全，出版销售后的反馈信息（如获奖和评论文章）也要补充到档案中去。

第十章

图书装帧设计

第一节　装帧设计概述

《中国大百科全书·新闻出版》关于装帧的阐述是这样的：装帧"指一部书稿经过审订整理、编辑加工，在发印刷厂排字印刷之前，对构成一本书的形态、用料和制作等方面所进行的艺术和工艺的设计"。装帧的"帧"原指画幅，又作画幅的数量。"装帧"原来的含义是一定数量的画，通过装裱再装订成册。书靠装订成型，但中国古籍虽历经多种结构形态的变革，并没有"装帧"这个专门名词，它是外来语。现在人们对"装帧"一词的解释是明确限于出版物的结构和形态以及对其的设计。

图书的装帧设计是出版者对图书的外观物质形态所做的具体安排，它决定图书的形式质量，也是图书生产中后续工作（如排版、印刷、装订等）过程的主要依据和基本保证。《图书质量保障体系》指出："图书的整体设计，包括图书外部装帧设计和内文版式设计。设计质量是图书整体质量的重要组成部分。提高图书整体设计质量，是提高图书质量的重要方面。"还规定："出版社每出一种书，都要指定一名具有相应专业职称的编辑为责任设计编辑，主要负责提出图书的整体设计方案、具体设计或委托他人设计的方案和设计的成品质量进行把关。图书的整体设计也要严格执行责任设计编辑、编辑室主任、社长或总编辑（副社长或副总编辑）三级审核制度。"整体设计所考虑的项目包括有开本、封面、护封、书脊、环衬、扉页、插图、插页、版权页、封面设计、版式设计以及装订形式、使用材料等内容。有的人也按图书印装工艺的性质，把封面、插图等称为美术设计，把版式及印装的材料的使用称为技术设计。因此，有的出版社就相应有美术编辑和技术编辑，分别承担相关工作。但是不管是怎样的体制，责任编辑都必须参加图书的整体设计工作。

一、装帧设计的性质和作用

1. 装帧设计的性质

装帧设计作为编辑出版工作中的一个重要组成部分，在图书编辑工作中处于特殊的地位。装帧设计是一项艺术性、技术性和经济性相结合的工作。

（1）装帧设计的艺术性

装帧的审美性是被普遍公认的。按照美学的观点，美是客观存在的，实践创造了美，"爱美之心人皆有之"。从历史的发展来看，人们的审美观念是随着时代而发展的。图书的装帧美也是不断发展的。古老的装帧更注重实用，为其有序、防乱、防损的需要，而当今的装帧，更注意美的享受，当然也有实用的需要。图书装帧凭借具有潜在表现力的艺术语言，通过艰苦的艺术创造，达到最佳的审美艺术效果。封面设计、插图设计、版式设计都离不开审美的因素，可以说对美的追求贯穿于装帧设计的每个环节之中。但是，装帧设计不同于艺术家的艺术创造，它有从属性，服从于书的性质、内容、特色及读者对象，这种创造是以图书为依托，以书的内容为基础，通过艺术的手段，达到能反映图书内容的思想主题、烘托图书内容的气氛、美化图书外在形式的目的。这样的装帧设计使图书的形式美与内在美两者实现了完美的统一，是成功的，达到了美学的效果。

（2）装帧设计的技术性

装帧设计也要求一定的技术规范。根据图书的内容和形式的要求，有的要从生产角度考虑，设计质量要求要与材料、印刷工艺水平相协调；有的要从消费方面考虑，或用特殊开本，或用特殊字体，或用精装，或用平装，等等。设计要符合这些规范要求才能顺利进行，才会符合实际的需要。特别是版式设计，技术性很强，如开本设计，既要考虑社会对美的要求，也要考虑生产水平和条件，纸张的尺寸和利用率等；又如版心设计，既要考虑人们视觉习惯，也要考虑字数和间距的影响，以及版面字数的容量。凡此种种不是随心所欲的设计，要综合考虑各方面的技术要求和指标。

（3）装帧设计的经济性

装帧设计也是一种经济活动。装帧设计紧密联系着图书的成本和经济效益。图书是精神产品，同时也具有商品的属性。商品的价值是在市场上通过货币交换才实现的。图书的装帧形式如何，直接与定价有关。豪华本、精装本、平装本各种外观形式不同，其定价是不同的。定价的不同，也意味着生产成本不同。设计时要考虑不同因素：图书的性质、内容，以及消费对象。有的内容要求精装本，有的内容要求简装本；有的需要朴素实用、物美价廉，有的需要精美高雅、华贵气派；有的要求内容紧凑、节约版面，有的则追求布局潇洒、错落有致；有的设计要求照相制版，有的则要求电脑制版等等。不同的要求，就有不同的设计，也就会导致不同的成本、不同的价值。

2. 装帧设计的作用

（1）结构层次作用

中国最早的图书简策，为了便于阅读，古人便用一根带子，将简按次序上下编连起来，然后用剩余的带子将简捆扎成束，成为一册书。编简用的带子，有丝、皮两种，丝的叫"丝编"，皮的叫"韦编"。这可能就是最早的装帧。简策的韦编、丝编，就具有这种结构作用。某些出土的竹简，由于编系物腐烂等原因，竹简或有损失，造成内容结构的不完整，于今难窥其全貌。由此可见装帧结构作用的重要。通过装帧，图书不仅完整有序，而且前后衔接具有逻辑性，层次感分明。装帧的逻辑作用和结构作用是相辅相成的，有联系又有区别。逻辑作用主要是使图书有序地固定下来，使之能保存。如果没有这种有序，甚至又无编码，一旦散开就无法读下去。例如，出土的竹简即使并无缺损，但如果由于

编系物烂断而竹简错乱无序，出土后要想恢复旧貌，往往是件艰难的工作。通过装帧设计，如版式设计，使图书具有层次感，不同的字体、字号，很容易分清章、节等各部分的层次，读者阅读时，也就显得很轻松。

（2）美化作用

美，人们随处可见，从自然界的宇宙星空、山水花鸟到社会生活领域的人们的举止行为、衣着打扮，到艺术领域的绚丽的绘画、动人的歌舞，等等。美的事物的产生是人类实践活动的结果，人类创造美、欣赏美。最初的审美活动源于人类的功利性活动，他们的审美观念是"有用即美"，或"好即美"，"善即美"，美与功用不分。随着人类的进化和社会的发展，特别是人类物质生活条件的丰足，美逐渐从实用中分化，独立出来，出现了具有独立审美意义的装饰美、形式美以及种类繁多的艺术美。发展到现代高度文明的社会，人们追求美、欣赏美的品位更高了，希望生活中的东西都具有美的和谐、美的高雅。审美观念明显地带有时代特征。图书的装帧设计也是如此，社会越发展，对装帧的要求也就越高。图书是一种精神产品，不仅要从理念上作用于人的精神世界，还要从感知上作用于人的精神世界。后者是要通过感官在意识中直接反映事物，就包括了美的感受在内。合乎时代的、社会的，能引起人们的美好情感的装帧设计，就能使人产生美的感受，作用于其精神世界。

（3）诱导作用

图书是一种文化商品，是商品就会有竞争。在图书市场上，读者一方面选择内容，另一方面也选择物美的产品。在那琳琅满目的同类商品之中，具有独特艺术魅力的商品，往往会受到读者的青睐。毫无疑问，外观形象如果有足够的吸引力，在竞争中就会起很大作用。大凡去书店购书，不外乎两种类型：一种是目标明确，主动购买；另一种是目标不具体，被动购买，或者逛逛书店。后一种情形人数远大于前一种情形。消费心理研究表明，顾客在看到商品头几秒钟之内心理感觉如何，对顾客最终能否下决心去购买它起着至关重要的作用。对图书而言，良好的第一感觉和同类产品中独特的艺术外观都会诱导读者去购买它。

（4）经济效益作用

装帧设计对经济效益的作用体现在两个方面：一个方面是设计效果

的影响。如果设计得好，具有吸引读者的艺术魅力，读者争相购买，就会带来好的经济效益。另一个方面是设计对生产投入的影响。图书在物化过程中，生产成本占到了图书码洋的 20% ～ 50%，个别情况其比例更大。因此，设计要根据图书的类型、性质和内容合理安排。版面的紧凑或宽松影响印张；精装或平装，影响定价；材料的选择、印刷的工艺很大程度影响生产成本。因此，图书的装帧设计不完全是为了美，也是为了合理的成本开支。装帧设计对图书经济效益的作用是一个重要问题，绝对不能轻视。

二、装帧设计的原则

1. 整体性原则

装帧设计的整体性是指其设计要与书的类型、性质和内容相一致，与装帧的各环节成为一个整体。如在艺术构思时，必须要体现图书的内容与形式相统一；封面设计、版式设计、辅文设计各方面相统一；对材料、工艺、技术等作选择和确定时，必须体现配套、互补、协调。从整体上去考虑，各个环节相互联系，不要分割开去考虑。从已出版的图书来看，装帧设计各个环节不相适应的情况是存在的，这与装帧设计未贯彻整体性原则有关。

2. 艺术美感原则

艺术性的问题我们谈得比较多了，也是因为图书的美感要求日益受到重视的原因。既然装帧设计是一种艺术，就要遵循艺术性原则。图书的装帧属于形式美，而在美学上对形式美概括了三种规律：第一种是某一事物整体与局部及局部与局部之间关系的形式规律，如比例、均衡、对称和对比等；第二种是某种形式因素自身运动变化的形式规律，如秩序、节奏韵律等；第三种是形式因素总体组合关系的多样统一的形式规律，这种多样统一使人感到既丰富又不杂乱，既活泼又有秩序。形式美是受众凭直觉可以感受得到的，图书装帧设计审美对象，就是受众美感的共同来源。

艺术性原则还要求图书整体设计能够体现一定时代特色和民族特色。美感是有时代性和民族性的。一切文化艺术，都是一定时代和一定民族的文化艺术。时代性和民族性，是包括图书设计在内的一切文化艺术的标志，失去了时代性和民族性标志，也就失去了文化艺术的本身。设计的时代性标志，是指设计的创意和效果能充分反映出时代精神和时代风格；民族性标志，是指设计的创意和效果既能反映出一个民族、一个国家的深厚文化底蕴，富有自身文化品格，同时又能兼容并蓄外来文化的精髓。

3. 个性化原则

众所周知，图书的内容要具有独创性，是有鲜明个性的产品，由此也要求装帧设计要具有独创性和个性。形式要适应内容，不同性质、不同内容、不同读者的书决定了装帧设计的不同。个性化的要求还只能适应群体读者的审美需求，还无法满足不同个体千差万别的审美个性。例如少儿、青年、成人、老年这些大群体的美感观念和需求是不同的：少儿需要形象、生动活泼；青年需要抽象、幽默；成人需要稳重、大气；老年则需要平衡、匀称。不同图书因性质不同设计也会不同，如工具书、学术著作、科技类书、大众通俗读物等也应充分体现它们各自的特点。那么在同一类型书中，根据其内容设计出主题、构思出美的形象，得到不同设计方案，形成了千姿百态的个性化产品。个性化原则在整个设计过程都应有所体现，但是体现的程度会有所不同，在封面设计上相对说来非常宽广，如果不是套书、丛书，会完全不同，但对于开本、字体、字号虽有变化，却不是很大，不过在采用电脑排版以后，可以随意进行变化，如大小级别增加，字体增加，字形变化，等等。

4. 实用性原则

这一原则要求装帧设计要充分考虑读者使用的便利和经济承受能力，也要考虑当前的物质技术条件，用料要和市场供应相适应，印刷要和工厂的设备和技术水平相适应，并要做到结实耐用，美观大方，使用方便，阅读省力，便于携带，能够保存，节约材料。由此，便有了多种开本，多种装帧形式。有豪华本、珍藏本、普及本，还有学生本、携带本，等等。不仅仅开本不同，版式设计也不同，用料也不同。在充分考虑不同层次读者的阅读需要时，也要考虑不同层次读者的审美需要。

5. 经济原则

经济原则在装帧设计中摆在比较次要一点的地位，但作为生产经营单位不得不进行成本核算，所以它仍然是图书装帧设计应遵循的原则之一。这一原则要求图书装帧设计不仅要充分考虑书的阅读和鉴赏的实际效果，而且要注意经济核算。一方面是生产者降低成本，另一方面是购买者的购买能力，从而确定合适的定价。降低成本、降低定价，对于生产者和购买者双方都有利，将会扩大销售量，获得好的社会效益和经济效益。在遵循经济原则时，注意到投入与收益的比差。如果仅是一般性读物，且书的印张又比较少，就不必去做精装本了。设计时既要考虑人力物力的尽可能节约，又要考虑有利于生产的方便，以缩短生产周期。要以较少的投入，获得较大的收益，寻求投入与收益的最佳比差。

第二节 图书装帧设计的内容与艺术

一、整体设计

整体设计是对图书整体物质形态所作的设想和安排，是装帧设计工作的基础。要进行图书的装帧设计，就要先作出整体构思，制定出设计方案。没有整体设计的安排和方案，封面设计、版式设计和用料设计等工作就无法进行。

装帧设计整体方案包括装帧形式（如精装或者平装，开本）、色彩和用料等。装帧形式在确定精装或平装、开本以后，要进行版式设计、封面设计等，封面设计要配合色彩的采用；用料设计与装帧形式有关，如精装本的内芯用纸就要适当高档一点，平装本可采用一般书刊纸。整体设计方案要符合图书的性质、内容、特色和读者对象的需要，体现我们前面所述的五个原则，做到美观、个性、实用、经济。例如，理论性较强的著作要求端庄、严肃；通俗读物、一般性普及读物则要求漂亮、活泼、清秀；需要随身携带和拿在手里阅读的图书要求轻便、小巧；需要长期保存和放在桌案上阅读的书籍，则要求比较厚重、耐用、宽大一些。还有不同年龄的区别，供青少年使用的图书宜美丽多姿，供老年人阅读的书籍字体和幅面宜稍宽大一些，供作"礼品"或收藏的图书宜于精美、豪华，等等。读者对象多种多样，不同年龄、不同性别、不同地域、不同民族、不同文化层次，则会产生多种多样的需求，针对这些多层次、多样化的需求，装帧设计也就要求多种多样。不同的设计者各有自己的设计风格和特色，因此就产生了今天图书市场绚丽多姿多彩的书籍世界。

图书的整体设计工作一般应该由熟悉其内容特色的书稿编辑承担。编辑要提出整体设计方案，并向担负有关设计的人员说明具体要求，并介绍书稿名称、作者、性质、内容、特色、读者对象，以及图书的开本、色彩、印刷方式和精平装本的选择，并对有关问题提出建议。

在进行封面设计、版式设计之前，要对开本、色彩、印装方式作出安排，也要决定是精装本还是平装本等。

1. 开本

开本是表示图书幅面大小的行业用语，因为幅面是一定规格的全张纸按不同方法开切出的，故有此称。也可以将一定规格的纸张折叠成多少页，就称之为多少开本。例如，将 787mm × 1092mm 规格的纸张折成 32 页的开本，就称为 787 × 1092 1/32 开本简称 32 开本。将 850mm × 1168mm 规格的纸张折成 32 页的开本，就称为 850 × 1168 1/32 开本，简称大 32 开本，等等。

图书的开本选择是图书装帧设计的首要内容，封面设计和版式设计都要以此为基础，应当首先决定，开本的选择也是装帧艺术的一部分。开本的选择同样要从美观、实用等方面考虑。从美观方面考虑，一本书要从视觉上看，立体审视，长、宽、厚的比例要比较协调。例如，篇幅厚的书，宜选择大开本；篇幅太薄的书，不宜选择过大的开本。开本的不同，形式美也有所不同。一般地说，大开本给人以庄重感、严肃感；小开本给人以活泼感、精巧感；异形开本给人以新奇感。从实用方面考虑，根据图书的不同性质、不同作用来选择不同开本。例如，工具书、辞典、百科全书之类，一般篇幅较大，供读者案头查阅，因此可以选用较大的开本，如 16 开，或大 32 开等，大开本可以排更多的字，便于翻检；而随身携带的书，一般篇幅较少，可选用较小的开本，如 32 开、64 开等，小开本方便读者随时阅读。因此，开本与图书的性质和内容紧密有关，形式美要与内容美和谐统一。

随着社会生产全面进步，图书的开本构型也多了起来，不是过去年代仅常见 64 开、32 开、16 开，现代的国际开本已经流行，异形开本增多。这是随着书刊用的纸张幅面类型增多，印刷机器的更新带来的变化。我国目前已经常见的书刊用平板纸幅面尺寸有：787mm × 1092mm、850mm × 1168mm、880mm × 1230mm、880mm × 1092mm、787mm × 960mm、690mm × 960mm 等，还有新的类型 900mm × 1280mm、990mm ×1280mm、1000mm ×1400mm 等规格，其中 880mm × 1230mm、990mm ×1280mm、1000mm ×1400mm 等为国际规格。卷筒纸有 1575mm 的双幅、1092mm、880mm 及 787mm 四种规格，卷筒纸只适用于轮转机印刷，印数较大的图书宜用此种机器印刷。作为纸张印刷生产的发展方向，国际通用规格都将会列入国家标准，使图书的开本幅面与国际图书一致。属于上述规格的纸张又分为新闻纸、凸版纸、胶版纸、铜版纸、字典纸等几类，质量特性和价格等各有不同，根据书报刊等各种不同情况选用。报纸使用新闻纸，书刊一般使用胶版纸。封面、画册、插图等使用铜版纸。过去铅印时代，书刊大都采用铅印，使用凸版纸，字典纸用于篇幅大的字典、辞典、手册等大型工具书。

2. 色彩及印装方式

色彩包括封面和正文的颜色，封面现在一般采用全色印刷，也有使用二色、三色等情况的，根据封面设计者要求而异。正文的颜色一般分单色和多色印刷两类。单色图书指正文内容仅为两种颜色，即白纸上印另一种颜色的色字。它的制版、印刷工艺简单，成本比较低，适用一般书刊，如政治性、理论性作品，科技书刊和中老年读物，高等学校社科教材等。单色印刷以黑色字最为常见。多色是指正文内容采用两种以上颜色的油墨印刷，可使版面鲜艳清晰，但印刷工艺较复杂，成本较高，一般适用于少儿读物、美术作品以及有特殊要求的书。多色印刷又称彩印，有二色、三色、四色等不同情况，色愈多，工艺愈复杂，对纸张质量的要求也愈高，因而成本也越高。由于人民生活水平的提高和纸张生产、印制技术水平的不断改进，彩印出版物不断增多。还有一种形式，墨色只用一种，而纸张使用彩色纸，如蓝色纸、绿色纸、米黄色纸等，

这样印刷出来的图书只是纸张贵一些，印刷工艺同单色印刷，但印制出来的图书较白纸黑字要漂亮，而且可以防盗版，所以使用也越来越多。

印装方式包括印制方式和装订方式。印制方式主要指铅排还是照排，铅印（凸版印刷）还是胶印（平版印刷），以及图版的制法等。照排和胶印已经基本取代了铅排和铅印。制图方法也由过去完全是照相制版的技术发展到电脑描制、扫描、电子分色等制图方法。无论是黑白图、彩色图，现在水平较过去有显著提高，准确、鲜艳、活泼、逼真。

图书装订方法现代常用的有：骑马订、锁线订、胶订、平订和锁线胶背订等；装本有精装、平装、线装几种。精装有全纸面精装、纸面布脊精装、全面料精装；平装有普通平装、勒口平装、覆膜平装等。除了精装、平装、线装以外，还有散页装、简精装等。散页装就是单页状态装在专用纸袋或盒内；简精装实际上是平装图书吸收精装书比较硬的特点的一种装订样式，又称"半精装"。印刷和装订方法可参阅印刷技术类书，在此不过多赘述。

二、封面设计

1. 封面设计的内容

对封面设计的内容，也如同装帧设计一样，是不断发展的。早期的设计就是图书最前朝外的一面，也就是我们现在所说的封一。封一的设计也仅标出文字，如书名、著者名、出版者名，颜色比较单一，一般也没有图案。稍后一点，封面开始设计图案和图画。但对现在所说的封二、封三、封四（又称封底）都没有设计。后来人们认识到，从封一到封底，其实就是一张纸，是包括书脊在内的一个平面，经过折叠裹在书外分成书前、书脊、书后，而成为一个立体形的三面。因此，从几何构造而言，三者并非分割的，而是一个几何整体。这种构形的分析为多种设计构想打下了基础，也扩展了封面设计的视野。由于封面是这样一个整体，在设计时，要把封一到封四包括书脊在内作为一个统一体进行构思，充分发挥封一、封四和书脊的功能。封一、封四和书脊都有相同的功能，如宣传、美感的功能，只是功能大小有差别而已。在具体设计时，还可以将各个平面相互联系考虑。将封一、书脊、封四各作为一个平面，既可以将这三个平面分开设计，也可以两两结合设计，也可三个平面作为整体设计，三个平面折叠裹在书外又成了三个走向不同而又连接一起的平面，成了立体构型。

这样，封面设计包括了封一、封二、封三、封四和书脊。只不过现在对封二和封三的内封设计很少见。如果是精装书，则还有护封，这时护封和封面共同担当起封面的功能，封面的设计可能就比较简单一些。有的书还外加函套，函套的作用主要是保护书的。函套多用于多卷本、丛书或精装书。函套的设计一般较简单，也有复杂的。有的书还有折口，又称勒口，折口是封面在书的切口处的延伸部分折叠形成的。折口可以设计，也可不设计。

2. 封面设计艺术

封面设计是图书整体设计的核心，为整部书定了一个设计的基调。封面往往是图书形式美的集中表现，封面设计重点从三个方面去构思，包括封一、封四和书脊。设计时作为整体考虑，但成书后又要有三个面分开看的效果。

封面设计应当是美和意象的结合。"美"就是美感，起审美功能；"意象"就是意形、表意，起诱导功能。"意"能表达和提示"这是什么书"，"做什么用"，等等。准确地说，"意"指内涵、意思，"象"指形。通过封面使读者感受图书的美，并通过封面画使读者对书的性质、内容有所了解。在设计的手法上，有写实的、写意的、象征的、比拟的、抽象的、装饰的几种，各种表现手法各有其特点。而封面的设计，离不开立意和造型。立意是为了创造最佳形象，造型是为了最大限度表达图书装帧的立意。造型离不开点、线、面、动态等基本构成要素和各种造型手法。造型的目的不单纯在于追求美的形式，还在于获得内容的精髓，达到神与意的结合。

装帧设计应当追求动态、力感、韵律。客观的自然物具有动与静两种形态，因而使我们的大千世界充满生机勃勃的动态美，同时也展现出多式多样的静态美。但是无论诗歌、书法、绘画，更多的是赞美动态美。事实上，自然界和谐而富有韵律，变化万千，无以穷尽的形态给予人类的启迪是美妙的。动态的、力感的、韵律的装帧设计给人以栩栩如

生的感觉，妙趣横生，联想翩翩。

装帧设计应巧妙地运用气韵线。用来造型的点、线、面，线的运用最广，由点而成线，由线而成面，线起了关键作用。线有直线、弯线、虚线等，用线来构成形体，创造艺术画面。一般认为曲线圆形柔和，直线方形刚劲，正三角形有安全感，倒三角形有危机感，横三角有进退感，宽而平有平稳感，波纹线表现轻快，放射线表现奔放，交错线表现激荡，平行线表现安稳。根据整体设计的要求，努力用视觉艺术手段考虑封面的构思和构图，创造出既有思想性又符合科学、优美要求的封面作品，还可以用诗意、意境和含蓄、比喻、抽象等手法，使图案生动活泼。图案内部的组合排列可以是散点式、集点透视，也可以是平面布置，立体式或二方、四方连续图案，但总的要求是简洁有序，整齐中有变化，和谐协调，并把体现作品内容的主要形象放在最佳位置，避免杂乱无章、主次不分，造成不典型和缺乏必要的对比、协调等等弊病。

封面设计也可以取绘画式、版画式或装饰式的构图。封面虽可以采取绘画式，但其绘画只是整体设计的一部分。绘画也要着力表现图书的性质、类型和内容，适合相应读者的美感需要。在取用现有画面和图案时，也要充分考虑思想性、科学性和实用性，并要作必要的处理，如放大或缩小，予以恰当的位置和合适的大小。不论绘画或图案，都应注意颜色的搭配。颜色是无声的艺术语言，一般认为红色表现热烈，黄色表现明朗，绿色表现安静，白色表现纯洁，等等。但颜色的这些特性也不是凝固不变的，需精心挑选与运用，力求格调与形象一致，形色巧妙结合。各类图书的设计图和颜色使用是不同的。例如，工具书、学术著作要注意稳重、耐用；教材要注意朴实、大方；少儿类书要注意活泼、新颖。

3. 文字设计

文字是记录和传达语言的书写符号，是信息的传递者。封面上必须印出必要的文字。因为在封面设计中，画面的主要功能在于气氛的塑造以及意念的传达，真正具有说明意义的是文字。因此，文字的设计在封面设计作品中，是设计形式美感的重要因素。

一般地，封一上要有书名、作者名和出版者名；书脊上有书名、作者名和出版者名，或者只有书名和出版者名；封四上有中国标准书号和定价等，右下角还印有条形码。封面上印出的文字必须准确、醒目、规范、有序、层次突出。封面上的书名放在显要的位置。出版者的名称一般不宜与作者名拼放在一起，避免误解。要慎重考虑和选择字体字号。字体分为三大类，即书写体、印刷体和美术体。由于封面版面大小有限，且文字有限，再加上读者视线停留的时间短，因此，字体字号的选择与设计应当醒目，应以吸引读者注意为原则，适当调整字体的大小。设计者可以选择已有的各种字体，也可以根据设计的需要创设新字体和调整大小，以配合出版物的特性，作出最佳的搭配。在封面设计中，对文字的设计，有三种设计风格：形象性风格、装饰性风格和意义性风格。这些风格各有其特点，可在设计画面时整体考虑选择合适的风格。封面文字的设计既要突出主要内容，又要与整体构思、构图相协调，以取得相得益彰，互相映衬的效果。在设计封面时，绘画或绘图应与文字同步，不能先绘好图再塞字，否则会影响整体效果。

文字的设计，首先要确保准确无误。美术设计者要养成勤查字典的习惯，文字不能错，拼音也不能错。其次，要注意文字的规范性。新闻出版署和国家语言文字工作委员会1992年发布的《出版物汉字使用管理规定》中第五条规定："报纸、期刊、图书、音像制品等出版的报头（名）刊名、封皮（包括封面、封底、书脊等）、包装装饰物、广告宣传品等文字，必须使用规范汉字，禁止使用不规范汉字。"据此，必须使用国家语言工作委员会正式颁布的简化字表中的简化字，除特殊情况之外，不能随意使用汉字繁体字。在封面上，要坚决杜绝错别字和非正规简化字的出现。

这里还要提到书脊的设计。书脊的设计应当引起足够的重视，尤其要重视书脊上的文字效果。因为书放在书架上展示部分是书脊。字数多的书、精装书书脊较宽，如不进行书脊设计，不仅取书时要靠仔细辨认书名，而且影响书架的美观。有时不经过书脊设计的图书放在书架上，很容易从读者的眼皮底下溜过，从而影响图书的销量。书脊可依赖色块、字体的变化以及简单的装饰性图案达到吸引读者、体现图书特色的目的。我国的图书在书脊的设计上不太重视，而且书脊上的书名也不醒

目。但是，有些国家的书脊做得很有特色，把文字做得很丰满，基本上占据了整个书脊，很容易在书架上看得见书名，起到了宣传的作用。书脊上的书名要非常抢眼、耐看。

4. 折口、护封等的设计

折口，是封面在书的切口处的延伸部分折叠形成的。折口可以视作封面的一部分设计，也可不加任何设计。一般都将封面的色地延伸至折口。现在，越来越多的图书在折口上印有作者小照、简介或本书内容提要，属于丛书中的一种则往往印上丛书的书目等，在封底折口（又称后折口）上有印上图书责任者和设计者名的，设计工作都比较简单。设计折口的宽度比例要适宜，若太窄了会影响折口的效果。

护封，又称包封、护书纸，它是包在图书封面的另一张封面。护封有保护封面和装饰封面的作用。多用于精装书，较为考究的平装书也可加护封。护封与封面的大小一致。精装书的外壳的三面切口处各有长出3mm的飘口，这时，护封应按精装书外壳计算其面积。护封并不粘贴在封面上，而是在外切口处多留30mm以上的折口。套在封一和封四的折口分别称为前折口和后折口。护封的设计要求与设计艺术同封面是一样的，只是精装本的封面有护封的设计可以简单得多，有的甚至也可以不印出书名等。护封的折口设计也同前所述，可排印内容提要、丛书名、作者简介，也可以是空白或艺术图案。

有的书还外加函套，函套也是主要用以保护书的。函套多用于多卷本、丛书或精装书。一般设计大多较简单，但随着时代的发展，设计也有很繁复的，与对封面的要求相同，甚至超过封面设计的。在既有封面又有护封、函套的情况下，还要注意三者繁简有异，这样就能形成节奏感。

有的书还设计飘带（又称腰带），主要目的是起宣传作用，也有一定的装饰作用。飘带设计的色彩可以与封面的色彩形成鲜明的反差。飘带上印有书名（包括丛书名）、作者名和出版者名。还有的书在封面（书壳）与书心之间设计环衬的。在书心前面的叫前环衬，在书心后面的叫后环衬。环衬的作用是把封面和主书名页、书心连结起来，可以增加图书的牢固性，也可以起一定的装饰作用。图书的封二、封三部分，一般是空白不加任何设计，不仅没有文字，也没有画或图案。只偶尔有印上颜色的，和期刊完全不同。这不仅使书显得庄重，也与封一、封四形成对比，虚实结合而有节奏感。

三、版式设计

版式就是图书版面的编排格式。版式设计是以图书的性质、内容和读者对象及可提供的工艺技术手段等为根据，对版面编排格式所作的安排。版式设计是装帧技术设计的重点，通过设计使图书的版式与外部装帧和谐一致，使版面安排合理，脉络分明，既方便阅读，又给人以美感。

1. 版式设计要素

版式设计是在整体设计的构思之中，只有在开本确定后的基础上才能进行。因为，版式设计是在一定尺寸的版面上进行设计，而版面的大小取决于开本的大小。开本设计在整体设计时就作了决定，版式设计除了开本设计之外，版式包括版心、行长、行距、字体、字号、标题、图表、装饰符号、书眉和页码等。版式设计是一项细致而复杂的工作，同样需要技术性和艺术性。

（1）版心构成和规格

版心是指开本幅面上除去四周的空白容纳文字图表（一般不包括书眉、中缝和页码）的部位。版心是构成版面的基本形态，也是构成版面形式美的基础。版心的大小对纸张的合理利用有影响，与四周空白（包括天头、地脚、切口、订口）的大小成反比。版心本身由文字、图表和间空构成。间空包括字空、行空和段空。如何处理着墨部分与空白部分的比例，即黑白比例问题是版式设计的一个重要课题。对于书心四周留有白边，其目的是便于读者作批注。版心中相邻两横行文字之间的距离称为行距。行距因字号和行长的不同会有些不同，字号越大，行距也稍宽，通栏排的行距应比分栏排的行距稍大。这样使版面美观协调，也便于读者阅读。行距太宽浪费版面，行距太窄给读者带来压抑感。现列出常见的几种 16 开和 32 开平装本的版心、行长、行距、排字容量与天头、地脚、切口、订口的参考尺寸（见下表，单位均为 mm）。

开本	开本尺寸	字号	字数 （行数×每行字数）	版心尺寸	天头 高度	地脚 高度	翻口宽	订口宽
16	188×260	5	37×39	145×213	30	17	17	24
	188×260	5	39×39	145×214	28	19	17	24
大32	140×203	5	28×28	103×159	27	17	16	21
	140×203	5	29×28	103×159	27	17	16	21
	140×203	5	29×28	103×165	22	16	16	21
	140×203	5	30×28	103×165	22	16	16	21
小32	130×184	5	26×26	97×149	21	16	14	19
	130×184	5	27×26	97×149	21	16	14	19
	130×184	新5	29×29	92×143	25	16	16	22
	130×184	5	26×25	93×143	22	19	16	21

根据实际情况和设计者的风格不同，其尺寸会稍有不同，可以灵活采用。同时，为了与国际接轨，图书开本逐步要与国际开本相适应。其纸张尺寸大小为880mm×1230mm，16开和32开都比目前我国常见16开和32开要大，16开为880mm×1230mm 1/16，32开为880mm×1230mm 1/32。随着社会与时代的发展，人们对图书的美观、舒适的追求比节省花费看得更重，因而对版面设计采用宽松的空白可能会对读者有更大的吸引力。

（2）字号、字体

字号是字符大小的标志。字号的分级方法铅排和照排并不相同。铅排在我国以号数为标记单位，一般分为一、二、三、四、小四、五、小五、六、七号等九级。国际上常以点数为标记单位，"点"亦称"磅"，由英文"point"翻译而成的，缩写为"P"。对应九级字号有：27.5P、21P、15.75P、13.75P、12P、10.5P、9P、8P、5.25P。以点数制计字号是为了换算面积。如：1个一号字面积＝4个四号字面积，1个三号字面积＝4个六号字面积。由此可见，号数越大，字符越小，点数也越小；点数越大，字符越大，号数则越小。照排字符大小的标记单位为级，一级的字符宽度相当于0.25mm，级数越大，字符也越大。照排的分级比铅排的分号更多，因此，照排对字号处理更灵活，对于少量的超版面或版面不足更易于解决，可以根据需要适当调整字级。现列出各种铅字字号的字符宽度、字面大小及它们与点数、照排级数的对应关系供参考（见下表）。

字号	折合点（磅）数	对应照排的级数	大小（mm）	铅字的字面			
				中文	英文大写	英文小写	数码
一号	28（27.5）	39（39.2）	9.80	出版	ABC	abc	1234
二号	21	29（29.4）	7.35	出版	ABC	abc	1234
三号	16（15.75）	22（22.4）	5.60	出版	ABC	abc	1234
四号	14（13.75）	20（19.6）	4.90	出版	ABC	abc	1234
小四号	12	17（16.8）	4.20	出版	ABC	abc	1234
五号	10.5	15（14.7）	3.675	出版	ABC	abc	1234
小五号	9	13（12.6）	3.15	出版	ABC	abc	1234
六号	8	11（11.2）	2.80	出版	ABC	abc	1234
七号	5.25	7（7.35）	1.8375	出版	ABC	abc	1234

　　对于字号或字级的选择，主要考虑图书的性质和读者阅读的方便。一般取大压小的原则，对层次高、重要性大的内容用较大字符，对少儿读物和老年性读物宜用较大字符，标题比正文的用字要大，正文中的备注字不得大于正文主字等。

　　字体是字的形体。汉字有宋体、仿宋体、楷体、隶体、黑体、新魏体等。不同的字体其笔画粗细不同，对人的视觉冲击力也不同。宋体的特点是竖重横轻，结构方正，美观秀丽，适用于大块文章和排印正文；仿宋体笔画粗细匀称，字形清雅端正，适用于标题、引文及序言，由于较清新活泼，也用于小学课本和文学作品等；楷体字形圆活，结构稳定，柔媚挺拔，常用于小学教材及通俗读物、少儿读物；隶体有方形结构的隶体和扁形隶体，图书中多用隶体作标题字以及图表的文字说明；黑体亦称粗体字，黑体字经适当变形又可得到扁黑体、长黑体、粗黑体、细黑体，黑体笔画粗壮，字形醒目，严肃端庄，常用于标题，或用于特别提醒读者注意的文字，但不宜用于正文；新魏体字形比楷体或魏碑体更雄伟豪放、刚柔兼并，适用于标题字。字体还有其他种类，如长仿宋体、小姚体、标准体等。随着电脑排版的发展，字体也更多了，通过一些变形，获得所需要的字体或美术字体，这些要根据实际需要而采用，也不可随意变化太多。

　　（3）图表

　　图表的编辑加工前面已述，对于图表的版式设计应考虑美观、清晰、易读的要求，将位置安放恰当。图表的形状、大小、数量的不同以及位置安排的不同，既可以活跃版面，又可以给版面带来不同的特色。一般情况下，图表随文安排，紧接正文安排图表位置，便于读者阅读。在版面无法容纳时，才考虑横排或跨页排。跨页排表，应重排表头，在表上方注明"续表×－×"字样。插页排图表会增加印装的困难，应尽量避免，或者少用。串文图的位置应安排在切口。表的安排以通栏为多见，也有串文表，串文表也应排在靠切口处。现代表的格式倾向国际无线表或三线表，较为美观，复杂表可采用有线表，但全书须统一。图表一般都不宜在一个版面的起始处安排，以免在上下文的连接上发生误会。若不便处理，可调整文字的行距或文字的字号等办法加以解决。整页横排图表（卧排），应顶左底右排，即单页码顶订口，双页码顶切口。

图表在正文中是比较醒目的，注意设计技巧会增加版面美观、活泼的效果。如果图表不美、排法又欠妥，达不到和谐、匀称的目的，则会降低图书成品质量。

（4）版面空间

版面适当运用空白，使版面清晰，能给读者以轻松感。版面占据空间的大小不同，给读者视觉刺激强烈感不同，空间大，视觉效果好，阅读起来比较轻松。但空白太多，会浪费版面，所以要寻求最佳黑白比。在一般情况下，文字部分占据版面的 1/2～3/4，空白部分占据版面的 1/4～1/2。采用空白，也为读者提供一个"歇目"的机会。这些空白有三种情况：一是边空，天地与左右边口；二是行空和字空；三是余空，是文结束而版面剩空，这种空要设计好，最好是文图充满版面，如果要空，也要在标题和正文上多考虑。

（5）版面装饰

版面的装饰一般有各种线条、花边等，少儿读物还会设计一些图案，这些装饰既有强化、区别内容的作用，还有美化版面的作用。随着对图书设计的强调，这些设计也越来越多，也越来越受到读者的认可和欢迎。

（6）标题

任何图书都有标题，标题是作品中心内容提纲挈领的表示。标题必须鲜明、突出。通过标题表现出图书内容的结构层次，也体现了版面的美观。标题的层次由字体、字号的不同而体现。标题级别如果从一级开始为最高标题，而小一些的标题就是二级、三级等，字符从一级往下二级、三级依次由大到小，字体也可随字号而变化。在标题由大到小时，同时还要设计行空，标题行上下的空白大于行空，级别越高所占的行空越大。一般标题末尾不加标点，一个版面结束不排标题。随着出版物的类型和性质的不同，标题设计，包括字体、字号、行空、排位可有不同，以更加体现内容美、形式美、版面美。为了表现标题的特色和设计者的风格，还可以用另页、另面、边排、横竖排、超版心以及加线、加

装饰符号、加图案、加色块等方式，使标题更加形象化、装饰化。全书的设计要统一，同类标题要一致，以保持全书的整体性。

2. 版面设计艺术

版式设计是为图书的内容服务的，它要与书的内容、性质和类型相协调；版式设计也是一项艺术性工作，它也要遵循美学原理，使读者在阅读时轻松愉快，得到美的陶冶。为此，版式设计要讲究艺术性，符合艺术规律。

（1）比例合适

版面上各种要素的比率称为比例。如着墨部分与空白部分，线条，色块，插图，表格等，它们在视觉上各占一定的比例。这些比例关系处理得当，就会给人以美的感觉，否则就会感到别扭。艺术家发现，最具美感的比率是3∶5，接近于黄金分割的关系，即0.618。设计中，矩形比正方形和圆更让人的眼睛有舒适之感。实践表明，黄金分割比例的使用，让人更觉得美观和舒服。当然，也不是版面的任何要素都要千篇一律遵守这个规律，设计中仍然存在不规则比例，但必须服从协调，使视觉舒适而不讨厌。和谐、完美的设计效果依赖于合适的比例和尺度。

（2）对称与均衡

对称是同等量的平衡，均衡是变化的平衡。对称能给人以稳重、庄严、平衡的感觉，但也会使人产生单调和呆板的感觉。均衡是不等量的平衡，均衡使人有协调之感。对称、均衡都有一个中心位置，这是视觉中心，并不是几何中心，它会略高于几何中心位置，使视感舒服。一个平面上，上半部和左半部易使人有轻松、自由的感觉，下半部和右半部易使人有压抑和稳定的感觉，中心易给人以静态的感觉。采用对称与均衡的技巧，不会给人有失重或失偏的感觉，会让人在轻松、惬意的气氛中阅读下去。

（3）节奏与韵律

自然界中有许许多多以节奏、韵律为基础的现象，如春夏秋冬周而复始，白天黑夜交替永无穷尽，以及走路、骑车、划船动作的无数反复等，都具有节奏和韵律，给人以舒适、协调的感觉。节奏是按照一种条理和秩序作重复，连续排列而形成的一种律动形式。在图书版式设计中，有规律的重复和对比因素的存在是产生节奏的基本条件。如文字既有等距的连续，也有渐变、大小、长短、高低不同的排列，文字和空白交替出现，重复出现的字体字号等等，都给人以节奏感。韵律则可看作节奏的较高形态，是在节奏的基础上赋予一定的情调色彩便形成了韵律，是不同节奏的美妙结合，给人以新的情趣和特别的精神感受。

（4）统一与变化

统一与变化的结合是图书版式设计的基本要求。全书统一才能形成整体，但必要的变化能形成美感。设计的整体观念，要求版面内诸构成要素全书统一，相互依存，紧密结合。只有设计的统一，才能覆盖和包容一切形式美，如齐一美、调和美、均衡美、比例美、对比美和节奏美，等等。变化是一种想象力的表现，可造成视觉上的跳跃。只有统一而无变化，则显呆板；只求变化而无统一，则显杂乱。

（5）对比与调和

对比是强调差异性，通过对比，可以使事物更加鲜明、清晰、突出。在版式设计中，相对要素互相比较，产生黑白、粗细、大小、轻重对比，还有高与低、宽与窄、线与面、虚与实都会形成对比。调和是使两者或两者以上的要素具有共性，相辅相成，即形成差异面和对立面的统一。调和能给人以融和、协调之感。现代设计中，对比的运用比较广泛，不仅是空间、色彩的对比，而且在图形、形体、方向虚实等形成对比。局部的对比要符合整体协调一致的原则。对比与调和的运用可以创造不同的视觉效果和设计风格。

3. 版式设计方法

（1）总体把握

根据书的类型，将全书整体构思，使设计新颖，具有特色和风格，切忌设计的单一和雷同。全书设计统一，风格一致，和谐协调。局部变化服从整体设计规划，使设计具有整体感，又有层次结构感。版式设计要从阅读效果和视觉效果两方面下工夫。通过设计使阅读轻松、舒服，使美感增强。

（2）分类设计

图书的类型不同，设计应有所差异和不同，不能一律化。如少儿类图书需充满活力，新颖活泼，空间较大，字号也宜大一点。教材和专著宜严肃、庄重一点。图书是文科的，还是理科的，版面设计会有不同。理科的图书，尤其是教材，由于有公式、图表出现，设计要使公式突出，不要为了节约版面，而将公式和文字挤在一起。文科图书，如教材，主要以文字为主，应在章、节上下工夫，排头字占行可适当多些，也不一定都居中排。有时还可加书眉和花边来调节单调的版面。

（3）标题设计

标题设计在正文版式设计中占重要位置。标题设计包括标题字级、字体，标题位置、字空、占行、转行等。

标题字级、字体必须依据图书类别、开本、等级来选择。经典著作、学术著作、法律等类图书，以及比较严肃的图书，宜选择常用字体，不宜选择过于艺术化的字体；开本较大的图书，选字稍大的字级；标题等级较多时，应遵循从大到小、字级有序、层次分明的原则。

标题位置有居左、居右和居中等样式。标题位置的设计，要依据图书开本大小、标题文字的多少，以及整体布局等实际情况来安排。一般一、二级标题多居中，也可居右；标题文字较多的，以居左为宜；标题等级较小的，以居左为好。除左右位置外，还有上下位置，通常也有偏上、居中及偏下等样式，可根据图书类别、标题字数及占行情况而选择。

标题上下应考虑空行，即标题要占行，以突出题目，但不同层次标题的占行数（空距）应不同，一般依题级大小递减。一级标题，最多可占一面行数的1/3左右；二级标题，一般占2～3行，最多不超过5行；三级标题，一般占1～2行。各级标题的占行数一经设定，全书必须一致。在两级标题连排时，可减1行空，以免造成两级标题之间的空间过于稀疏。标题不要排在每页底部。

标题在过长的情况下需要转行。如果标题文字行长超过正文行长的4/5时，标题需转行，转行有顶格（顶头）转、齐肩转和居中转三种形式。在现代图书标题转行设计实践中，还有其他形式的转行，视设计和整体需要而定。但是，不管何种转行方式，都必须严格遵守不损害文意的原则，即：标题转行不能割裂词义，虚词不能转为下行的头一字等。

当然，根据社会和时代的发展，标题的各种因素组合应有新的思路，在字体、字号、占空、位置等方面选择理想的组合。还可以在标题栏增加一些线条、方块、圆点、三角等几何图形，可以产生新的效果。利用电脑排版可进行多种方式的组合比较，并同图书的装帧综合考虑，尽量使图书的版面活泼起来。

四、辅文设计

进行图书的版式设计，应该从图书整体的观念出发，全面构思、安排一本书的版式。不要把封面设计、正文设计与辅文设计分割开来，致使版面设计与封面、辅文设计不协调。在此，重点讨论扉页、前言、后记、书眉、目录、注文、附录等辅文的设计。

1. 扉页

在图书的整体设计中最容易忽视扉页的设计。扉页的构成元素主要是书名、作者名和出版者名。扉页一般按三行式排列，不外乎书名字体字号大一些，书名与作者名排得近些，出版者名远一点靠近底边，似乎没有多大变化，久而久之，扉页的设计成为图书整体设计中的弱项。事实上，扉页是图书的入口和前奏。设计得好能给人以耳目一新的感觉。扉页设计应与封面风格协调一致，无论字体还是构图，基本遵从封面的格局，这也就是以图书的整体设计为原则。扉页的字体、图案可以是封面图案的重复、简约，颜色可以淡化，这样处理使封面、扉页互为依托，显示出图书整体设计的魅力。

2. 前言和后记

图书正文前一般都有前言，有的正文后还有后记。前言和后记是图书中比较重要的辅文，是一部书的有机部分，是对正文的补充和说明，在整体上其版式应与正文风格保持一致，成一气呵成之势。但前言和后记可与正文的字体、字号有所不同，如果正文用宋体，前言可选仿宋体或楷体等，字号可视其篇幅而定，排列的方式可与正文相同，也可与正文不同，可靠一边排或靠中间排。

3. 目录

每本书都有目录，目录中各级标题所用字体设计有两种方式：一种

是与正文中标题一致，与正文相对应，从而获得整体感；另一种是按标题级别从重到轻进行字体安排，从而具有层次感。还可以用点、线增加目录的美感。

4. 书眉

书眉具有供检索的功能，方便读者查阅；同时，也能增添图书的装饰性和整体性。书眉设计，首先应确定位置，在天头、地脚、切口均可。其格式要有所考究，字体、字号有别于正文，可用线、简单的图案装饰，也可不用。书眉设计应遵循双码书名（或辑名）、单码篇章名（在读内容题名）、起始面不排眉的规则。每本书的书眉设计也应赋予自己的个性，显示整体美感。

5. 注文和附录

有些图书注文较多，注文按在书中的位置分类有三种：随文注、脚注、文后注（篇末注）。注文字当与正文有别，其字体、字号、格式应与正文不同，且同一部书中处理注文一般采用一种体式。

附录在科技图书中是常见的重要辅文，一般指一些不便纳入正文而又有重要参考价值的资料，以对正文作补充说明，便于读者深入理解正文。附录的版式设计有别于正文，附录的文字一般小于正文，标题和文的字体、字号根据附录的长短而选择。附录中有图、表的，其设计更应注意美感和书的整体性。

总之，装帧设计的各个方面都是紧密联系的。在进行设计时，必须考虑各项内容之间的协调、呼应与统一，使各个局部和谐融于整体之中，使图书形成独特的风格、气韵和魅力。装帧设计也具有时代特色，适应时代的特征和需要，应与各个时期人们对美的追求相适应，使图书的装帧设计具有美的欣赏性。装帧设计也还要与当前的印刷技术和装帧材料相一致。现代社会的印刷现代化，把装帧设计的水平和质量推向了一个新的高度。现代人也更加重视图书的装帧设计，使其光彩夺目，图书市场因此而变得绚丽多彩。

第十一章

....>

编辑后期工作

编辑后期工作就是编辑人员在发稿以后还需要进行的后期工作。发稿以后，成书还需要录排、校对、印刷、装订等生产环节，成书后发行销售，还要收集反馈信息、安排修订重印、再版等。虽然这些工作主要依靠印刷发行部门来进行，但是还需要熟悉书稿内容的编辑人员指导和参与，有些工作还必须直接参与。在市场经济条件下，图书的竞争能力由图书的多种因素的综合效应决定的，如图书的内容质量、编校质量、装帧质量、印装质量、定价策略、宣传推介、营销策略，等等。所以编辑人员，特别是责任编辑要关心和参与图书出版的全过程，同样也要认真做好编后工作。

编辑后期工作范围比较广，在本章主要讨论校对、宣传、重印与再版等内容。

第一节 校对工作

一、校对的概念和编校关系

现代"校对"一词由古代"校雠"演化而来，古代讲校雠、校勘，实际上是编纂工作，是将编纂与校对合二为一。现代意义的校对是指校对人员根据原稿或定本核对校样或通读检查，订正错误的工作。这一校对概念，含有两层意思：其一，校对的依据是原稿或定本，原稿是编辑加工后的发排稿，定本是指供复制生产的原本或制作底本，如古籍供出版用的旧版本，制作电子图书的文本等；其二，校对的职责是既要依据原稿或定本来发现、订正校样的差错，又要发现原稿或定本本身的差错。在本章仅涉及依据原稿的校对。

校对是图书生产流程中编辑加工后、印刷之前的最后一道质量把关工序，是图书在印前编辑保证书的文字和内容质量的最后环节。校对是出版社重要的出版条件。列宁在出版《俄国资本主义的发展》一书时，写给玛·亚·乌里扬诺娃等人的信中说："……最重要的出版条件是，保证校对得非常好，做不到这一点，根本用不着出版。"① 鲁迅先生也曾经指出："校对和创作的责任是一样重大的。"这些都是对校对重要性的准确概括，充分说明了校对在出版物生产过程中处于十分重要的地位。作为科学文化信息载体的图书，其作用在于传播。传播的信息，积累的文化遗产，首先就要保证准确无误。如果有错，信息就会失真，知识就会有误，则会"诬古人，惑来者"，贻害读者。因此"出错书不如不出书"。长期以来，不管是主管部门还是出版社都十分重视校对工作。1997 年国家新闻出版署发布的《图书质量保障体系》第十一条指出："坚持责任校对制和'三校一读'制度。""专业校对是出版流程中不可缺少的环节，直接影响书籍的质量。出版社应配备足够的具有专业技术职称的专职校对人员，负责专业校对工作。"按照此要求，各出版社都设立了校对科（室），配备了足够的人员，专门负责校对工作，保证出版物的编校质量。

校对工作虽然有专门的科室负责，由校对专职员担任书稿校对工作，但仍与编辑密不可分，校对也是编辑工作的重要组成部分。编辑工作与校对工作的关系是：相互依存、相互促进和相互结合的关系。第一，相互依存。在古代，长期编校合一，在现代，虽然分流，但谁也离不开谁。编辑工作是校对工作的前提，没有编辑发排的书，也就没有校对工作。反过来，校对工作是编辑工作的继续和延伸，只有经过校对，才能保证图书的质量。编校质量的高低取决于编辑工作和校对工作的质

---

① 列宁全集《第 37 卷》. 北京：人民出版社，1959：154.

量。而且，在现代网络出版中，又存在着编校合一的回归现象，所以说编校是相互依存的。第二，相互促进。这其中体现了编辑和校对的相互配合。编辑工作做得好，发稿严格按照齐、清、定要求，会使校对工作进行得顺利，可以保证时间进度，否则，会使校对工作进行得很困难，也无法保证进度。再者，校对人员素质高的话，在对书稿校对是非中发挥作用，发现错误和疑点，提供给责任编辑解决，进一步把好了书稿质量关。在工作实践中，编辑和校对都从对方学到了许多好的东西，如知识的或作风上的。第三，相互结合。编辑和校对的工作目标和任务是一致的，都是为了提高图书的质量，只是分为了两个不同环节，应当密切配合，而且"三校一读"，一般的做法是最后一读由编辑完成。因为编辑对书稿内容很熟悉，解决在校对中提出的质疑问题，认可校对改过的地方，最后再次把关。从这些工作来看，编辑和校对是紧密相结合的。在工作实践中，也要求校对人员知晓编辑加工环节中的许多内容，如版式设计、字体字号、各种规范和标准，以及装帧设计的一些技术要求等。因为这样，许多新任编辑在刚进入出版社工作时，先要担任相当一段时间的校对工作，才能到编辑岗位上任职。

二、校对的作用

校对的作用也就是校对功能，主要有三个方面。

1. 对原稿负责，校异同

校异同，是指以原稿为唯一依据，以校样来核对原稿，分辨两者的异同：同则通过，异则以原稿为准对校样进行改正。这是传统校对的基本作用。校对虽然是为了保证排出的校样符合原稿，符合原设计，并不会给书增添新的内容，但是它的意义十分重大。现在流行"无错不成书"的话，可见书的错误之多，必须引起高度重视。书中的错误百出，虽然不能说全都是校对之过，但至少可以说校对不精，这恐怕是难以否认的。书中的错误会使读者感到不知所云或者误解文意，甚至带来不良后果。如把"英"字错成"美"字，本来说的是英国，变成说美国了；把"不要"漏排了一个"不"字，本是要否定、劝阻的事，变成肯定、鼓吹的事了；有的数字少了一个零，就会带来不应有的损失。据《农民

日报》曾报道，某出版社出版的一本讲养鸡技术的书《家庭饲养技术丛书》，书中把"饲喂苏打片，日喂两次，每次0.025克"误成"每次0.25克"，而导致江苏泰县一养鸡专业户的500只小鸡一夜之中全部死掉的悲剧。一位数字之误，便谬以千里了！从而可见校对有助于书籍正确表达思想、知识的作用，校异同也就具有其积极意义了，不要认为是一种被动的行为。

《毛泽东选集》的出版在校对方面也是一个样板。《毛泽东选集》由人民出版社承担出版任务，参加这项工作的同志都倾注了全部心血，十分认真负责，精益求精，做到了各篇文章排版规格整齐划一，校对保证一字一点不错，装帧和印刷也达到了相当完美的程度。《毛泽东选集》出版和校对的高质量，为出版其他重要著作树立了榜样。《毛泽东选集》各卷的校对保证不错一个字、一个标点符号，其重大意义在于既保证了书的高质量，也说明了只要我们认真把编辑校对工作做好，"无错不成书"的说法是立不住脚的。

校异同除了对照原稿消除差错外，还有一层含义，要对原稿负责，不要随意改动原稿。无论是编辑还是校对人员，在专业知识方面，不如作者专、透、深，改动一字一句都要慎重，并且要在付印前交作者过目认可。既体现了"文责自负"的精神，也表明了对作者的尊重。忠实于原稿也能保证我们从事校对工作的人员不随意改动原稿，确保原稿的完美性。

2. 对社会和读者负责，校是非

校是非指以原稿为依据，以校样来核对原稿，改正、消灭一切排版上的错误，并在此基础上，凭借校对者储备的知识或其他权威的信息、资料来判断原稿中的是非，确定其"是"就通过，确认其"非"就提出疑问，提请责任编辑或作者处理或改正。简单说就是发现原稿中的错漏和不妥之处。校是非对校对人员的素质要求更高，不仅要有良好的心理素质，而且还要有广博的知识积累、扎实的文字功底和强烈的工作责任感。从理论上讲，书稿是按齐、清、定的要求发排，清除原稿中的差错是编辑的职责，但事实上，往往难以绝对消除错误。同时，若编辑责任心不强，有的书稿就会与齐、清、定的要求相差甚远。因此，校对人员在校对过程中，往往能够或多或少地发现原稿中的错误。有些高水平、经验丰富和责任心强的校对人员，还会从深层次上提出原稿中存在的问题。从这个意义上讲，校对的确是编辑工作的延续和补充。

校对工作的目标就是消除录排过程中产生的差错和原稿自身的差错，校异同和校是非具有同质目标，且具有互补性。校异同就是通过校样与原稿多次逐字、逐句、逐段和异同对比，发现并订正校样中与原稿相异之处，使原稿的真实性和价值在正式出版时不致被损害、破坏。校是非就是通过对校样和原稿的审读检查，利用校对者的辨识认知能力和职业修养发现并提出对原稿错误的质疑，配合编辑订正原稿中的错漏，从而使原稿在正式出版时其价值能得到提升。所以，校异同是清除校样中的显性错误，使原稿保值，校是非是消除校样和原稿中的隐性错误使原稿增值，增值是使书稿更完美。而编校质量的保证，必须建立在显性错误与隐性错误同时消除的基础上，由此看来，校是非是必要的，也是校对的基本功能之一。

校是非的作用在于发现原稿中的各种差错，并用铅笔在校样旁边提出质疑或填写"原稿质疑单"，提请责任编辑解决。如果校对者改正错误有绝对的把握，可予以改正，但应加注"校改"，在编辑核红或通读时加以确认，防止校对中的误改。发现原稿有错误时，不能只改校样，还要改原稿，否则会造成下面校次来回改动，不知可否。校对或校改时必须使用红笔，并必须使用统一、规范的校对符号，校对说明则可用另外的有色笔，如绿笔、蓝笔都可以。

3. 遵循美的原则，校版式

严格地说，校版式可以归纳在以上校异同和校是非中，但因为随着时代的前进，版式变化多样，而且也越来越受到重视，所以单独提出来，使其在校对过程中不要被忽视了。

现代出版，从理论上和实践上都充分显示了图书的美，有内在美和形式美的存在和协调，它们的和谐统一构成了图书的完整美。图书的内容美和形式美都是与时俱进的，充分反映了时代的气息和特色。正如马克思说的：人是按照美的规律创造世界的。连原始人类都以文身和涂彩以及佩戴贝壳等方式来打扮自己，何况现代人类。读者在购买一本书时，既想要得到精神上的满足，也想得到美的享受。因此在校对时，除了校异同、校是非外，还要注意校版式。校版式往往是很容易被忽视的，这是现代出版对校对提出的新要求。

对版式的校对应包括以下几个方面：一是版面形式，标题字体、字号、位置、空行、转行以及辅文设计，是否符合设计要求，全书是否统一，电脑录入排版后是否有差错。二是全书体例结构是否层次分明，前后是否统一，序号是否有错乱。三是公式、图、表是否符合设计要求，位置是否恰当、美观。如公式占行居中，图靠切口，表的规范等要求，校样是否都与之相符。有的问题可能出现在设计批注时，有的可能出现在排版后。因此，校版式也存在校异同、校是非的问题，必须整体把握，全面校对。辅文包括书名页、版权页、目录、前言、后记、索引、注释、书眉、页码、附录、参考文献等，要校对其内容，也要校对其格式，消除差错，消除不规范、不完善处。只有各部分都从内容上、形式上校对把关，才会保证全书的质量高、形式美。

三、校对程序

校对的程序通常有校样、整理、通读、对红等。

1. 校样

校样是对排出的样稿进行校对改正，通常要进行三校。校样的基本要求是：改正校样上的错字、别字、多字、缺字以及字体、字号、接排、另行等差错；改正公式和符号的错误；检查版式是否符合要求，包括标题、图题字体、字号是否统一，图序是否无误，页码是否连贯，书眉（或中缝）单双码是否排对，装饰线粗细是否得当等；插图、表格、公式、算式、关系式等的位置是否恰当和美观；检查行距是否匀称，字距是否合乎规定。

2. 整理

整理是为了保证整个校样能取得格式上的统一和校改上的一致。整理内容为：按顺序检点和编排页码，如为上下册页码连贯的图书还须查明本册页码与上册是否衔接，暗码与插页都必须注明，尤其是用双跨单排的表格、插图、脚注等是否因页码更改而不成双单码，编好页码后再检点一遍，若图版未能送校时，应留出页码；检编页码是否衔接时要注意不属正文的部分，如扉页、版权页、目录、索引、图版等应作细致的整理；目录与正文标题一一核对，文字要一致，层次要一致，并填上页码；检查扉页、版权等的名称、著译者、出版者等是否一致；检查各级标题格式、占位、空行是否全书统一；依次查核图序、表序、公式序和标题序；脚注与文中所叙述的次序是否一致；如遇缺图、重制图等，在校样上必须贴上纸条，单码贴在左上角，双码贴在右上角；统一图注格式，图注或图版说明中的文字与图中的序号是否一致；检查索引中的汉字笔画及外文字母顺序；检查校改是否正确，有无笔误，特别要注意外文的误改；检查提出的问题和其他版式中的应注意事项。

3. 通读

最后校次通读，这是校对工作中极重要的一环，也是校对程序中不可少的程序，起着质量把关的作用。通读是依据整体设计要求、脱离原稿仔细认真地阅读，逐段逐句逐字通读，找出文内的差错和问题。离开原稿读一遍，便于前后照应连贯思考，思维侧重于"是非"，能很好地进行逻辑思维和辩证思维，有利于发现原稿错漏和不妥之处，以及原稿批注的失误。通读注意的重点：消灭错别字；纠正使用不正确的标点；内容前后的衔接，转接之间的连贯；名词术语符号的统一与正确使用；全面检查版式（标题、作者、摘要、注脚、公式、空行、转行、参考文献等）；图表的次序号、排放位置；书眉内容是否与正文吻合，页码顺序无误。如发现问题，可翻原稿查对，是校样差错，可用色笔去改，是原稿差错，可提出问题，交编辑部门解决。通读要控制阅读速度，要使自己的思维跟上视觉活动，以免脱离导致放过错误。通读的停顿，要在整节或整段处，不要断断续续，适当兼顾整体性。

4. 对红

对红，又称比红，或核红，是指改错后新出的校样与原样进行核对，查阅所标红处（也可以是其他色笔）是否已改和改对。对红的目的是保证校样所改动的完全无误，对红对保证校对质量起重要作用。每个校次之后，新的校次开始，直到通读出胶片后，都要对红。每个校次的改红若漏改或出错，会带入下一次校样，而到通读时就会很难发现，

所以每次对红很有必要。对改动的字、词进行核对外，还应注意字、词、句的邻近部位出现新错，因为微机操作者在改错时，也可能出新错，或有漏改处。有时，微机在改动处还会出现一些莫名其妙的文字或符号，要特别注意。

四、校对方法

1. 传统校对方法

校对的主体是校对者，包括专职校对员、作者（著译者）和编辑（责任编辑），承担主要校对任务的是专职校对员，编辑要参与通读和配合校对员的工作。校对的客体也就是校对工作的对象，包括原稿和校样。原稿和校样一般是以纸为载体，但现在以磁盘或光盘为载体的书稿增多，但校样仍还是通过电脑输出打印成纸样，在电脑上直接校改的还比较少。纸质校样操作起来方便、灵活，而且校改后留下的改动处很明显。

校对的主体和客体是互为条件、互相对立的。客体存在差错，主体纠正差错，它们的相互作用达到消除差错。然而客体是被动的，主要是依靠主体的积极作用。主体的主观能动作用是通过观察、判断和操作等活动来完成的。

观察是校对主体者最基本的、也是最重要的活动。消除差错就是在对原稿和校样的观察中展开的，观察要准，要到位。观察校样要仔细，先要观察形，再要区分义，有形近的，有形近义不同的。一个文字、一个符号地盯，不能像阅读小说那样，一目几行。校对的观察必须全神贯注，目光是以点为单位从一点向下一点移动，在每个视点上停留的时间为 0.4 秒左右，有时还要相应延长，以确保观察的准确性。观察得越仔细、越清楚、越准确，头脑的思维判断也才会准确无误。养成这样的习惯，是要经过训练的，所以职业校对者具有其职业优势和特长，不是任意找一个人就可校对书稿的，非专职校对员在校对时就易产生跳字、跳行或流于通常情况下的线性阅读，致使差错不能消除。

判断是校对主体逻辑思维活动的形式之一。判断思维与观察密不可分，紧密伴随之。校对者在观察时，就要判断，"是"就通过，"非"

就要修改或搁置，直到解决。校对者在对原稿和校样进行把握时，在宏观上要对它的思想性、知识性和科学性进行逻辑分析，以辨别、判断它是否有错以及错误所在。在微观上，要对其进行文字和符号判断分析，综合上下文的意义来进行分析、判断，剔除各类错误。无论是"校异同"，还是"校是非"，都离不开判断，只有判断正确了，才会保证校对的质量。当然，在判断思维过程中，与个人思维的敏捷、知识水平和经验也是密不可分的，校对者素质好，判断的正确率就高，否则就低，甚至把对的也判断为错的，因此，培养和提高校对者的水平和素质是搞好校对的根本所在。

操作是校对过程中的最后一道工序，即校对者将客体的错误转化为正确。校对者的操作是借助于一定的规范——校对符号在校样上予以操作，通过操作，将自己对校样上问题的观察、判断结果作用于客体上。校对工作实际上也是手脑相结合的活动，为使两者有机地结合，校对主体还必须掌握熟练的操作技术和方法。操作技术是校对主体在校对过程中积累并体现出来的经验和知识，在操作时，要根据不同情况灵活地加以运用。校对方法是校对者在校对操作时，根据客体的不同情况所使用的方法，有对校法、本校法、他校法、理校法。

（1）对校法

我国现代著名学者陈垣在其所著《校勘学释例》中指出："对校者，即以同书之祖本与别本对读"，"其主旨在校异同，不校是非"。①对校法就是对照校对法，它的具体操作方式有：点校法、折校法、读校法。

点校法是一种沿用较久的基本校对方法，由一人进行校对。操作方法是：将原稿放在校样上方或左方，用左手指点；校样放在下方或右方，用右手执笔点示；先默读原稿若干字，再默读校样，逐字逐句进行校对，发现错误即行改正。它的优点是可以自由支配速度，遇到较难辨认的文字或者原稿较乱的地方可以放慢速度，以利于从上下文正确理解文义，纠正错误。它的缺点是校对者工作时头左右或上下摆动，两手受

---

① 出版专业理论与实务（中级本）．上海：上海辞书出版社，2002：201.

到约束，容易产生疲劳；而且由于原稿与校样的距离较大，头部转动的间隙时间长，不容易把原稿上的文字、符号完全记住，很可能漏校同形、同音字和标点符号。

点校法中还有另一种操作，又称为平行点校法，是在原稿和校样都是横式的情况下使用。操作方法是：将原稿折叠（一张原稿可折三四折，每折四五行）盖在校样需校对的文字或图表上再进行点校。它的优点是缩短原稿和校样的距离，保持平行校对，这样可以降低校对者头部转动的频率，容易看清原稿，提高校对质量和速度。

折校法是近几十年流行起来的一种校对方法，也是一人操作。操作方法是：把原稿平展摊在桌上，两手用拇指、食指与其他手指夹持一页校样（也可将校样平放桌上而把原稿夹于手指间）压放在原稿上，并把要校对的字句基本对齐位置，左右移动，逐字比照进行校对。为了使校样能和原稿紧密迭合，要把校样在每一行字下面压折一下，所以叫折校。它的优点是：由于校样和原稿的距离大大缩短，头部不需要左右摆动，减轻了劳动强度；又由于校样和原稿的文字是比照着一个个地看过去，漏句、漏行的事故不易发生；在默读的过程中，脑、眼、手三者密切配合，动作合理协调，注意力集中，保证了校对质量。在基本校对方法中，对校异同来说，是值得提倡的一种方法。但是，它也有明显的缺点：因为是一目两行的校对，形近字的错误很容易被忽略；由于是机械地校对文字，忽略了对内容的理解，不利于校是非。

读校法是两人以上合作的校对方式。一人读原稿，另一人看校样并改正校样上的错误。也有反过来的，一人读校样并改正校样上的错误，另一人看原稿来发现校样错误。这种方法是为了争取时间，且在原稿书写清楚、内容比较易懂、格式不复杂的情况下宜采用。有时为了保证质量、争取时间，也有采用一人读，两人或两人以上校的方法，这就等于几个校次同时进行，有人称之为"群校法"。读校法的优点是：两人可以集中精力专心一致地进行校对，效果比较好；两人可以轮换读、看，互相提供意见，对提高质量有一定好处。它的缺点是：由于汉字中同音字、近音字、多音字、形近字很多，如果读的一方发音不准，稍有不慎就会造成错误；在遇到差错时，一方要改正，另一方要停下来，从而影响效率；读校要两人以上才能进行，其责任也不明确。因此，这一方法在校对工作中使用较少，只在特殊情况下采用。

（2）本校法

本校是以同一部书前后互证，指明其前后文字或记载的异同，并进一步判断其正误。也就是陈垣所说："本校者，以本书前后互证，而抉摘其异同，则知其中之谬误。"这里所说的"异同"是指稿件中的内在矛盾，"前后互证"是发现内在矛盾的方法。发现矛盾后就需判断是非。现代校对的通读检查采用的便是本校法。校对者在脱离原稿（或无原稿）的情况下，集中注意力辨别文字的形态，理解语句的含义，通过比较、前后互证来发现差错和格式等方面的问题，并予以改正和处理，或提交编辑部门解决。根据"三校一读"的要求，在前面经过三次校对的基础上，运用本校法来通读一遍，也体现了"编辑工作的延续"这一积极作用。通读是离开原稿，能从整体上把握全书的质量和格式，较容易发现前后不一致的地方，也能防止前几个校次的疏漏。但在进行本校时，注意控制阅读速度，校对者要掌握自己的思维跟上阅读的视觉活动，以免漏过错误。

随着科学技术的迅速发展，电子书稿大量涌现，充分发挥本校法的长处，往往可以在互补的基础上弥补作者的失误或者编辑加工的不足，保证和提高出版物的质量。

（3）他校法

他校法是指以其他有关的书籍对照本书的一种校对方法。陈垣说："他校者，以他书校本书。"这里的"他书"是指与所校对的稿件内容相关的其他书（包括工具书）。陈垣认为，他校法"范围较广，用力较劳"，"但有时非此法不能证明其讹误"。他校法常与本校法结合交叉运用，在"本校"发现矛盾但难以作出准确判断时，就用"他校"从相关书籍中寻找可靠根据来解决。在古籍整理中应用更多一些，以此考证所引之典故、经典之正误。可见他校法的功能主要在于释疑。现代校对中，常用于解决引文、数据、公式、术语、图表之类的异同问题。尤其对科技书籍，专业术语、公式、算式、图表繁多，通过查阅同类书，能够辨认正误。

（4）理校法

理校是指凡无其他书可以依据，或数本互异，无所适从，就凭校对者的学识，据理判明其正误的一种方法。在校对方法中，理校法是最难的一种。理校常与本校结合运用，当本校发现了矛盾而又无他书可供参照查阅时，便只能通过推理分析来断定是非。因此，理校具有很大的主观性，必须是博学者才可运用，能够熟悉或精通该领域的专业知识，否则容易出错，甚至可能会产生"不误为误"或"以误改误"的差错。

无论使用哪种校对方法，都是为了保证校对的质量。同时，我们也要看到，校对实践中，不能绝对地将各种方法分割，往往是有机结合。根据忠实原稿为基本准则，把对校法作为基本方法，结合本校法，注意前后互证，发现矛盾，在疑难问题不能判断时，还要用到他校法，查阅同类书以辨正误。"三校一读"中的通读，则是脱离原稿，实际就用到本校、他校、理校。而且由于现代交稿时，作者可能是提供电子文稿，并不附原稿，那么从一校开始就是通读。从这样来看，校对方法就可概括为两种方法：对校法和通读法。而在这两种方法中，会用到本校、他校和理校。

2. 人机结合的现代校对方法

随着社会的发展，图书出版的现代化程度不断提高，发生了根本变化，从铅与火的时代，发展到今天电子出版、网络出版的兴起，并正在改变传统的出版业。虽然以纸为介质的图书出版还是难以被电子出版、网络出版所代替，但是，图书出版现代化手段愈来愈高，从书稿录入到印刷都走向电脑数字化。数字化印刷、按需印刷的时代即将来临，极大地冲击着传统的图书出版印刷业。在校对实践中，与时俱进地创造了现代校对方法。

目前，图书印前已基本上电脑化，主要有原稿的电子文件化，排版的计算机化以及计算机校对软件的应用。在校对方面，实行人机结合校对。计算机校对是通过校对软件实现的。目前在我国出版界最为通行的校对软件是北京市黑马电子新技术公司的"黑马"校对系统。"黑马"校对软件的"飞腾软插件"版可完全实现与"方正飞腾排版"系统的无缝连接，实现编校合一。校对软件主要优点有：一是校对范围广，查错率高。校对软件一般依据《现代汉语词典》和国家语言工作委员会颁布的各项规定，采用语法分析和语料库统计相结合的方法，储存了大量具有标准性的中外文字、词汇、短语及数码信息，具有先进的语句切分技术和语法分析技术，涵盖社会科学和自然科学各专业领域，可用于校对中文字、词（包括普通语文词汇和各种术语、专业词汇以及人名、地名等），还能查出常见的知识性差错如数字、量和单位、标点符号、汉语拼音、英文拼写等方面的差错，并可对查出的差错提供修改意见或建议。二是校对速度快，操作简单。校对软件可对校样自动快速地进行校对，每小时可校 200 万字。操作方法是：首先打开待校文件。在正常启动校对软件后，执行菜单中的"打开文件"命令，在弹出的对话框中选择待校文件。接着，进行校对参数的设置。校对软件一般允许操作者进行某些参数设置，如本次校对所选择的专用词库，本次校对的级别和校对方式等。最后，设置参数后开始校对。目前常见的校改方式有两种：一种先校后改，即一次性校完，再使用快捷键逐个查阅并处理疑问点；另一种边校边改，即每查到一个疑问点便暂停校对，等操作者处理完后再接着往下校。对于疑问点，软件会列出相应提示，很方便操作者选择、判断。由于校对软件采用简单直观的操作界面，即使对计算机不熟悉的人，只要经过很短时间的学习就能掌握使用。三是开放性能好。校对软件允许用户自行编辑用户学习词库且在校对过程中使用，从而扩大使用范围，纠错功能更多。比如，校对软件能在预处理时就把生词自动提取出来，让用户有选择地添加到用户学习词库中；用户也可将被计算机作了标记但不是真正错误的词或短语添加到用户学习词库中。

　　校对软件虽然具有以上优点，但它也存在以下缺点：一是误报。校对软件的辨错功能完全取决于事先输入词库的词汇量、数码信息、语法分析技术的多少，对事先没有输入的，它便无法辨别，而可能误报。语言文字、符号是随着时代的前进而发展的，它们的变化之快、语言文字之丰富，校对软件难以穷尽。同时，由于输入有误，也会使辨别出错。二是校对软件的局限性。目前的校对软件还仅适应于一般的社科类稿件，对外文类稿件如英语等尤佳，但对一些专业性较强的稿件，如科技书、古籍等，或较为复杂的文艺类稿件，作用不大，只能校对出纯文

字、语法、词组类错误，有时所报疑点也会是错误的，反而引起是非难分。三是不能校是非。计算机校对软件系统是根据事先录入的文字、语法、词组来辨别书稿的异同，而文字、语言在不同作品中变化万千，校对软件不能代替人的头脑来进行思维，不能用各种逻辑方法来判断，所以对书稿的是非问题，则也显得无能为力。

由于计算机校对存在上述优缺点，所以还不能完全代替人工校对，只能作为人工校对的补充。人具有机器所不具备的智慧，但人工校对也有不足，由于身体疲劳、注意力分散、不良心理影响，会对校对产生疏漏、误判。而计算机校对又没有这些缺陷，具有这方面优势。因此，人校和机校的结合可以实现最佳的校对模式。这是一种全新的校对方法，而不仅仅是简单的合校流程，可以发挥各自的优势，起到取长补短的作用。

人机结合校对，如果原稿是纸质的，而不是电子书稿，机校可以放在一校或二校之后三校之前。因为计算机校对处理一校样可能很费劲，一般一校样差错比较多，会产生误报率过高，使人工排疑工作量较大，所以放在一校之后为宜，而且一校后也对全书进行了必要的技术整理，机校起来比较顺利。在机校后，还有人工的二校或三校把关，可以较彻底地消除差错。

如果来稿就是电子书稿，则可进行两次机校，一次对电子书稿进行初校，另一次可放在三校之后通读之前。这样，计算机对原书稿的校对可以纠正文字性差错，然后经人工二校、三校，可以消除书稿是非方面的差错，而在三校后的机校，可再一次校文字性差错和校改后的差错，最后经人工通读，对全书把关。

五、审读清样和检查样书

1. 审读清样

所谓清样，是指最后一个校次的校样改正以后打印出来的、准备开印的样稿。搞好校对工作必须有编辑参与，对于每本书的责任编辑，所承担的校对任务主要是两个：一个是负责处理和解决校对人员在校对中提出的疑问；另一个是最后审读一次清样，消除在编辑过程和校对过程中未发现的差错，审核作者和校对人员在校样中改动的地方，改动是否有必要，是否改对，是否有什么新的问题。

"三校一读"的校对制度也要求各校次应由不同的人员担任，过去有编校合一的现象，即由责任编辑包校的办法，此法实不可行。编辑和校对各有其职业特点和优势。编辑审读书稿更多地从整体、逻辑、句子语法、科学性、艺术性等方面把握，而校对会逐句逐字地把握；编辑有时不大注意字根、字形和笔画，在辨别音近形似字等方面不如专业校对员。但编辑在层次、结构、相互联系等方面把握优于校对人员，因此，最后一次审读清样应由编辑承担。

编辑审读清样一般采取脱离书稿通读的方法。审读必须注意有可能薄弱的环节，如辅文内容如前言、后记、使用说明、附录、参考文献等；人工语言如公式、算式、图表等；还有一些特别地方如转行、接排、修改处等，都要认真看看。审读时不要带着已经校对过应当没有问题了的想法，还是要认真审读，才可能真正起到把关的作用。在审读清样时，发现了差错改起来还比较容易，如果不把住这最后一关，差错出现在成书之中，那就会损害书的价值，影响社会效益和经济效益。

编辑对校样的修改必须和校对员一样使用统一规定的校对符号，校对符号与编辑加工时修改稿件的符号是有不同的。例如，书稿可以涂抹去掉不要的内容，但校样上需要改正的字符只能画圈并加线引出；校样上加字也要用线连接并写在版心之外；对于调整字序或字距的修改，也应在版心之外画上相同的符号标明，等等。审读完清样后，再也没有发现差错，便在清样上签署"可以付印"或"改正后付印"等字样，工厂将按此付印。若清样上差错改动处较多，则应再用电脑出一次清样，待比红后签署"可以付印"的意见后，交付印刷。

2. 检查样书

国家规定，图书印刷完成后须先装订出样书，经出版社审查批准后才能将全部图书送发行销售部门。所以检查样书就是图书与读者见面前，编辑出版人员对成品的总体质量最后一次把关，必须以对社会负责的态度严肃对待，不允许不经审查就径自发行。有的出版社由于急切满足读者用书的需要，常常采取先发行后审查的做法，是不妥当、不严肃的，可能造成难以挽回的事故。例如，有的书在印刷过程中有的版没有印，将空白装订进了成品书；有的书有张冠李戴的现象发生，将甲书的印张装订到乙书中去了；有的清样在出片时出错，将后面章节内容颠倒到前面去了，等等。而这些现象都是在销售以后，经读者的手才发现的，无疑会造成很不好的影响。

审查样书重点应检查以下内容：一要检查封面、书脊、扉页、版本记录、CIP 数据、出版说明等处的书名、著译者署名、出版社名称是否一致，有无差错；二要检查书的页码、章节顺序有否颠倒，有否倒装、错装；三要检查目录、书眉是否有错；四要检查付印样上标明改动处是否改动，改版处前后有否新的错，等等。

检查样书可以由编辑、出版部门完成，有的出版社还有专门的质检室。样书待检查后，视情况作出处理，发现重大差错应采取补救措施，如有关内容重印，可加勘误表等。经审查认可的书要经审查人和社领导签字盖章后，通知印刷厂批量装订，送发行销售部门。

第二节　图书宣传工作

一、图书宣传的意义和作用

图书宣传是出版工作的重要组成部分，也是编后工作的一个重要方面，随着市场经济的发展，图书宣传也越来越被重视，各方面的投入也越来越大。

什么是宣传？宣传就是"灌输或扩散一定观念，以劝服接受者的合目的性的社会行为"①，由宣传者、宣传内容、宣传媒介和宣传对象等因素组成。在图书宣传中，一般来说，宣传者是图书出版发行单位，宣传内容是围绕图书方面的内容，宣传对象是广大读者，宣传媒介可以通过语言、文字、形象等。现代所说的宣传，就是传播信息，具有广而告

---

① 辞海（缩印本）. 上海：上海辞书出版社，1989：1147.

之的意思。

图书是需要宣传的。宣传的目的在于使图书出版及图书内容概要的信息广为人知，与众共享，从而引导读者阅读和选购所需要的图书，使图书充分发挥其传播功能，扩大其社会效益和经济效益。

图书是精神产品，具有鲜明的教育功能、培育人才的功能和推动社会发展和进步的功能，为了实现这些功能，就必须让人们读书。怎样才能使人们读书，而且要读好书？那就要宣传图书。让人们了解图书，了解图书内容，了解图书的价值和特色。读者的需求是多层次、多方位的，具有各自的个性，读者要想从数以千计、万计的图书中挑选到满意的图书越来越不容易。如果没有充分的信息支持，读者的购买活动就会陷入盲目和被动。图书的宣传不仅是自身系统，还有社会系统和监督体系，对已出版的图书作出评论，会表扬好书，批评有错误的质量差的书，揭露反动的、封建的、色情的坏书，帮助读者提高评价和辨别能力，也为读者提供了好书的信息。通过宣传，使读者知道为了某个目的、某方面需求要读什么书。这说明，图书宣传具有提供信息以及导读的意义和作用。

图书又是物质产品，具有商品的属性。商品需要让购买者知其性能、质量和功能，因此需要宣传。图书市场具有很大的弹性，读者的需求也是可塑的。因为读者对图书的需求，属于精神文化需求，它同一般的物质需求不同，所以是可诱导的。当宣传力度大，宣传方式得体，能够刺激读者的需求，引起购买欲。特别是人们在工作和生活中遇到难以解决的问题时，某方面的图书能够针对性地解决问题，如农作物的病虫防治、家禽家畜的饲养、疾病的防治等，原本没有想到要去买书来看看，但当了解了有关图书的内容后，也往往去买本书看看。由于广为宣传，购买者会越来越多，销售量也就增加了。从而可以看出，图书宣传又有促销产品的意义和作用。

图书宣传是以充分展示图书的特色和优势为主要内容的，这就便于广大读者对这些特色和优势的认识，从而使读者对宣传的产品和出版产品的企业产生好感，直接影响读者对出版社的信赖和情感，也影响读者对产品的购买心理和购买行为。若能长期坚持宣传，扩大销售，且图书

质量又很好，就会强化出版企业在读者心目中的形象，而良好的形象又会带来购买效应。良好的形象也会吸引一批优秀的作者在自己的周围，他们的作品会首先考虑投给这些企业形象好的出版社，从而产生良性循环、信誉扩散效应，因此，宣传对于树立企业形象、吸引读者购买自己的产品、团结作者、巩固其市场份额具有重要意义和作用。

图书宣传本身也是信息，由各个出版社的图书宣传共同形成了一个巨大信息库，为各个出版社共享，是各出版社进行图书出版工作决策重要的调查研究对象，也是作者研究问题的重要资料来源。若出版社能够从图书宣传中及时把握出版动态和科学文化动态等信息，在制定选题计划和制作图书时，就能及时调整自己的计划和生产，有时需加快进度，有时需要撤换，使自己扬长避短，避免雷同，开创自己新的局面。因此，图书宣传也为出版的工作决策起调整作用，以利作出正确决策。

因此，现在出版企业，不仅仅重视出书，也十分重视宣传书。图书的学术价值、社会价值、经济价值就靠获得读者的认可既而产生购买行为来实现，读者越广、越多，图书才越能发挥其作用。宣传与发行销售、图书推介、出版决策都起促进推动作用；反过来，图书发行销售得多，也能扩大图书的影响，也有宣传推介作用。

二、图书宣传的原则

图书宣传的根本出发点是提供信息，让读者了解图书出版情况与图书的内容，以帮助读者选择图书，对读者进行导读；落脚点还是扩大发行和销售，力争取得好的社会效益和经济效益。

图书宣传的原则，就是在图书宣传工作中需要遵守的准则和行业要求，是图书宣传促销工作的一种基本规范。图书宣传应遵循的基本原则主要有政治性原则、实事求是原则、艺术性原则和经济效益原则。

1. 政治思想性原则

图书宣传之所以要遵循政治思想性原则，是因为图书属于精神文化产品，这种属性表明，书不仅反映一定社会的政治、经济和科学文化状况，同时也反映了作者的立场、观点和倾向等。在宣传、推介出版产品时，也不可避免地要站在一定立场上，所以要强调政治思想性。同时，我国的出版事业是社会主义事业的组成部分，是党的宣传工作和社会主义科学文化事业的有机组成部分，宣传出版物无疑也应遵循政治思想性原则。遵循这个原则就要注意：一是要着重宣传、推介思想进步、内容科学的有益于社会发展和人类进步的优秀作品，尤其是宣传党和国家的路线方针政策、对人们进行思想政治教育、丰富人民群众精神文化生活的优秀出版物。二是不能宣传思想内容不健康、淫秽、反动的出版物，还应进行分析批判，提高人民群众的辨别能力。三是要积极配合党和国家的中心工作来宣传、推介相应的出版物。如，配合普法活动，积极开展法律、法学书籍的宣传；配合经济建设这一中心工作，大力宣传有关经济建设的书籍，等等。四是在宣传时，对所运用的语言文字等要考虑政治影响，要符合民族习惯，防止影响民族和睦与团结的现象出现，尽量避免可能出现的各种不良政治影响。

2. 实事求是原则

实事求是原则也叫客观性原则、真实性原则，是指在进行图书宣传时，要真实、客观、实事求是地宣传、介绍书籍的内容、作用和价值，不能进行虚假和夸张宣传。应将书的内容、作用和价值客观真实地传递给读者，让读者自己进行判断与选择。为什么要坚持宣传的客观真实性呢？因为我们的出版事业是社会主义事业的一部分，职业道德要求我们要坚持实事求是的办事原则。我们的责任是向社会负责、向读者负责。如果我们的宣传有误导，会给读者的消费带来损失，或者多购、或者误购、或者漏购。这样，不仅损害了消费者的利益，也会使读者对出版单位产生不信任，直接影响企业的自身形象和声誉。要坚持实事求是的原则，应该做到：第一，对图书内容和特色介绍要真实、客观、不虚构、不渲染、不哗众取宠。第二，对图书的作用、价值、地位的评价要客观，不随意拔高，也不要贬低。第三，对图书出版动态信息传播要准，对图书出版的一些变更，如出版时间的推迟、定价的提高等都要及时通报给读者。在宣传上的客观、严谨，也同时会赢得读者对出版者的信赖，提高出版企业的声誉。

3. 把握时机原则

出版物是具有时效性的，配合党和国家中心工作的图书是如此，思想性读物是如此，科技书更是如此，那么与之相配合的图书宣传，更应当充分利用时间，准确把握时机。有两个方面的原因决定了需要把握时机：一个是图书内容的时效性。除了不是那种具有收藏功能的图书，许多图书若不及时宣传推介销售出去，一旦错过时间，就无法销售出去了。特别是同类产品一旦齐聚于市场，对迟出版的图书，则会错过销售时机。二是读者需求的时效性。读者的各种需求都伴随时间而生，也会伴随时间而消失。当读者正需要某种图书时，他就会到市场上去寻找，找到合适的书后他就不会再购买了。由于这两个方面的原因，图书的宣传就必须把握时机，准确及时地把图书出版信息传播到广大读者中去。把握时机应注意两点：一是配合图书出版进度，把图书宣传做在图书销售之前。图书在生产时，要配合策划宣传，等到图书一推到市场，读者就迫不及待地去购买。但也不要过早或过迟。过早的话，图书没办法生产出来，时间一长，读者也就淡忘了。过迟的话，不利于销售，达不到宣传的目的。二是要抓住特定时机，有针对性地配合宣传促销。如，配合中心工作的图书，要在中心工作开始之际进行宣传；教学辅导之类的图书，要在假期（暑假、寒假）到来之际进行宣传，并在假期配合促销。还有一些特定节日，如六一儿童节、教师节、五一节、国庆节等，都应配合宣传促销。这样及时抓住特定时机宣传，会收到很好的效果，但如果错过这些时机，就会影响图书的销售，这方面经验教训是比较多的。

4. 讲究艺术原则

图书宣传讲究艺术性是十分重要的。生动活泼的宣传，不仅能激发读者的购买欲望，而且能够使读者感受深刻，增长知识和见解，并给人以美的享受。呆板的蹩脚宣传，不仅不能激发读者的购买欲望，还可能使读者感觉乏味，产生反感。讲究艺术性，主要从两方面着手，即形式的艺术性和语言文字的艺术性。

图书宣传语言文字方面的艺术性，就是力求语言文字的生动有趣。语言文字的魅力是无穷的，优美的语言文字是建立在对图书内容的把握、读者需求的了解和扎实的语言文字的基础之上。文字宣传则应以优美的语言文字吸引感染读者，图文并茂则会收到更好的效果。

图书宣传形式方面的艺术性，就在于丰富多彩的形式。在运用上形式是多种多样，如有书目、广告、推介、书评等；有口头宣传、文字宣传、形象宣传、媒体宣传等等。在运用的策略上，也应因书、因人、因时、因地而异，灵活运用。近年来宣传形式还不断创新，除了新闻发布会、作者签名售书以外，还配合电视、网络、广告、电影、有奖销售等手段，宣传促销没有固定模式，要善于创造性地使用人们感觉很新颖的宣传手段和形式，以达到最佳效果。出版实践表明，图书宣传是有策略、有艺术的，讲究了艺术性，就会收到事半功倍的效果，艺术性只能在实践中去摸索，既要利用传统方法，也要不断地去创新。

5. 经济效益原则

图书的宣传是需要花费一定的人力、财力和物力的，尤其是通过电台、电视台等媒体的广告，花费会更多，这就需要考虑经济效益的问题，要考虑投入与产出的比例。作为发行销售图书主体的出版社和发行销售书店，现在都是独立核算、自负盈亏的经济实体，都十分关注自身的经济利益。因此，在选择宣传手段和形式时，首先考虑能够投入得起，投入多少为宜；其次要预测投入后的效果，估计通过宣传促销会带来多大的销售量。当然，这其中有形象宣传的投入，这种投入不是很快就会见效的，会有一定的周期。在市场经济体系中，图书宣传促销费用是很高的。如，光明日报出版社在宣传《恐龙》一书时投入广告费 250 万元，外语教学与研究出版社在宣传《汉英词典》时投入宣传促销费用 100 万元。浙江教育出版社为《中国少年儿童百科全书》花 600 万元在中央电视台作宣传。一些发达国家的出版企业在对出版物宣传促销时投入的费用更多，一般占书价的 8%～12%，如美国出版商学者公司在对《哈利·波特》第五部新书投入的促销费达 400 万美元。如此高的投入，无非是企盼扩大产品的销路。若能扩大销路，销售上升，由此获得的收益比投入高得多，这说明投入是值得的。但是也不是没有失误的。面对风云变幻莫测的市场，预测可能失误，投入没有得到回报，巨额的宣传促销费用可能付诸东流。面对这样的风险，出版企业必须谨慎地对待每一笔宣传投入，应该充分论证，认真策划，最大限度地获得好的经济效益。

三、图书宣传的形式

图书宣传的形式很多，不同媒介其宣传的方式方法也不相同，像人们熟知的图书广告、新书目录、新书介绍和书评，或者近十年来盛行的新书新闻发布会、新书首发式、作者签名售书，以及比这些方法历史更长而仍然不时采用的图书座谈会、讨论会、海报等，还有与展示宣传和订货销售活动一起的书展、书市、图书订货会，这些活动有世界性的、全国性的、地区性的，规模有大有小，范围有综合性的，也有专业性的。各种各样的宣传形式，目前都有采用。在这种种图书宣传中，有许多是图书宣传与促销方式的重叠、交叉，兼具二者的作用。图书宣传促进销售，促销方式又起到一定的图书宣传作用，相互联系，相互促进。但作为编辑工作的一部分的图书宣传工作，则着重指新书介绍、新书评论、书讯广告、图书讨论会、座谈会等。

1. 新书介绍

新书介绍是向社会、向读者介绍新书。新书介绍起导读、导购的作用，通过新书介绍，使读者了解书的内容、特色和出版动态。新书介绍一般是几百字，根据发布的地方不同和对象不同有所区别。有向发行单位提供征订用的新书介绍；有向社会发布，通过报刊发布的新书介绍；还有向社会发布，通过电子传媒如广播、电视、网络播发的新书介绍；还有以书讯形式发布单页的新书介绍，等等。

新书介绍力求文字简明扼要，清新流畅，着重说明本书的内容，突出说明与已出版的同类图书所不同的特色，包括作者条件方面的特点，并说明本书的性质和主要的读者对象和适应范围，估价或定价等。要写好新书介绍并非轻而易举之事，要在熟悉、吃透全书的基础上，抓住介绍的重点，提纲挈领地介绍。新书介绍既要讲究艺术性，注意文采，能吸引读者、感召读者，也要准确、通俗易懂。过多地使用深奥的语言和专业性很强的术语，读者难以了解和明白，达不到宣传推介的目的。

新书介绍还有一种出版简讯，它与征订式的新书介绍不同，属于新闻体裁消息报道一类。它主要向社会报道有关图书的编辑、出版、制作等方面信息，介绍图书主要内容和作品故事梗概。出版简讯是让读者了解该书出版信息，扩大影响，起到宣传、促销和引导的作用；可以加强同行之间的联系，互相沟通情况，可以使管理部门及时了解有关的情况。对出版简讯的写作，应注意它的新闻性，按照新闻写作要求，交代清楚时间、地点、人物、事情等诸要素；还要注意对标题的推敲，既要生动引人，又要让人一目了然，一看就懂；对文字要求也要生动准确，具有可读性，这些都要认真写作、仔细推敲。

撰写新书介绍要注意媒体的针对性。如果是电视台，其费用高，以时间计，就要注意简单扼要，做广告式的介绍；如果是书刊，就视版面的大小，取舍内容的长短；如果是征订式的新书介绍，也要看是报式还是单页式，报式要短，单页式可长一些。不过这种单页式的在书市、订货会上用得较多，对散发场地集中是很好的一种形式，而且单页式征订单可图文并茂。所以，不同媒体、不同地方、不同对象，新书介绍根据不同情况有不同写作。

2. 图书评论

图书评论是对图书的内容（与形式）进行评论并就图书对读者的意义进行研究的一种社会评论活动，简称书评。它是宣传图书、引导读者阅读、提高图书质量以及进行学术研究和讨论的重要手段。图书评论比图书介绍的内容更深刻，倾向性更鲜明，在介绍图书内容和特点的基础上作深入的分析和评价。书评具有公开性、广泛性和新闻性的特点，在现代社会的报刊上，书评是经常出现的一种文章体裁形式。

从古至今，国际国内，都重视图书评论。因为，图书评论对推动科学文化的发展起重要作用，促进学术研究和文化创作，引导前进方向，把握创作标准；它也是出版工作的延续，沟通图书编著者与读者和社会之间的联系，影响读者的读书活动，同时促进和提高图书的编、著、出版工作的质量。因此，图书评论的发展和成就，是出版水平和思想、理论、文化、学术水平的综合反映。

书评的本质是对图书进行价值判断。从内容到形式对图书进行分析、比较、研究其正面价值与负面价值，判断全书的价值，价值的大小等。要评价、判断，就要有标准，有依据。判断的标准主要有它的社会价值和效益价值，可以主要依据三个方面的标准：政治标准、学术标准和艺术标准。政治标准就是要用马克思主义的立场、观点和方法来分析评论作品的内容，是否符合有关的政策、路线、方针等要求，是否符合社会主义的伦理道德规范等。学术性标准首先要从科学性上去考察、评论，科学性包括正确性和真实性，论点、论据要正确、有理有据，数据要准确、真实可靠。学术性标准其次就是创新，没有创新不成其为图书，那仅是模仿、复制。创新的程度也可以衡量学术水平的高低。书评就要以历史的、发展的观点去看待作品，对其科学性和学术上的创见、贡献做出实事求是的客观评价。艺术性标准就是美的标准，从内容和形式两个方面予以评价。对于书评来说，主要评价是书的内容，但有时也要评书的编校工作，评书的形式如开本、装帧、版式以及书的形式是否适应书的内容等；看其内容是否与形式完美的统一，整体设计是否和谐、协调等。当然，标准是由人掌握，评论是有感而发，要做出比较中肯的评价，书评人须经过深刻的感性和理性分析，比较、综合出实事求是的评价。

书评的写作比较灵活，形式多种多样，有论文式、抒情散文式、随笔式、序跋式、对话式、综合式等，应根据不同的作品具体选择使用。

书评在时间上没有新书介绍要求那样及时，它可以在新书出版时或新书出版后出现，也可以在一段时间后，数月、数年乃至更长时间出现。书评在书出版后的整个流程过程中都可以出现的，只要有新意、有价值。从这点可以看出，书评的生命力往往比新书介绍长。当然，书评的最佳时机应当是新书出版后，或者同步，越早越好。因为书评是对图书的评价，起着导读的作用，并引导读者的购买活动。书评能够扩大图书的影响，进而扩大社会效益和经济效益。如果书评待图书销售进入到了衰退期和滞销期，它的作用就会小得多。而且，现代图书的更新期很快，等到一年、两年后，读者已经认为是旧书了，再去评价，其时已过。现代信息社会知识更新速度是很快的，出书时间、宣传时间都要及时、迅速。

书评对编辑来说，也是一件重要工作，应当引起重视。编辑所从事的工作，不能从表面上看就是编辑图书，还应从更深层次上看，编辑工作的实质是文化建设工作，属于社会的精神文明建设。那么，宣传图书的目的，不是只限于推介图书，图书宣传也是为了宣传群众、教育群众、传播科学文化、丰富人民精神文化生活，而书评比新书介绍更能起到这一作用，更能让人们正确理解图书的内容，吸引更多的人去购买它、读到它。编辑在书评工作中应当做两方面的工作：一是组织书评，二是自己撰写书评。组织书评是指组织专家、学者或社会人士撰写。组织书评要找准作者，提供样书，拟定题目，帮助联系发表。专家、学者的书评具有权威性，更能教育人，打动人，应尽量多组织这类书评。书评也是图书出版后的反响材料，对于图书评奖活动有直接影响。编辑若能自己写书评，更具一些优势。编辑不仅是第一个读者，也更是全书的策划者、责任者，对书的内容、特点十分熟悉，又有审稿、编辑加工的基础，对书的价值判断更准确，而且对图书形成过程了解得极为详细具体，往往掌握许多鲜为人知的背景材料，编辑来写书评更是得心应手，一气呵成，翔实生动。

3. 宣传广告

广告是市场经济的产物，它是由广告主以付费的形式，通过一定的媒体向广大消费者传播企业的产品、服务及相关信息与观念的一种方式。图书宣传广告也就是通过一定媒体向广大读者传播图书及相关信息的一种宣传方式。图书的广告宣传是随着出版业的发展而发展起来的，在计划经济时代，图书的宣传广告很少，随着市场经济体系的建立，人们的观念发生了深刻的变化，图书宣传广告也随之多了起来。当代广告的形式多种多样，有报刊广告、广播广告、电视广告、网络广告、橱窗广告、路牌广告、电影广告、摄影广告、传单广告、张贴广告、邮寄广告等等，还有一些行业性的书目、订单、海报和书讯广告牌等，可根据具体情况选用。

广告是以简明、富有吸引力的语言来传播信息，指导读者的购买与消费，刺激需求，扩大销售，提高企业的效益。要达到这一目的，除了产品的质量外，还应加强对广告的策划，注意宣传策略。广告策划，在广告内容、广告心理、广告时间等方面都要精心设计和实施。

在制作广告内容时，创意是广告的灵魂，良好的创意是广告成功的前提。设计广告内容应注意到几个策略：一是产品形象设计策略。树立自己产品的个性形象，读者才会将其睹从同类产品中区别开来，留下深刻的印象。现代图书产品剧增，宣传信息剧增，而读者选择信息容量有限，怎样才不会被淹没在信息的大海中？图书要有特色，宣传要有鲜明个性，捕捉读者的注意力。如《疯狂英语》《五角丛书》《傻瓜丛书》等都以它们鲜明的特色和个性给读者留下深刻印象，长销不衰。二是产品定位策略。产品定位要明确，简短的广告语，一语破的，揭示实质，不能模模糊糊、似是而非。如有的广告语："××××公认的指导写作的最佳指南"、"××四十年来最权威的××业务教科书"，很有吸引力。若新书的内容一时难以让读者明了，可以用熟悉的作品加强读者的了解和定位。如《源氏物语》一书，即使一再强调它是日本的一部古典文学名著，读者仍然很难留下印象，但与我国《红楼梦》联系起来，着力宣传《源氏物语》有日本《红楼梦》之称，该书在我国读者心目中很容易确定其位置。三是广告情感策略。在广告创意设计时，注意在传递信息的同时，激发情感，会具有更强的感召力。如"人类失去联想，世界将会怎样"，"妈妈给我的，从来都是最好的"，"我家的盘子会唱歌"，等等，虽然这些是商业广告语，但给图书宣传广告以启迪。现在有的图书广告词就具有激发读者情感的作用，同时也向读者传递了图书的价值、特征等方面的提示性信息，有机地将激发情感和传递信息结合起来了。

广告设计的心理策略是广告学研究的一个重要课题。有的广告消费者一看就产生反感、厌烦，有的广告消费者则觉得很惬意。广告学认为，消费者从接触广告到采取购买行动的心理活动，一般可以用心理学上所说的"AIMDA 公式"来表示，即注意（attention）、兴趣（interest）、记忆（memory）、欲望（desire）与行动（action）。图书的广告宣传同样也遵循这一公式。由此，首先要使消费者引起注意，引起注意的办法是扩大广告空间，延长广告时间，突出广告色彩，增强广告艺术性；其次，激发兴趣，注重宣传产品的优点和特点来吸引消费者；再者，强化记忆，要清楚明了，简捷便于记忆，也要在反复传播上下工夫；然后是刺激欲望，对广告的兴趣也会刺激购买的兴趣；最后坚定信心，导致行动，由前面的影响，便使消费者产生购买行动。这一系列的心理作用，广告的刺激和诱导是起重要作用的。

对于宣传广告的时间策略，根据具体的宣传要求安排时间。一般有四种形式，即集中时间、均衡时间、季节时间和节假日时间。在广告剧增的时代，时间因素会显得十分重要。集中时间是对某一产品在短时间内集中力量采取密集性广告攻势，充分运用多种媒体，如报刊、广播、电视，集中宣传，迅速掀起高潮，扩大影响，树立形象，提升产品的知名度。这种策略攻势适用于新书出版，或与同类产品的竞争。均衡时间宣传广告适用于常销书或树立企业形象，它是在较长时间内有计划地、反复地进行某种广告宣传。这种宣传形式有利于加强消费者的记忆和扩大产品的影响，挖掘潜在市场。季节性时间宣传广告适应于各类销售季节到来之前，如教辅类图书在"两假"（寒假、暑假）期间，以及配合中心工作销售的图书。这种宣传广告策略需要注意掌握销售图书的季节性，作好时间安排，宣传广告要走在销售旺季之前，而不能滞后。节假日时间广告宣传与季节性时间类似，需要注意相应的节假日，作好类似安排，并可以进行相应的优惠售书。

由于广告宣传的形式多种多样，因此在进行广告宣传时，还须合理选择媒体。不同的媒体其特点、传播速度、传播范围、收费情况、视听效果都是不相同的，这也是在广告策划、设计时首先要考虑的。下面对几种主要的宣传广告形式略作分析。电视宣传广告：近几年发展很快，声形兼备，形象感很强，覆盖面广，时点集中，吸引力强，效率高，但内容少，时间短，费用高。广播宣传广告：传播快，范围广，费用低，但缺乏形象感知，印象差，遗忘快。报刊宣传广告：信息量可大可小，制作快，保存性好，但杂志时效性差。户外宣传广告：保留时间长，创造灵活性大，费用适中，观赏性强，但范围较窄，只是区域性影响。网络宣传广告：网络宣传发展很快，费用较低，具有跨时空、超文本和交互性等特点，应当积极建立自己的网站，及时地将图书出版信息在网上发布，并伴随提供多项服务，如咨询、订购等。近年手机也扩大为一种新型的宣传手段，手机短讯、彩信下载、订购热线等，都不失为新的有效的图书宣传形式。根据这些广告宣传的不同特点、不同费用，再结合具体书籍的情况来选择一种或多种媒体宣传，几种媒体同时宣传，可以取长补短，收到更好的效果。但要考虑到另一个问题，即投入—产出比的问题，要预测经济效益问题，由多方面因素决定选择。

广告的策划、制作，有的出版社设有专门部门负责，有的就是由编辑部门负责，不管谁负责，编辑部都要参与策划和设计广告宣传内容。在讲究广告内容生动有趣，要求艺术性时，也要注意广告的思想性和客观性。1987年国务院发布的《广告管理条例》中指出："广告内容必须真实、健康、清晰、明白，不得以任何形式欺骗用户和消费者。"我们应当遵照广告管理条例的有关要求，使广告内容规范化、合法化。

4. 图书宣传的非媒介形式

图书宣传除了采用媒介载体：书报刊、广播电视、网络、宣传橱窗等形式外，还有非媒介载体形式，如新书首发式、专家研讨会、座谈会、作者签名售书、书展书市，等等。

（1）新书首发式

新书首发式是一种特定意义的宣传形式。宣传的书是意义重大或有显著特色的好书，如与社会热点有关的书，或知名学者的新作，或为当前工作大局服务的书，等等。参加首发式的人是有关领导或社会名流，使首发式本身成为一个新闻。新书首发式会引起社会关注，新闻媒体会纷纷进行报道。若从这点来说，非媒介宣传形式又离不开媒介的渲染。新书首发式一般都会产生社会影响。有的新书首发式还会向有关方面的人员赠书。

（2）研讨会、座谈会

研讨会是指召集专家、学者对图书内容和特色予以探讨的会议，与会人员对图书的社会意义和学术价值的评说会引起社会的关注和领导的重视。研讨会的内容和评价也须通过媒体报道，以扩大影响。

座谈会与研讨会的不同之处，参加人员可多方面，如领导、社会名流、新闻记者、销售人员和读者；座谈内容不仅限于图书内容和特色，还可涉及图书出版的背景、经过，以及制作质量和发行途径、意见和建议。座谈会也可报道或不报道，根据具体情况而定。

（3）作者签名售书活动

这种形式是充分利用作者的知名度。作者是全国性或某领域很有影响的人物，如新闻界、体育界、文化界的名流人士，很有崇拜者，人们以获得他们的手迹为荣。通过签名售书活动，媒体会进行现场报道，更加渲染了图书的销售，进而扩大了影响。

（4）书展、书市和图书订货会

书展是图书展销，如世界性和全国性的图书博览会。书展也有只展不销的。书市则一般指大型的图书展销会，展销相互结合。书展和书市在现代难以绝对区分，展中有销，销中有展。图书订货会则主要指一定时期内举办的图书订货活动，一般是对新版图书而言。图书订货会有全国性的、地域性的和专业性的，而且一般每年或稍长的时间举办一次。在图书订货会上，每个出版社是将自己近期出版的新书以展示和宣传。订货会一般都还会采取各种各样的促销活动。

这些非媒介载体的宣传形式，可能不是编辑为主，而是社领导或营销部门组织实施，但是编辑仍然要主动积极参与。

第三节　图书的重印与再版

一、重印与再版的概念和意义

书籍具有很强的稳定性和生命力，这是报刊无法比拟的。书籍流传下来的方式，固然包括初刻本、初印本的保存流传，更重要的是依靠不断地重印、翻刻和再版。图书的价值，重要的是在于它的内容，而不在于形式，只要它的内容受到读者的欢迎，它就会不断地重印与再版。

1. 重印

重印是利用图书初版时制作的胶片（铅印时是纸型）照原样或仅作极少量修改（主要改错）后的印制。它的特点是重印时对初版的胶片基本上不作改动，只对差错予以挖改，或对某些改动多的胶片重出，不影响页码，不推版，这样出片的速度比较快，制作成本也大大降低。在图书重印时，书号、开本、版式等均不改变，版本记录中以印次的改变而标明，每重印一次累计一次。如初版第一次重印，标"第 1 版第 2

次印刷"，第二次重印，标"第1版第3次印刷"，依此类推。

重印的图书说明了它被社会和读者认可，销售在不断扩大，也说明了它具有以下几点意义：

（1）重印具有扩大社会效益的作用。图书的社会效益是通过读者的阅读实现的，读者越多，它的影响就越大。能够重印，或一次次重印，体现了有市场、有需求、有读者。图书的重印，是发行销售量的不断增加，意味着读者面的扩大，图书的社会效益的扩大。

（2）重印具有增加经济效益的作用。重印的图书成本一般低于初版书的成本，所以，经济效益也会较初版书好。若在初版时一次印得太多，不仅承受很大的销售风险，而且不利于资金周转，倘若压库时间太长，要是一两年，都成了旧书，不利于销售。因此，对于畅销书、长（常）销书，分批重印是较好的经营策略。只有那些十分畅销的书，初版书印量才相对大些，对于长（常）销书，采取重印可以获得最佳的经济效益。

（3）重印具有不断提高图书质量的作用。利用重印的机会，改正初版中的差错和疏漏，可以进一步提高图书的质量。初版虽经过严格把关，环环要求高质量、高标准，但有时难免还会存在差错和疏漏，所以，在重印时必须改正过来，而且也不必用勘误表的形式。在图书重印时，还可对图书的物质形态予以再提高，如重新设计封面，提高用料档次，这都是允许的，而且会给读者面貌一新的感觉，由此又可能会进一步扩大销售量。

（4）重印是图书具有价值的重要标志。价值体现在多方面，前面讲到社会和经济效益概括了它的价值，但不仅如此，还有文化积累价值，出版社选题重组、优化价值等。图书是文化积累的重要形式之一，大量文化积累的精华，都是沉淀在图书之中。能够不断重印的图书，就标志了它的价值所在。不断重印，便不断积累，多少古代、现代的名著，就是不断重印、不断流传、不断积累，才构成了灿烂的文化成果。对出版社来说，根据重印书，可以延伸、扩展，组合新的选题构思。许多套书、丛书、文库，就是从这些重印书的亮点设计构思而成的。因此，重印书在优化结构品种上发挥了重要的作用。

2. 再版

再版又称"重版"，是指图书的内容经过较大修改后重新排印出版。再版图书的特点是由于对图书内容作了较大或实质性的修改，就不能使用原书的胶片或铅排时纸型，而要重新录入排版出片后再印，这也是再版与重印的主要区别。

对于再版的书，在版权记录中会标明版次，如第一次再版称"第2版"，或称"修订版"，第二次再版称"第3版"，依此类推。关于印次，可作累加计算标明。

再版图书除了具有上述重印图书的意义之外，由于再版书对内容作了较大的、实质性修改，所以还具有重印书所不具备的意义：

（1）再版是初版书的更新换代。随着时代的前进，事物在不断发展中，因此，无论什么样的好书，在经过一个较长的时间后，在不同程度上总会显得有些落后，不能充分适应时代的要求，往往要随着时代和认识的发展，对原书作不同程度的修改，赋予更完美的质量。在历史上，如英国著名地质学家赖尔（Charles Lyell），1827年他写作完成了《地质学原理》一书，该书截至他去世，共出12版，有些重要观点不断在他的著作中得到更新，特别是第10版，把他著作中前后矛盾的观点纠正过来了。又如我国《现代汉语词典》从1978年第1版，1983年第2版，1996年修订第3版，到2002年修订第3版（增补本），不断再版既更新了内容，规范了标准，又维持了权威性。

（2）再版是初版的增值。由于刷新了观点，更新了内容，图书更加完美，也使得它更具价值，所以再版书是初版书的增值。当然这种增值是对初版书而言，但是也说明初版书本身具有价值，才可能再版。也因为再版书更新、更具价值，所以在著述、撰写文章或新书时要引用最新的版本，这也是我们在编辑加工时要注意的，核对引文要以权威的、最新的版本为依据。

（3）再版书具有新的创造性。这条意义应当是上述两条的反映和体现，既然内容有更新，就自然有创造性。在当代，知识更新速度加快，新的理论、新的观点、新的成果不断涌现，就必然反映和吸收到书中。倘若没有创造性，那么也就不存在作较大的或实质性修改的必要，倒不如还照原版重印。因为再版书的制作过程与新书的制作基本相同，比起重印书投入的精力、人力、物力大多了。再版书的创新性还会体现

在形式上，也可维持原版风格，也可完全以新的面貌呈现在读者面前，而且后者更好。

二、重印和再版图书的条件

在出版实践中，往往把一个出版社重印和再版图书的情况作为衡量一个出版社办得好坏的重要标志之一，即用重版率来衡量。重版率是将全年重印或再版（即重版）书的种数与全社全年出书总数之比，重印和再版书越多，重版率越高。因此，每个出版社都很重视重印和再版图书的工作，注意选择重印和再版图书，其条件主要不外乎以下三条：

首先，读者需要是重印和再版图书的首要条件。读者需要也就是市场的需求，图书质量高，有社会价值，就会不断扩大销售。有的书很有实用价值，如教材、生产生活实用图书，也会带来一批批的需求读者；有的图书通过销售产生很好的影响，带动了市场需求，等等情况，由此便重印或修改后重版。

其次，图书的质量好，编写质量和编校质量都好，便于图书的重印和再版。尤其是重印的图书，要考虑编校质量好，改动很少，工作量不大，利用原版基本上就可以印。再版的条件是内容比较成熟，有价值，修改起来也很顺利。

最后，出版社要考虑各方面的综合因素和可能性。例如，重印要有一定的数量，能带来经济效益，若需求数或征订数量太少，重印只会带来亏损时，便无法开印。又例如，再版起来，作者是否有时间，是否能赶上销售的时效性，再版以后会不会被别的同类产品所取代，等等。同时，由于再版图书的操作几乎与新书的操作情况相同，更要考虑它的时效性，确定市场的需求是稳定不变的。在考虑重印和再版书时，还应从本社的整体结构考虑，要优化结构，突出特色，不可能也不必要到处开花，什么书都去重印、再版，要慎重选择，优中选优，形成特色，形成品牌，形成规模。

三、重印和再版图书的程序

1. 重印程序

（1）调查市场需求。调查要落到实处，不能被一时的销售情况所迷惑。了解市场的需求时必须掌握市场销售潜力，有的书市场大，有的书读者对象有限，需求就只有那样大，所以只有真正了解了实际的需求，才能做到心中有数。由于现在批发商和销售商大多是"经销包退"的销售模式，要警惕批发商和销售商虚假要货情况，深入调查、慎重发货。所以重印要建立在对市场调查的基础上，不要有随意性，凭想象估计一个数目就重印，这就可能会造成积压。因此要讲究科学性，克服盲目性。

（2）重印书审读。一般要求在新书出版后，责任编辑或作者应当对新书从头到尾审读一遍，改正差错，留作重印时挖改处理，如果这一步工作在决定重印之前没有做好，那么，决定对该书重印以后，一定要认真审读。审读过程中要改正错误，审读后要写出报告，报告该书的质量情况、差错情况，并明确提出是否重印的意见。

（3）填写重印发稿单。经三级审定后的修改样书连同发稿单交出版部门，将错误改正后根据样本进行重印。

如果封面需要进行修改，还应重新设计封面，责任编辑重新填写装帧设计单，交美术编辑室进行设计。

（4）办理开印手续。由发行部或编辑部提出重印数量，并填写好开印单，经社领导签字同意后交出版部门付印。

以上程序是一般性的，有时由于急于重印，就由社领导根据发行部门提出的重印数研究决定同意重印后，签字发出版部门便付印。这样速度快，但可能重印书的错误来不及审读改正，市场情况也未调查清楚，容易出现失误，造成积压。

2. 再版程序

再版的程序基本上与初版书相同。要在对市场调查的基础上，根据反馈信息，即对图书的质量反馈、销售反馈、读者需求，讨论决定再版书的品种，对再版书要重新申报选题，待选题决定、申报批准后，组织作者对初版书的修改，修改量一般要求超过三分之一，作者将修改稿交出版社后，再经审读、编辑加工等流程，进入发排、校对、印制等环节。全过程与新书出版过程相同，只是因为修改再版，作者和编辑的工作量小一些而已。在再版书过程中，要高度重视对初版书的审读。《图书质量管理体系》规定："坚持图书重版前审读制度。图书重版有利于扩大图书的社会效益和经济效益，因此，更需要对图书内容质量严格把关。出版社出版的新书首次重版前，必须组织具有高级职称的编辑人员（含具有高级职称的离退休者）对图书内容和质量重新进行审读，写出书面审读意见，由社长或总编辑核定。"所以，对图书内容质量的审读任何时候不可放松，坚持质量第一，永远是制胜的法宝。认真审读、加工，也可防止修改前后的衔接不一，防止修改和新增部分的差错及新老部分的不统一、不和谐，不会产生重复和矛盾。

四、编辑在重印和再版图书中的工作

无论重印书或是再版书，编辑都有工作做，而且要和新书一样做好。主要工作是：

1. 调查了解市场需求，申报选题

在市场经济体系中，任何企业行为，都会考虑投入与产出的问题，在对待重印和再版工作上，也要考虑其社会效益和经济效益。要如此，唯有了解市场，把握社会需求，才能做好图书的重印和再版。重印书一般不要申报选题，再版书要申报选题，所以应与新书一样进行论证决策。重印和再版往往都不是单本书，而大多数是组成系列书、丛书、文库，或对原系列书、丛书的调整，其工作更应慎重，深入调查，充分论证，使决策后的重印书、再版书真正增值，获得更佳效益。

2. 认真做好审读和加工

审读在之前有对新书出版后的成品审查，决定重印、再版后对重印的重新审读改错，对再版的审读提出作者修改书的建议。作者交来修改稿后，便与新书一样要认真"三审"，不能认为是再版而轻视审读。这时的审读要注意：作者修改后的部分，是否与原书观点融为一体，体例风格是否保持一致，不能出现自身矛盾的情况；作者修改后的部分，是否达到了修改目的、解决了原先存在的问题，是否又引进了新的问题，等等。对于重印书不要经过加工了，只要将错误改正后拿去开印就行。而对于再版书要从头到尾再加工，完完全全融为一个整体，一样的设计。再版书加工的工作量也视修改情况而定，修改得多，加工任务就

大；修改得少，加工任务相对小一些。不过再版书要从全书的角度注意整体性。

3. 做好重印书、再版书的优化组合

在列入重印书、再版书计划中，有单本的，也有将重印书、再版书组合成系列书、丛书、文库等的。对于后者，是现在出版社特别重视的。根据书的价值，以及长远的规划，把重印书、再版书组合、扩充为系列、丛书等，这不但有助于出版社的图书结构的条理化、系列化，而且会形成特色和品牌。将单本书组合起来成为系统，会产生大于这些书每本书功能之和的"系统效应"，是使出版社图书增值的极有意义的工作，编辑应当根据具体情况组合、策划新的系列、新的丛书。

4. 办理发排、开印等其他工作

再版书按"齐清定"要求发排，发排后还要经"三校一读"，设计封面等工作，编辑都要参与。待前期工作做好之后，付印前，编辑应会同发行部门作好图书征订，开列出付印数量。编辑在重印、再版书的工作中仍然起中心作用，要认真而细致地做好各项工作。

附　录

附录一

图书质量保障体系

（1997 年 6 月 26 日新闻出版署第 8 号令发布施行）

第一章　总　则

第一条　依据国务院颁布的《出版管理条例》，建立和实施严格、有效、可操作的图书质量保障体系，是实现图书出版从扩大规模数量为主向提高质量效益为主的转变，提高图书出版整体水平，繁荣社会主义出版事业的重要措施。

第二条　建立和实施图书质量保障体系的指导思想：以马克思列宁主义、毛泽东思想和邓小平建设有中国特色社会主义理论为指导，坚持党的基本路线和基本方针，以建立适应社会主义市场经济体制，符合社会主义精神文明建设要求，体现出版工作自身规律的出版体制为目的，坚持为人民服务、为社会主义服务的方向，坚持百花齐放、百家争鸣的方针，坚持精神文明重在建设，繁荣出版重在质量的思想，把能否提高图书质量当作衡量出版工作是否健康发展、检验出版改革成功与否的重要标志。提高认识，强化管理，使出版事业朝着健康、有序、优质、高效的方向发展。

　　第三条　实施图书质量保障体系的基本原则：图书质量保障体系是一项系统工程，要有严密的组织，需要各出版社、出版社的主管部门、各级出版行政部门以及社会各界的共同参与，形成网络；要有科学、严格、有效的机制，根据图书生产、销售和管理的规律，分部门、分阶段、分层次组织实施，分清任务，明确责任，提高管理和运行水平；要有称职的队伍，各单位要制定计划，对各级、各类的出版从业人员，特别是从事编辑工作和出版行政管理工作人员。进行考核和培训，提高思想、政策、职业道德、专业技术水平。

　　第四条　加强图书出版法制建设。加强图书出版的法制建设，是图书质量保障体系正常、有效实施的根本保证。国务院颁布的《出版管理条例》是出版行业的重要法规，也是图书质量保障体系依法实施的保证。各级出版行政部门要依据《出版管理条例》，做到依法管理，对违反《出版管理条例》和《图书质量保障体系》的行为，要依据相应的法规和规定，坚决予以查处，以维护社会主义出版法规和规定的权威性和严肃性。各省、自治区、直辖市新闻出版局、出版社主管部门和出版社在认真执行《出版管理条例》和《图书质量保障体系》的同时，还可根据这些法规和规定，制定本地区、本部门和出版社内部的管理规定、制度，提高图书出版管理水平。

第二章　编辑出版责任机制

第一节　前期保障机制

　　第五条　坚持按专业分工出书制度。按专业分工出书对于发挥出版社的专业人才、资源优势和特点，为本行业、本部门、本地区服务，提高图书质量，形成出版特色，具有重要作用。各出版社必须严格按照新闻出版署核定的出书范围和有关规定执行。

　　第六条　加强选题策划工作。

　　（一）图书质量的提高，首先取决于选题的优化，优化的第一步要搞好选题的策划工作。

　　（二）策划是出版工作的重要环节，出版社的全体编辑人员应认真

履行编辑职责，积极参与选题的策划工作。

（三）出版社编辑人员在策划选题时，要注意广泛收集、积累、研究与本社出书范围有关的信息，注意加强与有关学术、科研、教学、创作等部门和专家、学者的联系，倾听他们的意见，提高策划水平。

第七条 坚持选题论证制度。选题质量的优劣，直接影响图书质量，也影响出版社的整体出版水平。出版社要对选题进行多方面的考察，既要从微观上论证选题的可行性，又要从宏观上考虑各类选题的合理结构，为此要注意以下三点：

（一）选题论证应当坚持以马克思列宁主义、毛泽东思想、邓小平同志建设有中国特色社会主义理论为指导，坚持党的基本路线，贯彻"为人民服务、为社会主义服务、为全党全国工作大局服务"和"百花齐放、百家争鸣"的方针，始终以社会效益为最高准则，在此前提下，注意经济效益，力争做到"两个效益"的最佳结合。使选题论证结果符合质量第一的原则，符合控制总量、优化结构、提高质量、增进效益的总体要求。

（二）要加强调研工作，充分运用各方面的信息资源和群体的知识资源，进行深入的调查研究，研究有关的学术、学科发展状况，了解读者的需求，掌握图书市场的供求状况，使选题的确定建立在准确、可靠、科学的基础上。

（三）坚持民主和集中相结合的论证方法。召开选题论证会议，论证时，人人平等，各抒己见，重科学分析，有理有据，力争取得一致意见。在意见不一致的情况下，由社长或总编辑决定。

第二节 中期保障机制

第八条 坚持稿件三审责任制度。审稿是编辑工作的中心环节，是一种从出版专业角度，对书稿进行科学分析判断的理性活动。因此，在选题获得批准后，要做好编前准备工作，加强与作者的联系。稿件交来后，要切实做好初审、复审和终审工作，三个环节缺一不可。三审环节中，任何两个环节的审稿工作不能同时由一人担任。在三审过程中，始终要注意政治性和政策性问题，同时切实检查稿件的科学性、艺术性和知识性问题。

（一）初审，应由具有编辑职称或具备一定条件的助理编辑人员担任（一般为责任编辑），在审读全部稿件的基础上，主要负责从专业的角度对稿件的社会价值和文化学术价值进行审查，把好政治关、知识关、文字关。要写出初审报告，并对稿件提出取舍意见和修改建议。

（二）复审，应由具有正、副编审职称的编辑室主任一级的人员担任。复审应审读全部稿件，并对稿件质量及初审报告提出复审意见，作出总的评价，并解决初审中提出的问题。

（三）终审，应由具有正、副编审职称的社长、总编辑（副社长、副总编辑）或由社长、总编辑指定的具有正、副编审职称的人员担任（非社长、总编辑终审的书稿意见，要经过社长、总编辑审核），根据初、复审意见，主要负责对稿件的内容，包括思想政治倾向、学术质量、社会效果、是否符合党和国家的政策规定等方面做出评价。如果选题涉及国家安全、社会安定等方面内容，属于应当由主管部门转报国务院出版行政部门备案的重大选题或初审和复审意见不一致的，终审者应通读稿件，在此基础上，对稿件能否采用作出决定。

第九条 坚持责任编辑制度。图书的责任编辑由出版社指定，一般由初审者担任。除负责初审工作外，还要负责稿件的编辑加工整理和付印样的通读工作，使稿件的内容更完善，体例更严谨，材料更准确，语言文字更通达，逻辑更严密，消除一般技术性差错，防止出现原则性错误；并负责对编辑、设计、排版、校对、印刷等出版环节的质量进行监督。为保证图书质量，也可根据稿件情况，适当增加责任编辑人数。

第十条 坚持责任设计编辑制度和设计方案三级审核制度。图书的整体设计，包括图书外部装帧设计和内文版式设计。设计质量是图书整体质量的重要组成部分。提高图书的整体设计质量，是提高图书质量的重要方面。出版社每出一种书，都要指定一名具有相应专业职称的编辑为责任设计编辑，主要负责提出图书的整体设计方案、具体设计或对委托他人设计的方案和设计的成品质量进行把关。图书的整体设计也要严格执行责任设计编辑、编辑室主任、社长或总编辑（副社长或副总编辑）三级审核制度。

第十一条 坚持责任校对制度和"三校一读"制度。

专业校对是出版流程中不可缺少的环节，直接影响图书的质量。出版社应配备足够的具有专业技术职称的专职校对人员，负责专业校对工作。出版社每出一种书，都要指定一名具有专业技术职称的专职校对人员为责任校对，负责校样的文字技术整理工作，监督检查各校次的质量，并负责付印样的通读工作。一般图书的专业校对应不低于三个校次，重点图书、工具书等，应相应增加校次。终校必须由本社有中级以上专业技术职称的专职校对人员担任。聘请的社外校对人员，必须具有相应的专业技术职称和丰富的校对经验。对采用现代排版技术的图书，还要通读付印软片或软片样。

第十二条 坚持印刷质量标准和《委托书》制度。出版社印制图书必须到有"书报刊印刷许可证"的印装厂印制。印装厂承接图书印制业务时，必须查验出版社开具的全国统一的由新闻出版署监制的《委托书》，否则，不得承印。印制时必须严格按照国家技术监督部门和出版行政部门制定的有关书刊印刷标准和书刊印刷产品质量监督管理规定执行。

第十三条 坚持图书书名页使用标准。图书书名页是图书正文之前载有完整书名信息的书页，包括主书名页和附书名页。主书名页应载有完整的书名、著作责任说明、版权说明、图书在版编目数据、版本记录等内容；附书名页应载有多卷书、丛书、翻译书等有关书名信息。图书书名页是图书不可缺少的部分，具有重要信息价值。出版社出版的图书必须严格按照国家的有关标准执行。

第十四条 坚持中国标准书号和图书条码使用标准。中国标准书号是目前国际通用的一种科学合理的图书编码系统。条码技术是国际上通行的一种主要的信息标识技术。图书使用条码技术，有利于图书信息在销售中广泛、快捷地传播、使用。出版社必须严格按照国家标准和有关规定，正确使用中国标准书号和条码技术。

第三节 后期保障机制

第十五条 坚持图书成批装订前的样书检查制度。印装厂在每种书封面和内文印刷完毕、未成批装订前，必须先装订 10 本样书，送出版社查验。出版社负责联系印制的业务人员、责任编辑、责任校对及主管社领导，应从总体上对装订样书的质量进行审核，如发现问题，立即通知印装厂，封存待装订的印成品并进行处理；如无问题，要正式具文通知印装厂开始装订。出版社应在接到样书后3日内通知印装厂。印装厂在未接到出版社的通知前，不得擅自将待装订的印成品装订出厂。

第十六条　坚持出书后的评审制度。出版社要成立图书质量评审委员会。评审委员会由具有高级职称的在职或离职的编辑以及社会上的专家学者组成，定期对本社新出版的图书的质量进行认真的审读、评议。出版社根据评议结果，奖优罚劣，并对质量有问题的图书，根据有关规定，进行相应处理。

第十七条　坚持图书征订广告审核制度。出版社法人代表应对本版图书的广告质量负全部责任。出版、发行单位为推销图书印制的征订单和广告，必须事先报出版社审核，经出版社法人指定的部门负责人和责任编辑审核同意并出具书面意见后，才可印制、散发。

第十八条　坚持图书样本缴送制度。出版社每新出一种图书，应在出书后一个月内，按规定分别向新闻出版署、中宣部出版局、中国版本图书馆、北京图书馆缴送样书一册（套）备查。

第十九条　坚持图书重版前审读制度。图书重版有利于扩大图书的社会效益和经济效益，因此，更需要对图书内容质量严格把关。出版社出版的新书首次重版前，必须组织具有高级职称的编辑人员（含具有高级职称的离退休者）对图书内容和质量重新进行审读，写出书面审读意见，由社长或总编辑核定。

第二十条　坚持稿件及图书质量资料归档制度。出版社应将稿件连同图书出版合同、稿件审读意见、稿费通知单、印刷委托书、排印单、样书等一起归档。同时，还必须把图书出版过程中每一环节的质量情况以及读者和学术界对图书质量的意见，书评和各种奖励或处罚情况，采用表格形式记录在案并归档，便于对图书质量整体情况进行分析研究，提高图书出版质量的管理水平。

第二十一条　坚持出版社与作者和读者联系制度。出版社要保持同作者和读者长期、紧密的联系，依靠作者，并在可能的条件下为作者的创作、研究提供必要条件；同时，倾听作者和读者对图书质量的意见，

及时改进工作。

第三章　出版管理宏观调控机制

第一节　预报机制

第二十二条　坚持年度选题计划审批和备案制度。各省、自治区、直辖市新闻出版局和出版社的主管部门负有对所辖、所属出版社选题计划的审批责任，必须按有关法规、规定严格把关；同时要送交本省（自治区、直辖市）党委宣传部门备案。经省（自治区、直辖市）新闻出版局和出版社主管部门批准的各出版社的选题计划，必须报新闻出版署备案。新闻出版署可对导向、总量、结构和趋势等问题提出指导性意见，对不符合国家法规、规定的选题进行调整或通知撤销。

第二十三条　坚持重大选题备案制度。对涉及政治、军事、安全、外交、宗教、民族等敏感问题的重大选题和其他需宏观调控的重大选题，必须按照国务院《出版管理条例》和国务院出版行政部门的有关规定履行备案手续。凡列入备案范围内的重大选题，出版社在出版之前，必须报新闻出版署备案，未申报备案或报来后未得到备案答复的，一律不得出版。重大选题备案的一般程序是：先由出版社写出申请报告和对稿件的审读意见（写明没有把握要请示的问题），连同稿件一并报主管部门；主管部门经审读稿件后如认为有出版价值，再正式向新闻出版署申报备案，申报时，应当填写备案登记表并提交下列材料：

（一）备案的报告；

（二）稿件；

（三）出版社的上级主管部门的具体审读意见。

上述备案材料不齐备时，新闻出版署负责备案的部门不予受理。新闻出版署受理备案之后，按照有关规定予以答复。

第二十四条　坚持对全国发排新书目的审核制度。《全国发排新书半月报》是国家出版行政部门及时了解出版信息，掌握出版动态的重要资料。各出版社要按时、认真报送发排新书目，以便于国家出版行政部门审核研究，对倾向性问题，及时发现，及时解决。

第二节　引导机制

第二十五条　坚持出版通气会制度。由中宣部和新闻出版署主持的出版通气会，定期召开，由有关部委、省委宣传部、省（自治区、直辖市）新闻出版局负责同志参加，主要贯彻中央和国务院的新精神，通报出版工作的新情况、新问题，及时对全国的出版工作提出指导意见。

第二十六条　坚持出版法规强化培训制度。针对出版工作中发生的值得注意的新问题，中宣部、新闻出版署召集有关出版社及其党政主管部门的负责人，举办强化培训班，学习出版法规，分析研究问题，制定整改措施。

第二十七条　坚持舆论引导制度。出版行政部门应充分发挥各种新闻传播媒体的宣传引导作用，围绕提高图书质量，通报政策、沟通信息、交流经验、评荐好书、批评坏书。

第二十八条　坚持制定和实施中长期出版规划制度，加强对制定年度选题计划的指导。制定规划的目的是抓导向、抓质量，促进图书出版整体质量的提高，推动出版事业长期、稳定地发展。新闻出版署主要做好国家五年重点图书出版规划、重要门类的选题出版规划以及国家重点出版工程的制定工作。各省、自治区、直辖市新闻出版局和出版社的主管部门也要根据地区、部门的特点和需要，制定好地方和部门出版规划。规划务求精当、突出重点、体现导向。搞好年度选题计划对于提高图书质量十分关键。新闻出版署一般于本年度末对下一年度制定选题计划的指导思想和重点内容提出原则意见。各省、自治区、直辖市新闻出版局和出版社主管部门可结合本地区、本部门实际提出具体实施意见。

第二十九条　坚持出版基金保障制度。在社会主义市场经济条件下，各省、自治区、直辖市新闻出版局和出版社的主管部门以及各出版社要创造条件，面向社会，多渠道筹集资金，建立多层次、多形式的出版基金，发挥经济政策的引导和调控作用，扶持优秀图书的出版。同时要制定科学、可行的基金管理和使用办法。

第三节　约束机制

第三十条　坚持出版社年检登记制度。出版社年检实行"一年一自检，两年一统检"，即每年出版社结合总结工作，自我检查；每两年由新闻出版署组织全国出版社统一检查。统一年检是在学习和总结的基础上，先由出版社进行自查，提出改进工作的措施，写出总结报告，经主管部门审核并捉出意见后，报新闻出版署核验批准。经新闻出版署批准合格者，可以办理换证登记手续。不合格者，给予暂缓登记处分，停止其出版业务。暂缓登记期自发文之日起六个月。六个月内，经整改仍达不到年检登记基本条件者，取消其出版社登记资格及出版者前缀号。

第三十一条　坚持书号使用总量宏观调控制度。合理控制书号使用总量，有利于优化选题、调整结构、提高质量，保证重点图书、学术著作的出版，也有利于出版资源的合理配置。各省、自治区、直辖市新闻出版局、出版社主管部门和出版社必须严格执行新闻出版署制定的有关对书号使用总量进行宏观调控的规定。

第三十二条　坚持图书跨省印制审批制度。凡跨省印制的图书，由出版社持印制《委托书》到所在地省、自治区、直辖市新闻出版局办理出省印制手续，再到承印厂所在省（自治区、直辖市）新闻出版局办理进省印制手续。《委托书》必须由两省（自治区、直辖市）新闻出版局分别审核批准，否则承印厂不得承接。

第三十三条　坚持图书售前送审制度。加强对批发、零售样本的售前审核，是有效控制图书负面影响的重要手段之一。图书市场管理部门要严格按照有关规定加强对批发、零售样书的售前审核，不论是批发市场还是零售市场（摊点），凡进场（摊点）销售的图书必须报经当地图书市场管理部门审核，未经报审批准、不得批发、零售；擅自批发、进货销售者，应根据有关规定，给予行政处罚。同时，图书市场管理部门，要严格依法办事，提高工作效率。

第四节　监督机制

第三十四条　坚持随机抽样审读制度。各级出版行政部门要有重点、有目的、有针对性地组织有经验、有水平的审读人员，对所辖地区出版社出版的和市场上销售的图书内容进行随机抽样审读，对优秀图书要向读者大力推荐；对有问题的图书要及时处理并向上报告；对倾向性问题要及时向上汇报，向下打招呼。

第三十五条　坚持图书出版定期综合分析制度。各省、自治区、直辖市新闻出版局要对本地区各出版社出版的图书进行跟踪了解，每半年对已出版的图书做一次综合性分析（包括重点书审读情况，出书结构、特点、趋势、问题等），写出书面报告，报新闻出版署。

第三十六条　坚持图书编校、印装质量检查制度。编校、印装质量是图书整体质量的重要组成部分，对图书的社会效益和经济效益产生重要影响。坚持经常性地对图书编校、印装质量进行检查，有利于提高图书的整体质量。各出版社和主管部门要根据国家制定的图书质量管理规定，每年至少分别进行两次图书编校、印装质量检查。新闻出版署也将每年不定期对部分图书进行抽样检查。对不合格的图书或不合格图书的比例超过规定标准的出版社，按有关规定进行处罚。

第三十七条　坚持图书市场的动态监测制度。巩固和完善图书市场动态监测网络，有利于图书市场朝着健康、有序的方向发展，各地图书市场管理部门要密切配合，做到信息准确，反应灵敏，措施有力。

第五节　奖惩机制

第三十八条　坚持优秀图书奖励制度。奖励优秀图书，有利于调动广大出版工作者的积极性，有利于向广大读者推荐优秀图书，从而促进图书质量的提高。各级出版行政部门和出版社，应严格执行中央和国务院有关图书评奖的规定，并认真做好优秀图书评奖工作。特别是中央宣传部精神文明建设"五个一工程"的"一本好书奖"和新闻出版署主办的国家级政府奖"国家图书奖"及中国出版工作者协会组织的"中国图书奖"的评选工作。同时，各省、自治区、直辖市新闻出版局和有关部门也可根据有关规定开展地区和部门内的优秀图书评奖活动，并使之制度化。

第三十九条　坚持优秀编辑出版人员表彰制度。编辑队伍是提高图书质量的主力军。新闻出版署、人事部每五年评选一次"出版系统先进集体、先进工作者（劳动模范）"；中国出版工作者协会每两年评选一次"百佳出版工作者"、每五年评选一次"韬奋奖"。各级出版行政部门要分层次、分门类定期做好编辑出版人员的表彰工作，充分调动编辑出版人员的积极性，鼓励他们不断提高自身的思想和业务水平。

第四十条　坚持优秀和良好出版社表彰制度。在全国出版社年检的基础上，评选出优秀出版社和良好出版社，予以表彰，对鼓励出版社坚持正确出版方向，提高图书质量，办出特色具有重要意义。每次全国统一年检结束后，评选出良好出版社，然后在良好出版社中，评选出优秀出版社。对受到表彰后出现问题的出版社，一经查实，立即取消其荣誉称号。

第四十一条 坚持对违规出版社和责任人的处罚制度。本着依法管理，有法必依，违法必究的原则，对出版违反国家法律、法规和出版行政管理规定的图书的出版社和责任人要严肃处理。各级出版行政部门要切实负起责任，除对违规图书根据定性作出处理后，对出版社则根据所犯错误的性质，依据有关法规和规定作出行政处罚，处罚包括：批评、警告、没收利润、罚款、停止某一编辑室业务、停止某一类图书出版权、全社停业整顿、吊销社号；对因渎职导致出版坏书、出版社被停业整顿或被吊销社号的，出版社有关责任人必须调离出版业务岗位，有关领导者不得再担任出版社领导职务。对构成犯罪的，要依法追究刑事责任。

第六节 责任机制

第四十二条 坚持分级管理责任制度。各级出版行政部门，肩负着党和政府赋予的重要管理职责，应尽职尽责，做好管理工作。一旦出现问题。涉及哪一级，就追究哪一级部门的领导责任。坚决杜绝那种日常管理不负责任，出了问题推卸责任的现象。

第四十三条 坚持主管、主办单位负责制。主管、主办单位对所属出版社负有直接领导责任，必须切实承担起管理的职责。要指定部门，并配备合格的管理人员，既要指导、监督所属出版社自觉按照党和国家的方针、政策，多出好书，同时也要为出版社出好书提供必要的条件。

第四十四条 坚持出版社业务人员持证上岗制度。出版行政部门应根据国家制定的有关出版从业人员（包括出版社负责人、编辑、校对等）资格认定标准和业绩考核办法，定期、分层次、分类别对出版社的业务人员进行资格认定和业绩考核，考核前先培训，合格者，持证上岗；不合格者，要下岗再培训，经再培训考核仍不合格者，调离业务岗位。

第四章 社会监督机制

第四十五条 坚持出版行业协会监督制度。出版行业协会是出版行政部门的有力补充。中国出版工作者协会、中国编辑学会、中国书刊发行业协会、中国印刷技术协会以及其他专业协会和各地相应的团体，都应根据各自的特点建立和完善行规行约，从保护会员合法权益和履行应尽义务的角度，在图书质量保障方面，做好自我约束和调研、咨询、协调、监督工作，形成网络。

　　第四十六条　坚持社会团体监督制度。各种群众团体、学术组织集中了社会各方面的人才，代表着社会上广大群众的利益，反映各阶层群众的呼声。出版行政部门、出版社主管部门和出版社要紧紧依靠他们，同他们建立固定的联系渠道，主动征求、随时听取他们对提高图书质量的意见、建议，不断改进工作。

　　第四十七条　坚持读者投诉反馈制度。广大读者既是对图书质量进行社会监督的主要力量，也是出版行政部门搞好宏观调控的社会基础。出版行政部门要充分重视和发挥读者的监督作用，认真对待读者对图书质量问题的投诉，本着实事求是、真诚负责的态度，对质量不合格的图书，要按有关规定坚决处理。出版社有义务解决读者投诉提出的问题并予以回复，使读者满意。

　　第四十八条　坚持社会舆论监督制度。出版行政部门和出版社对社会各界人士通过各种媒介对图书质量发表的意见要予以高度重视，充分发挥社会舆论的监督作用，对维护良好的出版秩序，依法进行出版行政管理具有重要意义。特别是在社会主义市场经济条件下，有利于抵制部门和地方保护主义对图书质量保障体系的干扰，防止出版行政部门在行使管理职权时，有法不依、滥用职权，甚至执法犯法。

第五章　附　则

　　第四十九条　本《体系》由新闻出版署制定并负责解释。各省、自治区、直辖市新闻出版局、出版社的主管部门和出版社可根据本《体系》的有关原则，制定本地区、本部门和本社的具体实施细则，并报新闻出版署备案。

　　第五十条　本《体系》自发布之日起生效。

附录二

图书质量管理规定

中华人民共和国新闻出版总署令

《图书质量管理规定》已经 2004 年 12 月 9 日新闻出版总署第 4 次署务会通过，现予公布，自 2005 年 3 月 1 日起施行。

署长　石宗源

二〇〇四年十二月二十四日

第一条　为建立健全图书质量管理机制，规范图书出版秩序，促进图书出版业的繁荣和发展，保护消费者的合法权益，根据《中华人民共和国产品质量法》和国务院《出版管理条例》，制定本规定。

第二条　本规定适用于依法设立的图书出版单位出版的图书的质量管理。出版时间超过 10 年且无再版或者重印的图书，不适用本规定。

第三条　图书质量包括内容、编校、设计、印制 4 项，分为合格、不合格 2 个等级。内容、编校、设计、印制 4 项均合格的图书，其质量属合格。内容、编校、设计、印制 4 项中有 1 项不合格的图书，其质量属不合格。

第四条　《出版管理条例》第二十六、二十七条规定的图书，其内容质量属合格。不符合《出版管理条例》第二十六、二十七条规定的图书，其内容质量属不合格。

第五条　差错率不超过 1/10000 的图书，其编校质量属合格。差错率超过 1/10000 的图书，其编校质量属不合格。图书编校质量差错的认定以国家正式颁布的法律法规、国家标准和相关行业制定的行业标准为依据。图书编校质量差错率的计算按照本规定附件《图书编校质量差错率计算方法》执行。

第六条　图书的整体设计和封面（包括封一、封二、封三、封底、勒口、护封、封套、书脊）、扉页、插图等设计均符合国家有关技术标准和规定，其设计质量属合格。

图书的整体设计和封面（包括封一、封二、封三、封底、勒口、护封、封套、书脊）、扉页、插图等设计中有 1 项不符合国家有关技术标准和规定的，其设计质量属不合格。

第七条　符合中华人民共和国出版行业标准《印制产品质量评价和分等导则》（CY/T2 – 1999）规定的图书，其印制质量属不合格。

第八条　新闻出版总署负责全国图书质量管理工作，依照本规定实施图书质量检查，并向社会及时公布检查结果。

第九条　各省、自治区、直辖市新闻出版行政部门负责本行政区域内的图书质量管理工作，依照本规定实施图书质量检查，并向社会及时公布检查结果。

第十条　图书出版单位的主办单位和主管机关应当履行其主办、主管职能，尽其责任，协助新闻出版行政部门实施图书质量管理，对不合格图书提出处理意见。

第十一条　图书出版单位应当设立图书质量管理机构，制定图书质量管理制度，保证图书质量合格。

第十二条　新闻出版行政部门对图书质量实施的检查包括：图书的正文、封面（包括封一、封二、封三、封底、勒口、护封、封套、书脊）、扉页、版权页、前言（或序）、后记（或跋）、目录、插图及其文字说明等。正文部分的检查必须内容（或页码）连续且不少于 10 万字，全书字数不足 10 万字的必须检查全书。

第十三条　新闻出版行政部门实施图书质量检查，须将审读记录和检查结果书面通知出版单位。出版单位如有异议，可以在接到通知后15 日内提出申辩意见，请求复检，对复检结论仍有异议的，可以向上一级新闻出版行政部门请求裁定。

第十四条　对在图书质量检查中被认定为成绩突出的出版单位和个人，新闻出版行政部门给予表扬或者奖励。

第十五条　对图书内容违反《出版管理条例》第二十六、二十七条规定的，根据《出版管理条例》第五十六条实施处罚。

第十六条　对出版编校质量不合格图书的出版单位，由省级以上新

闻出版行政部门予以警告，可以根据情节并处 3 万元以下罚款。

第十七条 经检查属编校质量不合格的图书，差错率 1/10000 以上 5/10000 以下的，出版单位必须自检查结果公布之日起 30 天内全部收回，改正重印后可以继续发行；差错率在 5/10000 以上的，出版单位必须自检查结果公布之日起 30 天内全部收回。

出版单位违反本规定继续发行编校质量不合格图书的，由省级以上新闻出版行政部门按照《中华人民共和国产品质量法》第五十条的规定处理。

第十八条 对于印制质量不合格的图书，出版单位必须及时予以收回、调换。

出版单位违反本规定继续发行印制质量不合格图书的，由省级以上新闻出版行政部门按照《中华人民共和国产品质量法》第五十条的规定处理。

第十九条 1 年以内造成 3 种以上图书不合格或者连续 2 年造成图书不合格的直接责任者，由省、自治区、直辖市新闻出版行政部门注销其出版专业技术人员职业资格，3 年之内不得从事出版编辑工作。

第二十条 本规定自 2005 年 3 月 1 日起实施。新闻出版署于 1997 年 3 月 3 日公布的《图书质量管理规定》同时停止执行。

附件：图书编校质量差错率计算方法

图书编校质量差错率计算方法

一、图书编校差错率

图书编校差错率，是指一本图书的编校差错数占全书总字数的比率，用万分比表示。实际鉴定时，可以依据抽查结果对全书进行认定。如检查的总字数为 10 万，检查后发现 2 个差错；则其差错率为 0.2/10000。

二、图书总字数的计算方法

图书总字数的计算方法，一律以该书的版面字数为准，即：总字数＝每行字数×每面行数×总面数。

1. 除环衬等空白面不计字数外，凡连续编排页码的正文、目录、辅文等，不论是否排字，均按一面满版计算字数。分栏排版的图书，各栏之间的空白也计算版面字数。

2. 书眉（或中缝）和单排的页码、边码作为行数或每行字数计入正文，一并计算字数。

3. 索引、附录等字号有变化时，分别按实际版面计算字数。

4. 用小号字排版的脚注文字超过 5 行不足 10 行的，该面按正文满版字数加 15% 计算；超过 10 行的，该面按注文满版计算字数。对小号字排版的夹注文字，可采用折合行数的方法，比照脚注文字进行计算。

5. 封一、封二、封三、封底、护封、封套、扉页，除空白面不计以外，每面按正文满版字数的 50% 计算；版权页、书脊、有文字的勒口，各按正文的一面满版计算。

6. 正文中的插图、表格，按正文的版面字数计算；插图占一面的，按正文满版字数的 20% 计算字数。

7. 以图片为主的图书，有文字说明的版面，按满版字数的 50% 计算；没有文字说明的版面，按满版字数的 20% 计算。

8. 乐谱类图书、地图类图书，按满版字数全额计算。

9. 外文图书、少数民族文字图书，拼音图书的拼音部分，以对应字号的中文满版字数加 30% 计算。

三、图书编校差错的计算方法

1. 文字差错的计算标准

（1）封底、勒口、版权页、正文、目录、出版说明（或凡例）、前言（或序）、后记（或跋）、注释、索引、图表、附录、参考文献等中的一般性错字、别字、多字、漏字、倒字，每处计 1 个差错。前后颠倒字，可以用一个校对符号改正的，每处计 1 个差错。书眉（或中缝）中的差错，每处计 1 个差错；同样性质的差错重复出现，全书按一面差错基数加 1 倍计算。阿拉伯数字、罗马数字差错，无论几位数，都计 1 个差错。

（2）同一错字重复出现，每面计 1 个差错，全书最多计 4 个差错。每处多、漏 2～5 个字，计 2 个差错，5 个字以上计 4 个差错。

（3）封一、扉页上的文字差错，每处计 2 个差错；相关文字不一致，有一项计 1 个差错。

（4）知识性、逻辑性、语法性差错，每处计 2 个差错。

（5）外文、少数民族文字、国际音标，以一个单词为单位，无论其中几处差错，计 1 个差错。汉语拼音不符合《汉语拼音方案》和《汉语拼音正词法基本规则》（GB/T16159－1996）规定的，以一个对应的汉字或词组为单位，计 1 个差错。

（6）字母大小写和正斜体、黑白体误用，不同文种字母混用的（如把英文字母 N 错为俄文字母 и），字母与其他符合混用的（如把汉字的○错为英文字母 O），每处计 0.5 个差错；同一差错在全书超过 3 处，计 1.5 个差错。

（7）简化字、繁体字混用，每处计 0.5 个差错；同一差错在全书超过 3 处，计 1.5 个差错。

（8）工具书的科技条目、科技类教材、学习辅导书和其他科技图书，使用计量单位不符合国家标准《量和单位》（GB3100—3102—1993）的中文名称的、使用科技术语不符合全国科学技术名词审定委员会公布的规范词的，每处计 1 个差错；同一差错多次出现，每面只计 1 个差错，同一错误全书最多计 3 个差错。

（9）阿拉伯数字与汉语数字用法不符合《出版物上数字用法的规定》（GB/T15835－1995）的，每处计 0.1 个差错。全书最多计 1 个差错。

2. 标点符号及其他符号差错的计算标准

（1）标点符号的一般错用、漏用、多用，每处计 0.1 个差错。

（2）小数点误为中圆点，或中圆点误为小数点的，以及冒号误为比号，或比号误为冒号的，每处计 0.1 个差错。专名线、着重点的错位、多、漏，每处计 0.1 个差错。

（3）破折号误为一字线、半字线，每处计 0.1 个差错，标点符号误在行首、行末的，每处计 0.1 个差错。

（4）外文复合词、外文单词按音节转行，漏排连接号的，每处计 0.1 个差错；同样差错在每面超过 3 个，计 0.3 个差错，全书最多计 1

个差错。

（5）法定计量单位符号、科学技术各学科中的科学符号、乐谱符号等差错，每处计0.5个差错；同样差错同一面内不重复计算，全书最多计1.5个差错。

（6）图序、表序、公式序等标准差错，每处计0.1个差错；全书超过3处，计1个差错。

3. 格式差错的计算标准

（1）影响文意、不合版式要求的另页、另面、另段、另行、接排、空行，需要空行、空格而未空的，每处计0.1个差错。

（2）字体错、字号错或字体、字号同时错，每处计0.1个差错；同一面内不重复计算，全书最多计1个差错。

（3）同一面上几个同级标题的位置、转行格式不统一且影响理解的，计0.1个差错；需要空格而未空格的，每处计0.1个差错。

（4）阿拉伯数字、外文缩写词转行的，外文单词未按音节转行的，每处计0.1个差错。

（5）图、表的位置错，每处计1个差错。图、表的内容与说明文字不符，每处计2个差错。

（6）书眉单双页位置互错，每处计0.1个差错，全书最多计1个差错。

（7）正文注码与注文注码不符，每处计0.1个差错。

附录三

图书约稿合同（参考样式）

著者（或译者）姓名：

约稿者：

著作稿（或译稿）名称：

（本译作原著名称：）

（原著者姓名及国籍：）

（原出版者及出版地点、年份：）

上列著作稿（或译稿）的著者（或译者）和约稿者于　　年　月　　日签订本合同，双方达成协议如下：

第一条　全稿字数　　万字左右，初定每千字　　元。

第二条　对著作稿（或译稿）的要求：

［由各出版单位自填］

第三条　交稿日期　　年　　月：著者（或译者）因故不能按期交稿，在半年前向约稿者提出，双方根据书稿情况另议交稿日期或中止本合同。

第四条　著者（或译者）保证不将上述著作稿（或译稿）投寄其他出版单位或期刊，若违反上述保证给约稿者造成损失，将予以适当赔偿。

第五条　（1）约稿者收到稿件后在　　天内通知著者（或译者）已收到稿件，在　　月内审读完毕，通知著者（或译者）是否采用或退改。否则认为稿件已被接受。

（2）约稿者如对稿件无修改意见，在上述规定的审读期限内与著者（或译者）签订出版合同。

（3）约稿者如对稿件提出修改意见，著者（或译者）在双方议定日期内修改退回。约稿者在　　月内审毕。

著者（或译者）因拒绝修改或在上述日期内无故不退回修改稿，应适当赔偿约稿者损失。约稿者并可废除本合同。

（4）稿件若经修改符合出版要求，约稿者将与著者（或译者）签订出版合同，若经修改仍不符合要求，约稿者可书面通知废除本合同并将著作稿（或译稿）退还著者（或译者），但将根据约稿情况向著者（或译者）支付少量稿费，作为劳动的部分补偿。

第六条　本合同签订后，稿件如达到出版水平：（1）由于约稿者的原因不能签订出版合同，约稿者向著者（或译者）支付基本稿酬　　％，并将稿件归还著者（或译者）；（2）由于客观形势变化，不能签订出版合同，约稿者向著者（或译者）支付基本稿酬　　％，稿件由约稿者保留　　年，在此期限内若有第三者（出版社）愿出版上述稿件，著者（或译者）必须通知约稿者并征询是否愿意出版。若约稿者不拟出版，著者（或译者）有权废除本合同，收回稿件交第三者出版。超过上述保留期限，约稿者将稿件退还著者（或译者），本合同失效。

第七条　约稿者收到著作稿（或译稿）后，若将原稿损坏或丢失，应赔偿著者（或译者）经济损失　　元。

第八条　著作稿（或译稿）的出版合同签订后，本合同即自行失效。

第九条　本合同一式两份，双方各执一份为凭。

订合同人

著者（或译者）　　　　　　　　　约稿者

（签字）　　　　　　　　　　　　（签字）

地址：　　　　　　　　　　　　　地址：

电话：　　　　　　　　　　　　　电话：

签字日期：　　　　　　　　　　　签字日期：

附录四

图书出版合同（参考样式）

甲方（著作权人）：

乙方（出版者）：

作品名称：

作者姓名：

甲乙双方就上述作品的出版达成如下协议：

第一条 甲方授予乙方在合同有效期内，在（　　）以图书形式出版发行上述作品（　　）文本的专有使用权。

第二条 根据本合同出版发行的作品不得含有下列内容：

1. 反对宪法确定的基本原则的；

2. 危害国家统一、主权和领土完整的；

3. 泄露国家秘密、危害国家安全或者损害国家荣誉和利益的；

4. 煽动民族仇恨、民族歧视、破坏民族团结，或者侵害民族风俗、习惯的；

5. 宣扬邪教、迷信的；

6. 扰乱社会秩序，破坏社会稳定的；

7. 宣扬淫秽、赌博、暴力或者教唆犯罪的；

8. 侮辱或者诽谤他人，侵害他人合法权益的；

9. 危害社会公德或者民族优秀文化传统的；

10. 有法律、行政法规和国家规定禁止的其他内容的。

第三条 甲方保证拥有第一条授予乙方的权利。如因上述权利的行使侵犯他人著作权权益的，甲方承担全部责任并赔偿因此给乙方造成的损失，乙方可以终止合同。

第四条 上述作品的内容、篇幅、体例、图表、附录等应符合下列要求：

1. 必须是自己创作的作品，无抄袭剽窃的内容；不能含有侵犯他人名誉权、肖像权、姓名权等人身权内容，如有违反，按第三条处理。

2. 书稿做到齐、清、定，即正文与附件（如序、跋等）一次交齐；用统一规格的稿纸誊写清楚（使用中国文字改革委员会公布的规范简化字）；正式定稿。

3. 书稿中的计量单位必须采用"中华人民共和国法定计量单位"，图表和正文中的计量单位采用国际符号（拉丁字母和希腊字母），图、表要编排序号。

4. 书稿中引文的注释，应注明著者、作品名称、出版单位、出版时间、页码。凡引用马克思、恩格斯、列宁、毛泽东的著作，一律采用最新版本。

5. 篇幅限____万字内，超过部分，由甲方修改删除，估价：_____。

6. 体例：（1）由甲方自定。（2）双方讨论后由甲方修改。

7. 图表：（1）由甲方自制，酬金在稿酬之内解决。（2）由乙方负责。

8. 附录：（1）由甲方自定。（2）由双方商定。（3）由乙方确定。

9. 其他：

第五条 甲方应于 年 月 日前将上述作品的誊清稿交付乙方。甲方因故不能按时交稿，应在交稿期限届满前 日通知乙方，双方另行约定交稿日期。甲方到期仍不能交稿，乙方可以终止合同。

第六条 乙方应于 年 月 日前出版上述作品，最低印数为 册。乙方因故不能按时出版，应在出版期限届满前 日通知甲方，双方另行约定出版日期。乙方到期仍不能出版，甲方可以终止合同。乙方应按第十条约定报酬标准的 %向甲方支付赔偿金。

第七条 在合同有效期内，未经双方同意，任何一方不得将第一条约定的权利许可第三方使用。如有违反，另一方有权要求经济赔偿并终止合同。一方经对方同意许可第三方使用上述权利，应将所得报酬的 %交付对方。

第八条 乙方尊重甲方确定的署名方式。乙方如认为对上述作品的名称、内容有进行修改、删节的必要，以及增加图表及前言、后记，需与甲方商量并得到甲方的书面认可。

第九条 上述作品的校样由甲方审校。甲方应在 日内签字后退还乙方。甲方未按期审校，乙方可自行审校，并按计划付印。因甲方修改造成版面改动超过 %或未能按期出版，甲方承担改版费用或推迟出版的责任。

第十条 乙方向甲方支付报酬的方式和标准为：

1. 基本稿酬加印数稿酬： 元/每千字× 千字＋印数（以千册为单位）×基本稿酬 %。或

2. 一次性付酬： 元。或

3. 版税： 元（图书定价）× %（版税率）×销售数（印数）。

按本条第1、2款付酬方式向甲方支付报酬的，出版上述作品的修订本、缩编本的付酬的方式和标准应由双方另行约定。

第十一条 以基本稿酬加印数稿酬方式付酬的，乙方应在上述作品出版后 日内向甲方支付报酬，但最长不得超过半年。

或

以一次性支付方式付酬的，乙方应在甲方交稿后 日内向甲方付清。

或

以版税方式付酬的，乙方在出版后 日内向甲方付清。

乙方未在约定期限内支付报酬的，甲方可以终止合同并要求乙方继续履行付酬的义务。

第十二条 甲方交付的稿件未达到合同第四条约定的要求，而且甲方拒绝按照合同的约定修改，乙方有权终止合同。

第十三条 上述作品首次出版 年内，乙方可以自行决定重印。首次出版 年后，乙方重印应事先通知甲方，如果甲方需要对作品进行修改，应于收到通知后 日内答复乙方，否则乙方可按原版重印。乙方在重印、再版后，应及时向甲方支付重印稿酬。

第十四条 甲方有权核查图书的印数。如甲方指定第三方进行核查，需提供书面授权书。如乙方隐瞒或遗漏印数，应向甲方补齐应付报酬，核查费用由甲方承担。

第十五条 在合同有效期内，如图书脱销，甲方有权要求乙方重印、再版。乙方经过征订达到 千册，即应重印、再版。

第十六条　上述作品出版后：

1. 乙方应于　　日内将作品原稿或磁盘退还甲方。

2. 作品原稿或磁盘由乙方自行处理。

第十七条　上述作品首次出版后　　日内，乙方向甲方赠样书
　　册，并以　　折价售予甲方图书　　册。每次再版后　　日内，乙方
向甲方赠样书　　册。

第十八条　在合同有效期内，甲方许可第三方出版包含上述作品的
选集、文集、全集的，须取得乙方许可。

在合同有效期内，乙方出版包含上述作品的选集、文集、全集或者
许可第三方出版包含上述作品的选集、文集、全集的，须另行取得甲方
书面授权。乙方取得甲方授权的，应及时将出版包含上述作品选集、文
集、全集的情况通知甲方，并将所得报酬的　　%交付甲方。

第十九条　在合同有效期内，甲方许可第三方出版上述作品的电子
版的，须取得乙方的许可。

在合同有效期内，乙方出版上述作品电子版或者许可第三方出版上述
作品电子版的，须另行取得甲方书面授权。乙方取得甲方授权的，应及时
将出版上述作品电子版的情况通知甲方，并将所得报酬的　　%交付甲方。

第二十条　未经甲方书面许可，乙方不得行使本合同第一条授权范
围以外的权利。甲方授权乙方代理行使本合同第一条授权范围以外的权
利，其使用所得报酬甲乙双方按　　　　比例分成。

第二十一条　双方因合同的解释或履行发生争议，由双方协商解
决。协商不成，将争议提交　　　　　　著作权合同仲裁机构仲裁。

第二十二条　合同的变更、续签及其他未尽事宜，由双方另行商定。

第二十三条　本合同自签字之日起生效，有效期为 10 年。

第二十四条　本合同一式两份，双方各执一份为凭。

甲方　　　　　　　　　　　乙方
著作权人（签字）：　　　　法人代表（签字）：
　住址：　　　　　　　　　　社址：
　电话：　　　　　　　　　　电话：
　签字日期：　　　　　　　　签字日期：
　本人（或单位）印：　　　　合同专用章：

附录五

校对符号及其用法

中华人民共和国国家标准

GB/T 14706 – 93

校对符号及其用法

Proofreader's marks and their application

1. 主题内容与适用范围

本标准规定了校对各种排版校样的专用符号及其用法。

本标准适用于中文（包括少数民族文字）各类校样的校对工作。

2. 引用标准

GB 9851 印刷技术术语

3. 术语

（1）校对符号 Proofreader's mark

以特定图形为主要特征的、表达校对要求的符号。

4. 校对符号及用法示例

编号	符号形态	符号作用	符号在文中和页边用法示例	说　明
一、字符的改动				
1		改　正	增高出版物质量。 改革开放	改正的字符较多，圈起来有困难时，可用线在页边画清改正的范围 必须更换的损、坏、污字也用改正符号画出
2		删　除	提高出版物物质质量。	

编号	符号形态	符号作用	符号在文中和页边用法示例	说 明
3		增 补	要搞好校工作。 对	增补的字符较多，圈起来有困难时，可用线在页边画清增补的范围
4		改正上下角	$16=4^2$ H_2SO_4 尼古拉·费欣 $0.25+0.25=0.5$ 举例：$2×3=6$ $X：Y=1：2$	

二、字符方向位置的移动

编号	符号形态	符号作用	符号在文中和页边用法示例	说 明
5		转 正	字符颠倒要转正。	
6		对 调	认真经验总结。 认真验结经总。	用于相邻的字词 用于隔开的字词
7		接 排	要重视校对工作， 提高出版物质量。	
8		另起段	完成了任务。明年……	
9		转 移	校对工作，提高出 版物质量要重视。 "。以上引文均见中文新版《 列宁全集》。 编者　年　月 …… 各位编委：	用于行间附近的转移 用于相邻行首末衔接字符的推移 用于相邻页首末衔接行段的推移

编号	符号形态	符号作用	符号在文中和页边用法示例	说　明
10	或	上下移	序号　名　称　数量　01　显微镜　2	字符上移到缺口左右水平线处　字符下移到箭头所指的短线处
11	或	左右移	要重视校对工作，提高出版物质量。　3 4　5 6　5　欢呼　歌　唱	字符左移到箭头所指的短线处　字符左移到缺口上下垂直线处　符号画得太小时，要在页边重标
12		排　齐	校对工作非常重要。必须提高印刷质量，缩短印制周期。　国家标准	
13		排阶梯形	RH_2	
14		正　图		符号横线表示水平位置，竖线表示垂直位置，箭头表示上方

三、字符间空距的改动

编号	符号形态	符号作用	符号在文中和页边用法示例	说　明
15		加大空距	一、校对程序　校对胶印读物、影印书刊的注意事项：	表示在一定范围内适当加大空距　横式文字画在字头和行头之间

编号	符号形态	符号作用	符号在文中和页边用法示例	说 明
16	∧ ＜	减小空距	二、校对程∧序 ∧ 校对胶印读物、影印＜ 书刊的注意事项：＜	表示不空或在一定范围内适当减小空距 横式文字画在字头和行头之间
17	♯ ⸴ ⹁ ⹀	空 1 字距 空 1/2 字距 空 1/3 字距 空 1/4 字距	♯ 第一章校对职责和方法 ♯ 1. 责任校对	多个空距相同的，可用引线连出，只标示一个符号
18	Y	分 开	Good morning! Y	用于外文
			四、其 他	
19	△	保 留	认真搞好校对工作。	除在原删除的字符下画 △ 外，并在原删除符号上画两竖线
20	○ ＝	代 替	兰色的程度不同，从 淡兰色到深兰色具有多 种层次，如天兰色、湖 兰色、海兰色、宝兰色 …… ○＝蓝	同页内有两个或多个相同的字符需要改正的，可用符号代替，并在页边注明
21	○ ○ ○	说 明	改黑体 第一章 校对的职责	说明或指令性文字不要圈起来，在其字下画圈，表示不作为改正的文字。如说明文字较多时，可在首末各三字下画圈

5. 使用要求

（1）校对校样，必须用色笔（黑水笔、圆珠笔等）书写校对符号和示意改正的字符，但是不能用灰色铅笔书写。

（2）校样上改正的字符要书写清楚。校改外文，要用印刷体。

（3）校样中的校对引线要从行间画出。墨色相同的校对引线不可交叉。

附录 A
校对符号应用实例（参考件）

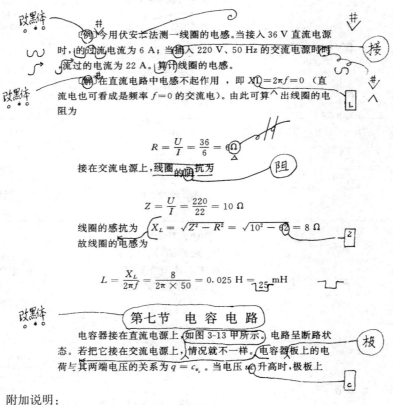

附加说明：

本标准由中华人民共和国新闻出版署提出。

本标准由全国印刷标准化技术委员会归口。

本标准由人民出版社负责起草。

附录六

图像复制用校对符号

中华人民共和国国家标准

GB/T 14707－93

图像复制用校对符号

Proofreader's marks for image reproduction

---

1. 主题内容与适用范围

本标准规定了图像复制和制版使用的校对符号。

本标准适用于委印者与承印者之间以及印刷、制版企业内部对图像修改表示具体要求的统一说明。

2. 引用标准

GB 9851　印刷技术术语

GB/T 14706　校对符号及其用法

3. 术语

（1）符号 symbol

用书写、绘画等方法制成的具有简化特征的视觉形象，以表达特定的事物或概念。

（2）校对符号　proof reader's mark

以特定图形为主要特征的、表达改正要求的符号。

4. 校对符号

表1

编 号	符 号	作 用	说 明
1	╪	加 深	表示按照要求的数值加深色调
2	∴/	减 浅	表示按照要求的数值减浅或提亮
3	⌣	柔和些	表示图像色调要柔和
4	⋀	硬 些	表示图像色调加大反差或对比度
5	∿	平衡色调	表示通过加深或减浅平衡色调
6		修正轮廓边缘	表示修正轮廓模糊或边缘不齐之处
7	⊕	套 准	表示纠正图像套色规矩不准
8		局部删除	表示删除局部图像（包括脏痕、斑点、规矩线等）
9	→	局部移动	表示图像移至指定的位置
10		局部旋转	表示图像位置旋转
11	K	翻 转	表示正向转反向或反向转正向
12	///	铺底色	表示加铺实地或铺网目底色
13	∿∿∿	局部虚化、渐变	表示图像虚化或渐变
14	⊢←　→⊣	改变尺寸	表示将改变后的尺寸以 mm 为单位标明在箭头之间
15	Σ	总体说明	表示对图像整体修改的要求

编　号	符　号	作　用	说　明
16		图像换位	表示两个图像调换位置
17		局部减浅	表示图像某一局部减浅
18		局部加深	表示图像某一局部加深
19		上、下换位	表示图像上、下调换位置
20		左、右换位	表示图像左、右调换位置
21		正　图	符号横线表示水平位置，竖线表示垂直位置，箭头表示上方
22		保　留	表示图像、文字等需要保留

表 2　表示分色片色别用的符号

编　号	符　号	作　用	说　明
23		黄　版	在分色底片上画一条竖线表示黄版
24		品红版	在分色底片上画两条竖线表示品红版
25		青　版	在分色底片上画三条竖线表示青版
26		黑　版	在分色底片上画四条竖线表示黑版

5. 表示图像和颜色的代号

图像制版和印刷中常用的颜色代号用英文字母表示：

Y = 黄　　　　I = 图像　　　　M = 品红　　　　S = 暗调

C = 青　　　　H = 亮调　　　　K = 黑

附录 A

校对符号的组合使用及画法（参考件）

图像复制用校对符号可以相互组合使用，也可以连同数值或网点面积覆盖率一起使用，组合符号不得复杂，含义必须明确。

示例：

符号组合形形态	说　　明
$\sim$ ./	通过减浅平衡色调
$\sim$ +	通过加深平衡色调
./ Y10%	黄版网目调值减至 10%
+ M0.2	品红版密度值加至 0.2
./ YMC	黄、品红、青整个色调减浅
$\sum$ $\frown$	整个复制效果柔和些

使用要求及校对符号的画法：

（1）对图像要求修改之处涉及图像整体时，应将校对符号画在校样的图片下部。

（2）对图像要求局部修改时，应将修改的部位用笔圈起来，把校对符号画进去。若空间不够用，可在校样的空白边缘画出，应用引线与其连接，引线不可交叉。

（3）画校对符号应使用红色笔，必要时应使用区别于校样颜色的色笔。

参考文献

·······································>

[1] 阙道隆等. 书籍编辑学概论. 沈阳：辽海出版社，2000.

[2] 赵航. 选题论. 沈阳：辽宁教育出版社，1998.

[3] 赵传焯. 现代科技期刊编辑学. 长沙：湖南科学技术出版社，2001.

[4] 蒋广学. 编学原论. 南京：南京大学出版社，1999.

[5] 庞家驹. 科技书籍编辑学教程. 沈阳：辽宁教育出版社，1996.

[6] 张才明，杨广华. 现代编辑学概论. 北京：中央编译出版社，2000.

[7] 中国大百科全书·新闻出版. 北京：中国大百科全书出版社，1992.

[8] 全国出版专业职业资格考试辅导教材. 出版专业理论与实务. 上海：上海辞书出版社，2002.

[9] 李琪. 书籍编辑方法论. 长沙：湖南师范大学出版社，2003.

[10] 沈恬. 谈书籍的整体设计. 大学出版，1999（2）：43.

[11] 朱胜龙. 现代图书编辑学概论. 苏州：苏州大学出版社，2003.

[12] 黄治正. 图书编辑学. 长沙：湖南出版社，1997.

[13] ［美］格罗斯. 编辑人的世界. 齐若兰，译. 北京：中国工人出版社，2000.

[14] 彭国华. 新闻出版版权法制理论与实务. 长沙：湖南人民出版社，2002.

[15] 新闻出版署图书管理司等编. 作者编辑常用标准及规范. 北京：中国标准出版社，1998.

［16］周莲芳. 印刷基础及管理. 沈阳：辽宁教育出版社，1997.

［17］高斯，洪帆. 图书编辑学概论. 南京：江苏教育出版社，1995.

［18］李海崑. 现代编辑学. 济南：山东教育出版社，1996.

［19］罗时进. 信息学概论. 苏州：苏州大学出版社，1998.

［20］汤哲声. 现代广告学概论. 苏州：苏州大学出版社，1997.

［21］戴元光，金冠军. 传播学通论. 上海：上海交通大学出版社，2000.

［22］汪应洛等. 系统工程及其应用. 北京：科学出版社，1990.

［23］陈龙. 现代大众传播学. 苏州：苏州大学出版社，1997.

［24］郭庆光. 传播学教程. 北京：中国人民大学出版社，1999.

［25］［美］小赫伯特·贝利. 图书出版的艺术与科学. 王益，译. 石家庄：河北教育出版社，2004.

［26］［英］吉尔·戴维斯. 我是编辑高手. 宋伟航，译. 石家庄：河北教育出版社，2004.

［27］［日］小林一博. 出版大崩溃. 甄西译. 上海：上海三联书店，2004.

［28］吴飞. 编辑学理论研究. 杭州：浙江大学出版社，2001.

［29］周奇. 现代校对学概论. 苏州：苏州大学出版社，2005.

［30］中国出版年鉴2007. 北京：中国出版年鉴社，2007.

后 记

··>

    在湖南师范大学出版社成立之时，也就是1989年上半年，我作为出版社理科编辑室主任调入，开始室里也只有我一人，很快不断引进了人才，得到充实。在出版社工作一干就10多年，于2002年暑假，调入新闻与传播学院，担任编辑出版学系的有关专业课程教学，至今已6个年头，执教图书编辑学课程，从2000级开始到2006级，历经7届，在此过程中有所体会和感受。

    图书编辑学方面的教材出版了多部，几年来我们选用的教材是阙道隆等教授编写的《书籍编辑学概论》，这是由新闻出版署编辑出版教材领导小组主持的编辑出版专业高等教育系列教材。该教材最初是1994年出版，后来又经过了修订再版，教材涉及的内容较为全面。但是，根据我院专业"图书编辑学"课程教学计划确定的授课时数难以授完。所以，就有了要根据我们实际课时来编写教材的想法，适当精简内容，主要按照图书的编辑过程来构建教材的结构体系。该体系应涵盖两个方面的内容：一方面是与编辑密切相关的内容，如图书编辑学的规律，图书编辑活动的历史回顾，图书编辑工作的现行基本制度等，这些与图书编辑不能分割开来，至于编辑与读者、作者等方面内容，现在已经有了读者学（或受众学），以及编辑主体论和编辑客体论等方面的著作，并且已独立设置课程，因此，就不再在图书编辑学中作重点介绍了，它们与编辑工作的关系在有关的内容中也会涉及到。另一方面是与图书编辑工作密切相关的内容，如信息工作、图书选题策划、组稿、书稿的审读

和加工，以及编后工作等内容，这些都应阐述清楚，使同学们学以致用。为了使学生顺利地完成编辑实践的实习任务，书末附录了有关文件和资料。以上这些是笔者编写这本教材的一些设想，并按此思路撰写而成。

在编写该教材时引用了有关专家、学者的著作、论文中的内容，有的已经标明于文中，最后也列出了所有的参考文献，借此机会，衷心地感谢这些专家和学者！

当然，由于本人的学识水平问题，难免存在许多不足，敬请批评、指正。

作 者

丁亥年于岳麓山长塘山宅院